Thomas Rückerl und Torsten Rückerl

Coaching mit NLP-Werkzeugen

Thomas Rückerl und Torsten Rückerl

Coaching mit NLP-Werkzeugen

WILEY-VCH Verlag GmbH & Co. KGaA

1. Auflage 2008

**Bibliografische Information
der Deutschen Nationalbibliothek**
Die Deutsche Nationalbibliothek verzeichnet
diese Publikation in der Deutschen Nationalbi-
bliografie; detaillierte bibliografische Daten sind
im Internet über http://dnb.d-nb.de abrufbar.

Printed in the Federal Republic of Germany

Gedruckt auf säurefreiem Papier.

Satz K+V Fotosatz GmbH, Beerfelden
Druck und Bindung AALEXX Druck GmbH,
Großburgwedel
Umschlaggestaltung init GmbH, Bielefeld

ISBN: 978-3-527-50351-3

Inhalt

Coaching mit NLP-Werkzeugen. Thomas Rückerl und Torsten Rückerl
Copyright © 2008 WILEY-VCH Verlag GmbH & Co. KGaA, Weinheim
ISBN: 978-3-527-50351-3

Inhaltsübersicht

Coaching mit NLP-Werkzeugen. Thomas Rückerl und Torsten Rückerl
Copyright © 2008 WILEY-VCH Verlag GmbH & Co. KGaA, Weinheim
ISBN: 978-3-527-50351-3

Kurzübersicht Werkzeuge

Coaching mit NLP-Werkzeugen. Thomas Rückerl und Torsten Rückerl
Copyright © 2008 WILEY-VCH Verlag GmbH & Co. KGaA, Weinheim
ISBN: 978-3-527-50351-3

Vorwort

Die scheinbare Wunder-Wirkung des Coaching ist in aller Munde – es besteht kein Zweifel: Coaching ist »in«. Doch kann dieses neue Beziehungs-Modell tatsächlich halten, was in den Medien, in den Manager-Magazinen und den hochglänzenden Werbe-Broschüren der Coaching-Institute versprochen wird? Die Antwort ist komplex. Sie lautet: theoretisch ja – doch in der Praxis resultiert der reale Nutzen aus der Qualität der eingekauften Dienstleistung. Coaching ist nicht gleich Coaching – die Qualitätsunterschiede sind erheblich. Und wo Coaching draufsteht, ist nur allzu oft gar kein Coaching drin. Der schnelle Euro lockt – aufkeimende Goldgräber-Stimmung führt zur Inflation der Coaching-Angebote. Die Qualitäts-Frage ist auf dem boomenden Coaching-Markt kaum zu kontrollieren.

Coaching bedeutet, andere Menschen erfolgreich zu machen. Seriöses Coaching ist eine wirkungsvolle Form des »Personal Empowerment«. In der Theorie gibt es eine Vielzahl von Argumenten und Modellen, die aufzeigen, warum die Erfolgschancen erheblich steigen, wenn sich ein Protagonist dafür entscheidet, sein Ziel nicht im Alleingang zu erreichen, sondern gemeinsam mit einem kompetenten Coach. Ein solcher Coach verfügt über wirksame Werkzeuge, um Probleme in Ziele zu verwandeln und den Betroffenen dann zu befähigen, die anvisierten Ziele tatsächlich zu erreichen. Das hört sich einfach an – erfordert jedoch eine komplexe Kombination von persönlichen, psychologischen und methodischen Fähigkeiten.

Kompetentes Coaching basiert auf einem psychologischen Werkzeugkoffer, der es Ihnen erlaubt, anderen Menschen in kürzester Zeit wirkungsvolle Impulse zu vermitteln. Als Business-Coach müssen Sie in wenigen Minuten das Vertrauen Ihres Gegenübers

Coaching mit NLP-Werkzeugen. Thomas Rückerl und Torsten Rückerl
Copyright © 2008 WILEY-VCH Verlag GmbH & Co. KGaA, Weinheim
ISBN: 978-3-527-50351-3

gewinnen. Während Sie systematisch die Rahmenbedingungen seiner äußeren Situation erfragen und dabei gleichzeitig seine psychischen Prozesse nachvollziehen, entsteht das positive Gefühl von Vertrauen, die Seele beginnt sich zu öffnen – und dann müssen Sie Ihrem Gegenüber helfen, die aktuellen Probleme durch kreative Ideen in eine bessere, motivierende und zugleich realistische Zukunft zu verwandeln.

In diesem Buch möchten wir Ihnen unseren psychologischen Werkzeugkoffer vorstellen, der auf der Methodik des »Neuro-Linguistischen Programmierens« basiert. Das NLP gilt unter Praktikern als eine »Best-of-Moderne-Psychologie-Collection« – es wurde entwickelt, um in kurzer Zeit nachhaltige Erfolge zu erzielen. Wir haben aus der Vielfalt der NLP-Modelle diejenigen ausgewählt, die wir in der Praxis des Business-Coaching seit vielen Jahren wirksam einsetzen. Da wir die Anwendung dieser Werkzeuge auch in unseren Ausbildungskursen für Business-Coaches lehren, wissen wir aus praktischer Erfahrung: Der Wert eines Werkzeugs resultiert aus der Fähigkeit des Anwenders, souverän damit umzugehen. Deshalb möchten wir noch einmal betonen: In der Theorie kann Coaching wahre Wunder bewirken – doch in der Praxis kann sich der reale Nutzen nur dann offenbaren, wenn der Coach über die nötigen Fähigkeiten verfügt, das methodische Inventar tatsächlich anzuwenden.

Sowohl im Sport, als auch in der Musik oder im Business-Coaching – jeder Mensch, der über außergewöhnliche Fähigkeiten verfügt, hat seine Kompetenz erworben, indem er in der Vergangenheit das nötige Training absolviert hat. Coaching-Kompetenz fällt nicht einfach vom Himmel – sie erfordert eine fundierte Ausbildung und kontinuierliches Üben. In diesem Buch möchten wir Ihnen unsere Coaching-Kollektion vorstellen – und dann liegt es an Ihnen, die Werkzeuge in der Praxis zu erproben und damit Ihre eigenen Erfahrungen zu sammeln. Auf diesem erfolgreichen Weg wünschen wir Ihnen V.I.E.L Inspiration!

Hamburg im Januar 2008   *Thomas Rückerl und Torsten Rückerl*

Teil I
Grundlagen: Was ist Coaching?

Coaching mit NLP-Werkzeugen. Thomas Rückerl und Torsten Rückerl
Copyright © 2008 WILEY-VCH Verlag GmbH & Co. KGaA, Weinheim
ISBN: 978-3-527-50351-3

Was ist Coaching?

Die Wurzeln des Coaching – eine evolutionäre Erfolgsgeschichte

Das Prinzip des Coaching ist so alt wie die Menschheit. Der Erfolg des Homo sapiens beruht auf Kooperation. Seitdem es Menschen auf dem Planeten Erde gibt, haben wir uns gegenseitig geholfen. Ohne gegenseitige Unterstützung gäbe es keine Kultur, keine Arbeitsteilung und keine Menschlichkeit. Ohne den Wunsch, andere Menschen zu befähigen, zu stärken und erfolgreich zu machen, wäre die menschliche Entwicklung undenkbar – vermutlich würden wir noch auf den Bäumen leben oder als Halbaffen durch die Steppe streifen. Erst die Fähigkeit, die durch eigene Lebenserfahrung erworbene Kompetenz gezielt an unsere Mitmenschen weiterzugeben und dabei das Wohl der anderen im Auge zu haben, führte dazu, dass sich aus einer Homonoiden-Horde eine kultivierte und leistungsfähige Gesellschaft entwickeln konnte.

Das Prinzip des Coaching befindet sich im Einklang mit den Naturgesetzen. Es ermöglicht ein natürliches, partnerschaftliches und kreatives Führungsverhalten. In einer Coaching-Beziehung geht es nicht um Konkurrenz oder Machtspiele, sondern um gemeinsame Zielerreichung. Gegenseitige Unterstützung entspricht der Architektur des menschlichen Gehirns. Wir Menschen sind naturgemäß keine Einzelkämpfer, sondern soziale Wesen. Wir leben und arbeiten in einem Netzwerk sozialer Beziehungen – nur die Kooperation mit anderen Menschen kann uns nachhaltigen Erfolg bescheren. Wer es versteht, Verbündete zu gewinnen, wird mit seinen Vorhaben wesentlich besser vorankommen als der egoistische Einzelkämpfer, der sich nur von Konkurrenten oder Feinden umgeben sieht.

Coaching mit NLP-Werkzeugen. Thomas Rückerl und Torsten Rückerl
Copyright © 2008 WILEY-VCH Verlag GmbH & Co. KGaA, Weinheim
ISBN: 978-3-527-50351-3

Im evolutionären Überlebenskampf konnte sich der frühe Homo sapiens nur deshalb so sehr durchsetzen, weil er gelernt hat, effektiv im Team zu jagen. Auch die Fähigkeit zur erfolgreichen Nutzung von Feuer und Werkzeugen fiel nicht einfach vom Himmel, sondern musste schrittweise und mühevoll, durch Versuch und Irrtum erlernt werden. Wissenschaftler sind sich darin einig, dass das Coaching-Prinzip in der Frühzeit der Menschheit bei der Weitergabe von erworbenem Wissen von einer Generation zur nächsten eine entscheidende Rolle gespielt hat. Die erfahrenen Alten haben ihre jungen Zeitgenossen durch die Übertragung ihrer wertvollen Lebenserfahrung dabei unterstützt, erfolgreich zu jagen, wohlschmeckende Speisen zuzubereiten, nützliche Werkzeuge zu bauen, sich vor wilden Tieren zu schützen, schlimme Krankheiten zu heilen und harte Winter zu überleben. Die enorme Wirksamkeit des heutigen Business-Coaching resultiert auch aus der Tatsache, dass diese nützliche Beziehungsform so tief in den evolutionären Strukturen unseres Gehirns verankert ist. Das moderne Gehirn reagiert außerordentlich positiv auf die Zusammenarbeit mit einem erfahrenen Coach, weil es sich unbewusst an seine archaischen Wurzeln »erinnert« – unser Gehirn »weiß« intuitiv, dass es sinnvoll ist, sich bei schwierigen Aufgaben durch einen erfahrenen Coach unterstützen zu lassen.

Intelligente Kommunikation

Einen Quantensprung für unsere menschliche Entwicklung bedeutete der Erwerb von Sprache. Die wachsende Fähigkeit zum Sprachgebrauch verbesserte die Kooperationsfähigkeit des frühen Homo sapiens ganz enorm. Im Gegensatz zu den Tieren konnten die menschlichen Jäger nun über Erfolge und Misserfolge gemeinsam reflektieren, Erfahrungen austauschen und ihre zukünftigen Strategien durch Lernprozesse gezielt optimieren. Das »Nach-Denken« und das »Voraus-Denken« wurden erfunden! Auch hier zeigt sich eine interessante Parallele zum modernen Coaching. Der gezielte Sprachgebrauch des Coachs ermöglicht eine strukturierte, Lernprozesse anregende und in die Zukunft gerichtete Form des Denkens. Diese Tatsache erklärt die enorme Nützlichkeit des Neuro-Linguistischen Programmierens (NLP) als Methodenkoffer zur Anwendung im Coaching. Das NLP ist ein Kommunikationssystem, das entwickelt wurde, um Prozesse in unserem Gehirn (N = »neurologisch«) durch den intelligenten Einsatz von Sprache (L = »Linguistisch«) gezielt zu steuern (P = »Programmieren«). Sprache ist ein wichtiger Schlüssel zum menschlichen Gehirn. Je geschickter und bewusster ein Coach mit Sprache umzugehen versteht, desto größer sind seine Möglichkeiten, um erfolgreiches Coaching zu realisieren.

Für unsere Vorfahren bedeutete die Erfindung der Sprache, dass durch persönliche Erfahrung erworbenes Wissen nun sehr gezielt an nachfolgende Generationen weitergegeben werden konnte. So entstand ganz allmählich unsere heutige Kultur. Als die jagenden Horden sesshaft wurden und lernten, Ackerbau zu betreiben und dörfliche Gemeinschaften zu bilden, spielte die menschliche Team-Fähigkeit eine entscheidende Rolle. Unsere gesamte Kultur basiert auf Zusammenarbeit, Kommunikation und Arbeitsteilung. Wäre der Einzelne nicht bereit, die im Laufe seines Lebens gesammelten Erfahrungen mit anderen zu teilen, müsste jedes Individuum immer wieder bei Null anfangen. Nur durch das Prinzip von intelligenter Kommunikation und gegenseitiger Unterstützung kann der Homo sapiens außergewöhnliche Leistungen vollbringen. Jeder Mensch, der in seinem Leben Großes vollbracht hat, konnte dies nur tun, weil er Verbündete hatte, die einen positiven Einfluss auf ihn ausgeübt haben – Erzieher, Lehrer, Ausbilder, Mentoren, Vorbilder, Berater, Trainer oder Coaches, die im Hintergrund auf ihn eingewirkt haben. Ohne solche Unterstützung wäre niemand in der Lage, herausragende Leistungen zu vollbringen – nicht in der Politik, nicht im Sport, nicht in der Wissenschaft und auch nicht im modernen Management.

Coaching basiert auf dem Prinzip vom Gewinner-Gewinner-Modell. Es bringt Vorteile für alle Beteiligten, weil intelligentes Teamwork auf natürliche Weise Synergieeffekte erzeugt. Teamwork entsteht, wenn sich Kompetenzen ergänzen. Im Coaching begegnen sich keine zwei Wettbewerber, die miteinander konkurrieren oder sich gegenseitig bekämpfen, sondern zwei unterschiedliche Kompetenzen, die einander respektieren, miteinander harmonieren und sich gegenseitig sinnvoll ergänzen. Eine Coaching-Beziehung kann sehr unterschiedliche Formen annehmen, das zugrunde liegende Prinzip bleibt jedoch immer dasselbe: Es gibt ein gemeinsames Ziel – und die Erreichung dieses Ziels wird von allen Beteiligten als gemeinsame Herausforderung erlebt. Die Arbeitsteilung besteht darin, dass ein Protagonist (oder im Team-Coaching: eine Gruppe von Protagonisten) im Vordergrund agiert und zur Zielerreichung eine besondere Leistung vollbringen muss. Diesen Protagonisten bezeichnet man auf Neudeutsch als »Coachee« – also derjenige, der gecoacht wird. Dann gibt es einen zweiten Protagonisten im Hintergrund – den Coach. (Beide Begriffe – »der Coach« und »der Coachee« – beinhalten sowohl die weibliche als auch die männliche Form. Coaching ist selbstverständlich für Frauen ebenso wie für Männer geeignet.) Der Coach arbeitet hinter den Kulissen und ist oftmals für Außenstehende kaum sichtbar. Seine Aufgabe besteht darin, den Coachee dabei zu unterstützen, die besondere Leistung zur Zielerreichung möglichst effektiv, sicher und ressourcenschonend zu realisieren. Dabei muss er auf einer psychischen Ebene auf seinen Coachee so einwirken, dass dieser optimal gestärkt, ermutigt und befähigt wird. Dieser Prozess des »Empowerment« kann in den verschiedenen Coaching-Formen (je nach Definition des Coaching-Begriffs) auf unterschiedliche Weise gestaltet werden.

Historisches Coaching

In allen früheren Kulturen können Sie die Essenz des Coaching in vielfältigen Gewändern entdecken. Gegenseitige Unterstützung durch sich ergänzendes Rollenverhalten existiert seit langer Zeit und kann die unterschiedlichsten Formen annehmen. In fast allen historischen Gesellschaften gab es ein Zusammenspiel von weltlicher und geistlicher Macht. Die Könige und Kaiser der Vergangenheit legten großen Wert darauf, den Segen der geistlichen Würdenträger auf ihrer Seite zu wissen. Im Auftrag von »Gottes Gnaden« zu handeln, gibt dem eigenen Selbstwertgefühl einen enormen Schub nach vorne. »Göttliche Inspiration« durch geheime oder öffentliche Rituale bewirkt ein mächtiges »Personal Empowerment«. In allen Zeiten der Geschichte gab es »spirituelle

Coaches«, die ihren historischen Coachees im Sinne des jeweiligen Zeitgeistes mentale Unterstützung leisteten.

Ein heutiger Coach kann die Erkenntnisse der aktuellen Wissenschaft in seine Methodik integrieren, doch die Coaches früherer Zeiten konnten sich weder an den Befunden der Neurologie noch an den Forschungen moderner Psychologie orientieren. Trotzdem waren einige von ihnen außerordentlich erfolgreich. Sie handelten aufgrund der Glaubenssysteme, Überzeugungen und Weltbilder ihrer jeweiligen Zeit. Die ägyptischen Pharaonen wurden von den höchsten Priestern, den besten Baumeistern und von den fähigsten Feldherren gecoacht. Ohne kompetente Coaches hätten sie niemals eine solche Hochkultur entwickeln können – vermutlich wäre keine einzige Pyramide gebaut worden. Auch die antiken Griechen kannten das Prinzip des Coaching. Dazu gibt es eine Reihe von interessanten Überlieferungen. Beispielsweise schlüpft die Göttin Pallas Athene während der langen Abwesenheit des Odysseus in die Gestalt des Mentor, eines alten Freundes der Königsfamilie. In dieser Rolle fungiert sie als Coach für Telemachos, den halbwüchsigen Sohn des Odysseus. Pallas Athene unterstützt den jungen Mann dabei, das Reich seines tot geglaubten Vaters erfolgreich zu verteidigen. Sie weckt seine Motivation zum Durchhalten, indem sie ihn voller Hoffnung immer wieder an den Sinn des schwierigen Unterfangens erinnert. Sie trainiert ihn in den Kampfkünsten und entwickelt mit ihm Strategien, um die feindlichen Wettbewerber um den Thron des Königs erfolgreich abzuwehren. So können Telemachos und Mentor mit vereinten Kräften das Königreich des Odysseus zurückgewinnen. Auf dieser antiken Überlieferung basiert das Prinzip des »Mentoring« – ein dem heutigen Coaching recht ähnliches Beziehungsmodell. Ein Mentor zeichnet sich jedoch dadurch aus, dass er gegenüber seinem »Mentee« über einen großen Erfahrungsvorsprung verfügt. Als Mentor brauchen Sie praktische »Feld-Kompetenz«. Der Mentor kennt viele Herausforderungen seines Mentee aus eigener Erfahrung. Deshalb ist der Mentor grundsätzlich älter und erfolgreicher als sein Schützling. Ein moderner Business-Coach muss weder über Feld-Kompetenz verfügen, noch muss er älter sein als sein Coachee. Er braucht in erster Linie »Methoden-Kompetenz«, um den Coaching-Prozess zielführend zu strukturieren. Ein Business-Coach muss zunächst fähig sein, positiven Kontakt herzustellen, Vertrauen zu gewinnen und seinen Coachee zu öffnen. Dann braucht er einen gut sortierten Methodenkoffer, um in kurzer Zeit die Probleme seines Coachees differenziert zu erkennen und sie dann in motivierende Ziele umzuwandeln. Anschließend kann er seinem Coachee helfen, geeignete Strategien zu entwickeln und sie entschlossen umzusetzen. Im Gegensatz zum Mentor hilft der moderne Coach nicht durch Übertragung der eigenen Lebenserfahrung, sondern durch praktisches Know-how bei der Transformation des Problems in ein motivierendes Ziel.

Coaching in der Welt des Sports

Aufgrund der langen Erfolgsgeschichte des Coaching-Prinzips erscheint es nur konsequent, dass unsere erfolgsorientierte Leistungsgesellschaft dieses außerordentlich nützliche Beziehungsmodell nun verstärkt in den Fokus der Aufmerksamkeit rückt – sowohl im Business als auch im Sport. Coaching wirkt leistungsfördernd – das steht außer Frage. Wenn Spitzenleistungen gefordert sind, kann eine einzelne Person diese Anforderung weniger gut erfüllen als ein gut funktionierendes Team. Sehr eindrucksvoll zeigt sich das Prinzip von »Coaching als Teamwork« in der Welt des Profisports. Weltmeister in der Formel 1 werden Sie nicht als Einzelperson – auch wenn nur Sie allein in Ihrem Rennwagen sitzen, während Sie gerade über die Ziellinie rasen. Ein im Hintergrund perfekt funktionierendes Team ermöglicht Ihnen diesen Triumph. Ebenso werden Sie nicht allein Box-Weltmeister. Natürlich stehen Sie im Moment der Entscheidung allein im Ring, wenn der Ringrichter Ihnen und Ihrem ebenfalls gut durchtrainierten Gegner »Box!« als Signal zur Performance zuruft – doch in Ihrer Ecke wirkt Ihr Coach. Er unterstützt Sie mental und hilft Ihnen in den Pausen, Körper und Geist in bestmögliche Verfassung zu bringen. In den Monaten vor dem Kampf haben Sie viel Zeit gemeinsam mit diversen Spezialisten verbracht – Ihren Managern, Sparringspartnern, Ärzten, Physiotherapeuten und Medienberatern – die Ihnen als Coaches in unterschiedlicher Funktion dabei helfen, Ihre Karriere erfolgreich voranzutreiben.

Alle erfolgreichen Profisportler – ob Rennfahrer, Boxer, Tennis-Profi oder Fußballer – haben einen Erfolgs-Coach. Er sorgt dafür, dass sich die unter hohem Erfolgsdruck stehenden Sportler in einem positiven Gewinnerzustand befinden und dass sie fähig sind, im entscheidenden Moment über sich hinauszuwachsen und die erwarteten Spitzenleistungen zu bringen. Das psychologische Know-how des Coach hat entscheidenden Einfluss auf den Erfolg der Athleten. Über Sieg oder Niederlage entscheidet die mentale Steuerung der körperlichen Ressourcen. Viele Golf- und Tennisprofis behaupten sogar, dass ein Match im Kopf gewonnen wird. Sobald die menschliche Aufmerksamkeit verstärkt auf ein attraktives Ziel fokussiert wird, werden unbewusste Kräfte mobilisiert. Energie wird freigesetzt. Die neuronale Schaltzentrale schüttet die nötigen Hormone aus. Adrenalin sorgt für Motivation. Ihr Wille erwacht und konzentriert sich auf das starke, klare Ziel. Ein Mensch im konzentrierten Handlungszustand wird resistent gegenüber Ablenkungen. Er interpretiert die Geschehnisse auf positive Weise. Plötzlich auftauchende Widerstände werden als Herausforderung betrachtet und aktiv angegangen. Die Frustrationstoleranz steigt, Ihr Kampfeswille erwacht und bekommt eine konstruktive Richtung. Zielorientiertes Coaching stimuliert alle Ihre Lebensgeister. Ein kompetenter Coach kann Ihnen helfen, sich auf Ihre wahren Werte zu besinnen und Ihre echten Bedürfnisse zu erkennen. Sobald Sie wissen, was Sie wirklich wollen, können Sie Ihre Wünsche in attraktive, wohlgeformte Ziele gießen. Die Programmiersprache des Unbewussten wird dafür sorgen, dass Ihre Libido-Energie ins Fließen gelangt. So werden Sie auf ganz natürliche Weise die nötige Motivation freisetzen, Ihre gesteckten Ziele tatsächlich zu erreichen.

Ähnlich wie im Leistungssport kann Ihr Coach dafür sorgen, dass Sie sich maximal auf Ihre wahren Ziele konzentrieren. Durch konsequentes Coaching können Sie in einen Zustand gelangen, in dem Sie sich weder durch Konsum und billige Verführungen ablenken noch durch auftauchende Hindernisse einschüchtern lassen. Jeder erfolgreiche Leistungssportler entscheidet sich pro-aktiv für seinen Sport – für das nötige Training, für entsprechende Ernährung und für eine gesunde Lebensführung – und damit gleichzeitig gegen eine Unzahl möglicher Ablenkungen oder Versuchungen, die ihn auf seinem Weg zum Erfolg behindern würden.

Gesunder Sportsgeist kann uns Menschen dabei helfen, die Idee vom Leistungsdruck als positiv zu erleben. Leistung ist ein Schlüssel zum Glück. Die innere Bereitschaft zur Leistung ist notwendig, um erfolgreich zu sein. Ohne Leistung könnten wir uns unseren enorm wachsenden Wohlstand ganz sicher nicht leisten! Ohne kreatives Leistungspotenzial wird die Menschheit in ihrer heutigen Form wohl kaum überleben können. Gerade in der heutigen Zeit – in Anbetracht von Klimawandel, Globalisierung und sich verknappenden Ressourcen – braucht diese Welt ein klares Verständnis für die ökologischen Zusammenhänge und daraus resultierend verantwortungsbewusste Menschen mit echter Lust auf außergewöhnliche Leistung! Die Zeit ist reif für neue, ganzheitliche Problemlösungen. Homo sapiens ist gefordert, über seine bisherige Daseinsform hinauszuwachsen. Wenn es Ihnen gelingt, sich für Ihr kreatives Leistungspotenzial nachhaltig zu begeistern und es mit sportlichem Ehrgeiz kontinuierlich zu entfalten, werden Sie in Ihrem Leben eine neue Quelle der Inspiration entdecken, und vieles wird sehr viel leichter und schöner werden.

Coaching für Manager

Was im Sport selbstverständlich erscheint, beginnt sich nun auch im Business verstärkt durchzusetzen. Immer mehr Unternehmer, Manager und Entscheider fragen sich, ob es denn tatsächlich optimal zielführend sein kann, die gesamte Last der Verantwortung allein zu tragen. Warum soll ein Manager, der Millionen von Euro verantwortet, Mitarbeiter führt, Kunden pflegt, Präsentationen hält, täglich eine Vielzahl von E-Mails beantwortet, ständig wichtige Entscheidungen trifft und dabei weit über 50 Stunden die Woche arbeitet, diesen enormen Stress allein bewältigen? Warum nicht auf das bewährte Prinzip von »sich ergänzenden Kompetenzen« zurückgreifen und durch gelegentliche Treffen mit einem Business-Coach kreative Entlastung herbeiführen? Immer mehr Führungskräfte realisieren, dass die moderne Hochleistungsgesellschaft ihnen weitaus mehr abverlangt, als sich mit gesunder Gelassenheit bewältigen lässt. Im Gegenteil – wer im Angesicht der aktuellen Verantwortung im Zustand der »scheinbaren Gelassenheit«

verharrt, droht schnell unter den Verdacht zu geraten, dass er die bestehenden Leistungsanforderungen nicht ernst nimmt und womöglich »eine ruhige Kugel schiebt«. Modernes Business bedeutet erhöhte Anforderungen. Inwieweit dies mit Hektik, Herzkrankheiten und psychosomatischem Stress verbunden ist, resultiert aus der Frage des intelligenten Umgangs mit diesen Anforderungen. Dauerhafter Stress strapaziert Wohlbefinden und Gesundheit – und führt über kurz oder lang zu Leistungsdefiziten oder dem berüchtigten Burn-out-Syndrom. Coaching ist eine wirkungsvolle Maßnahme zur Optimierung der »Personal Performance« durch innere Stressreduktion. Leistungsorientiertes und kreatives Teamwork gilt zunehmend als innovative Kraft im anspruchsvollen Business. Das Prinzip der »gegenseitigen Inspiration« ist ein Garant für gute Ideen. Die Dienstleistung des Business-Coaching entwickelt sich für eine wachsende Zahl von Managern zu einer willkommenen Maßnahme, um mit Stress intelligent und verantwortungsbewusst umzugehen.

Der Coaching-Markt

Coaching ist ›in‹

Im Zuge der aktuellen Entwicklung verstärkt sich die Nachfrage nach kompetenten Business-Coaches. Darauf reagiert der Markt mit einer wachsenden Zahl von Angeboten zur Coaching-Ausbildung. Immer mehr Menschen interessieren sich für das praktische Know-how der modernen Psychologie. Dabei ist das komplexe Instrumentarium des NLP in Kombination mit dem Methodenkoffer des »Change Management« für die Unternehmen besonders interessant. So ausgebildete Coaches können gestresste Manager in kurzer Zeit mit massiver Unterstützung versorgen. Aufgrund der hohen Flexibilität und der nachhaltigen Wirksamkeit entscheiden sich immer mehr innovative Unternehmen dafür, Ihre Führungskräfte durch gut ausgebildete Business-Coaches zu unterstützen. Moderne Qualifizierungsstrategien setzen verstärkt auf Coaching-Pools. Die Personalchefs sorgen dafür, dass Ihre Weiterbildungsabteilung über einen Pool von Coaches mit unterschiedlichen Kompetenzen verfügt. Das Berufsbild »Business-Coach«, das sich in den USA bereits vor Jahren in der Wirtschaft verankern konnte, beginnt sich auch in Europa zu etablieren. Immer mehr Business-Coaches leben gut davon, dass sowohl die Konzerne bei ihnen Coaching-Kontingente einkaufen als auch Mittelständler und Kleinunternehmer wie Anwälte, Architekten, Künstler, Ärzte und Zahnärzte das »Personal Coaching« für sich entdecken.

In den letzten Jahren sprechen die Medien sogar von einem regelrechten »Coaching-Boom«. Der Begriff Coaching wird geradezu inflationär verwendet. Obwohl sich die Theoretiker der Coaching-Branche teilweise noch mit den Modellen der Coaching-Anfänge aus den frühen 90er Jahren bemühen, eine »saubere Coaching-De-

Coaching mit NLP-Werkzeugen. Thomas Rückerl und Torsten Rückerl
Copyright © 2008 WILEY-VCH Verlag GmbH & Co. KGaA, Weinheim
ISBN: 978-3-527-50351-3

finition« im Bewusstsein der Allgemeinheit zu verankern, treibt der Markt die seltsamsten Blüten. Coaching ist »in«. Inzwischen wird jede Dienstleistung, die auch nur im Entferntesten einen unterstützenden Charakter aufweist, als neue Coaching-Form deklariert: vom »Money-Coaching« über »Beziehungs-Coaching« bis zum »Wellness-Coaching«. Durch diese Inflation von Coaching-Formen kommen naturgemäß auch eine zunehmende Zahl von schwarzen Schafen und eine Reihe von Skurrilitäten mit Coaching-Etikett auf den Markt. Auf der anderen Seite schießen neue Coaching-Verbände wie Pilze aus dem Boden, mit der Absicht, die Qualität der angebotenen Dienstleistungen sicherzustellen und den Markt zu ordnen und zu strukturieren. Doch bei schätzungsweise 30 000 Coaches im deutschsprachigen Raum und einem fehlenden fest definierten Berufsbild »Coach« wird es noch eine ganze Zeit dauern, bis hier eine wünschenswerte Transparenz geschaffen werden kann.

Durch das enorm gestiegene Interesse an der Dienstleistung Coaching hat sich natürlich auch eine bunt blühende Landschaft auf dem Coaching-Ausbildungsmarkt entwickelt. Nach Informationen in der aktuellen Literatur gibt es ca. 300 Anbieter für Coaching-Ausbildungen im deutschsprachigen Raum. Unter diesen Ausbildungsträgern befinden sich Einzelpersonen, freie Institute und Akademien sowie vermehrt Universitäten, die alle unterschiedliche Arten von Coaching-Ausbildungen anbieten. Welche Ausbildung zu Ihren Weiterbildungswünschen und Zielen passt, hängt von Ihren Ansprüchen und von Ihrer Lernbereitschaft ab. Erfolgreich Coaching-Kompetenz zu erwerben bedeutet zunächst die Bereitschaft, sich gezielt zu verändern und somit die eigene Persönlichkeit weiterzuentwickeln. Darüber hinaus spielen die individuellen Zielvorstellungen eine wesentliche Rolle bei der Entscheidung für eine Coaching-Ausbildung.

Welche Kompetenzen braucht ein Coach?

Durch die erfolgreiche Teilnahme an einer seriösen Coaching-Ausbildung sollten Sie folgende Fähigkeiten erwerben oder optimieren können:

- Entwicklung eines Rollenbewusstseins als Business-Coach
- psychodiagnostische Grundkenntnisse
- Methodenkompetenz zur Strukturierung von Coaching-Prozessen
- Reflexion und Optimierung der eigenen Außenwirkung
- Entwicklung eines ganzheitlichen Menschenbildes
- analytisch-strategisches Denken
- Beobachtungsgabe und Einfühlungsvermögen
- Umgang mit persönlichen Themen wie Work-Life-Balance oder Burn-out-Syndrom
- souveräne Gesprächsführung durch zielorientiertes Denken und Sprechen
- positive Integration von Einwänden und Widerständen
- gezielter Umgang mit den unbewussten Kräften
- Motivationsfähigkeit
- Formulierung des USP (Unique Selling Point) und Eigenmarketing
- intelligenter Umgang mit Stress und Herausforderungen
- Methoden zur gezielten Gewinnung von Ressourcen

Gleichzeitig hat die Frage nach den Erfolgskriterien Ihres Weiterbildungswunsches eine hohe Bedeutung. Neben einer fundierten Persönlichkeitsentwicklung kann eine Coaching-Ausbildung Ihnen beim Erwerb von neuen Perspektiven in der beruflichen Orientierung wertvolle Informationen liefern. Durch die Teilnahme an einer seriösen Coaching-Ausbildung sollten besonders Führungskräfte eine Vielzahl von neuen oder gestärkten Kompetenzen entwickeln können:

- souveräne Mitarbeiterführung
- wirksame Methoden zur Motivationssteigerung
- kreatives Konfliktmanagement
- neue Impulse für die gezielte Entwicklung von Teams und Projekten
- Zielvereinbarungen und Visions-Workshops
- Konzepte zur aktiven Personalentwicklung
- systemisches Verständnis und Organisationsentwicklung

Um bei der Suche nach der passenden Ausbildung kompetente Ausbildungsträger von schwarzen Schafen unterscheiden zu können, ist es sinnvoll, die folgenden Erfolgskriterien für Ausbildungsinstitute zu beachten:

- Seriöse Institute arbeiten mit etablierten Verbänden zusammen.
- Jeder Interessent bekommt transparente Informationen, welche Methoden das Institut zur nachhaltigen Ausbildung einsetzt.
- Es gibt ein kompetentes Team von Ausbildern, die selbst als Coach tätig sind.
- Als erfolgreichen Abschluss der Ausbildung erwerben die Teilnehmer ein Zertifikat, das im Coaching-Markt über ein positives Renommee verfügt.
- Die Ausbildungskonzepte sind psychologisch fundiert und nachvollziehbar.
- Die Kompetenzen der Ausbilder sind nachweisbar.
- Die Ausbildung hat sich am Markt bewährt – es gibt positive Referenzen.

Qualitätskriterien für Coaching-Ausbildungen

Falls Sie mit dem Gedanken spielen, an einer Ausbildung teilzunehmen, um auf diesem Wege die Qualifikation zum Coaching zu erwerben, sollten Sie darauf achten, dass Sie ein Institut finden, das sowohl zu Ihren Talenten und Neigungen als auch zu den Anforderungen Ihres beruflichen Umfeldes passt. Die verschiedenen Ausbildungsformate unterscheiden sich nicht nur hinsichtlich der Qualität ihrer Inhalte. Auch der methodisch-didaktische Stil, das Menschenbild und die persönliche Ausstrahlung der Ausbilder sind ein wichtiger Faktor für den Erfolg Ihres Lernprozesses. Nur wenn Sie sich auch emotional mit dem Lernstoff und der Form seiner Vermittlung identifizieren können, wird Ihr Unbewusstes bereit sein, sich voll auf den nötigen Lernprozess einzulassen. Die Ausbilder müssen Ihnen souveränes Coaching vorleben! Viele wissenschaftliche Studien beweisen, dass das Lernen am erfolgreichen Modell eine der schnellsten und nachhaltigsten Lernformen darstellt. Ein Coaching-Prozess basiert auf komplexer Kommunikation: Der Coach muss fähig sein, in kurzer Zeit viele Informationen zu gewinnen, zu verarbeiten und anschließend mit einem überzeugenden Kommunikationsangebot zu reagieren – und dabei gleichzeitig die folgenden Reaktionen seines Coachees im Auge behalten, um seine nächsten Schritte wiederum darauf abzustimmen. Diese komplexe Fähigkeit können Sie nur dann erlernen, wenn Sie überzeugende Vorbilder finden. Ihr Unbewusstes muss bereit sein, die Methodik der zielorientierten Coaching-Kommunikation zunächst zu modellieren und sie dann mit Ihrer eigenen Persönlichkeit zu verknüpfen. Durch beständiges Üben entwickelt sich während dieses strukturierten Lernprozesses Ihr eigener Coaching-Stil – Sie erlernen die nötigen Fähigkeiten, um andere Menschen souverän zum Erfolg zu führen.

Die Angebote zum Erwerb von Coaching-Kompetenz basieren auf unterschiedlichen Lernformen – von einer festen Ausbildungsgruppe über gezielten Einzelunterricht bis zum überwiegend theoretischen Fernstudium. Echte Coaching-Kompetenz entsteht jedoch nicht durch das intellektuelle Studium von Coaching-Literatur, sondern durch praktische Erfahrungen im Coaching-Setting mit anschließendem Feedback. Nur durch aktives Ausprobieren und gezieltes Einüben können Sie echte Souveränität im Umgang mit den Coaching-Werkzeugen erlangen. Das neuronale Netzwerk in Ihrem Gehirn braucht nicht nur intellektuelle Stimulanz, sondern auch sinnliche Erfahrung. Falls Sie das Glück haben, eine attraktive Ausbildungsgruppe zu finden, wo motivierte Menschen in einem wertschätzenden und zugleich leistungsorientierten Klima gemeinsam das Handwerk und die Kunst des Coaching erlernen, sollten Sie Ihre Chancen nutzen, mit möglichst vielen unterschiedlichen Menschen Coaching-Erfahrung zu sammeln. Nur durch eine Vielzahl praktischer Erfahrungen können Sie Ihr Coachingwissen auf einem hohen Niveau verinnerlichen und dabei die nötige Flexibilität gewinnen. Die Ausbildungsgruppe darf nicht zu klein sein – sonst würden die Teilnehmer »im eigenen Saft schmoren«. Nur durch den Kontakt mit vielen unterschiedlichen Coachees kann Ihr Gehirn lernen, schnell mit zunächst unbekannten Menschen eine intensive Beziehungsebene aufzubauen. Die erfolgreiche Erfahrung innerhalb der Dynamik einer lebendigen Ausbildungsgruppe erhöht die Flexibilität im Umgang mit den Coaching-Werkzeugen. Nur wer die Strukturen der menschlichen Dynamik durch eigene Erfahrung verstanden hat, kann andere Menschen zielorientiert durch den Dschungel der komplexen psychischen Prozesse führen und dabei ein Optimum an Motivation erzeugen.

Gleichzeitig kann die Ausbildung in einer interessanten Gruppe weitere Vorteile bieten: Bei einem seriösen Ausbildungsanbieter bewegen sich die Teilnehmer in einem Klima von Wertschätzung und Vertrauen. Das Prinzip des »Win-win« bildet die Basis der Coaching-Philosophie. Gegenseitige Unterstützung und authentischer Austausch sind gelebte Werte. Die Teilnehmer lernen, Feedback-Prozesse konstruktiv zu gestalten. Es entstehen Netzwerke, Freundschaften, und neue Ideen gelangen in die Realisierung. In einer guten Ausbildung sollten Sie auch über die aktuellen Entwicklungen am Coaching-Markt informiert werden und konstruktiv bei Ihrer eigenen Positionierung am Markt unterstützt werden. Dazu gehört – neben den Informationen über die Marktchancen eines ambitionierten Business-Coach – auch die praktische Entwicklung eines individuellen Marketingkonzeptes.

Weitere Erfolgskriterien für eine fundierte Coaching-Kompetenz sind:

- intelligentes Rollenbewusstsein als Coach
- praxiserprobte Kommunikationsmodelle
- ein positiver und motivierender Sprachgebrauch
- souveräne Gesprächsführung durch zielorientierte Fragen
- klares Verständnis von Coaching-Auftrag und Rahmenbedingungen
- Kenntnis der Coaching-Phasen im Gesprächssetting
- Empathie und Aufmerksamkeit für den Prozess
- soziale Kompetenz im Umgang mit Macht und Hierarchien
- Know-how zu Motivation und Eigenmotivation

Geradezu uneinheitlich zeigt sich der deutschsprachige Coaching-Ausbildungsmarkt in der Frage der anfallenden Investition. Die Höhe der Teilnahmegebühren kann weder durch das Ausbildungsformat noch durch Ausbildungsumfang oder Gruppengröße transparent erklärt werden. Das tatsächliche Preis-Leistungs-Verhältnis einer seriösen Coaching-Ausbildung resultiert weniger aus der Teilnahmegebühr, sondern vielmehr aus dem folgenden Return of Investment. Was können Sie als Absolvent nach der Ausbildung erwarten? Über welche Fähigkeiten verfügen Sie nun tatsächlich? Wie erfolgreich können Sie die erlernte Coaching-Kompetenz im beruflichen Alltag einsetzen? Inwieweit hat die Ausbildung auch Marketingkompetenz und unternehmerisches Denken berücksichtigt?

Entscheidend für den Erfolg einer Coaching-Ausbildung ist das »Lernen am Modell«. Lernpsychologisch betrachtet fungieren die Ausbilder als vorbildhaftes »Rollen-Modell« für die Teilnehmer. Coaching-Kompetenz resultiert aus einer komplexen Kombination von Fähigkeiten, die im Laufe einer Ausbildung auf subtile Weise in der eigenen Persönlichkeit verankert werden. Diese nur schwer messbare Kompetenz lässt sich am wirksamsten auf andere Menschen übertragen, indem erfolgreiche Vorbilder die Lernenden durch eine Vielzahl praktischer Übungen an ihrer reichhaltigen Erfahrung teilhaben lassen. Deshalb sollten Sie darauf achten, dass Ihre Ausbilder nicht nur über akademisches Wissen verfügen, sondern in der Business-Welt erfolgreiches Coaching realisieren. Nur wer sich im realen Alltag der Manager, geprägt durch Zeitdruck, Konkurrenz, Macht und Status, zu behaupten weiß, wird fähig sein, zukünftige Business-Coaches erfolgreich auszubilden. Außerdem sollte ein seriöses Institut über ein Team von kompetenten Ausbildern mit psychologischem Know-how und fundierter Trainer-Qualifikation verfügen. So wird gewährleistet, dass Sie sich an unterschiedlichen Rollen-Modellen orientieren und als kreative Synthese am Ende der Ausbildung Ihren eigenen Coaching-Stil entwickeln. Ebenso wichtig ist die Aufladung der Seminarzeit mit positiven Gefühlen. Diesen Effekt kennen Sie vermutlich aus Ihrer Schulzeit: Je mehr Spaß Ihnen ein Fach mit einem sympathischen Lehrer bereitet hat, desto mehr konnten Sie sich für die Inhalte öffnen – das Lernen geschah mühelos, mit Energie und Leichtigkeit. Diese positive Verknüpfung ist in der Erwachsenenbildung umso wichtiger – nur wenn die vermittelten Inhalte Ihnen Freude bereiten, werden Sie bereit sein, die nötige Zeit und Energie in Ihr Training zu investieren.

Wie finden Sie Ihren Coach?

Immer mehr Manager öffnen sich für die Zusammenarbeit mit einem Coach. Vielleicht fragen Sie sich nun, wie Sie einen geeigneten, kompetenten Coach finden können. Dafür gibt es viele Wege – allerdings keine Garantie. Ein oftmals erfolgreicher Weg ist die Empfehlung durch eine Person des Vertrauens aus dem beruflichen oder privaten Umfeld. Empfehlungsmarketing ist die wichtigste Säule der meisten Business-Coaches. Vielleicht haben Sie auch das Glück, dass Ihr Chef oder ein Mentor innerhalb Ihres Unternehmens über Coaching-Know-how verfügt. Dann sollten Sie sich nicht scheuen, diese kompetente Person aufzusuchen, um ein vertrauliches Gespräch zu führen und von ihren Fähigkeiten zu profitieren. Manchmal kann ein intensives Gespräch mit einem kompetenten Zuhörer, der darüber hinaus über eine gute Fragetechnik und ein Gespür für motivierendes Feedback verfügt, einen belastenden Knoten zum Platzen bringen und eine neue Erfolgsorientierung bewirken. Falls Sie innerhalb Ihrer Firma oder Ihres Netzwerkes keine vertrauenerweckende Person ausfindig machen können, die für Sie als Coach geeignet wäre, so fragen Sie doch einfach mal in Ihrer Personalabteilung. Immer mehr Unternehmen, sowohl große Konzerne als auch Mittelständler, arbeiten mit externen Coaches zusammen. Viele Firmen verfügen über einen Pool von Coaches, mit denen sich die Führungskräfte unter dem Siegel der Verschwiegenheit treffen können, um über aktuelle berufliche Themen zu sprechen. Wir kennen eine wachsende Zahl von Managern, die regelmäßig Coaching-Sitzungen in Anspruch nehmen, um Entscheidungen zu planen, Zeitmanagement und Prioritäten zu überprüfen, Konflikte aufzuarbeiten oder sich auf schwierige Situationen vorzubereiten. Nicht wenige sind davon überzeugt, dass das Gelingen von kritischen Projekten erst durch die Zusammenarbeit mit einem Coach möglich wurde.

Falls Ihre Personalabteilung Ihnen keinen eingespielten Coaching-Pool anbieten kann, ist es trotzdem wahrscheinlich, dass für wichtige Führungskräfte ein Etat zur Verfügung steht, mit dem Sie sich auf eigene Faust auf dem unübersichtlichen deutschen Coaching-Markt einen kompetenten Coach suchen können. Dabei besteht allerdings das Risiko – ähnlich wie bei der Konsultation von Ärzten, Psychotherapeuten, Anwälten oder Finanzberatern –, dass Sie dabei an ein schwarzes Schaf geraten. Deshalb empfehlen wir Ihnen, nicht gleich dem Erstbesten zu vertrauen, sondern sich nach Ausbildungs-Zertifikaten, Berufserfahrung und Referenzen zu erkundigen. Am wichtigsten ist jedoch, dass Sie sich nach der Coaching-Sitzung besser als vor der Sitzung fühlen. Ihr Coach soll Sie stärken, ermutigen und befähigen. Wenn Sie sich jedoch geschwächt, irritiert oder ängstlich fühlen, sollten Sie nicht zögern, Ihren Coach konsequent zu wechseln – es gibt genug gute Alternativen auf dem Markt. Allerdings sollten Sie sich nicht nur anhand Ihres Gefühls orientieren, sondern auch überprüfen, ob die Konzepte, die Sie im Coaching entwickeln, tatsächlich funktionieren. Eine Strohfeuer-Ermutigung ohne fundierte konzeptionelle Grundlage kann Ihnen zwar einen kurzen Motivationsschub geben – doch Sie sollten sich fragen, ob dieser Motivationsschub das investierte Geld tatsächlich wert ist.

Von einem fähigen Business-Coach dürfen Sie erwarten, dass er Sie sowohl motiviert als auch inhaltlich kompetent unterstützt. Bei der Auswahl Ihres Coachs spielt natürlich auch die persönliche Chemie eine wichtige Rolle. Coaching braucht Vertrauen. Ihr Coach muss in Ihnen das Gefühl von Vertrauen erwecken. Wenn Sie während der ersten Coaching-Sitzung mit einem externen Coach kein Vertrauen aufbauen können, sollten Sie nicht zögern, sich eine Alternative zu suchen. Fortlaufende Erfahrungen mit inkompetenten Coaches sollten Sie sich ersparen – Sie würden sich nur unnötig behindern und unnötiges Misstrauen entwickeln. Coaching ist sowohl ein Handwerk als auch eine Kunst. Die handwerklichen Aspekte erlernt man durch Fleiß und Disziplin – durch beständiges Üben. Der künstlerische Aspekt entsteht durch Leidenschaft, Begeisterung und Inspiration. Ein guter Coach sollte zumindest die handwerklichen Aspekte realisieren können und Ihnen eine ordentliche Dienstleistung bieten. Doch die volle Wirksamkeit des Coaching kann sich erst entfalten, wenn der Coach sich mit ganzem Herzen in Ihre Themen einfühlt und seinen trainierten, kreativen Geist mit Leidenschaft auf die Lösung Ihrer Probleme fokussiert.

Vermutlich wird ein gut beschäftigter, externer Business-Coach außerhalb Ihrer vereinbarten Termine keinen Kontakt zu Ihnen aufnehmen – obwohl er Ihnen die Möglichkeit einräumen wird, ihn im Krisenfall jederzeit anzurufen. Diese Option, die zwar nur von den allerwenigsten Coachees hin und wieder wahrgenommen wird, gibt Ihnen Sicherheit für Notfälle. Doch während Ihrer Termine steht Ihnen Ihr Coach als kraftvolle Inspiration zur vollen Verfügung. Während einer Coaching-Sitzung gilt das Prinzip des Momentum – die gemeinsame Zeit hat eine besonders hohe Qualität. Als Coachee befinden Sie sich in einem inspirierten Zustand von erhöhter Aufmerksamkeit. Viele Coachees berichten davon, dass sie diesen außerordentlichen Zustand in abgemilderter Form auch in den Alltag übertragen können, indem Sie an bestimmte Momente während des Coaching zurückdenken. Psychologisch gesehen befindet sich der Coachee durch die Inspiration und die von seinem Coach zur Verfügung gestellte geistige Energie im so genannten »Flow-State«. Dabei werden kreative Kräfte frei. Das Unbewusste wird geschmeidig und erlaubt, dass Inhalte ins Bewusstsein kommen, die dort normalerweise nicht hingelangen. Das bedeutet nicht, dass Sie während einer Coaching-Sitzung permanent Glücksgefühle verspüren – im Gegenteil, wenn Sie schwierige, kritische oder angstbesetzte Themen ansprechen, werden vermutlich genau die dazugehörigen Gefühle in Ihnen auftauchen. Doch entscheidend ist, dass Sie im Coaching den negativen Gefühlen nicht ausgeliefert sind. Ihr Coach wird sie kontinuierlich dabei unterstützen, die negativen Gefühle zu transformieren, indem er Sie in Kontakt mit hilfreichen Ressourcen bringt. Ein kompetenter Coach versteht es, psychische Prozesse zielorientiert zu steuern, und er verfügt über wirkungsvolle Integrationsstrategien – so dass Sie sich am Ende der Sitzung gut gerüstet fühlen, um die mental bearbeiteten Themen anschließend im Alltag umzusetzen.

Zusammenfassend lässt sich feststellen, dass unsere Leistungsgesellschaft die Idee der hilfreichen, unterstützenden Arbeitsbeziehung positiv umzusetzen versteht und sich eine wachsende Zahl von Menschen für das Prinzip des Coaching interessiert. Darüber hinaus gibt es noch einen interessanten Trend: Business-Coaching wird mittlerweile nicht nur von externen Beratern durchgeführt, sondern auch durch die Vorgesetzten im beruflichen Alltag.

Coaching als Führungsstil

Der Führungsstil der Zukunft

Coaching ist leistungsorientiertes Teamwork. Eine kreative Coaching-Kultur verbessert sowohl die Arbeitsleistung als auch das Arbeitsklima und wirkt somit positiv auf die Motivation aller Betroffenen. Dieser bemerkenswerte Effekt hat sich in den Chefetagen herumgesprochen und findet nun rasante Ausbreitung. In vielen Unternehmen kann man eine neue und interessante Tendenz beobachten: Führungskräfte lassen sich zum Coach ihrer Mitarbeiter ausbilden. Sie lernen, die Rolle als Coach mit ihrer täglichen Führungsarbeit zu verbinden. Sie unterstützen ihre Mitarbeiter dabei, ihren Job optimal zu erledigen, und entwickeln ein neues Selbstverständnis: der Chef als Coach seiner Mannschaft – sportlicher Ehrgeiz als positive Motivation für Teamgeist und Leistungssteigerung. Dieses »Coaching-on-the-Job-Phänomen« kann bemerkenswerte Ergebnisse erzielen: Die gecoachten Mitarbeiter fühlen sich gewertschätzt, gestärkt, motiviert und wachsen mit frischer Energie in neue Aufgaben hinein.

Als Jürgen Klinsmann 2004, zwei Jahre vor der WM im eigenen Land, die Deutsche Nationalmannschaft übernahm, befand sich sein Team noch keinesfalls in dem leistungsstarken Zustand, in dem es sich während des Sommermärchens 2006 präsentierte. Damals hat kaum jemand geglaubt, dass es der deutschen Mannschaft gelingen würde, die Vorrunde zu überstehen – außer Jürgen Klinsmann. Er sah das Potenzial in der Mannschaft und spürte in sich die Befähigung, dieses Potenzial zu entwickeln. Er fokussierte auf das Team, in dem jeder einzelne Spieler eine wichtige Rolle spielt. In Amerika hatte er gelernt, als teamorientierter Coach mit leistungssteigernden Methoden zu arbeiten, und dieses Know-how

Coaching mit NLP-Werkzeugen. Thomas Rückerl und Torsten Rückerl
Copyright © 2008 WILEY-VCH Verlag GmbH & Co. KGaA, Weinheim
ISBN: 978-3-527-50351-3

übertrug er nun auf seine deutschen Spieler. Das Ergebnis dieses Coaching-Prozesses konnte die ganze Welt in den Stadien und auf den TV-Monitoren auf eindrucksvolle Weise erleben.

Ähnlich wie ein Fußballtrainer, der das Beste aus seiner Mannschaft herausholen will, können auch vom Sportsgeist beseelte Führungskräfte jeden einzelnen Mitarbeiter als wertvollen Potenzialträger betrachten und ihr Team optimal entwickeln. Mitarbeiter-Coaching ist eine unternehmerische Investition. Als Führungskraft investieren Sie zunächst ganz bewusst Extrazeit in Ihre Mitarbeiter. Sie führen gut vorbereitete Gespräche und machen sich konstruktive Gedanken über die Baustellen in Ihrem Team. Sie nutzen das Prinzip der Delegation, achten auf positive Konditionierung und nützliche Gewohnheiten im Verhalten Ihrer Mitarbeiter. Auf diese Weise gewinnen Sie mittel- und langfristig wertvolle Zeit zurück, weil die Mitarbeiter schrittweise lernen, mehr Verantwortung zu übernehmen. Eine gelungene Investition in das Potenzial der Mitarbeiter ist der stärkste Hebel, den ein Chef im Arbeitsalltag betätigen kann.

Coaching erfordert Vertrauen und gegenseitige Wertschätzung. Aufgrund seiner archaischen Struktur entsteht ein »sich selbst verstärkender Effekt«. Die Erfahrung in vielen Unternehmen zeigt, dass die Bereitschaft zum Coaching auf natürliche Weise Vertrauen und Wertschätzung erzeugt. Sobald eine kritische Masse von Menschen die Vorteile des Coaching entdeckt, beginnt sich das dabei generierte positive Klima scheinbar automatisch auszubreiten. Die emotionale Energie von Erfolg, Zuversicht und motiviertem Sportsgeist überträgt sich auch auf andere Bereiche – zunächst intern über die Schnittstellen im Unternehmen und dann auch extern auf Kunden und Dienstleister. Wir kennen einige eindrucksvolle Beispiele dafür, wie eine gezielte Coaching-Ausbildung von Führungskräften in Schlüsselpositionen einen enorm positiven Effekt auf die gesamte Führungskultur des Unternehmens ausgeübt hat.

Durch positive Erfahrungen im Coaching steigt die allgemeine Kooperationsbereitschaft von Führungskräften und Mitarbeitern. Gegenseitiges Vertrauen schont die Nerven und reduziert unnötige Reibungsverluste. Sobald die Betroffenen am eigenen Leib erfahren, dass offener Dialog eine lohnende Zeitinvestition darstellt, erwacht ein natürliches Bedürfnis nach authentischer und positiver Kommunikation. Gleichzeitig verbessert sich das Betriebsklima, weil Probleme und Frustrationen nun offen angesprochen und gezielt bearbeitet werden. Coaching kann dazu beitragen, dass die Betroffenen sich weniger als Opfer misslicher Umstände empfinden, sondern sich ermutigt fühlen, ihre Arbeitsbedingungen so mitzugestalten, dass zukünftig neue Erfolgserlebnisse möglich werden.

Mitarbeiter entwickeln ein neues Anspruchsdenken

Die Anforderungen an eine moderne Führungskraft wachsen kontinuierlich. Sowohl die Komplexität als auch der allgegenwärtige Leistungsdruck nehmen stetig zu. Fähige Mitarbeiter entwickeln in Zeiten des Fachkräftemangels ein neues Selbstbewusstsein. Sie wissen um ihren steigenden Wert für die Unternehmen. Attraktive Angebote von Headhuntern und Personalberatern sind an der Tagesordnung. Ein neues Anspruchsdenken hinsichtlich »Betriebsklima mit Wohlfühlfaktor« und kreativer Arbeitsplatzgestaltung beginnt vielerorts aufzukeimen. Selbstbewusste Mitarbeiter lassen sich nicht einfach herumkommandieren, sondern erwarten von ihren Führungskräften einen echten Mehrwert. Führung wird zunehmend als »Dienstleistung für Mitarbeiter« verstanden. Manager mit Karriereambition müssen Ihre Führungsfähigkeit im Assessment-Center unter Beweis stellen. Der Chef von morgen muss zeigen, dass er sich nicht nur mit Macht und Ellenbogen durchsetzen kann. Im Gegenteil – er muss fähig sein, die Akzeptanz der unterschiedlichsten Mitarbeiter und Kollegen zu gewinnen. In Zeiten zunehmender Projektarbeit, jenseits von Linie und Hierarchie, gewinnt auch das Thema »Führen ohne Macht« stärkere Bedeutung. Aufgrund des wachsenden Arbeitspensums und des enormen Zeitdrucks wird es zunehmend schwieriger, Mitarbeiter positiv zu motivieren und ihnen in Anbetracht ständig steigender Anforderungen ein echtes Sinngefühl für ihre Tätigkeit zu vermitteln. Der erfolgreiche Chef von morgen braucht Menschenkenntnis, psychologisches Geschick und Einfühlungsvermögen – er muss seine unternehmerische Botschaft nachhaltig in den Köpfen und Herzen seiner Mitarbeiter verankern.

Not macht erfinderisch. Falls Sie in eine Situation geraten, in der Sie mit den vorhandenen Ressourcen, den gewohnten Verhaltensmustern und bewährten Konzepten nicht weiterkommen, sind Sie gezwungen, etwas Neues zu probieren. Zeiten der Not bewirken über kurz oder lang Veränderungen. Ein erzwungener Veränderungsprozess bringt jedoch oftmals auch Schmerzen, Ängste und Irritationen mit sich. Als coachende Führungskraft denken und handeln Sie pro-aktiv. Sie warten nicht, bis das Kind in den Brunnen gefallen ist – Sie beugen vor, indem Sie dafür sorgen, dass Ihre Mitarbeiter fit genug sind, und indem Sie sie gezielt auf schwierige Situationen vorbereiten. Manch eine schlimme Krise hätte verhindert werden können, wenn die Verantwortlichen ihre Mitarbeiter rechtzeitig auf die veränderten Umstände vorbereitet hätten.

Coaching ist zielorientiert

Als Coach denken Sie zielorientiert. Sie planen die Zukunft und sorgen dafür, dass Ihre Mitarbeiter die nötigen Fähigkeiten zur Bewältigung möglicher Krisen frühzeitig erlernen. Dafür können Sie mit ihren Mitarbeitern ein Training-on-the-Job-Programm entwickeln. Wenn Sie zum Beispiel bemerken, dass wichtige Abläufe nicht reibungsfrei funktionieren, brauchen Sie sich nicht lange zu ärgern, aufzuregen oder Schuldige zu suchen. Stattdessen stellen Sie eine Schlüsselfrage des Coaching: »Was müsste der betroffene Mensch hier lernen, damit es in Zukunft besser funktioniert? Und wie könnte ich ihm dabei helfen, die nötigen Lernaufgaben als solche zu erkennen und schrittweise zu bewältigen?« Als verantwortlicher Manager betreiben Sie aktive Personalentwicklung, indem Sie auf Ihre Leute so einwirken, dass diese gezielt neue Fähigkeiten ausbilden. Wenn Sie über Ihr Team nachdenken, wählen Sie einen lernfokussierten Blickwinkel: »Über welche Fähigkeiten müsste dieser Mitarbeiter verfügen, um die kritischen Situationen zukünftig besser managen zu können? Welche Stärken muss er entwickeln, um sich dabei sicher und kompetent zu fühlen? Wie können die anderen Teammitglieder ihn dabei unterstützen? Was braucht mein Team, um wirklich gute Arbeit zu leisten? In welche Richtung sollen sie sich orientieren – welche qualitativen Ziele gebe ich ihnen vor?« Durch solche Fragen können Sie Ihr Gehirn anregen, innovative Ideen zu entwickeln und im nächsten Mitarbeitergespräch den konstruktiven Geist des Coaching ins unternehmerische Spiel zu bringen.

In jedem Mitarbeiter schlummert ein riesiges Potenzial von bisher ungenutzten Möglichkeiten. Durch gezieltes Coaching können Sie dieses Potenzial entdecken, aktivieren und nutzbar machen. Wenn Sie Ihre Führungsaufgabe in der Rolle des Coachs wahrnehmen, bekommt die Kommunikation mit Ihren Mitarbeitern eine neue Qualität. Sie achten darauf, dass Sie mit Ihren Mitarbeitern so sprechen, dass diese sich zukünftig motiviert und zielführend verhalten. Dafür nutzen Sie die Kraft des konstruktiven Feedbacks. Viele Chefs versuchen ihre Mitarbeiter zu »erwischen«, wenn sie Fehler machen, um sie anschließend zu bestrafen. Diese Haltung entspricht nicht dem Geist des Coaching – sie demotiviert die Leute und vergiftet das Betriebsklima. Stattdessen sollten Sie sich angewöhnen, Ihre Mitarbeiter dabei zu »erwischen«, wenn sie etwas besonders gut gemacht haben, und ihnen dafür aufrichtige Anerkennung aussprechen. Positives, erwünschtes und nützliches Verhalten Ihrer Mitarbeiter verstärken Sie ganz gezielt durch positives Feedback. Negatives, unerwünschtes oder schädliches Verhalten nehmen Sie als Anlass, um mit dem entsprechenden Mitarbeiter ein gut vorbereitetes und motivierendes Gespräch zu führen. Sie machen ihm deutlich, warum das unerwünschte Verhalten den Unternehmenszielen entgegensteht. Anschließend entwickeln Sie mit ihm gemeinsam eine bessere Alternative. Dann treffen Sie gemeinsam eine Vereinbarung, die dem Win-win-Prinzip entspricht. Wenn der Mitarbeiter sich an die Vereinbarung hält, belohnen Sie ihn durch angemessene Anerkennung. Falls nicht, führen Sie ein weiteres Gespräch. Sie erhöhen den Druck und bieten gleichzeitig kreative Unterstützung an. Natürlich ist das Coaching kein Allheilmittel für jeden schwierigen Mitarbeiter – es wird auch Fälle geben, wo selbst der geduldigste Coach mit seinem didaktischen Latein am Ende ist. In solchen Fällen, in denen der Mitarbeiter nicht bereit ist, sich auf Ihr Coaching-Angebot ernsthaft einzulassen, müssen Sie sich fragen, ob eine weitere Coaching-Investition in diesen Mitarbeiter lohnenswert erscheint. Es gibt natürlich solche Situationen, in denen ein kooperatives Coaching-Angebot nicht mehr weiterhilft, sondern konsequentes Konfliktmanagement gefordert ist.

Coaching basiert auf Wertschätzung und Vertrauen

Doch in den meisten Fällen kann die Coaching-Methode gute Ergebnisse erzielen. Statistisch gesehen können Sie durch Coaching den größten Teil aller denkbaren Mitarbeiter wesentlich erfolgreicher machen – und dadurch natürlich auch Ihren eigenen Erfolg als Führungskraft steigern. Wenn Sie in Ihrem Verantwortungsbereich unerwünschtes Verhalten beobachten, können Sie solche Missstände nachhaltig beheben, indem Sie die Sache in einem positiven Klima mit konstruktiven Worten ansprechen. Sie verwandeln das unerwünschte Verhalten in eine Lernaufgabe für den Mitarbeiter. Sie vereinbaren konkrete Erfolgskriterien, anhand deren Sie und Ihr Mitarbeiter die Fortschritte erkennen und bewerten können. Sie sorgen dafür, dass er die nötige Anerkennung erhält, wenn es ihm gelingt, die gesteckten Ziele zu erreichen. Als ausgebildeter Business-Coach führen Sie Ihre Mitarbeiter auf eine souveräne und zielorientierte Weise. Sie können jeden Ihrer Mitarbeiter auf individuelle Weise ansprechen und mit (fast) jedem eine positive Beziehungsebene etablieren. Aus dieser positiven Basis heraus definieren Sie mit ihm gemeinsam zukünftige Herausforderungen. Sie wecken seinen Sportsgeist und werten ihn auf, indem Sie ihn dabei unterstützen, mehr Verantwortung zu übernehmen.

Ob Sie wollen oder nicht – als Chef üben Sie einen mächtigen Einfluss auf Ihre Mitarbeiter aus. Die Mitarbeiter projizieren ihre Bedürfnisse, Hoffnungen und Ängste in Sie hinein. Kleinigkeiten, die Ihnen selber vielleicht unbedeutend erscheinen, werden von Ihren Mitarbeitern aktiv beobachtet und interpretiert – von der Farbe Ihrer Krawatte über den Tonfall Ihrer Stimme bis zur Deutung Ihrer Mimik. Deshalb empfehlen wir Ihnen, sich Ihrer Außenwirkung bewusst zu werden und in Zukunft empfängerorientiert zu kommunizieren. Sie steuern Ihre Außenwirkung, indem Sie sich darauf besinnen, dass jede Minute der Kommunikation Ihre Mitarbeiter aktiv beeinflusst. Trainieren Sie sich darin, sich in die Wirklichkeit und das Erleben Ihrer Mitarbeiter einzufühlen:

»Was würden Sie sich von Ihrem Chef wünschen, wenn Sie in der Haut Ihrer Mitarbeiter steckten? Wie müsste Ihr Chef sich verhalten, damit Sie ihm vertrauen und gerne mit ihm zusammenarbeiten?«

Solche Fragen geben Ihnen Hinweise, um Ihren Mitarbeitern zukünftig solche Signale zu senden, die sich positiv auf die gemeinsame Kommunikation auswirken. Business-Coaching bezieht sich jedoch nicht nur auf das Qualifizieren und Motivieren der eigenen Mitarbeiter. Die Kraft des Coaching-Know-hows können Sie in vielen beruflichen Situationen einsetzen. Als coachende Führungskraft können Sie Ihre Kunden, Ihre Kollegen und unter günstigen Umständen auch Ihren Chef coachen.

Die Führungskraft als Coach

Das Coaching-Prinzip ist für Führungskräfte in vielerlei Hinsicht interessant. Die Unterstützung durch einen internen Coach, der vielleicht sogar Ihr eigener Chef ist, bedeutet einen echten Glücksfall für Sie. Ein interner Mentor kann Ihrer Karriere ebenfalls einen enormen Schub geben. Die Zusammenarbeit mit einem externen Coach kann sowohl die Qualität Ihrer Management-Performance sichern als auch helfen, akute Krisen zu überwinden oder entscheidende Weichen zu stellen. Darüber hinaus können Sie selber als Coach tätig werden – für Ihre Mitarbeiter, für Kollegen oder auch für Ihren Chef. Außerdem können Sie einige Coaching-Werkzeuge im Kontakt mit Ihren Kunden einsetzen – oder für alltägliche Gesprächssituationen, wo Ihnen ein positives Ergebnis am Herzen liegt. Last but not least können Sie sich die zielorientierten Strukturelemente des Coaching zur inneren Gewohnheit machen und Ihre Denkprozesse gemäß unserer neurologischen Architektur ausrichten – Sie können Ihr Gehirn trainieren, konsequent erfolgsorientiert zu denken. Dabei können Sie das Prinzip »Coach yourself« für sich entdecken. »Selbst-Coaching« ist eine positive Denkgewohnheit. Im Vergleich zum Coaching durch eine andere Person sind die Möglichkeiten zwar recht begrenzt – doch es ist wesentlich intelligenter, seinen inneren Dialog im Sinne eines Coaching zu gestalten, als sich durch negative Gedanken selbst zu behindern.

Außerdem überträgt sich der positive Umgang mit den eigenen Gedanken auch auf Ihre Mitmenschen. Je mehr Sie sich darin üben, in positiven Strukturmodellen zu denken und Ihre schöpferischen Gedanken durch kreative Fragen auf andere Menschen zu übertragen, desto stärker wird Ihr Einfluss auf Ihr soziales Umfeld. Ihre Ausstrahlung wird zunehmend positiver, gewinnend und attraktiv für Ihre Mitmenschen. Man empfindet Sie als angenehmen und hilfreichen Gesprächspartner. Ihre Gegenwart inspiriert andere Menschen, lösungsorientiert über Probleme nachzudenken, Wertschätzung für vorhandene Ressourcen zu empfinden und die nötige Energie aufzubringen, um wichtige Dinge mit Freude zum Erfolg zu führen.

Wer die Kunst beherrscht, sich wirkungsvoll mit anderen, sich ergänzenden Kompetenzen zu verbünden, gewinnt natürliche Überlegenheit. Wenn Sie nun daran denken, sich einen kompetenten Coach zu suchen, so können Sie sich eine neue Dimension von Leistungsfähigkeit und Teamwork eröffnen. Falls Sie sogar mit dem Gedanken spielen, als Coach tätig zu werden, dann besinnen Sie sich zunächst auf Ihr natürliches Bedürfnis, anderen Menschen helfen zu wollen. Erinnern Sie sich an die evolutionäre Erfolgsgeschichte des Coaching und öffnen Sie sich für die Idee, als Speerspitze der Evolution an dieser Geschichte mitzuwirken.

Die Praxis des Business-Coaching

Das Fünf-Phasen-Modell

Als Business-Coach brauchen Sie eine souveräne Orientierung. Sie orientieren sich in der Welt des Coachees, indem Sie seine »innere Landkarte« als Abbildung seines subjektiven Erlebens aufmerksam erforschen. Dabei achten Sie darauf, dass Sie seine inneren Befindlichkeiten und die daraus resultierenden Regeln respektieren. Nur so können Sie sein Vertrauen gewinnen. Gleichzeitig müssen Sie darauf achten, sich nicht in den neurotischen Seiten seiner Persönlichkeit zu verirren. Als kompetenter Business-Coach trainieren Sie sich darin, Ihr Denken und Sprechen zielorientiert zu gestalten. Dafür orientieren Sie sich, während Sie die Einzigartigkeit Ihres Coachees erforschen, an einem psychologischen Strukturmodell. Dieses Modell befindet sich im Einklang mit den natürlichen Mustern der menschlichen Kommunikation. Es beschreibt fünf Phasen, die Sie in jedem erfolgreichen Coaching-Prozess erkennen können. Als Business-Coach kommunizieren Sie mit anderen Menschen aus einer emotionalen Grundhaltung von »freundlicher Stärke«. Ihr Geist ist fest verankert in der Philosophie des »Win-win«. Sie realisieren Erfolg, indem Sie andere Menschen erfolgreich machen. Sie verknüpfen Ihre eigene Ambition mit den Interessen des Coachees. Ihre Coaching-Intervention wurzelt in der bewussten Entscheidung, Ihre Kreativität, Ihre Intelligenz und Ihre Überzeugungskraft einzusetzen, um Ihren Coachee zu befähigen, seine Ziele auf die bestmögliche Weise zu erreichen. Mit dieser Absicht formulieren Sie ein attraktives Kommunikationsangebot. Sie bieten Ihrem Gegenüber an, ein für ihn außerordentlich nützliches »Personal Empowerment« zu bewirken, indem Sie ihn befähigen, die Ideen und Konzepte, die Sie mit ihm gemeinsam ent-

Coaching mit NLP-Werkzeugen. Thomas Rückerl und Torsten Rückerl
Copyright © 2008 WILEY-VCH Verlag GmbH & Co. KGaA, Weinheim
ISBN: 978-3-527-50351-3

wickeln, tatsächlich umzusetzen. Daraus resultiert ein vitales Gewinner-Gewinner-Modell. Wenn alle Beteiligten in einem Boot sitzen, entsteht eine natürliche Motivation zur bestmöglichen Kooperation. Als Coach sind Sie dafür verantwortlich, alle verfügbaren Kräfte konsequent auf das erwünschte Ziel zu konzentrieren. Deshalb trainieren Sie sich darin, das strukturierte Denkmodell des Coaching auf die individuelle Situation des Coachees zu beziehen.

Der Gesprächsprozess im Coaching verläuft kontrolliert und in Phasen strukturiert. Metaphorisch könnten Sie diesen Prozess vergleichen mit dem Besuch einer hypermodernen Autowaschanlage mit maßgeschneidertem Wohlfühlfaktor. Coaching beginnt mit der Kontaktaufnahme. Zunächst müssen Sie sich dafür entscheiden, in Ihr Auto zu investieren, indem Sie es in die Waschstraße bringen. Während Sie die Station anfahren, sind Sie sich darüber bewusst, dass Sie Zeit und Geld investieren, und deshalb suchen Sie eine qualitativ hochwertige Waschanlage. Sobald Sie den Chip in den Automaten werfen und den Starter drücken, durchläuft Ihr Auto eine systematische Reinigung. Der Reinigungsprozess geschieht in unterschiedlichen Phasen. Zunächst wird Ihr Auto positioniert, seine genaue Beschaffenheit wird eingescannt, und dabei werden die Hochleistungsinstrumente gezielt justiert und genau ausgerichtet. Dann wird Ihr Auto heiß geduscht und mit feinen Hochdruckdüsen abgespült – im Lichte dieser positiven Verperlung beginnt es bereits, einen neuen Glanz zu entwickeln. In der nächsten Runde wird alles gründlich eingeschäumt, mit speziellen Substanzen veredelt und tiefenwirksam poliert. Anschließend kommen komplexe Spezialbürsten für die schwierigen Stellen – auch hier wird nachhaltig veredelt und lackschonend poliert. Zum Schluss wird Ihr Auto gefönt, getrocknet und dauerhaft versiegelt. Anschließend steigen Sie wieder hinein und verlassen die Waschanlage. Sie erfreuen sich an dem neuen Glanz und fahren beschwingt, sicher und mit einem besonders guten Gefühl. Außerdem wurde vielleicht ein Ölwechsel gemacht, neue Scheibenwischer montiert oder Winterreifen aufgezogen. Auf jeden Fall ist es gut zu wissen, dass sich neben der Waschanlage auch eine kompetente Werkstatt befindet, wo nötige Reparaturen schnell durchgeführt werden können.

Natürlich reduziert diese Metapher aus der Autowelt den komplexen und lebendigen Coaching-Prozess auf ein simples, mechanistisches Weltbild – es fehlt die Magie der menschlichen Begegnung. Coaching erfordert sowohl Fantasie als auch strukturiertes Denken. Natürlich wird nicht die Person des Coachees gewaschen und gebürstet, sondern seine »innere Landkarte« – die subjektive Abbildung seiner aktuellen Lebenssituation wird gereinigt, optimiert und metaphorisch »straßentauglich« gemacht. Der neue Glanz entspricht einer optimistischen Orientierung, grundiert mit realistischen Konzepten und versiegelt mit frischer Motivation. Darüber hinaus kann diese mechanistische Metapher hilfreich sein, um die konsequente Dramaturgie des Coaching-Prozesses auf einer tieferen Ebene zu verstehen. Dieses bewährte Fünf-Phasen-Modell beschreibt die zentrale Orientierung für Business-Coaches. Ein erfahrener Coach sollte diese Dramaturgie und die daraus resultierende Denkstruktur durch zahlreiche Coaching-Gespräche als systematische Handlungskompetenz in all ihren Varianten verinnerlichen. Wer sich daran trainiert, den roten Faden seiner Gesprächsführung an diese fünf Phasen zu binden, wird fähig sein, mit den unterschiedlichsten Coachees ein maßgeschneidertes Konzept für zukünftiges Handeln zu entwickeln.

Das Fünf-Phasen-Modell im Coaching

1. Vertrauen gewinnen! ... und dabei die Ist-Situation verstehen
2. Chancendenken: Probleme in Ziele verwandeln!
3. Strategie und Ressourcen – der Weg zum Erfolg!
4. Öko-Check: Welche Risiken und Nebenwirkungen sind im Spiel?
5. Future Pace: Bringen Sie den Coachee ins Handeln!

Phase 1: Vertrauen gewinnen! ...
... und dabei die Ist-Situation verstehen

Erfolgreiches Business-Coaching basiert auf wachsendem Vertrauen. Ohne Vertrauen wäre der Mensch auf dem Stuhl gegenüber nicht bereit, sich zu öffnen und von seiner aktuellen Befindlichkeit zu berichten. Als Coach verfügen Sie über die Fähigkeit, schnell und nachhaltig Vertrauen aufzubauen. Dafür fokussieren

Sie auf die Ebene der Beziehung. Sie sorgen für partnerschaftlichen Kontakt und positives Klima. Sie beobachten, wie sich die Kommunikation entwickelt. Sie erspüren die Bedürfnisse Ihres Coachees und helfen ihm, die wesentlichen Themen in treffende Worte zu fassen. Sie schenken ihm volle Aufmerksamkeit und verstärken die Gemeinsamkeiten. Durch eine empathische Vorgehensweise stimulieren Sie Ihren Coachee, offen und ehrlich über seine Wünsche, Ziele, Sorgen und Probleme zu reden. Sie interessieren sich für alle relevanten Informationen, Sie bestätigen seine Werturteile, Einschätzungen und Meinungen und signalisieren Ihre Bereitschaft, Ihr Gegenüber solidarisch bei der Realisierung seiner Interessen zu unterstützen.

Während Sie das Vertrauen Ihres Gegenübers gewinnen, merken Sie sich die wesentlichen Sachinformationen, die Ihr Coachee Ihnen mitteilt. Während Sie ihm aufmerksam zuhören, fühlen Sie sich in seine Situation hinein. Mithilfe Ihrer emotionalen Fantasie versuchen Sie, sein Erleben nachzuvollziehen. Sie erforschen seine innere Landkarte mit gezielten Fragen und fassen immer wieder in kurzen Worten zusammen, was Sie bisher über seine Welt verstanden haben. Durch wertschätzende Kommentare bestätigen Sie seine innere Landkarte. Bestätigung verstärkt das Vertrauen. Außerdem stimulieren Sie Ihren Coachee, noch bewusster über seine aktuelle Situation nachzudenken. Die beiden Prozesse »Vertrauen gewinnen« und »empathische Analyse der Ist-Situation« laufen parallel. Doch entscheidend für einen erfolgreichen Start ins Coaching ist weniger die intellektuell-differenzierte Analyse, sondern das Wachstum von lebendigem Vertrauen. Nur wenn Sie fähig sind, Ihren Coachee in einen Zustand des Vertrauens zu führen, wird sein vegetatives Nervensystem den inneren Stress reduzieren. Ein gelungenes Coaching bewirkt eine massive Stressreduktion und funktioniert deshalb als Stimulanz seiner kreativen Kräfte. Indem der Coachee seinen Coach als kompetente Vertrauensperson erlebt, kann eine kreative Kommunikation beginnen – der Coachee ist nun bereit, seinen gestressten Problemzustand zu verlassen und sich für die zielführenden Impulse des Coachs zu öffnen.

Phase 2: Chancendenken: Probleme in Ziele verwandeln!

Sobald das Vertrauen zu wachsen beginnt und Sie ein Gefühl für die aktuelle Situation Ihres Gegenübers entwickelt haben, müssen Sie Ihrem Coachee helfen, eine positive Vorstellung von der Zukunft zu entwerfen. Jedes Problem birgt auch Chancen! Welche Chance könnte sich aus diesem Problem ergeben: »Was stattdessen?« Sie fragen Ihren Coachee, wie seine zukünftige Situation beschaffen sein wird, sobald es ihm gelungen ist, sie so zu verändern, dass er damit vollauf zufrieden ist: »Wie wird es sein, wenn Sie Ihr Problem gelöst haben? ..., wenn Sie am Ziel angekommen sind? ... Was werden Sie dann wahrnehmen? ... Woran werden Sie merken, dass Sie Ihr Ziel erreicht haben? ... Welche Zielkriterien gelten?« Durch solche Fragen führen Sie die Aufmerksamkeit Ihres Coachees in die Zukunft. Er lernt, seine innere Landkarte zu verändern, indem neue Zielkoordinaten formuliert werden. Sein Unbewusstes lernt, die Filter der »selektiven Wahrnehmung« auf neue Schlüsselreize auszurichten. Durch Ihre strukturierte Fragetechnik beeinflussen Sie Ihr Gegenüber, den Fokus seiner kreativen Aufmerksamkeit auf eine neue Weise in die Entwicklung einer motivierenden Zukunft zu investieren.

Erfolg resultiert aus der Erreichung von attraktiven Zielen. Nur wer seine Ziele kennt und kontinuierlich an der kreativen Realisierung arbeitet, kann nachhaltig erfolgreich sein. Wer sich hingegen nur von Problemen und Feinden umgeben sieht, gerät in negative Zustände – die Wahrnehmung wird verzerrt durch Angst, Stress und Frustration. Als Business-Coach sind Sie fähig, solche Verzerrungen zu korrigieren, indem Sie die Probleme Ihres Coachees zunächst erforschen und verstehen, bevor Sie den Fokus dann auf mögliche Lösungen richten. Als Coach wirken Sie wie ein Alchemist, der Blei in Gold verwandelt – Sie verwandeln belastende Probleme in attraktive Ziele. Dabei nutzen Sie ein breites Repertoire von zielorientierten Fragen. Der Werkzeugkoffer des NLP bietet eine ausgefeilte Methodik zur Formulierung von motivierenden Zielen, um eine festgefahrene Problemorientierung in eine Zielorientierung zu verwandeln. In dieser Phase 2 kommt es darauf an, den Fokus der inneren Aufmerksamkeit auf eine attraktive Zukunft zu richten und diese Ideen dann in treffende Worte zu gießen. Die so erschaffene Zielformulierung dient als Kompass der folgenden Coaching-Intervention. Es gilt, kraftvolle verbale Anker in die Zukunft zu werfen und zu bestimmen, wohin die Reise gehen soll.

Phase 3: Strategie und Ressourcen ... der Weg zum Erfolg!

Sobald ein klares Ziel am Horizont sichtbar wird, stellt sich die Frage nach dem besten Weg zur Zielerreichung. Jetzt müssen Sie Ihrem Coachee dabei helfen, eine funktionierende Strategie zu entwickeln. Dafür fragen Sie ihn nach den benötigten Ressourcen. Einige Ressourcen zur Zielerreichung sind oftmals schnell verfügbar, während andere fehlen und erst noch erworben werden müssen – spätestens an diesem Zeitpunkt ist kreativer Einsatz von geistigen Kräften gefordert. Vereinfacht könnte man sagen, dass die meisten Coaching-Interventionen dazu dienen, fehlende Ressourcen zu generieren. Ressourcen sind »Rohstoffe für die Problemlösung«. Sie können sowohl in der Person des Coachees liegen – beispielsweise Fähigkeiten, Wissen, Motivation, Ideen oder Ausdauer – oder in der Außenwelt vorhanden sein – in Form von Kapital oder Immobilien, Zeitpuffern, Referenzen, motivierten Mitarbeitern oder guten Kontakten zu Kunden, Steuerberatern, Anwälten, Ärzten oder Coaching-Netzwerken. Kraftvolle Ressourcen sind für eine motivierende Strategie unverzichtbar. Je mehr qualitativ hochwertige Ressourcen verfügbar sind, desto einfacher, sicherer und souveräner kann eine zielführende Strategie erschaffen werden. Der emotionale Kontakt zu Ressourcen vermittelt Mut und Zuversicht. In dieser dritten Phase fokussieren Sie darauf, den Coachee gezielt auf bevorstehende Herausforderungen vorzubereiten. Indem Sie mit Ihrem Coachee eine detaillierte Strategie zur Zielerreichung entwickeln, programmieren Sie sein Gehirn auf den zukünftigen Erfolg. Je intensiver Sie mit ihm die zukünftigen Optionen durcharbeiten, desto höher wird die Wahrscheinlichkeit, dass das gemeinsam entwickelte Konzept tatsächlich funktionieren wird.

In dieser dritten Phase des Coaching-Prozesses achten Sie als Coach ganz besonders darauf, dass Sie Ihre eigenen Vorstellungen und Lösungsideen zunächst zurückstellen. Stattdessen nutzen Sie die Expertise und die Feldkompetenz Ihres Coachees – er kennt seine aktuelle Situation aus eigener Erfahrung. Sein Unbewusstes verfügt über unzählige Informationen zu diesem Thema. Die Aufgabe des Coachs besteht nun darin, diese Informationen auf eine nützliche Weise zu ordnen. Dabei nutzen Sie zielorientierte Fragen, um bereits vorhandene Ressourcen zu erkennen und um herauszufinden, welche Ressourcen noch nicht verfügbar sind. Durch konstruktive Impulse stimulieren Sie den Geist Ihres Coachees, fehlende Ressourcen wie Zeit, Geld, Kapazitäten, Fähigkeiten oder Informationen durch kreative Konzepte zu generieren. So entstehen »Etappenziele« – motivierende Meilensteine auf dem Weg zum Erfolg. Während der Entwicklung von Strategien achten Sie genau auf die Körpersprache. Jede Inkongruenz könnte ein Hinweis dafür sein, dass die Strategie noch nicht gut genug ist und optimiert werden muss. Sobald die Strategie zur Zielerreichung in den wesentlichen Zügen formuliert wurde, gilt es, die tatsächliche Praxistauglichkeit zu überprüfen. Deshalb führen Sie Ihren Coachee nun in die nächste Phase: den Öko-Check.

Phase 4: Öko-Check: Welche Risiken und Nebenwirkungen sind im Spiel?

Nachdem Sie eine attraktive Strategie zur Zielerreichung entwickeln konnten, wollen Sie nun überprüfen, unter welchen Bedingungen die angedachte Strategie tatsächlich funktioniert. Deshalb fokussieren Sie auf die »ökologische Verträglichkeit« der geplanten Veränderung. Sie prüfen, wie die zukünftigen Handlungen sich auf das innere Erleben und auf das äußere Umfeld auswirken können. Dabei betrachten Sie die Existenz Ihres Coachees als ein komplexes und dynamisches System, dessen Integrität durch unbewusste Kräfte bewacht wird. Eine weitere Metapher aus der Welt der Automobile kann helfen, um zu verstehen, was der systemisch denkende Coach in der Phase 4 bewirken will: Jetzt beginnt die »Zeit des Erlkönigs«! Bevor ein neues Auto vom Hersteller auf dem Markt zugelassen wird, testen es die verantwortlichen Experten auf Herz und Nieren – in der Hitze der afrikanischen Wüste, im Schnee der skandinavischen Winter oder im Windkanal der technischen Designer. Es gilt, Belastungstests zu bestehen und

Praxistauglichkeit zu beweisen. In der Phase des Öko-Checks prüfen Sie gemeinsam mit Ihrem Coachee, ob sich die erarbeiteten Konzepte in der Praxis des Alltags tatsächlich bewähren können.

Um zu überprüfen, welche Risiken und Nebenwirkungen die Umsetzung der Strategie beinhalten könnte, schlüpfen Sie in die Rolle des Advocatus Diaboli. Sie denken wie ein kritischer Controller und stellen pragmatische Fragen: »Welche Schwachstellen könnte unsere Strategie aufweisen? ... Was würde passieren, wenn unsere Konzepte nicht funktionieren? ... Welche unerwarteten Probleme könnten auftauchen? ... Welche inneren Einwände könnten Zweifel verursachen und die Motivation schwächen? Welche komplexen systemischen Zusammenhänge könnten von der geplanten Veränderung betroffen sein?« Durch solche Fragen überprüfen Sie den Realitätsgehalt der entwickelten Strategie. Wirkt Ihr Coachee glaubwürdig und motiviert, während er Ihre Fragen beantwortet? Weiß er sich zu helfen, auch wenn etwas nicht optimal läuft? Ist er sich der Risiken bewusst? Kann er sein Ziel auch bei heftigem Gegenwind im Blick behalten? Wie stark ist seine Motivation? Kann er mögliche Nebenwirkungen seiner Entscheidungen realistisch einschätzen? Ist er bereit, den Preis für die gewünschte Veränderung zu zahlen? Wie werden andere Menschen in seinem sozialen Umfeld auf die Veränderungen reagieren? Wo findet er Unterstützung, wo könnte ihm Widerstand begegnen?

Während des Öko-Checks ist es besonders wichtig, Ihrem Gegenüber mit Wertschätzung und Aufmerksamkeit zu begegnen. Durch das Testing gewinnen Sie wertvolle Informationen über mögliche Schwachstellen der Strategie, und gleichzeitig müssen Sie darauf achten, Ihren Coachee durch den Öko-Check nicht zu entmutigen oder gar sein Vertrauen zu verlieren. Erinnern Sie ihn immer wieder an sein positives Ziel. Argumentieren Sie niemals destruktiv, sondern fokussieren Sie auf mögliche Optimierungen. Sie fragen prophylaktisch nach möglichen Einwänden, doch Sie achten darauf, dass alle auftauchenden Einwände sinnvoll integriert werden. Sie bestehen auf »Backups« und »Plan B«. Die Phase des Öko-Checks endet, sobald alle wesentlichen Eventualitäten kritisch überprüft wurden. Nun gibt es eine überzeugende Strategie – jetzt gilt es, Ihren Coachee ins Handeln zu bringen.

Phase 5: Future Pace: Den Coachee ins Handeln bringen!

Sobald die geplante Strategie in Anbetracht aller wesentlichen Faktoren überprüft und als optimal bewertet wurde, wechseln Sie wieder die Rolle. Während des Teufels Advokat die Aufmerksamkeit des Coachees auf Schwierigkeiten und Schwachstellen lenkte, führen Sie ihn nun in die Welt der Motivation und des Handelns. Deshalb richten Sie den Fokus auf die konkreten Aufgaben, die es zu bewältigen gilt. Jetzt wollen Sie sicherstellen, dass Ihr Coachee genau weiß, was innerhalb der nächsten Tage und Wochen getan werden muss, um das im Coaching entwickelte Konzept zu realisieren. Sie holen sein Unbewusstes ins Boot, indem Sie die Kraft der Konditionierung nutzen und seine selektiven Wahrnehmungsfilter auf die erarbeiteten Zielkriterien programmieren. Sie erzeugen optimale Motivation, indem Sie das gute Gefühl der Zielerreichung tief in seinem Gehirn verankern. Sie verknüpfen neuronale Belohnungen mit zukünftigen Handlungsschritten. Im Future Pace wecken Sie seinen Appetit auf frische Erfolgserlebnisse. In dieser letzten Phase sorgen Sie dafür, dass Ihr Coachee über die nötige Energie verfügt, um seine Strategie tatsächlich zu realisieren.

In allen Phasen der strukturierten Gesprächsführung spielt das Unbewusste eine entscheidende Rolle. In Phase 1 muss Vertrauen entstehen, damit der Mensch sich öffnen kann. Dies geschieht in den unbewussten Arealen des Gehirns. In Phase 2 müssen neue Ideen entwickelt werden, um eine positive Zukunft zu entwerfen. Diese neuen Ideen über die Zukunft basieren auf Informationen, die bisher im Unbewussten verborgen waren. Die dritte Phase ist ein kreativer Prozess — benötigte Ressourcen werden entdeckt, erschlossen oder neu hinzugezogen. Die bisherige Abbildung der Situation wird neu konfiguriert. In Phase 4 verbünden wir uns mit der Weisheit des Unbewussten und überprüfen die ganzheitliche und systemische Verträglichkeit. Als Abschluss vollziehen wir in Phase 5 mit dem Coachee ein inneres Ritual, um die entscheidenden Coaching-Ergebnisse möglichst stabil in seiner Persönlichkeit zu verankern. Mit einem gelungenen Future Pace verabschieden Sie Ihren Coachee. Bei Bedarf vereinbaren Sie einen Folgetermin. Bis dahin wünschen Sie ihm viel Glück, und dann entlassen Sie ihn zurück in die Realität. Nun liegt es in der Verantwortung des Coachees, die neu erschaffenen Ideen in erfolgreiche Taten zu verwandeln.

Das Prinzip der Beeinflussung im Coaching

Coaching ist ein nützliches Beziehungsmodell, das auf gezielter Beeinflussung basiert. In welcher Form diese Beeinflussung geschehen soll, erregt die Gemüter von streitbaren Akademikern und Coaching-Gelehrten. Einig ist man sich darüber, dass die Beeinflussung hilfreich und im Geiste einer positiven Win-win-Ethik verwurzelt sein soll. Für Praktiker zählt, dass die Beeinflussung den Coachee befähigt, die im Coaching vereinbarten Ziele zu erreichen. Kurz gesagt: Coaching bedeutet, andere Menschen erfolgreich zu machen. Erfolg gibt Recht. Wenn die angestrebten Ziele erreicht wurden, war das Coaching erfolgreich. Strittig ist jedoch die Frage nach der inhaltlichen Beeinflussung – und die daraus resultierende Abgrenzung zwischen Coaching und Beratung. Der Coaching-Begriff wird sowohl in der Wissenschaft als auch im inflationären Coaching-Markt unterschiedlich verwendet.

Einige Coaching-Theoretiker verlangen eine Stimulanz der Kreativität des Coachees, die ohne jegliche inhaltliche Beeinflussung stattfinden soll. Diese radikale Haltung ist jedoch in der Praxis kaum realisierbar. Insbesondere die absurde Diskussion, ob Führungskräfte ihre Mitarbeiter coachen können, erzeugt in den Personalabteilungen viel unnötige Verunsicherung. Natürlich können Chefs Ihre Mitarbeiter coachen – wir erleben dieses außerordentlich nützliche Beziehungsmodell seit Jahren in vielen Unternehmen.

Inhaltsfreies Coaching ist ein theoretisches Modell

Coaching ohne inhaltliche Beeinflussung ist ein theoretisches Modell. Doch es gibt einen guten Grund, sich an diesem Modell zu orientieren: Ein Coach, der auf jegliche inhaltliche Beeinflussung verzichtet, erzielt einen enormen Vorteil: Sein Coachee hat keinen Grund, seiner Beeinflussung Widerstand entgegenzusetzen. Wenn sich der Coach konsequent und ausschließlich an den originalen Bedürfnissen des Coachees orientiert – warum sollte dieser sich gegen einen Einfluss wehren, der völlig inhaltsfrei ist und lediglich auf das Empowerment seiner Person abzielt? Coaching ohne inhaltliche Beeinflussung ist Dienstleistung pur, ein mentaler Blanko-Scheck, der lediglich auf die Bedürfnisse, Wünsche und Ziele des Coachees fokussiert.

Doch in der Praxis ist es für viele erfahrene Coaches gar nicht wünschenswert, sich hundertprozentig von dem eigenen Werte- und Bewertungssystem zu lösen und sich total auf die Subjektivität des anderen einzulassen, denn Coaching basiert auf Vertrauen. Wie kann ein Coachee seinem Coach wirklich vertrauen, wenn sich dieser inhaltlich überhaupt nicht zeigt? Wir Menschen sind darauf angewiesen, unsere Landkarte in einem Mindestmaß austauschen zu können, um einem anderen Menschen vertrauen zu können. Und wie kann der Coach tatsächliche, echte und intrinsische Bedürfnisse des Coachees von fremdgesteuerten Scheinbedürfnissen unterscheiden? Vielleicht verfolgt der Coachee unbewusst eine Illusion und würde, sobald er diese als solche erkennt, ganz andere Bedürfnisse verspüren? Und last but not least – selbst wenn es dem Coach gelänge, völlig inhaltsfrei zu arbeiten, bleibt fraglich, ob dies denn wirklich optimal zielführend sein kann. Würde er einen Coachee im Zustand von Frustration, Zweifel und Verwirrung »im eigenen Saft schmoren« lassen, anstatt ihn durch gezielte Impulse bei der Zieloptimierung zu unterstützen?

Die Beantwortung dieser Fragen deutet darauf hin, dass das Konzept »Coaching als inhaltsfreie Beeinflussung« zwar eine nützliche Orientierung darstellt, in der Praxis jedoch oftmals aus gutem Grund anders gehandhabt wird.

Im Mitarbeiter-Coaching durch Vorgesetzte wird diese Thematik besonders deutlich: Hier können echte Interessenkonflikte auftauchen, die mit Fingerspitzengefühl diagnostiziert und behandelt werden müssen. Für Führungskräfte, die ihre Mitarbeiter coachen wollen, gilt deshalb: Orientieren Sie sich konsequent an der Idee des Win-win! Wie können Sie die Arbeitsleistung Ihres Mitarbeiters so entwickeln, dass sowohl der Mitarbeiter davon profitiert (Erfolgserlebnisse, Anerkennung, Selbstwert, Kreativität, Freiräume o. Ä.), als auch das Unternehmen (Leistungssteigerung, Betriebsklima, Motivation, Qualität etc.)? Finden Sie eine angemessene Balance zwischen den Interessen des Mitarbeiters und den Interessen des Unternehmens. Coaching von Mitarbeitern durch den Vorgesetzten kann nicht inhaltsfrei verlaufen – muss es aber auch nicht! Wenn der Vorgesetzte es versteht, die Win-win-Balance im Auge zu haben, ist das Coaching von Mitarbeitern eine enorm nützliche und für alle Beteiligten sinnvolle Art, Menschenführung im unternehmerischen Alltag praktisch zu realisieren.

Gezielte Beeinflussung zum Vorteil des Coachees

Doch auch externe Coaches achten nur in den seltensten Fällen auf eine völlig inhaltsfreie Beeinflussung. Im Gegenteil, viele Coaching-Anbieter verknüpfen ihre Dienstleistung ganz bewusst mit Beratungs- oder Trainings-Konzepten. Hier stellt sich natürlich die Frage, inwieweit die Beratung oder das Training für den Coachee tatsächlich zielführend wirkt. Prinzipiell gilt: Je geringer die inhaltliche Beeinflussung, desto höher ist die Wahrscheinlichkeit, dass der Coaching-Einfluss sich an den wahren Bedürfnissen, Wünschen und Werten des Coachees orientiert und somit förderlich für eine authentische Persönlichkeitsentwicklung wirkt. Deshalb gilt in vielen Coaching-Ausbildungen der Anspruch, dass die frischgebackenen Coaches zunächst einmal lernen, möglichst inhaltsfrei zu arbeiten. Im Laufe wachsender Prozesskompetenz wird dann automatisch die Lebenserfahrung des Coachs immer stärker in den Dialog mit dem Coachee einfließen. Entscheidend dabei ist ein sensibler Kontakt zu den unbewussten Kräften im Coachee, denn sie signalisieren dem Coach frühzeitig durch leichte Inkongruenzen in der Körpersprache, dass die inhaltliche Beeinflussung nicht zur aktuellen Wirklichkeit des Coachees passt und deshalb abgewehrt wird. Ist der Coach fähig, solche feinen Signale frühzeitig zu erkennen, durch eine sofortige Reduzierung seiner inhaltlichen Beeinflussung zu reagieren und stattdessen auf inhaltsfreies Coaching umzuschalten, wird er nach kurzer Korrektur schnell in der Lage sein, seinem Coachee einen wertvollen Dienst zu erweisen. Ist er jedoch nicht fähig, die Aktivierung der Abwehrmechanismen im Nervensystem seines Coachees rechtzeitig zu bemerken, oder ist er nicht bereit, seine eigene Subjektivität trotz eindeutiger Signale des Widerstands zu relativieren (mangelndes Pacing), so wird er seinem Coachee einen Bärendienst erweisen und über kurz oder lang einen Konflikt erzeugen.

Doch ganz gleich, wie stark der Anteil der inhaltlichen Beeinflussung im Coaching beschaffen sein mag – entscheidend ist das Prinzip des »Empowerment«. Die Essenz des Coaching bildet also weniger die inhaltliche – im Sinne einer Beratung –, sondern vielmehr die strukturelle Beeinflussung. Deshalb ist das moderne NLP ein idealer Methodenkoffer im Coaching – es ist ein reines Strukturmodell und wurde entwickelt, um in kürzester Zeit exzellente Ergebnisse zu erzielen.

Gelungenes Coaching bewirkt spürbare Verbesserung!

Jedes Coaching folgt einer einfachen Grundstruktur: *Vor* dem Coaching befindet sich der Coachee in einem Zustand, den wir als »suboptimal« bezeichnen. (Wenn der Coachee in einem optimalen Zustand wäre, dann bräuchte er keinen Coach. Doch wer, bitte schön, befindet sich hinsichtlich seiner Leistungsfähigkeit, inklusive Motivation und emotionaler Befindlichkeit, permanent in einem optimalen Zustand?) *Nach* einem gelungenen Coaching befindet sich der Coachee in einem besseren Zustand als vor dem Coaching – diese Optimierung definiert den Wert des Coaching und unterliegt offensichtlich stark subjektiven Kriterien.

Doch genau das beschreibt die Essenz eines gelungenen Coaching: Der Coachee ist auf seinem Weg zur Zielerreichung ein Stück vorangekommen. Vielleicht hat er im Dialog mit seinem

Coach etwas Wichtiges gelernt, vielleicht haben die beiden gemeinsam ein funktionierendes Konzept entwickelt, vielleicht konnte der Coach so auf seinen Coachee einwirken, dass dieser nun über ein stärkeres Selbstvertrauen verfügt, wenn er an die Bewältigung seiner Aufgaben denkt. Oftmals kommt der Coachee nicht mit einem Ziel ins Coaching. Stattdessen bringt er dem Coach ein schwieriges Problem. Die Umwandlung von schwierigen Problemen in attraktive Ziele gehört zum Alltag eines jeden Coachs. Diese alchemistische Fähigkeit ist die Grundvoraussetzung für die Arbeit als Coach. Solange der Coachee glaubt, ein Problem zu haben, befindet er sich in einem suboptimalen Zustand. Sobald sein Coach ihm jedoch dabei geholfen hat, den Fokus seiner Aufmerksamkeit in die Zukunft zu lenken und konstruktiv darüber nachzudenken, wie seine Wirklichkeit denn beschaffen sein mag, wenn das alte Problem gelöst ist, wird sich der Zustand des Coachees erheblich verbessern. Selbst wenn in der realen Welt noch keine echte Veränderung stattgefunden hat – in dem Moment, wo ein betroffener Mensch seine Denkweise verändert und fähig ist, den Schritt vom gestressten, überforderten und negativen Problembesitzer zum positiven, motivierten und zielorientierten Problemlöser zu tun, verbessert sich automatisch sein innerer Zustand. Kreativität keimt auf, Motivation erwacht, und es entsteht neuer Raum für frische, positive Emotionen. So gesehen ist eine Coaching-Sitzung ein alchemistischer Prozess – das alte Problem der Vergangenheit verwandelt sich in ein frisches, motivierendes Ziel in der Zukunft.

Menschen sind wie Wundertüten!

Die Gestaltung dieses enorm hilfreichen Prozesses bezeichnen wir als »strukturierende Beeinflussung«. Der Coach hilft seinem Coachee, die Betrachtung einer Situation möglichst zielführend und motivierend zu gestalten. Gleichzeitig finden die beiden gemeinsam heraus, wie der bestmögliche Weg zum Ziel beschaffen sein könnte und welche Maßnahmen nötig sind, um diesen Weg optimal zu beschreiten. Manchmal wirkt Coaching wie eine Initialzündung – dann reicht eine einzige Sitzung, um den Knoten platzen zu lassen. Am Ende der Sitzung weiß der Coachee genau, was er tun wird, um sein Problem aus eigener Kraft zu lösen. Vielleicht gibt er seinem Coach nach erfolgreicher Zielerreichung ein Erfolgsfeedback – doch im Grunde bestand das Teamwork aus einigen wenigen Stunden, die nötig waren, damit der Coach seinen strukturierenden Einfluss auf die Situation des Coachees übertragen konnte. Dieser Impuls reichte aus, um den Coachee zu befähigen, sein Problem zu lösen. In den meisten Fällen verläuft ein Coaching jedoch als Prozess, der während mehrerer gemeinsamer Treffen stattfindet. Noch wichtiger sind allerdings die Zeiten zwischen den Treffen, wo der Coachee die im Coaching vereinbarten Maßnahmen umsetzt.

Business-Coaching kann echte Innovation bewirken. Als erfahrener Business-Coach sind Sie offen für Veränderungen, denn Sie betrachten Veränderungen als Herausforderung. Sie verfügen über ein flexibles Repertoire von kreativen Verhaltensmustern. Sie vermitteln Sicherheit, während Sie Ihren Coachee motivieren, sich für die nötigen Veränderungen auf eine positive Weise zu öffnen. Sie helfen, Angst in Mut zu verwandeln. Sie genießen den Respekt und die Anerkennung Ihrer Mitmenschen, weil Sie es verstehen, intelligente Win-win-Lösungen herbeizuführen. Sie entfalten natürliche Autorität, indem Sie die Interessen aller Beteiligten nachhaltig vertreten. Dabei orientieren Sie sich an den Naturgesetzen, am gesunden Menschenverstand und an Ihrer wachsenden Erfahrung als Coach. Sie werden feststellen, dass sich Ihre Glaubenssysteme über sich selbst und über den Wert Ihrer Kommunikation auf eine positive Weise wandeln. Ihr Menschenbild wird sich zunehmend im Prinzip »Freundliche Stärke« verwurzeln. Thies Stahl, ein Hamburger Diplom-Psychologe, der Anfang der 8oer Jahre das NLP aus den USA nach Deutschland brachte, sagte einmal: »Je länger ich mich darin übe, die Werkzeuge des NLP anzuwenden, desto mehr fasziniert mich das menschliche Wesen. Menschen sind wie Wundertüten – man weiß nie, was aus denen so rauskommt!« Sobald Sie die Welt durch die Augen eines kompetenten Business-Coachs betrachten, werden Sie erkennen: »Wunder widersprechen nicht den Gesetzen dieser Welt, sondern lediglich unserem begrenzten Wissen über die Gesetze dieser wunderbaren Welt.«

Was ist NLP?

Von der Magie zur Logik

Die Grenze zwischen Magie und Logik verläuft ebenso fließend wie der Übergang von Licht und Schatten im Laufe eines sonnigen Tages. Wo eben noch Schatten war, da ist plötzlich Licht, sobald die Sonne ein Stück weiterwandert. Mithilfe der Logik können wir all das erklären, was unser Verstand zu fassen vermag, während die Magie Phänomene beschreibt, für die unser Verstand keine adäquate Erklärung anbieten kann. Sobald sich unser Wissensstand jedoch verändert, verschiebt sich auch die Grenze zur Magie. Vieles, was den Menschen der Vergangenheit als magisch erschien, bezeichnen wir heute als logisch, weil unsere Wissenschaftler die zugrunde liegenden Prinzipien erforscht haben. Flugzeuge, Computer, Fernsehprogramme und viele andere Erscheinungen der heutigen Zeit wären für Menschen der Vergangenheit, selbst für die Gebildetsten unter ihnen, außerordentlich magische Phänomene gewesen. Da wir heute jedoch wissen, dass es eine logische Erklärung für die Funktionsweise der Technik gibt, wundern wir uns nicht mehr. Sobald unser Verstand erklären kann, wie etwas funktioniert, finden wir es nicht mehr magisch, sondern logisch – selbst wenn es noch so beeindruckend sein mag. Deshalb verraten Zauberkünstler ihrem Publikum nicht, wie ihre Tricks funktionieren, denn sie wollen das magische Flair ihrer Darbietungen erhalten. Sobald das Publikum wüsste, wie die Tricks funktionieren, würden sie den magischen Reiz verlieren. Indem sie ihre Tricks im Verborgenen ausüben, sind die Zauberkünstler fähig, die Projektionen ihres Publikums so geschickt zu steuern, dass auf der Bühne magische Illusionen erscheinen.

Magie fasziniert den Menschen. Ihre Präsenz erinnert uns daran, dass diese Welt mehr ist, als uns die Alltagsroutine normaler-

Coaching mit NLP-Werkzeugen. Thomas Rückerl und Torsten Rückerl
Copyright © 2008 WILEY-VCH Verlag GmbH & Co. KGaA, Weinheim
ISBN: 978-3-527-50351-3

weise erfahren lässt. Magie macht den Menschen lebendig, sie stimuliert seine Fantasie. Magie wirkt aufregend, doch sie kann auch Angst auslösen. Einerseits sehnt sich der Mensch nach Magie, doch andererseits möchte er nicht von ihr überwältigt werden. Wenn die Sinne etwas wahrnehmen, wofür der Verstand keine plausible Erklärung anbieten kann, ist man zunächst irritiert, manchmal fasziniert, doch dann verlangt man eine Erklärung. Logische Erklärungen vermitteln dem Menschen ein Gefühl von Kontrolle. Überall auf diesem Planeten arbeiten Wissenschaftler, um den Horizont der logischen Erkenntnis zu erweitern und gleichzeitig die magische Welt Schritt für Schritt zu entmystifizieren. So gesehen hat das Neuro-Linguistische Programmieren (NLP) die Wissenschaft ein Stück weitergebracht, denn es bietet nachvollziehbare Erklärungsmodelle für psychologische Phänomene, die bisher als magisch galten. Die »Ent-zauberung der Zauberer« war ein Motto, unter dem die frühen Forschungen des NLP stattfanden.

Eine Welt ohne Magie verspricht Sicherheit, Ordnung und klare Verhältnisse. Doch ein Leben ohne Magie, ohne Staunen und ohne natürliche Neugier würde bewirken, dass Fantasie, Kreativität und innovative Kräfte verkümmern. Die Wirklichkeit des Menschen ist so reich oder so arm, wie seine Wahrnehmung es zulässt. Angewandtes NLP bedeutet, alle Sinne zu öffnen und die komplexen Prozesse, die in der Psyche jedes Menschen stattfinden, wahrzunehmen, zu würdigen und – falls nötig – gezielt zu verändern. Gleichzeitig stärkt es unsere persönliche Freiheit, denn es bietet konkrete Wege zur gezielten Veränderung der aktuellen Lebensumstände. Menschliche Leistungsfähigkeit kann mithilfe des NLP erheblich verbessert werden. Das Wissen um die Strukturen der Magie kann sowohl im privaten als auch im unternehmerischen Bereich beeindruckende Erfolge erzielen.

Der Ursprung des NLP

Der Kern des Neuro-Linguistischen Programmierens wurde von Richard Bandler und John Grinder geschaffen, indem sie das Verhalten von besonders erfolgreichen Psychotherapeuten modellierten. Die beiden Forscher lebten im Kalifornien der frühen siebziger Jahre, als sie das NLP ins Leben riefen. John Grinder war ein junger Professor für Linguistik an der Universität von Santa Cruz. Richard Bandler studierte dort Informatik und war nebenbei als Gestalttherapeut tätig. John Grinder begann gerade, sich als Spezialist für Transformationsgrammatik einen Namen zu machen, als Richard Bandler ihm vorschlug, ein gemeinsames wissenschaftliches Projekt zu starten. Die beiden wollten den Geheimnissen erfolgreicher Kommunikation auf die Spur kommen. Sie fragten sich, woran es liegt, dass die großen Zauberer der Psychotherapie andere Menschen in kürzester Zeit so sehr beeinflussen konnten, dass dadurch krankhafte Ängste, zwanghafte Gewohnheiten oder psychosomatische Beschwerden geheilt wurden. Auf die Frage, wie sie die Kommunikation so erfolgreich gestaltet haben, kam von den Therapeuten meist eine ähnliche und wenig hilfreiche Antwort: »You have it in your guts – das ist Intuition«, antworteten sie achselzuckend.

Mit dieser wenig konkreten Antwort gaben sich Bandler und Grinder jedoch nicht zufrieden – sie wollten wissen, woraus die so genannte »Intuition« bestand. Ihrem empirischen Ansatz lag die Überlegung zugrunde, dass selbst geniale Experten und echte Könner nur in einem geringen Maße wissen, was genau sie tun, um das, was sie tun, so effektiv zu tun. Erfolgreiche Therapeuten verfügen zwar über theoretische Erklärungsmodelle und die Erkenntnisse der psychologischen Wissenschaften, doch über dieses Wissen verfügen die weniger erfolgreichen Therapeuten ebenso. Deshalb musste das Geheimnis der effektiven Kommunikation etwas anderes sein, etwas »Unbewusstes«, das sich im verborgenen Reich der Magie befand.

Um der Sache auf die Spur zu kommen, benutzten Bandler und Grinder die Methode des »Master Modeling«. Sie suchten sich meisterhafte Vorbilder, um deren praktische Vorgehensweise genau zu analysieren und anschließend zu modellieren. Die beiden Forscher entwickelten das »Lernen am Modell« zu einer wissenschaftlichen Methode und gewannen dabei bemerkenswerte Erkenntnisse. Zunächst beobachteten sie einige der bekanntesten Psychotherapeuten bei der Arbeit, wie zum Beispiel Virginia Satir, die große Lady der Systemischen Familientherapie, Fritz Perls, den genialen Begründer der Gestalttherapie, und Milton Erikson, den legendären Meister der Hypnosetherapie. Die erfolgreichen Strategien dieser außergewöhnlich effektiven Kommunikatoren dienten als grundlegende Modelle für die heutigen Werkzeuge des NLP. Beim Master Modeling geht es nicht um abstrakte Theorien, sondern um praktische Resultate. Deshalb waren Bandler und Grinder nicht so sehr an den Meinungen der Experten interessiert, sondern an ihrem realen, beobachtbaren Verhalten. Sie orientierten sich weniger an dem, was die Therapeuten sagten, was sie tun würden, sondern vielmehr daran, was sie im direkten Kontakt mit ihren Klienten tatsächlich taten. Es wurden Video- und Tonbandaufzeichnungen gemacht und bis ins kleinste Detail analysiert: Wie verhielten sie sich? Wann und wie sagten sie was? Wann und wie bewegten sie sich? Wie reagierten sie? Die Forschungsergebnisse waren faszinierend. Im Verhalten der erfolgreichen Kommunikateure wurden gemeinsame Muster entdeckt. Es gibt unsichtbare Strukturen im unbewussten Verhalten erfolgreicher Menschen. Sie bilden die Grundlage für das Know-how des NLP.

Neuro-Linguistisches Programmieren – was genau ist »NLP«? Wir möchten Ihnen an dieser Stelle ein kurzes Erklärungsmodell dieser ungewöhnlichen Wortschöpfung anbieten. Würde man versuchen, die amerikanische Wortschöpfung »Neuro-Linguistic Programming« in kurze deutsche Worte zu übersetzen, könnte man es folgendermaßen formulieren:

N → Neuro → Gehirn: wahrnehmen, denken, handeln
L → Linguistik → Sprache: genau hinhören, gezielt sprechen
P → Programming → Lernen: Verhalten steuern und verändern
N = Neuro → Gehirn

N = Neuro → Gehirn

Diese Komponente im Namen des NLP wurde abgeleitet von dem Wort »Neuron«, auf gut Deutsch: »Nervenzelle«. Die Aktivität von Nervenzellen bildet die Grundlage unserer Wahrnehmung. Nervenzellen sind verantwortlich für die gesamte Informationsverarbeitung im menschlichen Organismus. All unsere Gedanken,

Gefühle und Bewegungen werden neuronal gesteuert. Wenn wir die Arbeitsweise unseres Nervensystems hundertprozentig verstehen und bei Bedarf entsprechend verändern könnten, wäre vieles einfacher in unserem Leben. Alle kognitiven, emotionalen und motorischen Vorgänge haben eine direkte Entsprechung auf der Funktionsebene des Nervensystems. Auch das Gehirn besteht aus Nervenzellen, und alle Sinneswahrnehmungen werden mittels Nervenzellen weitergeleitet. Sie können Ihrem Gehirn seine Arbeit erheblich erleichtern, indem Sie Ihre Wahrnehmungsfähigkeiten trainieren. Sinnesreize sind Nahrung für das Gehirn. Damit Ihr Gehirn optimal arbeiten kann, braucht es gute Nahrung. Deshalb beginnt die Praxis des NLP mit der Schule der Sinne. Öffnen Sie die Pforten Ihrer Wahrnehmung! Sinnliche Wahrnehmungen bilden die Grundlage für inneren Reichtum. Nicht von ungefähr fragen wir nach dem SINN des Lebens. Geistige Präsenz entsteht durch sinnliche Stimulanz. Wir brauchen sinnliche Reize, um geistig präsent zu sein. Es gibt keinen Ersatz für erlebte Sinnlichkeit! Alle Gedanken, alle Kreativität und selbst alle philosophischen Ideen setzen sich aus sinnlichen Eindrücken zusammen. In jedem Lebensbereich brauchen wir unsere Sinnesorgane, sowohl, um uns im Alltag zurechtzufinden, als auch, um neue Ideen zu entwickeln, um andere Menschen zu überzeugen oder um ein Mysterium zu erfahren. Effektive Kommunikation erfordert sensitive Fähigkeiten. Je besser Ihre Wahrnehmung funktioniert, desto genauer empfangen Sie die Signale der anderen Menschen. Angewandtes NLP erfordert den intelligenten Gebrauch des Gehirns und der es speisenden Sinnessysteme. Es ist der Schritt vom »Gehirnbesitzer« zum »Gehirnbenutzer«.

L = Linguistic → Sprache

Der Homo sapiens verdankt seinen derzeitigen Erfolg auf diesem Planeten der relativ intelligenten Nutzung seines Gehirns. Das menschliche Gehirn zeichnet sich unter anderem dadurch aus, dass es digitale Zeichensysteme verarbeiten kann – es kann Sprache verstehen. Wir Menschen können sowohl unsere äußere Umwelt als auch unser inneres Erleben in Worten benennen. Mithilfe der Sprache können wir unsere persönlichen Erfahrungen an andere Menschen weitergeben. Auf diese Weise ist es der menschlichen Spezies gelungen, enorme Mengen von Wissen anzuhäufen. Unsere gesamte Zivilisation basiert auf dem sprachlichen Austausch von Informationen. Die linguistische Komponente im Namen NLP steht für den intelligenten Gebrauch von Sprache. Hier gibt es zwei interessante Aspekte: das Senden und das Empfangen. Je intelligenter Sie mit Sprache umgehen, desto wirkungsvoller können Sie Ihre Botschaften an andere Menschen adressieren. Sie können lernen, Ihre Signale so zu senden, dass Sie Ihre Ansprechpartner tatsächlich erreichen. Sie können lernen, auf interessante Weise zu informieren und auf souveräne Art zu überzeugen; und Sie können all dies als stolzer Gehirnbenutzer mehr oder weniger bewusst tun. Sie können Sprache gezielt einsetzen, um bei sich selbst und bei anderen Menschen neurologische Vorgänge zu steuern. Zugleich hat der individuelle Sprachgebrauch des Menschen eine hohe diagnostische Qualität, denn Sprache ist Ausdruck von inneren Strategien und Glaubenssystemen. Sprache organisiert das menschliche Denken. Der Gebrauch von Worten hilft dem Menschen, die überwältigende Vielfalt dieser Welt zu ordnen. Wenn Sie lernen zu verstehen, wie sich das so genannte »Unbewusste« ausdrückt, und wenn Sie den Sprachgebrauch Ihrer Mitmenschen aufmerksam beobachten, bekommen Sie eine Vielzahl interessanter Hinweise darüber, was in deren Gehirnen passiert.

Am Beginn der Entwicklung des NLP stand die Idee, ein Metamodell der Sprache zu schaffen. Die neurologischen Muster im Gehirn entsprechen der individuellen Abbildung der Realität, die sich jeder Mensch im Laufe seines Lebens geschaffen hat – die so genannte »innere Landkarte«. Diese metaphorische Landkarte im Gehirn jedes Menschen besteht aus den fünf Dimensionen der sinnlichen Erfahrung: aus Bildern, Klängen, Gefühlen, Gerüchen und Geschmäckern. Die fünf sinnlichen Dimensionen sind analog vorhanden, und zugleich werden sie digital in Form von Sprache kodiert. Jeder Mensch benutzt Worte, um seinen individuellen Erfahrungsschatz zu ordnen und beständig zu aktualisieren. Mithilfe von Worten versuchen wir, unsere subjektiven Erfahrungen an andere Menschen zu vermitteln. Ein geschulter Zuhörer kann an den Feinheiten der Sprache die Beschaffenheit der inneren

Landkarte erkennen. Dieses Wissen erlaubt Rückschlüsse auf die damit verbundenen Vorlieben, Einschränkungen und Eigenarten des Sprechers. Mithilfe des NLP können Sie den Sprachgebrauch der anderen Menschen systematisch analysieren und Zugangshinweise zu deren individueller Wirklichkeit gewinnen. Das Erlernen des NLP führt Sie in die magische Welt der Sprache. Sie lernen, die Wortwahl des Unbewussten zu erforschen und Ihre Ziele so zu formulieren, dass Sie erreichen, was Sie wirklich erreichen wollen.

P = Programming → Lernen

Wenn Sie menschliches Verhalten systematisch beobachten, werden Sie feststellen, dass wir durch Verhaltensprogramme gesteuert werden, die teils angeboren und teils erlernt worden sind. Diese allgegenwärtigen Programme laufen überwiegend unbewusst ab. Es sind komplexe Reiz-Reaktions-Muster, die den Menschen mit seiner Umwelt vernetzen. Diese individuellen Muster sind tief in unserer Persönlichkeit verwurzelt, doch als geübter NLP-Anwender können Sie solche Programme relativ präzise entschlüsseln. Die pragmatische Analyse bildet die Voraussetzung, um zukünftiges Verhalten souverän zu steuern und gezielt zu verändern. Als NLP-Anwender lernen Sie, normalerweise unbewusste Anker zu identifizieren und bewusst neue Anker zu installieren. Sie lernen, die psychogenetische Grundausstattung des Menschen zu verstehen und intelligent zu nutzen. Die automatische Steuerung durch angeborene und gelernte Verhaltensprogramme ist evolutionsgeschichtlich erklärbar und hat bereits unseren animalischen Vorfahren gute Dienste geleistet. Heutzutage führt eine überwiegend unbewusste Lebensführung jedoch auch zum Verlust von Entscheidungsfreiheit und Lebensqualität. Um Ihre persönliche Freiheit zu vergrößern, müssen Sie lernen, sich von unerwünschten, nicht mehr adäquaten Verhaltensprogrammen zu trennen und stattdessen etwas anderes, Besseres zu tun. Bei derartigen Lernprozessen kann Ihnen das Know-how des NLP gute Dienste leisten, denn es wurde erschaffen, um einschränkende Programme im Menschen zu erkennen und gezielt zu verändern.

Wie kein anderes Lebewesen ist der Mensch in der Lage, sein Verhalten durch Lernen ständig zu optimieren und immer besser auf seine Umwelt abzustimmen. Die zivilisierte Gesellschaft nutzt diese außerordentliche Lernfähigkeit zur Entwicklung von beruflichen, sozialen und persönlichen Kompetenzen. Niemand kann es sich heutzutage leisten, nicht mehr zu lernen. Um eine verantwortungsvolle Position erfolgreich bekleiden zu können, bedarf es einem ständig wachsenden Maß an Fähigkeiten. Als intelligenter Mensch haben Sie die Chance, Ihre eigene Persönlichkeit kontinuierlich zu entwickeln. Sie können dafür Sorge tragen, dass Ihre persönlichen Verhaltensprogramme mit Ihrer Umwelt wirklich kompatibel sind und dass Sie Ihnen einen echten Austausch mit anderen Menschen ermöglichen. Der Preis, den Sie dafür zahlen müssen, ist die Bereitschaft zum lebenslangen Lernen. Natürlich geht es nicht darum, wie damals in der Schule irgendwelche Vokabeln zu pauken oder sein Gehirn mit unnötigen Informationen zu belasten. Indem Sie Ihr persönliches Repertoire an Verhaltensweisen ständig erweitern und Ihre geistige Flexibilität zunehmend erhöhen, erwerben Sie Fähigkeiten zur effektiven Kommunikation und zur Veränderung Ihres subjektiven Erlebens. Sie demonstrieren intelligente Lernbereitschaft, indem Sie aus eigener Initiative dafür sorgen, dass Sie über alle Fähigkeiten, die Sie brauchen, um ein erfolgreiches Leben zu führen, frei verfügen können.

Die Rolle des NLP im Coaching

Strukturiertes Denken
ermöglicht zielführendes Reden

Wenn Sie erfolgreiches Coaching realisieren wollen, brauchen Sie einen gut sortierten Werkzeugkoffer von wirkungsvollen Interventions-Methoden. »Wer nur über einen Hammer verfügt, dem erscheint die ganze Welt als Nagel!« Coaching mit NLP basiert auf Flexibilität und Vielfalt. Mit anderen Worten: Wenn Sie erfolgreich coachen wollen, bietet Ihnen das moderne, aus dem therapeutischen Kontext befreite NLP eine schier unerschöpfliche, businesstaugliche Methodik zur gezielten Win-win-Beeinflussung. In diesem praktischen Coaching-Lernbuch präsentieren wir Ihnen die Spitze des Eisbergs: 90 wirkungsvolle Coaching-Werkzeuge, die sich gegenseitig verstärken und ergänzen.

Die NLP-Werkzeuge helfen Ihnen, Coaching-Prozesse zielführend zu strukturieren. Indem Sie die Fragen und Instruktionen aus den Gesprächsleitfäden verinnerlichen, können Sie den Denkprozess Ihres Coachees so beeinflussen, dass er unter besonderer Berücksichtigung der Funktionsweise des menschlichen Unbewussten sich bewusst auf die Zielerreichung fokussieren kann. Die NLP-Werkzeuge bestehen aus Wahrnehmungsfiltern, Modellen, Interaktionsmustern, Problemlösungskonzepten und Zielerreichungsstrategien. Darüber hinaus basiert Coaching mit NLP auf Werthaltungen, Glaubenssystemen, wachsender Flexibilität, gesundem Menschenverstand und einem freiwilligen Commitment für eine kreative Win-win-Ethik. Als Coach müssen Sie sich darin trainieren, strukturiert zu denken und pro-aktiv zu handeln, indem Sie Ihre strukturierten, zielführenden Gedanken so in solche Worte kleiden, dass sie im Gehirn Ihres Coachees eine Kreativität stimulierende Wirkung erzeugen.

Coaching mit NLP-Werkzeugen. Thomas Rückerl und Torsten Rückerl
Copyright © 2008 WILEY-VCH Verlag GmbH & Co. KGaA, Weinheim
ISBN: 978-3-527-50351-3

Trainieren Sie Ihre Wahrnehmung

Alle NLP-Werkzeuge basieren darauf, dass Sie als Werkzeuganwender Ihre eigene Wahrnehmung mit der strukturierenden Wirkung des Werkzeugs verknüpfen. Unsere äußeren und inneren Sinne (V.A.K.O.G. = visuell, auditiv, kinästhetisch, olfaktorisch, gustatorisch) wären fähig, uns in jedem Moment Ihres Lebens eine wahre Flut von Reizen zu liefern, die unseren begrenzten mentalen Arbeitsspeicher restlos strapazieren würde. Deshalb arbeitet unser Gehirn mit einem praktischen Filtersystem: Es filtert für uns genau die Reize heraus, die für uns am nützlichsten, am angenehmsten oder am bedeutsamsten zu sein scheinen – je nach Stimmung, Lust und Laune oder nach Stresspegel, Bedrohungspotenzial und Zeit-Etat. Ihr Gehirn hat unzählige Möglichkeiten, um bestimmte Informationsfrequenzen wegzufiltern und sich auf andere zu fokussieren – ähnlich wie Sie im Getümmel einer Party die laute Musik und die tanzenden Menschen ausblenden können, weil Ihr Gegenüber interessante Geschichten erzählt. In jedem Moment Ihres Lebens finden solche komplexen Informationssortierungs-Prozesse statt – ohne dass Sie dies bewusst bemerken. Ihr Unbewusstes steuert die Auswahl Ihrer Filtersysteme. Wenn Sie sich schwach fühlen, weil Sie übermüdet sind, und Misserfolge verkraften müssen, wählt Ihr Unbewusstes eher defensive Filter, die Sie schützen und Ihnen eine möglichst sichere Zeit zur Regeneration ermöglichen sollen. Wenn Sie sich hingegen stark fühlen, weil Sie sich und dem Leben vertrauen und frische Erfolgserlebnisse genießen konnten, dann schaltet Ihr Hormonsystem auf Belohnungs-Doping und schüttet motivierende Glückshormone aus. In diesem Zustand öffnen sich Ihre Wahrnehmungsfilter. Sie verspüren Tatendrang, erleben mutige, expandierende Emotionen und neigen dazu, sich risikobereiter zu verhalten. In beiden Fällen hat Ihr Unbewusstes für Sie eine neurologische Meisterleistung vollbracht – es hat Ihre Entwicklung gebremst, um Sie zu schützen oder zu schonen, oder es hat Ihre Entwicklung beschleunigt, um Sie zu inspirieren und zu motivieren.

Axiome im Coaching –
Leitplanken der Zielorientierung

Mit dem Coaching-Know-how können Sie Ihre Filtereinstellung bewusst beeinflussen. Neben Ihrer aktuellen Verfassung wird die Wahl Ihrer Filter auch von Ihren Glaubenssätzen bestimmt. Wenn Sie mit einem anstehenden Coaching den Glaubenssatz verbinden: »Oh, dieses schwierige Problem wird mich überfordern!«, filtert Ihr Unbewusstes andere Informationen, als wenn Sie darauf vertrauen, dieses Problem in einen großen Erfolg zu verwandeln! Um mit nützlichen, konstruktiven Glaubenssätzen in ein Coaching hineingehen zu können, brauchen Sie als Coach eine gute Orientierung in der Komplexität des Coaching-Prozesses. Die Axiome im Coaching sind sinnvolle Grundannahmen zur Orientierung und bieten gleichzeitig einen Blick hinter die Kulissen der menschlichen Psyche. Diese Glaubenssätze basieren auf einem humanistischen und auf Entwicklung ausgerichteten Menschenbild. Sie sind kein Dogma, sondern lediglich Erfahrungswerte, die sich im Coaching vielfach bewährt haben.

Für jeden Coach ist es wichtig, die Axiome im Laufe der eigenen Praxis zu überprüfen und die Formulierungen mit eigenen Erfahrungen zu verbinden. Nur wenn eigene Erfahrungen vorliegen, wird Ihr Unbewusstes die Axiome als glaubwürdige Quelle der Orientierung akzeptieren. Es wäre auf die Dauer nicht ökologisch, wenn Sie versuchten, etwas zu glauben, das nicht durch eigene Erfahrungen bestätigt wird. Wenn sich Ihre Erfahrungen dann verdichten und verstärken, verwandeln sich geschriebene Worte in lebendige Wahrheiten – die Axiome werden verifiziert und als fundiertes Wissen verinnerlicht.

Je intensiver die Glaubenssätze verinnerlicht werden, desto wirkungsvoller entfalten sich die unbewussten Kräfte – das Coaching-Know-how wird zum authentischen Teil der eigenen Persönlichkeit. Die Axiome sind nützliche Wahrnehmungsfilter, um die eigene Wahrnehmung intelligent zu organisieren und die Kommunikation mit Ihrem Coachee zu optimieren. Sie erzeugen eine ressourcevolle Einstellung im zwischenmenschlichen Kontakt.

1 – Die innere Landkarte ist die Basis des Veränderungsprozesses

Die Welt, die uns umgibt, wird von jedem Menschen als einzigartiges Modell im Gehirn abgebildet. Wir reagieren auf unsere individuelle Abbildung der Realität, nicht auf die Realität selbst. Diese Abbildung wird im Coaching als innere Landkarte bezeichnet. Sie dient uns zur Orientierung und wird von Menschen oft mit der eigentlichen Realität verwechselt. Die Abbildung der Realität ist bei jedem Menschen unterschiedlich gestaltet. Keine Landkarte stellt die Welt vollständig dar – die Realität ist grundsätzlich komplexer! Im Coaching geht es darum, zunächst die innere Landkarte des Coachees zu erkennen, zu bestätigen und Veränderungsansätze anzubieten, die auf der Landkarte des Coachees basieren. Erst im nächsten Schritt entwickeln Sie mit Ihrem Coachee eine Strategie, die Ihren Coachee aus seiner Komfortzone zum gewünschten Ziel führt.

2 – Geist und Körper beeinflussen sich wechselseitig

Geist und Körper sind Teile des gleichen dynamischen Systems. Was mental geschieht, zeigt sich auch körperlich. Jeder unterscheidbare Bewusstseinszustand korrespondiert mit einer ebenfalls unterscheidbaren körperlichen Verfassung. Der innere Zustand des Coachees und die beobachtbare Physiologie sind zwei Aspekte desselben Phänomens. Manchmal ist der Ausdruck offensichtlich wahrnehmbar, oftmals bewirkt er nur sehr feine Veränderungen. Für einen kompetenten Coach ist es wichtig, seine Wahrnehmung auf den Coachee zu kalibrieren, um auch die feinsten Veränderungen in der Physiologie des Coachees zu bemerken.

3 – Wahlfreiheit ist besser als keine Wahlfreiheit

Ein wesentliches Ziel im Coaching ist es, dass der Coachee eine Vielfalt möglicher Verhaltensweisen erwirbt. In einem System wird dasjenige Element die Kontrolle gewinnen, welches über die höchste Flexibilität verfügt. Mit anderen Worten: Die Person mit der höchsten Flexibilität erreicht am meisten. »Wenn das, was Sie bisher getan haben, nicht funktioniert hat – was können Sie dann tun?« ist eine Frage, die im Coaching oftmals formuliert wird. Ein kompetenter Coach benötigt außerdem die Bereitschaft, ständig Neues zu lernen, um das eigene Repertoire um weitere nützliche Werkzeuge zu bereichern. Diese Bereitschaft verhilft dem Coachee nicht nur zu einer Vielzahl von möglichen Lösungsstrategien, sondern dient ihm auch als unbewusstes Vorbild im Umgang mit Herausforderungen.

4 – Wir können nicht nicht beeinflussen

Dieses Axiom ist eine Ableitung aus dem Kommunikationsmodell von Paul Watzlawick, der den Satz prägte: »Wir können nicht nicht kommunizieren!« Sobald sich zwei oder mehr Menschen begegnen, beginnt durch die Kommunikation ein Beeinflussungsprozess. Jeder Mensch sendet neben der formulierten Sprache in jedem Moment körpersprachliche Signale, die andere Menschen oftmals nur unbewusst wahrnehmen. Diese unterschwelligen Botschaften beeinflussen das Kommunikationsklima und werden auf der inneren Landkarte oftmals verzerrt interpretiert. Für den Coach ist es wichtig, sich auf den Coachee zu kalibrieren, um diese unterschwelligen Prozesse bewusst wahrzunehmen. Gleichzeitig achtet ein kompetenter Coach darauf, dass seine eigene Körper- und Verbalsprache den Coachee zielführend beeinflusst.

5 – Coaching ist der Austausch von sinnlichen Erfahrungen

Menschen kommunizieren immer in allen verfügbaren Repräsentationssystemen. In jedem Gespräch hören, sehen, fühlen, riechen und schmecken wir unsere Gesprächspartner. Auch wenn unser Bewusstsein in erster Linie auf verbale Botschaften fokussiert, orientiert sich unser Unbewusstes an allen verfügbaren Sinneskanälen. Ein kompetenter Coach nutzt dieses Wissen, indem er die Sinneskanäle gezielt aktiviert, um seine Botschaften zu adressieren. Das Pacing der bevorzugten Kanäle des Coachees verstärkt den Rapport. Bei gutem Rapport kann der Coach den Coachee auch in andere, für ihn ungewohnte Sinnessysteme führen, um seine Wahrnehmungs- und Verhaltensoptionen zu erweitern.

6 – Im Coaching zählen Resultate

Im Coaching geht es darum, den Coachee so zu beeinflussen, dass er aus seiner Problemorientierung in eine motivierte Zielorientierung wechselt. Dann kann der Coach den Coachee dabei unterstützen, eine Strategie zur Zielerreichung zu entwickeln. Entscheidend für den Erfolg des Coaching ist jedoch nicht der Inhalt der Gespräche, sondern die anschließende Realisierung der Konzepte durch den Coachee. Nur wenn Sie Ihren Coachee ins effektive Handeln bringen, damit er neue Erfahrungen machen kann und überzeugende Ergebnisse herbeiführen, sind Sie als Coach nachhaltig wirksam.

7 – Widerstand bedeutet mangelnde Flexibilität des Coachs

Widerstand des Empfängers ist eine Aussage über die kommunikativen Fähigkeiten des Senders. Der Widerstand des Coachees resultiert aus mangelndem Rapport. Um als Coach den nötigen Rapport herzustellen, sind mehr Flexibilität und besseres Pacing erforderlich. Dafür braucht er die Bereitschaft, sein eigenes Verhalten während der Kommunikation so lange in Frage zu stellen, bis sein Pacing zum gewünschten Rapport führt. Gleichzeitig signalisiert jeder Widerstand einen bewussten oder unbewussten Einwand, den der Coach aufnehmen und zur Optimierung der Zielerreichungsstrategie nutzen kann.

8 – Im Coaching steht hinter jedem Verhalten eine positive Absicht

Jedes Verhalten erfüllt im Leben eines Menschen eine Funktion, die von seinem Unbewussten als nützlich bewertet wird. Wäre dies nicht der Fall, würde das Ökonomieprinzip des organischen Lebens es nicht zulassen, dass dafür Energie aufgewendet wird.

Im Coaching ist es wichtig, jeden Impuls des Coachees in einen positiven Bezugsrahmen zu integrieren. So können auch Einwände in Wünsche verwandelt werden. Dafür eignen sich die verschiedenen Formen des Reframing. Dabei lernt der Coachee, dass sein als problematisch erlebtes Verhalten auch ökologische Funktionen im psycho-physiologischen Gesamtsystem erfüllt. Nun gilt es, diese positiven Absichten zu würdigen und durch alternative Verhaltensweisen auf besseren Wegen zu realisieren.

9 – Jede Reaktion ist ein wertvolles Feedback im Coaching

Im Coaching gibt es keine Fehler und kein Versagen! Jede Reaktion des Coachees kann als Feedback genutzt werden. Auch überraschende oder unerwünschte Reaktionen sind für den Coach wertvolle Informationen, um die Realität des Coachees besser pacen zu können. In solchen Fällen ist der Coach in seiner Kreativität gefordert. Jetzt gilt es, das eigene Kommunikationsverhalten neu abzustimmen. In der Veränderungsarbeit bedeutet eine unerwünschte Reaktion des Coachees, dass die bisherigen Interventionen noch nicht hundertprozentig ökologisch sind. Die unerwünschte Reaktion hilft also, mögliche Einwände rechtzeitig zu bemerken und zu integrieren.

10 – Menschen treffen immer die zurzeit beste Wahl

Jeder Mensch ist auf seine Weise einzigartig, perfekt und entwicklungsfähig zugleich. Der positive Wert eines Menschen wird im Coaching nicht in Frage gestellt. Jedes Verhalten kann als nützlich erkannt werden. Die Prämisse der Transaktionsanalyse »Ich bin okay – du bist okay« gilt auch im Coaching. Dabei wird unterstellt, dass der Coachee sich in jedem Moment genau so verhält, wie es seinem aktuellen Informationsstand, seiner Ökologie und seiner inneren Landkarte entspricht. Wenn er zum jetzigen Zeitpunkt bessere Möglichkeiten zur Verfügung hätte, würde er diese auch einsetzen. Oftmals ist es wichtig, dass das Bewusstsein des Coachees diesen Zusammenhang würdigen kann, um in die Versöhnungsphysiologie zu gelangen. Sobald die Vergangenheit akzeptiert wurde, stellt der Coach die Frage, wie sich der Coachee in Zukunft auf bessere Weise verhalten könnte.

11 – So einfach wie möglich und so komplex wie nötig

Nahezu jede Aufgabe kann im Coaching bewältigt werden, wenn man sie in ausreichend kleine Stücke unterteilt oder in den größeren Gesamtzusammenhang überführt. Als Coach müssen Sie ein Gespür dafür entwickeln, ob noch Informationen fehlen oder Sie den Kontext vereinfachen müssen, damit ein Lösungsansatz für den Coachee wahrnehmbar wird. Das Aufsplittern von komplexen Inhalten in viele kleine Details gelingt im Coaching mithilfe des Chunking down. Bei der Verdichtung von detailreichen Themen in übergeordnete Zusammenhänge hilft das Chunking up.

12 – Lernen ist der Weg in die Freiheit

Wir alle befinden uns in einem mehr oder weniger dynamischen Lernprozess. Dies zu erkennen ist oftmals eine Herausforderung im Coaching, die der Coachee nicht allein meistern kann. Sobald der Coachee bereit ist, sein Problem als Lernfeld zu akzeptieren, kann der Coach anfangen, dem Coachee eine Strategie der kleinen Schritte anzubieten. Durch die daraus resultierenden positiven Erfahrungen verstärkt sich beim Coachee die neuronale Bahn des erfolgreichen Lernens, und er wird zunehmend motivierter die nächsten Schritte gehen. Jede Fähigkeit, die wir neu erlernen, macht uns ein bisschen freier im Umgang mit den Herausforderungen, die uns das Leben zukünftig bringt.

13 – Jedes Verhalten ist eine Ressource im Coaching

Gelernt ist gelernt! Jedes Verhalten ist eine Fähigkeit und somit eine nützliche Ressource. Jede bereits erlernte Fähigkeit bereichert das individuelle Repertoire und erhöht unsere Flexibilität. Dadurch verbessert sich unsere Chance, auf die Anforderungen des Lebens angemessen reagieren zu können. Ein kompetenter Coach bewertet das Verhalten des Coachees nicht vorschnell, sondern nimmt aufmerksam wahr, welche Erfolge sein Coachee damit in dem relevanten Kontext erzielt. Im Coaching geht es nicht darum, altes Verhalten durch neues zu ersetzen, sondern darum, das Verhaltensrepertoire ganz gezielt um neue Möglichkeiten zu bereichern. Dadurch bleibt das bisherige Verhalten als Ressource im Repertoire erhalten und steht für andere Zusammenhänge weiter zur Verfügung.

14 – Alle benötigten Ressourcen sind potenziell verfügbar

Menschen verfügen meist über weitaus mehr Ressourcen, als sie wissen, um die notwendigen Veränderungen zu realisieren. Weil oftmals der Coachee im Problem-Zustand die Verfügbarkeit jedoch nicht erkennen kann, ist es Aufgabe des Coachs, Impulse zu setzen, um Ressourcen neu zu organisieren, so dass sie zum richtigen Zeitpunkt und im richtigen Kontext verfügbar sind. Wenn ein Mensch im Coaching Schwierigkeiten hat, in Kontakt mit seinen Ressourcen zu gelangen, kann der kreative Teil im Unbewussten durch den Coach aktiviert werden, um Zugang herzustellen. Auch das Modeling und die Als-Ob-Methode helfen weiter: »Was müssten Sie können oder haben, um Ihr Ziel zu erreichen? Wen kennen Sie, der es kann oder hat? Wie macht er das? Wie wäre es, wenn Sie es so wie er machen würden?«

15 – Veränderung ist nur gut, wenn sie ökologisch ist

Als kompetenter Coach sorgen Sie dafür, dass sich der Coachee auf einem Entwicklungsweg befindet, der für sein System verträglich und somit ökologisch ist. Wenn eine Veränderung angestrebt wird, die nicht ökologisch ist, werden unbewusste Kräfte geweckt, die diese Veränderung verhindern wollen. Derartiger Widerstand ist eine gesunde Abwehr im Sinne der Stabilität des betroffenen Systems. Deshalb gibt es in jedem Coaching einen Öko-Check. »Ist es wirklich das richtige Ziel? Der richtige Zeitpunkt? Woran merken Sie das? Haben Sie an alles gedacht? Risiken? Nebenwirkungen?« Im Öko-Check werden Widerstände bewusst gemacht und mögliche Einwände integriert. Erst anschließend wird ein Commitment zum ersten Schritt formuliert.

Einüben und verinnerlichen der Axiome

Als Business-Coach werden Sie im Kontakt mit Ihrem Coachee von einer wahren Flut von Informationen überschüttet. Um dieser Überflutung Herr zu werden, brauchen Sie ein intelligentes, zielführendes Sortiersystem. Die Axiome im Coaching ermöglichen Ihnen sowohl beim Empfangen als auch beim Senden von Informationen eine zielführende Orientierung. Entscheidend ist, dass Sie Ihr Gehirn darin trainieren, die Axiome im Coaching immer wieder zu erinnern und zu verinnerlichen – denn sie entsprechen der »Gebrauchsanweisung für Homo sapiens«.

Der große deutsche Golfspieler Bernhard Langer steht auf dem grünen Rasen, bereit zum Abschlag. Er blickt in die Zielrichtung, konzentriert sich, nimmt Maß, holt aus und schlägt den Ball mit einem kraftvollen Schwung weit nach vorne. Als er der Flugrichtung des Balles folgt, um den nächsten Schlag zu tätigen, kann er ihn zunächst nicht finden. Allmählich gelangt er zu der Vermutung, dass der Golfball in der Astgabel eines großen Baumes hängen blieb. Was tut Bernhard Langer? Kurz entschlossen klettert er auf den Baum, um seine Vermutung zu überprüfen. Tatsächlich – der Ball liegt in der Mulde der Astgabel. Bernhard setzt sich auf den kräftigen Ast, konzentriert sich erneut, nimmt Maß, holt aus und schlägt den Ball aus dem Baum zurück auf den grünen Rasen. Der Ball findet seine Richtung und rollt auf das Loch zu und – direkt ins Loch. Welch ein Schlag! Riesiger Applaus beim Publikum. Im Anschluss an diese Meisterleistung rennen die begeisterten Journalisten zu Bernhard. Einer sagt: »Gratuliere, Herr Langer. Ein fantastischer Schlag! Aber mal ehrlich – haben Sie da nicht sehr viel Glück gehabt?!« Bernhard antwortet ihm mit ruhiger Stimme: »Ja, stimmt – da habe ich sehr viel Glück gehabt. Und wissen Sie, was mir auffällt – je mehr ich übe, desto mehr Glück habe ich!«

Üben Sie sich darin, diese nützlichen Glaubenssätze im Kontakt mit Ihren Mitmenschen anzuwenden. Je mehr Sie die Inhalte der Axiome durchdringen, desto präziser und flexibler können Sie Ihr Kommunikationsverhalten auf die Bedürfnisse Ihrer Coachees ausrichten. Die Realisierung der Axiome bildet eine entscheidende Basis für ein positives Menschenbild im Business-Coaching. Wenn Sie Ihr Agieren und Reagieren als Coach anhand der Axiome ausrichten, steigt die Wahrscheinlichkeit ganz erheblich, dass Sie mit Ihren Interventionen erfolgreich sind. Die Axiome sind Wegweiser zum Erfolg.

Im nächsten Teil werden wir Ihnen nun einen umfassenden Werkzeugkoffer vorstellen, mit dem Sie Ihre Coaching-Ambitionen durch eigene Erfahrungen realisieren können. Durch praktische Erfahrungen im Coaching werden Sie das Coaching-Know-how mehr und mehr mit Ihrer eigenen Persönlichkeit verknüpfen. Viel Glück und Spaß dabei!

Teil II
NLP-Werkzeuge im Coaching

Coaching mit NLP-Werkzeugen. Thomas Rückerl und Torsten Rückerl
Copyright © 2008 WILEY-VCH Verlag GmbH & Co. KGaA, Weinheim
ISBN: 978-3-527-50351-3

A

Als-Ob-Methode –
Fantasie als Quelle der Zukunft

Nutzen/Ziel

- Kontakt erzeugen mit positiven Zukunftsvarianten.
- Spielerische Zielorientierung programmiert das Gehirn auf nützliche Verhaltensmuster.
- Festgefahrene Problemzustände können in motivierende Ziele verwandelt werden.

Anwendungsfelder

- Wenn negative Erfahrungen der Vergangenheit die Wahrnehmung dominieren.
- Als Stimulanz der kreativen Fantasie zur Ideenfindung.
- Wenn der Coachee im Problem feststeckt und keine positive Perspektive findet.
- Konkretisierung und Überprüfung möglicher Zukunftsvarianten.

Coaching ist ein kreativer Prozess. Als Coach helfen Sie Ihrem Coachee, die aktuellen Themen positiv und zielorientiert zu betrachten. Sie unterstützen ihn dabei, weniger in Problemen zu denken und stattdessen den Fokus seiner Aufmerksamkeit auf mögliche Lösungen zu richten. Dabei spielt das Stimulieren der Fantasie eine entscheidende Rolle. Mithilfe der Als-Ob-Methode entsteht im Gehirn des Coachees ein positives Modell der Wirklichkeit. Die Fakten der Außenwelt werden durch innere Vorstellungen so verändert, dass daraus kreative Lösungsentwürfe entstehen. Die Als-Ob-Methode ermöglicht es, die alten Annahmen über die realen Bedingungen im Leben des Coachees kreativ zu verändern und so in Kontakt mit neuen Ideen zu gelangen.

Im Coaching

Lernen mithilfe der Als-Ob-Methode ist evolutionsgeschichtlich sinnvoll und bildet eine natürliche Ressource des Menschen. Kinder nutzen die Als-Ob-Methode, um sich spielerisch auf das zukünftige Leben als Mütter, Väter, Krankenschwestern, Fabrikbesitzer, Sportler oder Popstar vorzubereiten. Das spielerische Einüben von Fähigkeiten ist eine Lernform, die es sowohl in allen menschlichen Kulturen als auch im Tierreich gibt.

Die Als-Ob-Methode ist ein nützliches und vielseitig einsetzbares Werkzeug im Coaching. Wenn ein Mensch so tut, als ob er etwas bereits könnte, werden unbewusste Kräfte mobilisiert. Jeder Mensch hat die Fähigkeit, sich in seiner Fantasie etwas vorzustellen, was es so in der Realität (noch) nicht gibt. Die Als-Ob-Methode basiert auf der Fähigkeit des Halluzinierens. Zum Verständnis des Halluzinierens als nützliche Ressource unterscheiden wir zwischen unkontrolliertem und kontrolliertem Halluzinieren. Während der unkontrollierten Halluzination erlebt der Mensch Wahrnehmungen ohne reale Objekte. Unkontrolliertes Halluzinieren erzeugt Verwirrung und Stress. Kontrolliertes Halluzinieren hingegen kann als wirkungsvolle Methode im Coaching eingesetzt werden. Dabei helfen Sie Ihrem Coachee, sowohl neue Bilder als auch Ideen, Gefühle, Glaubenssätze und Weltmodelle zu erfinden. Wenn die mentale Vorstellung mit emotionaler Energie aufgeladen ist, kann diese intensive Empfindung Motivation für den zukünftigen Veränderungsprozess erzeugen. Mentale Manöver können das Gehirn stimulieren, in neuen neurologischen Bahnen zu denken und so neue Horizonte zu eröffnen. Kreativität erwacht und das Unbewusste beginnt Ressourcen auf eine neue Weise zu organisieren. Schon hat ein neuer Lernprozess begonnen, und Ihr Coachee gewinnt Inspiration, Kraft und Motivation, um die anstehende Herausforderung positiv anzugehen.

Coaching-Übung zur Als-Ob-Methode

Zunächst motiviert der Coach seinen Coachee, so zu tun, als ob er sein Problem bereits gelöst hätte:

»Wie wird es sein, wenn Sie Ihr Problem bewältigt haben? Was werden Sie dann wahrnehmen? Tun Sie bitte einmal so, als ob Sie dieses Ziel bereits erreicht hätten ... jetzt!«

Oftmals hat der Coachee zu Beginn des Coaching keine Vorstellung von seinem Ziel, da er sich daran gewöhnt hat, auf die negativen Aspekte seiner Situation zu fokussieren. Seine Ressourcen sind durch seine Problemorientierung blockiert. In diesem Falle gilt es, den Coachee in die Zukunft zu führen, um ihn so in den Kontakt mit möglichen Problemlösungen zu bringen.

»Denken Sie bitte an den Moment in der Zukunft, an dem Sie Ihr Problem gelöst haben... wie wird es sein, dort in der Zukunft? Was nehmen Sie wahr? ... und dann geben Sie diesem positiven Zustand einen Namen. Als Nächstes machen Sie sich ein Bild von diesem Ziel, und dann beobachten Sie, wie Sie allmählich ein Gefühl dazu entwickeln. Und jetzt, während Sie das Bild sehen, den Namen kennen und das Gefühl wahrnehmen, fragen Sie sich, woran genau Sie als Erstes merken werden, dass Sie Ihr Ziel erreicht haben?«

Durch solche Aufforderungen führt der Coach seinen Coachee aus dem blockierten Problemzustand in einen besseren, erstrebenswerten Zustand. Im nächsten Schritt kann der Coach auf die Ressourcen zur Zielerreichung fokussieren.

»... Jetzt, wo Sie Ihr Ziel erreicht haben, schauen Sie noch einmal zurück ... welche Fähigkeiten haben Sie genutzt, um Ihr Ziel zu erreichen?«

Durch die Simulation von genutzten oder gelernten Fähigkeiten werden gleichzeitig kreative Wege für zukünftige Lernprozesse angedacht.

Die Als-Ob-Methode wirkt auch bei Coachees, die mit geringem Selbstvertrauen ihr Licht unter den Scheffel stellen:

»Okay, Sie glauben, dass Sie die anstehende Aufgabe so noch nicht bewältigen können. Was würden Sie denn brauchen, um es tun zu können? …Wer könnte Ihnen vielleicht dabei helfen, die gewünschten Fähigkeiten zu erlernen …?«

Beobachten Sie, wie der Coachee seine Aufmerksamkeit nach innen richtet und in eine kleine Trance geht, um die nötigen Informationen zu suchen. Geben Sie ihm ausreichend Zeit und stören Sie ihn bei diesem Vorgang nicht unnötig, indem Sie die an ihn gestellten Fragen voreilig selbst beantworten. Lassen Sie ihn seine eigene Lösung finden!

Solche Instruktionen bringen den Coachee in Kontakt mit Ressourcen, die ihm zuvor nicht zugänglich waren. So können Lösungen entwickelt werden, die sonst jenseits seiner Vorstellungswelt lägen. Der Coachee gewinnt durch die Imagination kreative Ideen, Glauben an den Erfolg und vor allem eine realistische Einschätzung von den Konsequenzen seines Zieles. Eine möglichst präzise innere Vorstellung des erwünschten Zieles ist ein erster wichtiger Schritt zur Realisierung.

»Angenommen, ein Wunder geschieht und in zehn Sekunden wird es Ihnen besser gehen – woran werden Sie es bemerken? Was werden Sie wahrnehmen? Was werden Sie sehen, hören, fühlen, riechen, schmecken?«

Durch das systematische Abfragen der Wahrnehmungskanäle bekommt der Coachee eine konkrete sinnliche Repräsentation seines erwünschten Zustandes. Die mentale Vorstellung erzeugt neue neurologische Verbindungen im Gehirn. Dadurch wird die Struktur für neues Verhalten angelegt. Je vollständiger der Zustand auf allen Wahrnehmungskanälen repräsentiert ist, desto intensiver wird die mentale Erfahrung sein. Außerdem kann der imaginativ erlebte Zielzustand geankert werden und als kraftvolle Orientierung in die Zukunft dienen.

Coaching-Übung: Rückwärtsstrategie

Die Rückwärtsstrategie ist eine systematische Vorgehensweise, um den Coachee nach der Als-Ob-Methode wieder in die aktuelle Situation zu führen und dabei zukünftige Handlungen realistisch zu organisieren. Komplexe Aufgaben werden in konkrete Handlungsziele zerlegt und zeitlich in eine sinnvolle Reihenfolge gebracht. Dies kann in tiefer Trance geschehen oder bei vollem Bewusstsein. Zunächst führt der Coach seinen Coachee in den gewünschten Zielzustand mit der Als-Ob-Methode. Anschließend führt er ihn rückwärts durch die Zeit wieder in die Gegenwart. Die Prozessinstruktion lautet folgendermaßen:

»Stellen Sie sich bitte vor, Sie haben Ihr Ziel bereits erreicht ... Was geschah kurz bevor Sie Ihr Ziel erreichten? ... Und was geschah davor? ... Und davor?«

Ein weiterer Nutzen der Rückwärtsstrategie ist die Gewinnung von Informationen im Öko-Check. Bisher unbemerkte Einwände gegen die geplante Realisierung können ins Bewusstsein gelangen. Wenn diese Einwände frühzeitig in die Zieldefinition integriert werden, steigen die Erfolgschancen bei der Realisierung.

Verweise

→ Ankern
→ Öko-Check
→ Ressourcen
→ Ziel-Orientierung

Anker – reizende Knöpfe
auf der sinnlichen Tastatur

Nutzen/Ziel

- Innere Zustände gezielt aktivieren.
- Ungewünschte Verhaltensweisen durch nachhaltige Alternativen ersetzen.
- Wertvolle Transfersicherung: »Motivationsverstärker auf Knopfdruck«.

Anwendungsfelder

- Zur Konditionierung von neuen Verhaltensmustern.
- Zur Stabilisierung von erwünschten Zuständen.
- Als Transfersicherung in Eigenregie des Coachees.

Durch die Macht der Anker kann ein erfahrener Business-Coach bestimmte Reaktionen ·seines Coachees gezielt hervorrufen. Wenn Sie als Coach fähig sind, Anker zu setzen und sie dann im geeigneten Moment zu aktivieren, erwerben Sie Flexibilität und Souveränität bei der Steuerung Ihrer Coaching-Prozesse.

Im Coaching

Anker sind äußere Reize, die bei einem Menschen bestimmte innere Reaktionen bewirken. Immer wenn Herr Winkelmann den Geruch von Lebkuchen wahrnimmt, muss er sofort an Weihnachten denken. Immer wenn Frau Tietze das Lied von Eros Ramazotti hört, erinnert sie sich an das romantische Gefühl ihrer letzten Italienreise. Das Ankern ist ein wesentlicher Bestandteil der menschlichen Orientierung. Bei der Gestaltung der inneren Landkarte im Kopf jedes Menschen werden automatisch äußere Reize mit inneren Reaktionen neurologisch verknüpft.

Anker beeinflussen unser Unbewusstes auf allen Wahrnehmungskanälen. Das Lied, das Sie letztes Jahr im Urlaub oft gehört haben, ist ein Anker, der über den auditiven Kanal wahrgenommen wird. Urlaubsfotos sind visuelle Anker. Der Geruch von Sonnencreme kann einen Menschen über den olfaktorischen Kanal in den Urlaubszustand führen; der Geschmack von Paella über den gustatorischen Kanal. Ein Kleidungsstück, das in einer spanischen Boutique gekauft wurde, kann ein visuell-kinästhetischer Anker sein. Je mehr Sinneskanäle durch den Anker aktiviert werden, desto intensiver wird der geankerte Zustand erlebt.

Im Coaching werden Anker gezielt eingesetzt, um innere Zustände zu steuern. Ein bekanntes Beispiel für einen gezielt gesetzten Anker ist der Knoten im Taschentuch: Der Knoten ist ein äußerer Reiz, der im Gehirn des Menschen eine bestimmte Erinnerung aktiviert und somit als Erinnerungshilfe wirkt. Dieses Prinzip können Sie im Coaching anwenden, um Ihren Coachee gezielt mit nützlichen Zuständen zu verbinden.

Anker wirken unbewusst, selbst dann, wenn wir versuchen, uns bewusst dagegen zu entscheiden. Eine Spinnen-Phobie ist ein eindrucksvolles Beispiel für die Macht der Anker: Obwohl der betroffene Mensch weiß, dass Panik keine angemessene Reaktion auf den Anblick einer Spinne ist, wird das Gefühl von Panik in ihm beim Anblick einer Spinne immer wieder aufflammen – so lange, bis der Anker »Spinne« durch eine neue Erfahrung mit einer positiven oder neutralen Bedeutung verknüpft wurde. Wenn der betroffene Mensch glaubt, dass es sich für seine Lebensqualität lohnt, gelassener mit Spinnen umgehen zu können, könnte er lernen, mithilfe eines ressourcenorientierten Coachings positive Erfahrungen mit Spinnen zu sammeln. Dabei würde der Coach seinen Coachee langsam an den Anblick und die Nähe einer harmlosen Spinne gewöhnen und die erfolgreiche Annäherung Schritt für Schritt als positive Erfahrung ankern. Zum Abschluss könnte die Erfahrung mit einer harmlosen Spinne, die über seine Hand gekrabbelt ist, den betroffenen Mensch in Zukunft mit Gelassenheit auf den Anblick einer Spinne reagieren lassen.

Die Wirkung eines Ankers wird durch 4 Faktoren bestimmt:

1) Intensität der Erfahrung
Je assoziierter und intensiver der Mensch eine Erfahrung durchlebt, desto stärker wirkt der mit dieser Erfahrung verknüpfte Anker.

2) Timing
Ein Anker besitzt optimale Kraft, wenn er kurz vor dem Höhepunkt einer intensiven Erfahrung installiert wird.

3) Prägnanz des Reizes
Damit das Unbewusste den Anker in der Vielfalt der eintreffenden Reize wiedererkennen kann, muss der auslösende Reiz möglichst prägnant beschaffen sein.

4) Wiederholung
Je häufiger der auslösende Reiz mit der entsprechenden Erfahrung verknüpft wird, desto stabiler wird die neurologische Erinnerungsspur.

Wenn sich der Coachee in einem ressourcevollen Zustand befindet, kann der Coach einen gezielten kinästhetischen Anker setzen, indem er den Coachee bittet, sich zum Beispiel mit Daumen und Zeigefinger am Ohr zu berühren. Dabei ist es wichtig, den Anker genau dann zu setzen, wenn die innere Reaktion den intensivsten Moment erreicht. Auf diese Weise lernt das Gehirn, den positiven Zustand mit dem dezenten Griff ans Ohr zu verknüpfen. Die Verknüpfung wirkt in beide Richtungen. Durch den Griff ans Ohr zu einem späteren Zeitpunkt erinnert sich das Gehirn blitzschnell an das positive Gefühl, und der Coachee gelangt erneut in den ressourcevollen Zustand. Neben Berührungen können auch Wörter, Musik, Gerüche oder Bilder als Anker genutzt werden.

Sehr gut zur Arbeit im Coaching eignen sich auch räumliche (Boden-)Anker wie der heiße Stuhl. Hier können verschiedene Persönlichkeitsteile in Form eines Rollenspiels auf verschiedenen Stühlen miteinander in Kontakt treten. Dieses Prinzip wird auch bei der Time Line oder bei der Walt-Disney-Technik aufgegriffen. Wenn durch einen Anker ein bestimmter Zustand induziert wurde, kann man ihn durch einen Separator wieder beenden und einen Wechsel in einen anderen Zustand bewirken. Wer mit Ankern und Separatoren umgehen kann, verfügt über effektive Methoden des Leadings.

Personen als Anker

Auf der inneren Landkarte des Coachees ist jede Person aus dem Bekanntenkreis mit bestimmten Assoziationen verknüpft. Solche Assoziationen beeinflussen das tägliche Leben massiv. Im Coaching ist es oftmals hilfreich, Vorurteile und Übertragungen genau zu überprüfen. Es könnte zum Beispiel sein, dass der Coachee bestimmten Personen unberechtigt viel Vertrauen entgegenbringt, nur weil er in der Vergangenheit mit diesen Menschen einmal eine positive Erfahrung gemacht hat. Andererseits wäre es möglich, dass sich der Coachee das Zusammenleben mit einigen Menschen unnötig erschwert, weil sein Unbewusstes immer wieder an die negativen Erfahrungen der Vergangenheit erinnert wird. Darüber hinaus könnte es sein, dass eine Übertragung stattfindet. Dabei verwechselt das Unbewusste des Coachees eine Person mit einer anderen Person aus seiner Vergangenheit, weil sie bestimmte Ähnlichkeiten aufweisen. Dadurch wird die verwechselte Person zu einem Anker für Assoziationen, die eigentlich gar nichts mit ihr zu tun haben.

Coaching-Übung: Bewusste Prüfung der Mitmenschen als Anker

Bitten Sie Ihren Coachee, sich eine Liste mit allen relevanten Personen zu seinem Anliegen zu machen. Dann gehen Sie die Liste einzeln durch. Lassen Sie Ihren Coachee vor seinem geistigen Auge ein Bild jeder Person machen. Dann fragen Sie ihn zum Beispiel:

- »Welche Eigenschaften schreiben Sie diesem Menschen zu, und welche Meinung haben Sie über ihn? Vielleicht können Sie das Fazit Ihrer Überlegungen in einem prägnanten Satz formulieren?«
- »Welches Gefühl verbinden Sie mit diesem Menschen?«
- »Werden Ihre Assoziationen diesem Menschen tatsächlich gerecht, oder verzerrt der Anker in Ihrem Gehirn die Realität?«
- Falls dies zutreffen könnte, bitten Sie Ihren Coachee, im zukünftigen Kontakt ganz bewusst auf die Wahrnehmungs- filter zu achten, mit denen er dem betreffenden Menschen begegnet. Laden Sie Ihren Coachee ein, seine Sinne zu öffnen und sich zu erlauben, in Verbindung mit dieser Per- son eine neue Erfahrung zu machen. Auf diese Weise kann der Coachee den Anker aktualisieren und stärker auf die Realität abstimmen.

Bewusste Prüfung der eigenen Person als Anker
Natürlich wirkt auch der Coachee als Anker für das Unbe- wusste seiner Mitmenschen. Bitten Sie Ihren Coachee, die Liste noch einmal zur Hand zu nehmen und fragen ihn:
- »Welche Assoziationen können die anderen Menschen mit Ihrer Person verbinden?«
- Falls Ihr Coachee mit einem anderen Menschen Konflikte hat, könnte es sein, dass er für den anderen einen negati- ven Anker darstellt. Um diesen negativen Zustand gezielt zu verändern, könnten Sie ihn fragen: »Wie kann dieser Mensch eine neue, positive Erfahrung mit Ihnen machen?«

Worte als Anker

Sprache ist ein System von auditiven Ankern. Jedes Wort be- wirkt bestimmte Assoziationen, sowohl im Kopf des Sprechers als auch des Zuhörers. Allerdings sind die Assoziationen von Mensch zu Mensch unterschiedlich, deshalb sollten Sie sehr genau darauf achten, welche Reaktionen Ihre Worte beim Empfänger bewirken.

Es gibt Worte, die mit hoher Wahrscheinlichkeit bei den meisten Menschen positive Emotionen aktivieren, und es gibt andere Worte, die bei fast allen Menschen negative Gefühle erzeugen.

Negative Verbal-Anker

Verlust, Angst, Problem, Pleite, ungültig, Fehler, vergeblich, Sorgen, leider, überteuert, aber, bedauerlich, schmutzig, schlecht, Haftbefehl, Beinbruch, Krankheit, Geiz, Steuerfahndung, Schuld, ruiniert, kaputt, hässlich, Schmerzen.

Positive Verbal-Anker

Vergnügen, Lust, Freude, Reichtum, gern, Wünsche, Erfolg, gewinnen, besonders gut, exzellent, Liebe, Schönheit, genießen, küssen, Freundschaft, leicht, offen, gesund, Freizeit, sinnvoll, Sommer, Urlaub, Feierabend, Spaß.

Können Sie spüren, wie Ihr Unbewusstes auf die verbalen Anker reagiert? Dieser subtile Prozess geschieht auch im Coaching. Jedes Wort wirkt! Deshalb empfehlen wir Ihnen als kompetentem Coach, sich in der Kommunikation ganz bewusst an die Ankerfunktion der einzelnen Worte zu erinnern. Reinigen Sie Ihre Sprachprogramme! Vermeiden Sie es, Ihre Coachees durch negative Anker unnötigerweise in schlechte Zustände zu bringen. Treffen Sie eine bewusste, zielorientierte Wortwahl und sprechen Sie eine positive Sprache.

Coaching-Übung zur positiven Sprache

Um auch die Aufmerksamkeit Ihres Coachees für die subtile Wirkung der verbalen Anker zu trainieren, bitten Sie ihn zu einem Experiment: Lesen Sie ihm die Sammlung der negativen Anker vor und fragen Sie ihn:
• »Welches Gefühl entsteht beim Hören dieser Worte?«

Dann lesen Sie ihm die Sammlung der positiven Anker vor
und fragen ihn wieder:

- »Welches Gefühl entsteht beim Hören dieser Worte?«

Um diese Erfahrung auf seinen persönlichen Sprachgebrauch
zu übertragen, laden Sie Ihren Coachee ein, die Liste gegebenenfalls zu erweitern und auf seine Wortwahl in seinen
Schlüsselsituationen bewusst zu achten. Sobald Ihr Coachee
verstanden hat, dass Worte gezielt eingesetzt werden können,
wird er zukünftig seine Wortwahl immer sensibler auf die Realität seiner Empfänger abstimmen. Insbesondere im Konfliktfall
ist der bewusste Einsatz von Ankern ein wirksames Mittel zur
Deeskalation.

Coaching-Übung: Der Uptime-Anker
Diese Übung zielt darauf ab, bei Ihrem Coachee einen sehr
wachsamen Zustand zu etablieren, indem er sich seiner fünf
Sinnessysteme bewusst wird. Uptime beschreibt einen Zustand der erhöhten Aufmerksamkeit, der durch sinnliche Präsenz gekennzeichnet ist.

1. Vorbereitung
Sorgen Sie als Coach für eine ruhige Atmosphäre, in der Ihr
Coachee die Alltagsgedanken vergessen und sich entspannen
kann. Gönnen Sie sich einen Moment der Besinnlichkeit, bevor
Sie Ihren Coachee in eine leichte Trance führen:
»Atmen Sie tief durch, während Sie es genießen, einfach nur
da zu sein… Betrachten Sie in Ruhe Ihre linke Hand und ordnen Sie jedem Finger ein Sinnessystem zu… Der Daumen
symbolisiert das Sehen, der Zeigefinger das Hören, der Mittelfinger das Fühlen, der Ringfinger das Riechen und der kleine
Finger das Schmecken. Gleich werden Sie Ihre Aufmerksamkeit
der Reihe nach auf die fünf Systeme lenken. Registrieren Sie
besonders die äußeren Eindrücke, die Sie von außen über diesen Kanal empfangen. Wenn Sie ein Optimum an sinnlicher

Präsenz wahrnehmen, dann drücken Sie mit der rechten Hand den entsprechenden Finger Ihrer linken Hand für einige Sekunden...«

2. Sinnessysteme ankern

- Visuell (Daumen): »Öffnen Sie Ihre Augen und betrachten Sie die visuelle Welt. Was können Sie alles sehen? Nehmen Sie die verschiedenen Farben, Strukturen, Kontraste und Bewegungen wahr. Registrieren Sie feinste Farbnuancen, die vielfältigen Strukturen der einzelnen Gegenstände, die Lichtreflexe und Schattenspiele.«
- Auditiv (Zeigefinger): »Nun schließen Sie Ihre Augen und lauschen der auditiven Welt. Was gibt es in diesem Moment zu hören? Nehmen Sie die Geräusche, Klänge, Stimmen und Töne in Ihrem Umfeld wahr. Aus welcher Richtung kommen die einzelnen Reize? Hören Sie Ihren Atem? Falls Sie Stimmen wahrnehmen, wie unterscheiden sich diese in Höhe, Tempo, Melodie und Rhythmus? Gibt es Momente der Stille? Was hören Sie in solchen Momenten?«
- Kinästhetisch (Mittelfinger): »Jetzt tauchen Sie ein in die bewegte Welt der Gefühle. Sie spüren Ihre Haut und Ihren ganzen Körper. Welche Empfindungen können Sie lokalisieren? Wie fühlen sich Ihre Muskeln an? Wie schnell schlägt Ihr Herz? Spüren Sie die Atembewegung in Brust- und Bauchraum? Spüren Sie die Temperatur und die Atmosphäre im Raum?«
- Olfaktorisch (Ringfinger): »Beschnuppern Sie die Welt durch Ihr olfaktorisches Sinnesorgan. Was riechen Sie? Gibt es einen dominanten Geruch? Spüren Sie, wie die Luft in Ihre Nase dringt, und halten Sie den Kontakt zu Ihrem Atem für einen Moment.«
- Gustatorisch (kleiner Finger): »Lassen Sie sich Ihre Sinnesreize auf der Zunge zergehen. Was schmecken Sie? Wie feucht ist Ihr Mund? Wie glatt sind Ihre Zähne? Wenn Sie nichts schmecken sollten, wie schmeckt das?«

3. Separator-State
»Bewegen Sie sich ein wenig. Bringen Sie sich für einen Moment in einen neutralen Zustand, bevor Sie die Wirksamkeit Ihres Uptime-Ankers überprüfen.«

4. Anker aktivieren
»Überprüfen Sie, ob die Anker bereits ausreichend mit den Sinnessystemen verknüpft wurden, indem Sie nacheinander mit der rechten Hand die Finger der linken Hand drücken.«

Falls der Sinneskanal noch nicht ausreichend präsent ist, kann die Übung wiederholt werden. Je häufiger die Verknüpfung aufgefrischt wird, desto wirksamer werden die Anker. Wenn Ihr Coachee die linke Hand zur Faust ballt und alle Finger spürt, wird er dadurch in einen Zustand der erhöhten Aufmerksamkeit gelangen. Er kann auch gezielt nur ein bestimmtes System aktivieren. Falls Ihr Coachee sich zum Beispiel in einer anstrengenden Verhandlung mit einem visuellen Wahrnehmungstypen befindet, kann er während des Gesprächs hin und wieder unauffällig an seinen Daumen drücken, um seine Wahrnehmung ebenfalls auf diesen Kanal zu lenken und dadurch die Gemeinsamkeiten zu stärken.

Verweise

→ Time Line
→ Wahrnehmungspositionen
→ Ressourcen

Assoziierte Zustände – intensive Gefühlsverstärker

Nutzen/Ziel

- Diagnose und Steuerung von emotionalen Verstärkern.
- Die Erlebnisintensität gezielt erhöhen.
- Die Erlebnisintensität gezielt reduzieren.

Anwendungsfelder

- Bei Gefühlsleere und Motivationsproblemen.
- Wenn sich der Coachee »im Kopf gefangen« fühlt.
- Als Verstärker der Wirksamkeit und Transfer-Sicherung.

Menschen neigen dazu, sich mit ihren aktuellen Problemen zu identifizieren. Die Fokussierung auf das Problem entwickelt eine mentale Sogwirkung im Erleben – der Mensch ist dann nicht mehr zugänglich für mögliche Lösungen. In diesem Zustand wird Ihr Coachee betriebsblind in der eigenen Psyche, und sein Unbewusstes tendiert dazu, an dem Problemzustand festzuhalten. Als Coach müssen Sie erkennen können, wie stark Ihr Coachee mit seinem Erleben identifiziert ist. Bei starker Identifikation reichen bloße Argumente nicht aus, um ihm einen wirkungsvollen Impuls zu versetzen. Zunächst müssen Sie ihm helfen, sich von problemerzeugenden Wahrnehmungen zu befreien, und ihn dann zu einer besseren Alternative führen. Mag eine neue Problemlösung intellektuell noch so brillant erscheinen, solange sich Ihr Coachee nicht damit identifizieren kann, wird er sie nicht mit voller Kraft in die Praxis umsetzen. In solchen Situationen können Sie ihn unterstützen, sich für eine neue Idee zu begeistern, indem Sie positive, in der Vergangenheit erlebte Gefühle revitalisieren und diese mit seinen neuen Entwicklungsideen verknüpfen.

Im Coaching

Assoziiert bedeutet verknüpft. Eine Assoziation ist die neuronale Verknüpfung eines äußeren Reizes mit einer inneren Reaktion. Die Stärke einer Assoziation bestimmt ihre Auswirkung auf den Bewusstseinszustand des Coachees. Assoziiertes Erleben bedeutet, dass die Bewusstseinsinhalte nur durch Eindrücke bestimmt werden, die der Mensch mit Augen, Ohren, Nase, Mund und Haut in diesem Moment wahrnimmt – und nicht durch die Eindrücke, die das momentane Erleben relativieren würden. Im assoziierten Zustand empfindet der Mensch Leidenschaft und Kongruenz – und gleichzeitig ist er in diesem Moment ein Gefangener seiner eigenen Wahrnehmung.

Der große Vorteil assoziierter Zustände im Coaching ist die hohe Erlebnisintensität. Wenn sich ein Mensch im stark assoziierten Zustand befindet, erlebt er die Situation im Hier und Jetzt als vollständige Repräsentation auf allen Sinneskanälen (V.A.K.O.G.). Der assoziierte Mensch erlebt diesen Moment direkt, ohne Abstand durch kognitive Verarbeitungsprozesse. Dadurch entfaltet das Erlebnis seine volle Würze. Das Empfinden von intensiver Motivationsenergie erfordert eine starke Assoziation mit dem »Objekt der Begierde«. Nur wenn der Coachee körperlich spüren kann, dass es sich lohnt, sein Ziel zu erreichen wird sein Unbewusstes bereit sein, die volle Handlungsenergie freizusetzen.

Coaching-Übung: Assoziierter Zielzustand

Im Coaching kann ein auf allen Wahrnehmungskanälen motivierender Zustand den Veränderungsprozess mit einer hohen Antriebsenergie aufladen. Deshalb ist es sinnvoll, den Coachee so intensiv wie möglich über seine Wahrnehmung mit seinem Ziel zu verbinden. Gleichzeitig können Sie als Coach diesen Zustand bei Ihrem Coachee ankern, damit Ihr Coachee diesen Motivationsschub in Zukunft bewusst wieder hervorrufen kann.

Zunächst motiviert der Coach seinen Coachee, sich über alle Wahrnehmungskanäle in den Zustand hineinzubegeben:

»*Sie haben Ihr Ziel erreicht... Was nehmen Sie in diesem Zustand wahr? Was sehen, hören, fühlen, riechen und schmecken Sie?*«

Im Moment der größten Intensität betätigt der Coachee einen selbst gewählten Anker. Um den Anker zu testen, setzen Sie als Coach einen Separator, um den Coachee in einen neutralen Zustand zu bringen. Im Anschluss betätigt der Coachee seinen Anker, um den motivierenden Zielzustand wieder hervorzurufen. Durch mehrmaliges Wiederholen kann der Anker gegebenenfalls weiter verstärkt werden.

Die Skala der Gefühlsintensität sinnvoll ausbalancieren

Im assoziierten Zustand besteht die Gefahr einer Überwältigung von den eigenen Gefühlen und ein damit verbundener Mangel an intelligenten Wahlmöglichkeiten. Nicht umsonst heißt es:»Im Zustand der eigenen Betroffenheit sinkt der IQ gegen Null!« Im assoziierten Zustand ist der Mensch seinen aktuellen Wahrnehmungen unmittelbar ausgeliefert – er spürt die Lust und all das Schöne genauso intensiv wie Angst, Demütigung oder Schuld. Deshalb begünstigen positive Erfahrungen den Modus der assoziierten Wahrnehmung. Positive Erfahrungen öffnen den Menschen, lockern seine psychischen Kontroll-Mechanismen und stärken sein Vertrauen. Negative Erfahrungen hingegen führen dazu, dass in der Psyche Kontrollinstanzen und Puffer aufgebaut werden, um sich vor schmerzhaften oder bedrohlichen Erlebnissen zu schützen. Sicherheitshalber wird die Wahrnehmung dissoziiert, das heißt relativiert, gefiltert, gepuffert und vielleicht mithilfe des Reframing auf eine versöhnende Meta-Ebene gebracht.

Ein gewisses Maß an Dissoziation ist im komplexen, modernen Alltag unverzichtbar, um intelligente Entscheidungen treffen zu können und zielführende Handlungen effizient zu koordinieren.

Jeder gute Manager versteht es, seine eigene Wahrnehmung zu relativieren und seine spontanen Impulse gewissenhaft zu hinterfragen, bevor er sie in Taten umsetzt. Wer sich in komplexen Situationen hemmungslos assoziiert, kann kaum die volle Tragweite seines Verhaltens erkennen und wird vermutlich unerwünschte Nebenwirkungen verursachen. Beispielsweise ist es in schwierigen Konfliktsituationen oftmals notwendig, die eigenen Emotionen zu kontrollieren und stattdessen den Realitätstunnel seines Gegenüber zu pacen. Ein Manager im assoziierten Zustand von Wut und Verärgerung wird den Konflikt kaum kontrollieren können, insbesondere wenn auf beiden Seiten aggressive Energien ins Spiel kommen. Hier gilt es, den assoziierten Gefühlsverstärker gezielt zu drosseln.

Assoziation und Phobie

Einige Wahrnehmungen beeinflussen den momentanen Zustand eines Menschen überhaupt nicht, andere hingegen sind geradezu zwingend.

»Immer wenn ich Blut sehe, werde ich ohnmächtig. Auch wenn ich mich noch so sehr bemühe, mein Bewusstsein verschwimmt, und ich muss mich hinlegen.«

Eine phobische Reaktion ist ein Beispiel für einen extrem assoziierten Zustand. Der assoziierte Sinneseindruck zwingt den Menschen in den phobischen Zustand hinein. In solchen Momenten ist der Mensch in seiner Wahrnehmung gefangen. Er kann nicht über sein Erleben reflektieren und es nicht relativieren. Das Bewusstsein ist mit seinem momentanen Zustand nahezu vollkommen identifiziert.

Während der phobischen Reaktion helfen oft nur noch radikale Separator State-Manöver, um das bestehende Wahrnehmungsmuster zu unterbrechen. Um eine Phobie zu heilen, wird mithilfe der Phobie-Technik eine starke Dissoziation aufgebaut. Dabei kann der Klient den phobischen Reiz wahrnehmen, ohne von seinen Gefühlen überwältigt zu werden. Auch wenn sich das Heilungskonzept klar und eindeutig anhört, sollten Sie als Coach sehr genau abwägen, ob Sie mit einem Coachee, der unter einer Phobie leidet, zu diesem Thema arbeiten können. Oftmals werden die ökologischen

Wechselwirkungen der Phobie im System des Coachees unterschätzt. Dann wäre eine Vermittlung an einen erfahrenen Therapeuten angezeigt.

Assoziiert – dissoziiert

Assoziation und Dissoziation sind wie zwei Pole auf der Skala der menschlichen Wahrnehmung. Das Prinzip der Assoziation erinnert uns an unsere animalischen Wurzeln – wir verschmelzen mit dem aktuellen Moment. Die andere Seite der Skala der Erlebnisintensität bilden die dissoziierten Zustände. Hier wird der Mensch gar nicht oder nur wenig von seinen Wahrnehmungen berührt. Pauschal könnte man sagen, dass assoziierte Zustände sinnvoll sind, um zu genießen und um tiefe Eindrücke zu gewinnen, während Dissoziationen nützlich sind, um sich in schwierigen oder unangenehmen Situationen zu schützen und intelligentes Verhalten durch kognitive Kontrolle zu ermöglichen. Auf der Skala von Assoziiert und Dissoziiert kann die Betroffenheit durch die eigene Wahrnehmung bei uns Menschen sehr unterschiedlich sein. Um sich den Einfluss unserer Wahrnehmung auf unsere Gefühle bewusst zu machen, helfen folgende Fragen:

- Inwieweit lösen meine aktuellen Wahrnehmungen bei mir körperlich spürbare Gefühle aus?
- Wie intensiv erlebe ich diese Gefühle?
- Gibt es in meinen assoziierten Zuständen noch inneren Raum für andere Inhalte?

Zusammenfassend lässt sich sagen, Dissoziation schafft im Coaching Distanz und erzeugt ein Gefühl von kontrolliertem Handlungsspielraum. Wir können gezielt lernen, unser Bewusstsein nicht von den aktuellen Eindrücken aufsaugen zu lassen und unsere Identifikation mit der momentanen Wahrnehmung angemessen zu regulieren. Dieser Lernprozess führt zum Übernehmen von Verantwortung für die eigenen Gefühle, zu angemessenen Reaktionen gegenüber anderen Menschen und zu persönlicher Freiheit. Wer sich jedoch ständig von seinen aktuellen Wahrnehmungen dissoziiert, verliert an Lebensqualität und Kontakt zu seinen wahren Bedürfnissen. Die übersteigerte Dissoziation von den eigenen Gefühlen behindert den zwischenmenschlichen Kontakt erheblich und kann zu schweren Problemen auf der Beziehungsebene führen. Sich bewusst im assoziierten Zustand zu zeigen, erzeugt Vertrauen und hilft, in der Kommunikation gemeinsam zu wachsen. Wenn wir spontan assoziierte Zustände erlauben, geben wir uns die Chance, im Kontakt mit unseren Mitmenschen etwas über uns zu lernen.

Verweise

→ Dissoziiert
→ Phobie-Technik
→ Separator
→ V.A.K.O.G.

Augenbewegungen –
Schlüssel für innere Denkprozesse

Nutzen/Ziel

- Diagnose der Wahrnehmungssystematik und des Repräsentationssystems.

Anwendungsfelder

- Besseres Verständnis für innere Prozesse des Coachees.
- Pacing der Wahrnehmungsgewohnheiten des Coachees.
- Aufbau von Synästhesien zur Transfer-Sicherung.

Als Coach wollen Sie möglichst genau wissen, wie Ihr Coachee in seinem Gehirn Informationen verarbeitet. Dafür können Sie sich darin trainieren, die Muster seiner Augenbewegungen aufmerksam zu beobachten. Seine bevorzugten Augenstellungen erlauben Rückschlüsse, wie sein Gehirn innere Prozesse organisiert.

Im Coaching

Im NLP wurde herausgefunden, dass ein systematischer Zusammenhang von verschiedenen Augenbewegungen und gleichzeitig ablaufenden inneren Prozessen besteht. Wenn Sie als Coach die Muster der Augenbewegungen Ihres Coachees erkennen, können Sie wertvolle Informationen über die innere Strategie der Informationsverarbeitung Ihres Coachees gewinnen. Der Coach kann dadurch gezielter pacen und besser führen. Durch Fragen und Appelle des Coachs kann die Wahrnehmung des Coachees in bestimmte Repräsentations-Systeme gelenkt werden. Die entsprechenden Bewegungen der Augen veranschaulichen diesen Prozess für den Coach.

Um die Fragen des Coachs ernsthaft zu beantworten, muss der Coachee innerlich Kontakt zu den verschiedenen Repräsentations-Systemen herstellen. Dabei wird er gleichzeitig in die beschriebene Richtung blicken. Doch Vorsicht! Vielleicht wird er darüber hinaus auch in andere Richtungen blicken. Menschen verfügen über erstaunlich komplexe Strategien, um sich Zugang zu den im Gehirn codierten Informationen zu verschaffen. Die Augenbewegungen können lediglich als Indiz gewertet werden, sie haben keinerlei Beweiskraft. Das Modell der Augenbewegungen ist ein Schema zum pro-aktiven Neugierigsein. Es kann nicht als Instrument zum »detektivischen Überführen« benutzt werden und schon gar nicht als Lügendetektor.

Die Augenbewegungen geben Aufschluss über die eingesetzten Repräsentations-Systeme; sie zeigen jedoch nicht die darin abgebildeten Inhalte. Bei Linkshändern wurde beobachtet, dass die Muster spiegelverkehrt vorhanden sein können. Auch bei Rechtshändern kann es unzählige Strategien geben, die sich scheinbar über die Muster hinwegsetzen. So kann ein visueller Mensch zum Beispiel nach oben blicken, wenn er nach einem bestimmten Musikstück gefragt wird, weil er sich zunächst an das Aussehen des Musikers erinnert, um anschließend in Kontakt mit der auditiven Information zu gelangen. Das Repräsentations-System, mit dem ein Coachee in seinen Gedächtnisspeicher einsteigt, um Informationen zu finden, wird als Leitsystem bezeichnet.

Das Modell der Augenbewegungen

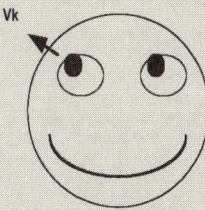

Visuell-konstruiert (oben rechts)

Beim Blick nach oben rechts konstruiert der Coachee vor seinem geistigen Auge Bilder, die er so in der Realität noch nicht gesehen hat:

- Stellen Sie sich bitte einmal vor, Ihre Wohnung hätte knallrote Tapeten, die Türen wären versilbert, und überall stehen farbenprächtige Orchideen – welche Bilder würden Sie dazu an die Wände hängen?
- Stellen Sie sich vor, Ihr Auto hätte Flügel! Wäre das ein optischer Gewinn?
- Wie würde Ihr Lebenspartner aussehen, wenn er eine afrikanische Mutter und einen chinesischen Großvater hätte?

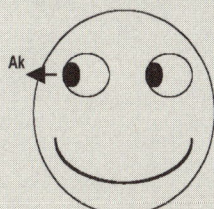

Auditiv-konstruiert (Mitte rechts)

Beim Blick nach rechts außen konstruiert der Coachee in seinem inneren Ohr auditive Phänomene. Er kombiniert Klänge oder Worte, die er in der Realität so noch nie gehört hat:

- Stellen Sie sich bitte einmal vor, Sie hören im Radio ein Stück von den Rolling Stones, das die Band zusammen mit einem christlichen Mädchenchor auf der nächsten Tournee live performen will – in welchem Tonfall müsste der Moderator diese Nachricht sagen, damit Sie ihm glauben würden?
- Wie klingt es, wenn die Beatles »Hoch auf dem gelben Wagen« singen würden?
- Wie würde Ihre Stimme klingen, wenn Sie eine Oktave höher sprechen würden?
- Wie wäre es, wenn Ihr Chef Sie morgen früh mit einem geträllerten Liedchen begrüßen würde?

Kinästhetisch (unten rechts)

Beim Blick nach unten rechts stellt der Coachee Kontakt zu seinen kinästhetischen Wahrnehmungen her – Gefühle, Körperempfindungen, Tastsinn, Rückmeldungen über Zustand der Muskeln und Stellung der Gliedmaßen. Er schaltet eine analoge Feedbackschleife zu sich selber, spürt in sich hinein und orientiert sich anhand von körperlichen Empfindungen:

- Wie fühlt es sich an, wenn Sie in der Badewanne liegen? Woran merken Sie, wenn Ihr Badewasser genau die richtige Temperatur aufweist? Liegen Sie eigentlich lieber im Bett oder in der Badewanne?
- Haben Sie einen Lieblingssessel? Auf welche Weise können Sie Ihren Körper am besten entspannen?
- Woher wissen Sie, ob die Schuhe, die Sie tragen, wirklich bequem sind?
- Wie fühlte sich das Lenkrad Ihres ersten Autos an?

Visuell-erinnert (oben links)
Beim Blick nach oben links erinnert der Coachee
Bilder, die er tatsächlich einmal gesehen und in
seinem Gedächtnis abgespeichert hat:
- Wie viele Zimmer hat Ihre Wohnung?
- Welches Zimmer müsste mal wieder aufgeräumt
  werden?
- In welchem Zimmer befinden sich die meisten
  Stühle?
- Welches Zimmer hat das beste Licht?
- In welchem Zimmer haben Sie den schönsten Ausblick?

Auditiv-erinnert (Mitte links)
Beim Blick nach links außen erinnert der Coachee
Klänge, Worte oder Gedanken, die er tatsächlich
einmal gehört und in seinem Gedächtnis abge-
speichert hat:
- Welche Geräusche hören Sie, wenn Sie abends im
  Bett liegen? Sind es die gleichen wie morgens?
- Wie klingt Ihr Wecker?
- Mit wem sprechen Sie morgens als Erstes?
  Was hat diese Person heute morgen zu Ihnen gesagt?
  In welchem Tonfall hat sie mit Ihnen gesprochen?

Auditiv-digital (unten links)
Beim Blick nach unten links geht der Coachee in
einen inneren Dialog. Er schaltet eine digitale Feedbackschleife zu sich selbst und orientiert sich mithilfe verbaler Gedanken.
- Wenn Sie sich innerlich fragen, was Ihnen an Ihrer
  Wohnung gefällt und was Ihnen daran nicht so gut
  gefällt – wo können Sie spontan die meisten Argumente nennen? Was spricht dafür, dass Sie in dieser Wohnung noch einige Jahre wohnen werden, und was würde dafür
  sprechen, dass Sie doch besser umziehen? Bitte finden Sie Argumente
  für beide Varianten Ihrer persönlichen Zukunft, und wägen Sie diese
  kritisch gegeneinander ab. Welche Argumente klingen überzeugender?

Hinweis: Die Augenrichtungen auf den Abbildungen entsprechen
der Blickrichtung Ihres Gesprächspartners, wenn Sie ihm frontal
gegenübersitzen.

Coaching-Übung: In welchem System denkt Ihr Gegenüber?

Eine hilfreiche Methode, um im Coaching herauszufinden, in welchem Sinnessystem Ihr Coachee seine Informationen abruft, ist das Beobachten der Augenbewegungen. Gewöhnen Sie sich an, diesen interessanten Vorgang bewusst zu verfolgen. Um in die Diagnose der Augenbewegungen systematisch einzusteigen, sollten Sie sich zunächst einen geduldigen Übungspartner suchen. Stellen Sie Ihm gezielte Fragen, und beobachten Sie, auf welche Weise er seine Augen bewegt, während er nach einer passenden Antwort sucht. Auf den vorigen Seiten sind zu jeder Augenbewegung einige Fragen zusammengestellt, die Sie nach Belieben erweitern können. Sie können bei dieser Übung ganz systematisch vorgehen.

- Stellen Sie zuerst Fragen, bei denen der andere visuelle Erinnerungen abrufen muss. Danach fragen Sie nach Vorstellungen, die Ihren Partner inspirieren, neue Bilder in seiner Fantasie zu konstruieren.
- Anschließend wechseln Sie in den auditiven Bereich. Unterscheiden Sie auch in diesem System zwischen tatsächlich erinnerten und in der Fantasie konstruierten Klängen. Außerdem stellen Sie Fragen, die einen inneren Dialog hervorrufen, um sie zu beantworten.
- Zum Abschluss gehen Sie dazu über, kinästhetische Fragen zu stellen, indem Sie den anderen in Kontakt mit seinen Empfindungen und Gefühlen bringen.
- Sobald Sie sich in der Beobachtung der Augenbewegungen so sicher fühlen, dass sie die gewonnenen Informationen sinnvoll interpretieren, können Sie diesen Wahrnehmungsfilter auch im Coaching einfließen lassen. In welchem Sinnessystem denkt Ihr Coachee gerade? Welche Zusammenhänge können Sie zwischen Ihren Fragen und den Augenreaktionen Ihres Gegenübers erkennen? Seien Sie sich dabei bewusst, dass Sie Ihre Erfahrungen nicht von einem Coachee auf den anderen übertragen können. Jeder Mensch hat seine ganz individuelle Zugangsstrategie.

Verweise

→ Repräsentations-Systeme
→ Sinnliche Sprache
→ V.A.K.O.G.
→ Wahrnehmungs-Typen

B

Bewusstsein – Quelle der Erkenntnis

Nutzen/Ziel

- Realistische Einschätzung der menschlichen Möglichkeiten.
- Verständnis für das Zusammenspiel von Unbewusstem und Bewusstsein.
- Bündelung von bewussten und unbewussten Kräften.

Anwendungsfelder

- Jeder Coach kann seine Wirksamkeit steigern, indem er das Zusammenspiel von bewussten und unbewussten Kräften in der Psyche versteht und für seine Arbeit nutzbar macht.

Je bewusster ein Mensch fühlt, denkt, spricht und handelt, desto besser kann er seine Lebenssituation verstehen, gestalten und verändern. Als Coach brauchen Sie eine bewusste Aufmerksamkeit, um sich in die Welt des Coachees hineinzufühlen. Sie brauchen Bewusstheit, um Ihre eigenen Projektionen auf die Themen Ihres Coachees zu erkennen und um Ihre Wahrnehmungsfilter gezielt einzusetzen. Nur wenn Sie während Ihrer Tätigkeit als Coach über ein hohes Maß an Bewusstsein verfügen, können Sie Ihrem Coachee wirkungsvoll helfen, den hilflosen Zustand der Betroffenheit schnell zu verlassen. Durch bewusstes Pacing können Sie ihn motivieren, Ihnen auf die Meta-Ebene zu folgen, um sich und seine Situation bewusst und konstruktiv wahrzunehmen.

Coaching mit NLP-Werkzeugen. Thomas Rückerl und Torsten Rückerl
Copyright © 2008 WILEY-VCH Verlag GmbH & Co. KGaA, Weinheim
ISBN: 978-3-527-50351-3

Im Coaching

Menschen zu allen Zeiten und in allen Kulturen versuchen, das menschliche Bewusstsein zu verstehen und zu kultivieren. Philosophische, psychologische und spirituelle Schulen haben verschiedene Modelle zur Erklärung des Bewusstseins entwickelt. Das NLP bietet einen sehr pragmatischen Ansatz zum Verständnis des Bewusstseins: Bewusst ist einem Menschen all das, was er jetzt im Moment wahrnimmt und benennen kann. Alles andere befindet sich außerhalb des bewussten Fokus und gilt somit als unbewusst. Diese Definition betont die begrenzte Kapazität des menschlichen Bewusstseins. Es kann nur eine beschränkte Menge von Information zur gleichen Zeit erfassen. Die bewussten Informationen unterliegen außerdem einem ständigen und rasanten Wandel. In jedem Moment drängen neue Reize in das Licht des Bewusstseins, und bisherige Inhalte fallen heraus.

»Darüber bin ich mir bewusst« kann bedeuten, dass
- jemand eine bestimmte Information abgespeichert hat und kurz daran gedacht hat.
- er die Information in diesem Moment im Angesicht aller Konsequenzen bewusst empfindet, indem er sich voll darauf konzentriert.
- er sich lange Zeit damit auseinandergesetzt hat und schließlich zu einem bewussten Ergebnis gelangt ist, das ihm als Entscheidungsgrundlage dient und sein zukünftiges Verhalten massiv beeinflusst.

›Spüren Sie Ihre Füße ... jetzt in diesem Moment!?‹

Bevor Sie dies gelesen haben, war Ihnen wahrscheinlich Ihr Körpergefühl in den Füßen nicht bewusst gewesen, denn beim Lesen verlagert sich die Aufmerksamkeit meist in den Kopf. Jetzt sind Sie angeregt worden, in Ihre Füße hineinzuspüren und das Licht des Bewusstseins dorthin zu lenken. In kurzer Zeit werden Sie diesen Reiz jedoch wieder vergessen haben, und das Körpergefühl der Füße wird wieder aus Ihrem Bewusstsein verschwinden.

Das augenblickliche Vergessen von unterschwelligen Reizen ist ein Charakteristikum für die Funktionsweise des menschlichen Bewusstseins. Im Six Step-Reframing werden zum Beispiel die sekundären Gewinne bewusst gemacht. In dem Moment, wo dies geschieht und die entsprechenden Inhalte ins Bewusstsein dringen, ist sich der Mensch tatsächlich darüber bewusst. Doch bereits Sekunden später richtet sich das Bewusstsein auf neue Informationen, und die sekundären Gewinne sind bereits wieder vergessen.

Hypnotische Techniken im Coaching können als Methode zum »gesteuerten Vergessen« verstanden werden. In Trance vergisst der Mensch viele Einschränkungen, die sein Alltagsbewusstsein üblicherweise begrenzen. Während der Hypnose wird das Bewusstsein auf Urlaub geschickt, und der Coach kommuniziert mit normalerweise unbewussten Teilen des Coachees. Dabei können Lern- und Veränderungsprozesse stattfinden, ohne dass das Bewusstsein darüber informiert sein muss. Prinzipiell ist ein Coachee erst dann bereit, die bewusste Kontrolle aufzugeben und sich der Führung eines Coachs anzuvertrauen, wenn er sich in der aktuellen Situation sicher fühlt. Deshalb achten kompetente Coachs grundsätzlich auf eine Atmosphäre des Vertrauens und der Geborgenheit. Das alltägliche Bewusstsein dient der Sicherung und Optimierung des Überlebens im Hier und Jetzt. In Bezug auf ökologische Zusammenhänge entpuppt sich das Alltagsbewusstsein jedoch oft als erstaunlich naiv. Hier kann die Weisheit des Unbewussten oftmals ein besserer Ratgeber sein.

Trainieren Sie Ihr Bewusstsein

Die Instanz des Bewusstseins ist evolutionsgeschichtlich relativ neu; der Prozess seiner vollständigen Entwicklung ist noch lange nicht durchlaufen. Kompetentes Verhalten ist nicht notwendigerweise mit dem Vorhandensein von Bewusstheit verknüpft. Unbewusste Verhaltensprogramme sind bei vielen Menschen die Grundlage ihrer Leistungsfähigkeit. Selbst Könner und Experten sind sich oft nicht bewusst, was genau sie im Einzelnen tun, um Erfolge zu erzielen. Sie tun es einfach, indem sie ihrer Intuition folgen. Die gezielte Verknüpfung von unbewusster Intuition und bewusster

Reflexion ist ein ergiebiges Wachstumsfeld in der Entwicklung des menschlichen Geistes. Wir haben zwar nur ein begrenztes Quantum an bewusster Kapazität, das jedoch durch gezieltes Training entwickelt werden kann.

Die erfolgreiche Anwendung von gezielten Trainingsmethoden zum Bewusstsein setzt einen kurzen Moment der Meditation voraus. Die Aufmerksamkeit richtet sich nach innen, wir lösen uns vom Alltagsbewusstsein und folgen mit der Wahrnehmung unseren inneren Impulsen. Fehlt dieser Moment der Selbstreflexion, bewegen wir uns in Bereichen der mechanischen Kommunikation. Wir benötigen bewusste Energie, um im Hier und Jetzt präsent zu sein. Die Momente der Selbstreflexion verstärken mit jeder Wiederholung eine neuronale Bahn in unserem Gehirn. Wir entwickeln eine positive Gewohnheit, die uns erlaubt, über das aktuelle Geschehen zu reflektieren und dabei die eigene Subjektivität sinnvoll zu relativieren. So entsteht eine souveräne Meta-Ebene, von der aus wir Veränderungsbedarf optimal erkennen und Anpassungsprozesse gestalten können.

Bewusstheit wird immer dann relevant, wenn die Umwelt sich verändert. Dann sind die konditionierten, unbewussten Programme nicht mehr vollständig kompatibel mit den Umweltbedingungen, und das gewohnte Verhalten muss angepasst werden. Bewusstheit führt zur realistischen Einschätzung der Komplexität der aktuellen Situation. Der Mensch kann seine Handlungsoptionen in Form von Wahlmöglichkeiten erkennen. Der Wunsch nach bewussten Wahlmöglichkeiten ist eine wesentliche Motivation des modernen Menschen. Dahinter steckt die Idee, den Geschehnissen der Umwelt nicht hilflos ausgeliefert zu sein, sondern sie aktiv zu gestalten. Erst das Vorhandensein von bewusster Energie ermöglicht eine wirklich freie Lebensgestaltung.

Checkliste: Stärkung des Bewusstseins

Ich beobachte mein Verhalten im
Alltag sehr bewusst.   OOOOOOOOOO

Ich beobachte das tägliche Wechsel-
bad meiner Gefühle.   OOOOOOOOOO

Ich spüre meinen Körper während
des Alltags.   OOOOOOOOOO

Ich trainiere meine Fähigkeit, mich
bewusst zu konzentrieren.   OOOOOOOOOO

Ich beobachte die unbewussten
Verhaltensprogramme.   OOOOOOOOOO

Ich unterbreche alte, nicht mehr
passende Verhaltensmuster.   OOOOOOOOOO

Ich fokussiere gezielt auf Pluspunkte, Stärken und
Leistungen.   OOOOOOOOOO

Ich denke konstruktiv und erzeuge bewusst
positive Ursachen.   OOOOOOOOOO

Ich erforsche die Bedürfnisse meiner
Gesprächspartner.   OOOOOOOOOO

Ich verzichte ganz bewusst darauf,
recht haben zu wollen.   OOOOOOOOOO

Ich überprüfe meine eigenen Projektionen.   OOOOOOOOOO

Ich erinnere meine Prioritäten und handle danach. OOOOOOOOOO

Ich formuliere meine persönliche Zukunftsvision. OOOOOOOOOO

Ich fixiere meine Ziele schriftlich
und prüfe sie regelmäßig.   OOOOOOOOOO

Ich feiere Erfolgserlebnisse, allein
oder im Team.   OOOOOOOOOO

Verweise

→ Unser Unbewusstes
→ Realitätstunnel
→ Meta-Ebene

Change History –
der Schatz vergangener Erfahrungen

Nutzen/Ziel

* Entwicklung neuer Ressourcen durch Veränderung der persönlichen Geschichte.

Anwendungsfelder

* Verständnis für zeitliche Zusammenhänge der menschlichen Psyche.
* Bei Einschränkungen durch negative Erfahrungen.
* Wenn der Coachee vergangene Erfahrungen nicht loslassen kann.
* Als Sprungbrett in eine bessere Zukunft.

Die Vergangenheit können wir nicht ändern, wohl aber die Repräsentation der Vergangenheit in unserem Gehirn. Viele Menschen leiden darunter, dass sie die Ereignisse der Vergangenheit auch heute noch durch negative Filter betrachten. Als Coach können Sie Ihrem Coachee helfen, seine Vergangenheit auf eine neue, konstruktive Weise zu interpretieren. Die Methode des Change History dient als Leitfaden, um negative Erfahrungen aufzuarbeiten und zu transformieren.

Im Coaching

Das menschliche Leben ist ein Prozess, der in Phasen verläuft. Besonders in den frühen Lebensphasen ist ein Mensch prägungsempfindlich. Er ist besonders offen für bestimmte Erfahrungen.

Coaching mit NLP-Werkzeugen. Thomas Rückerl und Torsten Rückerl
Copyright © 2008 WILEY-VCH Verlag GmbH & Co. KGaA, Weinheim
ISBN: 978-3-527-50351-3

Diese Erfahrungen dienen als Schlüsselerlebnisse, die verallgemeinert werden und dann als Generalisierung die innere Landkarte prägen. Aus den Prägungen entwickeln sich Glaubenssätze und Meta-Programme. Sie sind Grundlagen unserer Orientierung im Leben und im Beruf. Meist wirken sie unbewusst und beeinflussen unsere Entscheidungen und unser Verhalten, ohne dass wir es bemerken.

Mit der Methode des Change History bietet das Coaching mit NLP Möglichkeiten, problematische Prägungen (Imprints) zu erkennen und zu verändern (Re-Imprinting). Sie können über einschränkende Glaubenssätze aufgedeckt werden. Dann wird die belastende Erfahrung in der Fantasie noch einmal erlebt und durch Hinzufügen von neuen Ressourcen positiv bewertet. So gewinnt der Coachee neue nützliche Wahrnehmungsfilter für ähnliche Situationen in der Zukunft. Die Veränderung von Imprints ist ein tiefgreifender Prozess, der weitreichende Konsequenzen haben kann. Solche Interventionen sollten nur von Coachs durchgeführt werden, die über ein sicheres Gespür für ökologische Zusammenhänge verfügen.

Die Veränderung der persönlichen Geschichte dient dazu, belastende, einschränkende oder traumatische Erfahrungen emotional aufzulösen. Change History basiert auf der Annahme, dass alle relevanten Erfahrungen des Menschen im Unbewussten gespeichert sind. Die vergangenen Erfahrungen prägen unser gegenwärtiges Erleben und unser zukünftiges Verhalten. Sie bedingen die Art unserer Orientierung und Wertvorstellungen durch Glaubenssätze oder Meta-Programme. Vergangene Erfahrungen verdichten sich zu Wahrnehmungsfiltern, die unsere innere Landkarte gestalten. In Form von belastenden Gefühlen können die Auswirkungen dieser Prozesse auch in unser Bewusstsein dringen. Oftmals ist ein Coachee zwar motiviert, jedoch allein nicht in der Lage, die Einschränkungen durch innere Arbeit aufzulösen. Das Interventionsmuster des Change History ermöglicht dem Coach dabei eine systematische Vorgehensweise. Das Ziel dieser Technik ist es, eine ehemals problematische Situation auf bessere Weise bewältigen zu können und die daraus resultierende Erfahrung ökologisch in die persönliche Geschichte zu integrieren. Dafür werden in dem unermesslichen Potenzial von Erinnerungen die benötigten Ressourcen organisiert.

Coaching-Übung: Ressourcen Ihrer Vergangenheit

Durch diese Übung gelangt der Coachee zunächst in einen Zustand von Motivation und Selbstvertrauen. Der Coach bringt den Coachee mit ressourcenaktivierenden Fragen in Kontakt mit positiven Erfahrungen in seiner Vergangenheit.

- »Was hat Ihnen in Ihrem Leben am meisten Spaß gemacht?«
- »Welche besonderen Fähigkeiten konnten Sie entwickeln?«
- »Was waren Ihre größten Erfolge?«
- »Mit welchen Strategien konnten Sie diese Erfolge realisieren?«
- »Welche Werte wurden dadurch realisiert?«
- »Was sagen Ihre Freunde über Sie?«
- »Wie lautet das ›ressourcenaktivierende‹ Fazit Ihrer Vergangenheit?«
- »Warum sind Sie ein erfolgreicher Mensch?«

Coaching-Übung: Change History

Für das Change History werden im Coaching zunächst die belastenden Gefühle identifiziert und als Orientierung genutzt, um in der Vergangenheit die Szene zu identifizieren, in der sie entstanden sind. Dann werden alternative Verhaltensweisen entwickelt, indem der Coach mithilfe von gezielten Fragen dem Coachee neue Ressourcen zur Verfügung stellt:

»Wie hätten Sie sich damals gerne verhalten? Welches Verhalten wäre eine angemessene Reaktion gewesen? Welche Fähigkeiten oder Optionen hätten Sie dafür gebraucht?«

Als Nächstes führt der Coach den Coachee mit seinen neuen Ressourcen in seiner Fantasie zurück in den alten Kontext.

»Jetzt gehen Sie bitte zurück in die damalige Situation und erleben Sie sie noch einmal … nun haben Sie alle nötigen Ressourcen zur Verfügung, und Sie können sich so verhalten, wie es für Sie am besten ist … was nehmen Sie jetzt wahr (V.A.K.O.G.)?«

Der Coach hilft seinem Coachee, die Situation immer weiter zu optimieren, bis dieser damit hundertprozentig zufrieden ist. Oftmals muss der Entwicklungsfortschritt im Prozess auf einer neutralen Meta-Position reflektiert werden, bevor die neue Erfahrung stabil und ökologisch verträglich integriert ist. Die daraus resultierenden positiven Erfahrungen werden neu generalisiert und führen zu einem potenteren Selbstbild des Coachees. Der Coachee hat die alten, einschränkenden Generalisierungen hinter sich gelassen und seine innere Landkarte entsprechend korrigiert. Dies ermöglicht ihm in Zukunft eine souveräne Herangehensweise an ähnliche Situationen.

Bewältigung von Traumata

Insbesondere bei der Bewältigung von traumatischen Erfahrungen kann die Methode des Change History erfolgreich eingesetzt werden. Ein Trauma ist der Versuch des Unbewussten, die psychische Integrität des Menschen zu schützen. Durch eine traumatische Erfahrung wird der Mensch von einem Teil seines Erlebens abgespalten. Ein Trauma entsteht, wenn ein Mensch eine Erfahrung macht, die er nicht integrieren kann, weil sie zu schmerzhaft, zu furchterregend oder zu überwältigend ist. Das Trauma fungiert als schützender Puffer zwischen dem Schrecken der Erfahrung und dem Bewusstsein des Menschen. Der Mensch spürt das traumatische Erlebnis sehr viel weniger intensiv oder gar nicht mehr. Die Erfahrung wird betäubt. Selbst wenn er allein versuchen sollte, wieder Kontakt mit der Erfahrung herzustellen, halten unbewusste Kräfte die schützende Abspaltung aufrecht. Metaphorisch ausgedrückt, verliert das Bewusstsein die Zugriffsberechtigung auf den entsprechenden Teil der inneren Landkarte.

Die Auslöser von Traumata werden von dem Betroffenen oftmals generalisiert und verursachen dadurch einschränkende Vermeidungsmanöver. Zum Beispiel wird ein Manager während einer Präsentation von einem kritischen und aggressiven Vorstand überraschend angegriffen und vor versammelter Mannschaft verbal »fertiggemacht«. Um sich vor dergleichen Erfahrungen zu schützen, meidet der Manager zukünftig die Konfrontation mit ähnlichen, vermeintlich gefährlichen Situationen. Vielleicht wird er keine Präsentationsaufgaben mehr annehmen, weil sein Unbewusstes befürchtet, wieder eine demütigende Blamage zu erleben. Die meisten Vermeidungsmanöver geschehen unbewusst, zumal der Mensch sich im Laufe der Zeit daran gewöhnt und sie als normal erachtet. Doch sie verbrauchen Energie und beeinträchtigen die Lebensqualität. Oft entsteht ein sich selbst verstärkender Effekt, weil sich der Mensch die Chance nimmt, eine neue positive Erfahrung zu machen. Falls der Manager doch einmal vor einer Gruppe sprechen muss, erzeugt sein Unbewusstes möglicherweise eine phobische Reaktion. Auf seiner inneren Landkarte werden kritische Fragen, auch die harmlosesten, in die Kategorie »gemeingefährlich« eingeordnet. Dies ist als Sicherheitsmaßnahme des Unbewussten zu verstehen. Der Mensch soll auf keinen Fall noch einmal in eine derart schreckliche Situation geraten. Deshalb werden komplexe Schlüsselreize als Früherkennungsmerkmale markiert. Sobald derartige Schlüsselreize wahrgenommen werden, schlägt das Unbewusste Alarm – der Manager ist blockiert.

Es gibt im Coaching verschiedene Wege zur Heilung von Traumata. Der Königsweg besteht darin, mithilfe von Change History die traumatische Situation in der Fantasie noch einmal zu erleben, doch dieses Mal in Begleitung eines kompetenten Coachs und mit genügend Ressourcen zur Bewältigung. Auch die dissoziierten Puffer der Phobie-Technik können hilfreich sein und die Intervention des Coachs unterstützen. Wichtig bei der Behandlung von Traumata sind ein gründlicher Öko-Check und ein ökologischer Future Pace.

Verweise

→ Als-Ob-Methode
→ Ressourcen
→ Time Line
→ Unser Unbewusstes

Chunking – wechseln Sie die logische Ebene!

Nutzen/Ziel

- Gezieltes Wechseln der Argumentationsebenen.
- Steuerung der Sachebene in Coaching-Gesprächen.
- Systematisches Erweitern der inneren Landkarte des Coachees.

Anwendungsfelder

Chunking-Up:
- Wenn zu viele Details den Blick für das Wesentliche behindern.
- Um Zeit zu gewinnen und den Prozess zu beschleunigen.

Chunking-Down:
- Um den Fokus auf wichtige Details zu lenken.
- Um Prozesse zu entschleunigen und wichtige Details präziser zu beschreiben.

Im Coaching gibt es nur allzu oft eine kaum zu bewältigende Flut von Informationen – nicht selten kommt der Coachee vom »Hundertsten ins Tausendste«. Bewusstes Chunking hilft dem Coach, die Gesprächsebenen gezielt zu steuern und systemisch zu ordnen.

Chunks sind Informationseinheiten. Chunking bezeichnet das Zerlegen von komplexen Einheiten in kleinere Elemente oder das Zusammenfassen von einzelnen Elementen zu größeren Einheiten. Der Wechsel der logischen Ebene kann also in zwei Richtungen vollzogen werden: Nach unten, auf konkretere Ebenen (Chunking Down), und nach oben, auf ein höheres Abstraktionsniveau (Chunking Up).

Im Coaching

Gezieltes Chunking bewirkt kognitive und verbale Elastizität. Der Coach kann mithilfe des Chunking-Down wie ein Spezialist Informationen detailliert untersuchen. Durch systemisches Hinterfragen kann er jede neue Information in viele kleine differenzierte Chunks zerlegen und genau erfassen. Wenn der Coach Zeit gewinnen und einen schnellen Überblick erhalten will, nutzt er das Chunking-Up als Methode der Informationszusammenfassung. Wie ein General oder ein Vorstand erfragt er die wesentlichen Zusammenhänge, um das betreffende System als Großes Ganzes zu verstehen.

- Chunking-Down: Was bedeutet diese Information im Detail? Was genau?
- Chunking-Up: Wie wirken sich diese Informationen auf den wesentlichen Gesamtzusammenhang in Ihrer Lage aus? Welche generelle Bedeutung entsteht dadurch?

Gezieltes Chunking ist auch ein nützliches Werkzeug beim Erlernen und Verändern von Fähigkeiten und Verhaltensweisen. Wenn Menschen komplexes Verhalten erlernen möchten, ist es intelligent, die nötigen Lernschritte durch Chunking sinnvoll zu portionieren.

Chunking als Fragetechnik

Im Coaching erfordert gezieltes »Chunking« Bewusstheit in der Gesprächsführung. Als Fragetechnik ist das Chunking auch eine wirkungsvolle Methode, um mit Einwänden konstruktiv umzugehen.

- Chunking-Down: »Sie sagten, dass eine Umstrukturierung der Abteilung die Mitarbeiter überfordert. Wie müssten die Veränderungsmaßnahmen im Einzelnen aussehen, damit die Mitarbeiter sie annehmen können?«
- Chunking-Up: »Sie sagten, dass die vielen verschiedenen Anforderungen Ihres neuen Jobs Sie demotivieren. Unter welchem motivierenden Überbegriff könnten Sie Ihre neue Aufgabe zusammenfassen?«

Chunking hilft, die nötigen Informationen zu gewinnen, um Einwände in Wünsche zu verwandeln. Besonders im Konfliktmanagement kann geschicktes Chunking dazu führen, dass verhärtete Fronten wieder eine Basis der Verständigung finden.

Coaching-Übung: Chunking

Ein kompetenter Coach kann jede Äußerung des Coachees in zwei Richtungen hinterfragen, indem er die Gesprächsebene wechselt. Er kann auf eine höhere Ebene fokussieren, indem er versteckte Motive, Ursachen oder Zusammenhänge (Motive, Ursachen, Ziele) durch gezielte Fragen erforscht. Oder der Coach kann eine niedrigere Ebene ansprechen, indem er Details erkundet und nach Zahlen, Daten und Fakten (Zahlen, Daten, Fakten) fragt. Bewusstes Chunking ermöglicht dem Coach Flexibilität im Denken, beim Fragenstellen und beim Argumentieren.

Beim Chunking-Up stellt man die Frage nach den dahinter stehenden Meta-Zielen und der positiven Absicht.

Chunking-Up (M.U.Z. = Motive, Ursachen, Ziele):

- »Wieso? Weshalb? Warum?«
- »Wofür brauchen Sie das?«
- »Welchen Nutzen versprechen sie sich davon?«
- »Welches Motiv verbirgt sich hinter Ihrem Wunsch?«
- »Welche Absicht verfolgen Sie mit Ihrem Einwand?«
- »Was wollen Sie damit erreichen?«
- »Was ist Ihr Ziel?«
- »Welche Werte verbergen sich hinter Ihrem Ziel?«
- »Warum möchten Sie, dass es so wird, wie Sie es sich vorstellen?«
- »Was gewinnen Sie, wenn alles so läuft, wie Sie es sich wünschen?«

Beim Chunking-Down stellt man die Fragen nach den Details. Dadurch können Wünsche und Bedingungen konkret formuliert werden.

Chunking-Down (Z.D.F=Zahlen, Daten, Fakten):
- »Was genau? Wer genau? Wann genau? Wie genau?«
- »Wie kann das im Einzelnen gehen?«
- »Welche Details sind dabei wichtig?«
- »Wann beginnt es? Wie lange wird es dauern?«
- »Wer ist wofür verantwortlich?«
- »Wer wird was wann machen?«
- »Unter welchen Bedingungen?«
- »In welchen zeitlichen Abständen und in welcher Reihenfolge?«
- »Was werden Sie dabei sehen, hören, riechen, schmecken, fühlen?«
- »Was stattdessen?«

Verweise

→ Meta-Programme
→ Submodalitäten
→ Ziel-Orientierung

Coaching-Vereinbarung – die Mutter aller Interventionen

Nutzen/Ziel

- Arbeitsgrundlage zwischen Coach und Coachee definieren.
- Vertrauensverhältnis bestätigen.
- Klärung der Rahmenbedingungen.

Anwendungsfelder

- Während der Akquisition eines Coachings.
- Klärung der Erwartungen und Erfolgskriterien.
- Rollendefinition und Vereinbarung bezüglich der Verantwortlichkeiten.

Als Coach haben Sie die verantwortungsvolle Aufgabe, den Denkprozess Ihres Coachees so zu beeinflussen, dass dieser befähigt wird, seine Ziele zu realisieren. Wenn Ihnen diese kommunikative Herausforderung gelingt, wird Ihr Coachee Ihren Einfluss als hilfreich und zielführend empfinden. Gegenseitiges Vertrauen beginnt zu wachsen. Während Ihrer Coaching-Gespräche wollen Sie so auf Ihren Coachee einwirken, dass er bereit ist, die von ihm als notwendig erkannten Veränderungen tatsächlich zu vollziehen. Damit Sie Ihre Arbeit beginnen können, ist es entscheidend, dass Ihr Coachee Ihnen vertraut und Ihnen den Auftrag erteilt, ihn mit Ihrem Methodenkoffer wirkungsvoll zu beeinflussen. Dazu gehört auch die Klärung der Rahmenbedingungen wie finanzielle Investition, Zeitrahmen und Vor- und Nachbearbeitung.

Im Coaching

Ein kompetenter Coach wird mit wirkungsvollen Interventionen dem Coachee helfen, freier zu werden, unnötige Einschränkungen aufzulösen und Probleme zu bewältigen. Eine Intervention gilt im Coaching als erfolgreich, wenn sie die gewünschten Resultate erzielt und dabei zugleich für das ökologische System des Coachees verträglich ist. Dabei wird das Verhaltens-Repertoire des Coachees bereichert, ohne schädliche Nebenwirkungen zu verursachen. Grundsätzlich kann der Coachee das alte Verhalten als Ressource beibehalten. Eine erfolgreiche Verhaltensänderung im Coaching bedeutet, zusätzlich zu den bisherigen Verhaltensoptionen neue Möglichkeiten zu erwerben. Nicht Entweder-oder, sondern Sowohl-als-auch! Diese klare Arbeitsvereinbarung zwischen Coach und Coachee ist die Basis des Coaching-Erfolgs. Falls eine Arbeitsvereinbarung fehlt, kann der Rapport erheblich beeinträchtigt sein. Wenn der Coach NLP-Werkzeuge einsetzt, um ein gutes Gesprächsklima zu schaffen, wird dies vermutlich für alle Beteiligten ökologisch sein. Falls er jedoch die Absicht verfolgt, die psychische Integrität des Coachees ohne Arbeitsvereinbarung zu beeinflussen, wird er innere Widerstände beim Coachee wecken. Eine bewusste Vereinbarung über Erlaubnisse, Rahmenbedingungen und eventuelle Abbruchkriterien stößt jedoch an eine funktionale Grenze, weil dem Coachee seine unbewussten Strukturen und Empfindlichkeiten oftmals nicht bekannt sind. Deshalb ist es für den Coach wichtig, sich immer wieder mit dem Coachee über das Ziel des Coaching abzustimmen.

Coaching-Übung: Akzeptanz von Interventionen

Interventionen im Coaching können auf verschiedenen Ebenen stattfinden. Die entscheidende Frage ist, inwieweit dabei die Ökologie des Coachees geschädigt wird. Sobald das Coaching die persönliche Ökologie des Coachees berührt, werden unbewusste Kräfte geweckt. Sie sorgen für die Integrität des Individuums und leisten gegebenenfalls Widerstand gegen nicht-ökologische Manipulationen. Eine Möglichkeit, um die Akzeptanz von Interventionstechniken ökologisch zu überprüfen, führt über die Frage nach der Erlaubnis:

- »Darf ich Ihnen ein paar ungewöhnliche Fragen stellen?«
- »Haben Sie Lust, ein kleines Experiment zu machen?«

Mit diesen Fragen kann sich das Unbewusste des Coachees auf die Intervention einstellen und fühlt sich durch die Einladung oftmals respektiert und gewertschätzt.

Eine Möglichkeit, um die Akzeptanz von Interventions-Techniken im Prozess zu bekommen, ist die Einladung an den Coachee, sich in die Lage eines anderen Menschen zu versetzen:
- »Stellen Sie sich einmal vor, dass diese Führungskraft nach einem konfliktreichen Wochenende montagmorgens ins Büro kommt und ...«
- »Wie hätten Sie reagiert, wenn die junge Kollegin Ihnen im Meeting respektlos ...«
- »Was würden Sie empfinden, wenn Sie wie dieser Geschäftsführer ...«

Für jegliche Anwendung von Interventions-Techniken im Coaching ist es notwendig, sensibel und respektvoll auf die persönliche Ökologie des Coachees zu achten, die sich oftmals in seiner Physiologie zeigt.

Verweise

→ Ökologie
→ Pacing
→ Körpersprache
→ Win-win-Ethik
→ Ziel-Orientierung

Columbo-Technik –
Fragen im Deckmantel der Harmlosigkeit

Nutzen/Ziel

- Gewinnung von wertvollen Informationen.
- Gezielte Vermeidung von provokativen oder belastenden Themen.
- Kreative Erforschung von Einschränkungen und möglichen Tabu-Themen.

Anwendungsfelder

- Um Zeit zu gewinnen, zur schnellen Orientierung.
- Komplexe Systeme unauffällig zu diagnostizieren.
- Bei misstrauischen Coachees gegenüber ungewöhnlichen Coaching-Interventionen.

Beachtung bringt Verstärkung. Sobald Sie im Coaching einem Thema besondere Aufmerksamkeit schenken, besteht die Gefahr, dass Sie die damit verbundene Problematik unbewusst verstärken. Manchmal ist es für einen Coach ratsam, dezent einige Informationen zu sammeln, ohne die mentalen Abwehrmechanismen des Coachees zu aktivieren. In diesen Fällen ist es hilfreich, in die Rolle des Inspektors Columbo zu schlüpfen und den Coachee durch scheinbar beiläufig gestellte Fragen in eine scheinbar ungewisse Richtung zu führen.

Im Coaching

Die Columbo-Technik geht zurück auf Inspektor Columbo, den scheinbar zerstreuten Helden einer amerikanischen Krimi-Serie. Inspektor Columbo löste seine Kriminalfälle, indem er Spuren und Hinweise verfolgte, ohne dass andere Menschen bemerkten, wie er zielstrebig Informationen sammelte. Die Columbo-Technik ist eine respektvolle Methode, um auf unauffällige Weise verschiedene NLP-Techniken im Coaching anzuwenden.

Bei der Columbo-Technik werden durch ungewöhnliche Fragen scheinbar nebensächliche Informationen gewonnen. Diese ungerichtete Erforschung der inneren Landkarte des Coachees erlaubt den unbemerkten Einsatz von Ankern, Separatoren und anderen Methoden des Leading.

Coaching-Übung: Columbo-Technik

Ein guter Einstieg in die Columbo-Technik ist die Bitte um Erlaubnis, ein paar ungewöhnliche Fragen stellen zu dürfen:

- »Entschuldigen Sie, eben sagten Sie etwas, das fand ich sehr interessant ... ich weiß nicht warum, aber irgendwie sagt mir meine Intuition, dass ich hier etwas lernen könnte ... erlauben Sie vielleicht, dass ich Ihnen dazu noch ein paar kleine Fragen stelle?«
- »Das ist etwas, das ich noch nicht ganz verstehe ... Sie sagten vorhin, dass ... könnte es sein, dass ich Sie missverstanden habe, als Sie ...?«
- »Aha – ja, klingt sehr überzeugend ... sehr überzeugend ... allerdings frage ich mich, ob ... vielleicht können Sie mir da helfen ...?«

Der Coach kann sich für die scheinbar ungerichtete Herangehensweise entschuldigen, um die (vielleicht misstrauische) Aufmerksamkeit des Coachees abzulenken. Auch viele verblüffende Kunststücke von Zauberern basieren auf solchen geschickten Ablenkungsmanövern. Zauberkünstler lenken die Aufmerksamkeit des Publikums auf Nebensächlichkeiten, während sie unbemerkt die tatsächlich wesentlichen Handgriffe zum Gelingen des Kunststücks durchführen. Die Columbo-Technik ist auch eine nützliche Methode, um Zeit zu gewinnen und ablaufende Prozesse zu verlangsamen oder zu unterbrechen. In den gewonnenen Sekunden können Sie nach innen gehen und Kontakt zu Ihrer Intuition herstellen.

Zum Repertoire des Coachs bei der Columbo-Technik gehört neben subtilem Pacing und geschicktem Ankern auch die ständige Bereitschaft, auf der Meta-Ebene präsent zu sein. Notorisch misstrauische Coachees können dabei das Gefühl bekommen, dass sie den Prozess der Veränderungsarbeit unter Kontrolle haben und keine ungewollten Interventionen zu befürchten haben. Die Columbo-Technik ist eine gezielte Form von Understatement, um dem Bewusstsein des Coachees einen Frame anzubieten, in dem das ungewöhnliche Verhalten der ungerichteten Erforschung auf ökologische Weise eingeordnet und akzeptiert werden kann.

Verweise

→ Frage-Technik
→ Pacing
→ Rapport
→ Ökologie

D

Dissoziierte Zustände – die emotionale Kontrollfunktion

Nutzen/Ziel

- Entkopplung von negativen Gefühlen.
- Reduzieren der Erlebnisintensität.
- Gewinnen von Kontrolle und Distanz.

Anwendungsfelder

- Der Coachee leidet unter belastenden Gefühlen.
- Der Coachee hat Angst, von seinen Gefühlen überwältigt zu werden.
- Der Coachee befindet sich im Stuck-State – sein Erleben ist geprägt durch eine starke Problemorientierung.

Die menschliche Wahrnehmung erzeugt je nach Intensität unterschiedliche Zustände in der Psyche des Menschen. Als Coach müssen Sie fähig sein, diese Zustände zu erkennen und zielführend zu beeinflussen. Dissoziierte Coachees befinden sich oftmals nur »im Kopf«. Dissoziierte Zustände bringen Distanz und Kontrolle. Sie ermöglichen die Steuerung durch den Verstand, unterdrücken jedoch auch oftmals Gefühle und Bedürfnisse des Unbewussten und emotionale Ausdrücke der Offenheit und des Vertrauens. Im Coaching ist es von hoher Bedeutung, den Coachee als Ganzes zu erreichen, um ihn ökologisch und nachhaltig zur Zielerreichung motivieren zu können.

Coaching mit NLP-Werkzeugen. Thomas Rückerl und Torsten Rückerl
Copyright © 2008 WILEY-VCH Verlag GmbH & Co. KGaA, Weinheim
ISBN: 978-3-527-50351-3

Im Coaching

Dissoziiert heißt abgeschnitten, gepuffert oder nicht in direktem Kontakt befindlich. Dissoziationen können sehr nützlich sein, denn sie schützen, puffern und isolieren den Menschen vor unerwünschten Erfahrungen. Die Fähigkeit zur Dissoziation ermöglicht kontrolliertes Verhalten und einen souveränen Umgang mit schwierigen Situationen. Jedes Menschenkind durchläuft einen Prozess der gesellschaftlichen Sozialisation, indem es unzählige Dissoziationen aufbaut. Ein dissoziierter Zustand zeichnet sich dadurch aus, dass der Mensch ein Gefühl von innerer Distanz zu seiner Wahrnehmung hat. Dies hat den Vorteil, dass er von ihr nicht überwältigt wird.

Im täglichen Leben führen dissoziierte Zustände im passenden Kontext zu mehr Abstand von den Geschehnissen. Anderseits können Lampenfieber oder Prüfungsangst eine unangenehme Dissoziation von den eigenen Fähigkeiten bewirken. Im unpassenden Kontext oder in extremer Dosierung erzeugt die Dissoziation die Abspaltung von Gefühlen oder sogar schwere Verluste des eigenen Erlebens. Im Coaching können durch die Integration dissoziierter Physiologien abgespaltene Zustände des Coachees wieder in Kontakt gebracht werden. Das Ziel ist eine assoziierte Synthese der ehemals getrennten Zustände.

Die Phobie-Technik geht den entgegengesetzten Weg: Hier werden dissoziierte Zustände gezielt aufgebaut, um miteinander verknüpfte Reize zu entkoppeln. Der Coach ermöglicht seinem Coachee durch die Dissoziation eine neue Betrachtungsweise, die eine Veränderung des inneren Erlebens bewirkt. Der Blickwinkel verschiebt sich so, dass der Coachee sich selbst und die gesamte Situation von außen betrachten kann. Die meisten Menschen kennen solche Wahrnehmungen aus nächtlichen Träumen. Auch die Arbeit mit der Videokamera in Rhetorikseminaren erzeugt diesen Effekt. Durch die gezielten Prozessinstruktionen eines Coachs kann der Coachee in doppelte oder sogar mehrfach dissoziierte Zustände geführt werden. Diese Zustände ähneln einem Out-of-Body-Erlebnis, in dem man sich selbst von außen sieht, während man sich beobachtet.

Coaching-Übung zur Dissoziation

Eine Prozessinstruktion zur einfachen Dissoziation könnte folgendermaßen lauten:

»Stellen Sie sich vor, Sie sind im Kino. Sie sehen auf der Leinwand einen Film, in dem Sie selbst als Schauspieler mitspielen. In diesem Film können Sie beobachten, wie Sie sich in der Situation xy verhalten. Welchen Eindruck bekommen Sie davon?«

Die Prozessinstruktion zur doppelten Dissoziation könnte so lauten:

»Stellen Sie sich vor, Sie sind im Kino und Sie sehen einen Film, in dem Sie selbst als Schauspieler mitspielen. Während Sie sich auf der Leinwand sehen, gehen Sie in Ihrer Vorstellung in den Vorführraum, in dem der Projektor steht. Jetzt sehen Sie sich selbst im Kino sitzen, wo Sie sich einen Film anschauen, in dem Sie mitspielen. Welche Assoziationen löst diese Situation bei Ihnen aus?«

Die nächste Instruktion erzeugt eine dreifache Dissoziation: »Sobald Sie mit dieser Betrachtungsweise vertraut sind, entfernt sich Ihre geistige Beobachterposition in eine Ecke des Vorführraums. Jetzt sehen Sie sich selbst bei dem Projektor sitzen, während Sie den Film anschauen, in dem Sie mitspielen. Was löst diese Betrachtung bei Ihnen aus?«

Dieses Prinzip könnte man beliebig fortsetzen und vielfach dissoziierte Zustände erzeugen. Durch derartige Interventionen wird zunehmend Distanz zum eigenen Erleben aufgebaut. Solche Zustände werden besonders erfolgreich bei der Arbeit mit Phobien eingesetzt, bei denen visuell-kinästhetische Verknüpfungen als Auslöser fungieren. Dadurch werden bisher zwingende Reize entkoppelt. Ein Mensch mit einer Katzenphobie kann z. B. über diesen Weg lernen, auf Katzen anders und angemessener zu reagieren.

Verweise

→ Bewusstsein
→ Assoziierte Zustände
→ Inkongruenzen
→ Konflikt-Coaching
→ Meta-Ebene

E

Einwand-Integration – Tagesgeschäft im Coaching

Nutzen/Ziel

- Aufbau einer positiven Grundhaltung im Veränderungsprozess.
- Transfersicherung durch frühzeitige Integration von inneren Einwänden.

Anwendungsfelder

- Der Coachee wirkt verunsichert oder inkongruent.
- Bei inneren Widersprüchen.
- Zur Sicherung von komplexen Problemlösungen.

Wenn im Coaching Pläne zur Zielerreichung geschmiedet werden, ist es an der Tagesordnung, dass unausgereifte Ideen, unbequeme Aufgaben oder risikoreiche Vorhaben im System des Coachees Einwände erzeugen. Die Kunst der Einwand-Integration besteht darin, innere Einwände frühzeitig zu erkennen, konstruktiv zu hinterfragen und sinnvoll zu integrieren. Einwände sind wertvolle Wegweiser für gelungene Problemlösungen. Je besser und schneller ein Coach auftauchende Einwände erkennen und in konstruktive Kriterien umwandeln kann, desto souveräner wird seine Zielorientierung.

Im Coaching

Ein Einwand ist ein Hindernis, das umgangen, übersprungen, verwandelt, integriert oder bewältigt werden möchte. Einwände

Coaching mit NLP-Werkzeugen. Thomas Rückerl und Torsten Rückerl
Copyright © 2008 WILEY-VCH Verlag GmbH & Co. KGaA, Weinheim
ISBN: 978-3-527-50351-3

können verschiedene Gründe haben. Sie können auf der Sachebene oder auf der Beziehungsebene angesiedelt sein. »Nein« bedeutet, es gibt einen anderen Weg, der besser ist. Oder es gibt eine andere Art, diesen Weg zu gehen, die ökologischer ist. Wenn im Coaching Einwände auftauchen, ist die Kreativität des Coachs gefordert. Einwände als Resultat einer Störung auf der Beziehungsebene zeigen sich meist sehr deutlich im Wechsel der Physiologie des Coachees.

Wenn Sie als Coach Einwände übersehen, ignorieren oder »einfach unter den Teppich kehren«, reduzieren Sie die Qualität der Coaching-Ergebnisse. Jeder Einwand, der im Kopf oder im Herzen Ihres Coachees entsteht, langsam aufkeimt und dann die Schwelle zur Bewusstheit übertritt, zeigt Ihnen, dass Ihr Coachee noch nicht bereit ist, die gefundene Lösung kongruent umzusetzen. Der Einwand ist ein Signal, dass die Intervention noch nicht ökologisch ist oder etwas vorher gelernt werden muss. Gleichzeitig ist der Einwand für den Coach eine wertvolle Spur, wie die Anpassung oder aktuelle Lernaufgabe beschaffen sein könnte.

Coaching-Übung: Einwandbehandlung

Beim Umgang mit Einwänden verfolgt der Coach eine konsequent zielorientierte Vorgehensweise. Diese Strategie ist effizienter als die übliche Problem-Orientierung. Mögliche Einwände werden dabei als kreative Herausforderung verstanden, die zugleich wertvolle Hinweise liefern, um die Zielerreichung möglichst ökologisch zu gestalten.

- »Was stattdessen?«
- »Wie können wir die Bedingung hinter dem Einwand in die Strategie einbinden?«

Auch Reframing und Chunking helfen bei der konstruktiven Behandlung von Einwänden. Mithilfe des Reframing werden Einwände in Wünsche verwandelt. Dem kritischen Punkt wird eine neue Bewertung zugemessen:

- »Wenn wir das Thema einmal in einem anderen Zusammenhang betrachten, könnte sich Ihr Einwand in diesem Rahmen integrieren lassen?«

Im Chunking-Up kann die positive Absicht erfragt werden, die sich als Meta-Ziel hinter jedem Einwand verbirgt:

- »Was wollen Sie mit diesem Einwand erreichen? Was können wir tun, um die dahinterstehende positive Absicht in das angestrebte Ziel zu integrieren?«

Eine positiv formulierte Absicht kann sehr viel leichter in eine Problemlösung integriert werden, als ein destruktiver Einwand. Sobald die positive Absicht herausgearbeitet wurde, kann sie auch im Sinne des Beratermodells als nützlicher Ratgeber fungieren. In der Schule des Wünschens werden alle Einwände wie Wünsche behandelt. Falls Einwände auftauchen, werden sie reframed und als positiv formulierter Wunsch neu adressiert.

Einwände können auch als Bedingungen formuliert werden. Dies entspricht dem Chunking-Down:

- »Unter welchen Bedingungen wären Sie bereit, den Wunsch Ihres Partners zu erfüllen? Was genau müsste passieren?«

Während des Öko-Checks im Coaching wird bewusst nach Einwänden gefragt:

- »Ihr Einwand ist durchaus berechtigt, nur – wie können wir mit diesem Risiko sinnvoll umgehen?«

In jedem Fall ist es ratsam, den Einwand möglichst frühzeitig zu bemerken. Dies geschieht über die Wahrnehmung von Inkongruenzen. Der Coach beobachtet den Tanz der Physiologien. Er überprüft den Rapport und wechselt vom Leading wieder zum Pacing, falls die Beziehungsebene verbessert werden muss.

Verweise

→ Öko-Check
→ Reframing
→ Chunking
→ Positive Absicht

Evolutionäre Muster – Gebrauchsanweisung für Homo sapiens

Nutzen/Ziel

- Als generelles Erklärungsmodell für menschliches Verhalten.
- Diagnose von elementaren Verhaltensmustern.
- Verständnis der zentralen menschlichen Bedürfnisse und Ängste.

Anwendungsfelder

- Zur Orientierung bei Entscheidungsprozessen.
- Als Grundlage von Motivations-Strategien.
- Gewinnung von Verständnis bei schwierigen Kommunikations-Prozessen.

Ein kompetenter Coach trainiert sich in der Disziplin der Menschenkenntnis. Als Coach streben Sie danach, das menschliche Verhalten treffend analysieren und prognostizieren zu können. Sie wollen menschliche Entwicklungspotenziale erkennen und die Bedingungen für eine erfolgreiche Realisierung vorausschauend gestalten. Dafür müssen Sie über die nötige Sensibilität verfügen, um die Einzigartigkeit Ihres Coachees zu erkennen, doch gleichzeitig gibt es evolutionär gewachsene Grundstrukturen, denen alle Menschen folgen. Ein menschliches Gehirn ist durch archetypische Muster geprägt, die im Laufe der Evolution gewachsen sind. Wir alle verfügen über eine ähnliche Architektur des Gehirns – wir sind die aktuellen »Erfolgsmodelle« der Evolution. Unseren Vorfahren ist es gelungen, sich im Überlebenskampf zu behaupten – der heute lebende Mensch ist das Resultat aus Millionen Jahren evolutionärer Erfahrung. Nur wer sein Gehirn so nutzen konnte, dass er die Gefahren des Daseins überstand, konnte sein Wissen an seine Nachfahren weitergeben.

Im Coaching

Die Funktionsweise des Menschen resultiert aus unserer evolutionären Entwicklung. Wollen wir menschliches Verhalten im Coaching verstehen, müssen wir als Coach sowohl in der individuellen Biografie als auch in der Geschichte der Menschwerdung forschen. Das menschliche Bewusstsein entwickelte sich vermutlich erst im Lauf der letzten Jahrtausende. Es ist evolutionsgeschichtlich relativ neu. Viele menschliche Verhaltensprogramme werden nach wie vor durch archetypische Muster gesteuert, die tief im Unbewussten verankert sind. Die Lebensbedingungen der letzten Millionen Jahre prägten sowohl unseren Körper als auch unsere Psyche viel maßgeblicher als die heutigen Lebensumstände, da sie evolutionsgeschichtlich einen sehr viel größeren Zeitraum einnahmen. Wir Menschen tragen die Erfahrungen unserer Vorfahren als Erbinformation in jeder Körperzelle. Unser Gehirn besteht neben dem hochentwickelten Großhirn aus einem säugetierähnlichen Gehirnkomplex, dem limbischen System, und einem Stammhirn, das wir auch bei Reptilien finden. Dies bedeutet, dass wir zu einem Großteil von ähnlichen Bedürfnissen motiviert und beeinflusst werden, wie wir es auch bei Pferden oder Krokodilen beobachten können. Besonders in Stress-Situationen werden wir durch ähnliche Hirnschichten gesteuert, die auch das Verhalten bei Säugern und Reptilien regeln.

Hauptsache Überlebenssicherung

Trotzdem empfinden viele Menschen die postmoderne Welt inklusive Stromversorgung, Sozialversicherung, Waffenverbot, Anrufbeantwortern, Verkehrsflugzeugen und Kabelfernsehen als die einzig mögliche. Dies ist eine verbreitete Illusion. Unsere Körper und auch unsere psychischen Strukturen dienen nach wie vor in erster Linie der Sicherung unseres Überlebens in einer natürlichen Umwelt. Zumindest wurden sie im Laufe der Evolution unter diesen

Umständen entwickelt. Das Lebewesen Mensch wurde für die freie Wildbahn konzipiert. Wenn die Augen ein großes Tier wahrnahmen, musste der Mensch blitzschnell entscheiden, ob es ein Beutetier, ein friedlicher Nachbar oder vielleicht eine Raubkatze ist. Auf alles, was einer Raubkatze auch nur annähernd ähnelte, wurde sinnvollerweise wie auf eine Raubkatze reagiert. Eine einzige Fehleinschätzung konnte tödlich sein. Nicht das eigene Bewusstsein, sondern die Intelligenz der Natur führte unsere Vorfahren durch ein Leben, das nicht der individuellen Entwicklung, sondern dem nackten Überleben und der Fortpflanzung von genetischen Informationen diente.

Ehemals sinnvolle Prägungen

Menschen haben sich in den vergangenen Millionen von Jahren in einer Umwelt entwickelt, die sich im Laufe eines Menschenlebens nicht wesentlich veränderte. Viele unserer Verhaltensprogramme basieren darauf, dass prägende Eindrücke als Referenzerfahrungen generalisiert werden. Solche Generalisierungen gelten für das ganze Leben als grundlegende Orientierung. Dabei fungieren Schlüsselreize für bereits gelernte Verhaltensmuster. Einmal erfolgreich gezeigte Verhaltensweisen werden wiederholt, sobald neue Situationen ähnliche Merkmale aufweisen. In einem Kontext, der sich im Laufe eines Menschenlebens nicht wesentlich veränderte, war das Prinzip der Prägung sehr praktisch. Das unreflektierte Generalisieren von Erfahrungen war überlebensdienlich, da standardisierte Verhaltensmuster in vielen Fällen eine angemessene Reaktion auf die sich wiederholenden Anforderungen der Umwelt darstellten.

Die heutige Umwelt ist jedoch anders gestaltet. Die Lebensumstände verändern sich so schnell, dass unsere archetypischen Gehirne nicht ohne Weiteres mit der Entwicklung Schritt halten können. Das Prinzip der Prägung wird der dynamischen Komplexität nicht mehr gerecht. Unreflektierte Generalisierungen führen in der heutigen Zeit nicht selten zu Fehlanpassungen und unnötigen Einschränkungen. Komplexität und Dynamik erfordern jedoch hohe Flexibilität im Denken und Handeln. Die schnelle Veränderung unserer Umwelt stimmt nicht mehr mit unseren genetischen Programmen überein. Wir sind als Individuum darauf angewiesen, ständig neu zu lernen. Was unsere Eltern lernten, ist für uns in vielen Bereichen nicht mehr relevant, und unsere Kinder werden wiederum in eine gänzlich andere Welt geboren. Neue Werte entstehen. Ökologische Zusammenhänge werden erkannt.

Coaching mit dem Wissen der Evolution

Zukünftige Erfolgsstrategien basieren auf einem wachsenden Repertoire von flexiblen Verhaltensweisen. Als bewusste Menschen brauchen wir neue Programme, die uns aufmerksam leben lassen und es auch ermöglichen, das eigene Verhalten konstruktiv in Frage zu stellen. Es ist intelligent, die gewohnten Strategien und Verhaltensprogramme hinsichtlich ihrer Nützlichkeit zu überprüfen und auch etwaige Nebeneffekte zu erkennen. Als kompetenter Coach bieten sie Ihrem Coachee die Möglichkeit, gelernte Programme zu erforschen, zu korrigieren und zu verbessern. Coaching bedeutet auch, Umweltvariablen in Entscheidungsvariablen zu verwandeln. Dieses Ziel erfordert vom Coach das Wissen um die evolutionären Muster, Flexibilität in der Wahrnehmung und Kreativität im Umgang mit den Coaching-Werkzeugen. Gleichzeitig muss der Coach seinen Coachee befähigen, ein Mindestmaß an Bewusstsein zu entwickeln, um die eigene Erfahrung kritisch reflektieren zu können. Auf diesem Wege erwirbt der Coachee neue Möglichkeiten, seine Entwicklung im Zusammenspiel mit dem Coach gezielt und ökologisch zu gestalten. Der Coachee kann sich nicht nur über seine Existenz und sein Handeln bewusst werden, sondern aufgrund der lebenslangen Lernfähigkeit seines Gehirns kann er sein Verhalten an seine Bedürfnisse und die Anforderungen seiner Umwelt anpassen.

Coaching-Übung: Erkennen der evolutionären Muster
Ziel dieser Übung ist es, dem Coachee bewusst zu machen,
dass der Großteil seiner steuernden Bedürfnisse auf evolutio-
nären Mustern basiert, die es hinsichtlich der Zielerreichung
zu überprüfen gilt. Besonders in Konfliktsituationen kann die
Bewusstwerdung der eigenen Handlungsmotive der erste
Schritt sein, um über intelligente Kommunikation zu einer
Win-win-Lösung zu gelangen.

- »Was sind Ihre wichtigsten Bedürfnisse?«
- »Welche Bedürfnisse sind von Ihrer Zuversicht und Ihrem
  Vertrauen motiviert?«
- »Welche Bedürfnisse werden von Befürchtungen und Angst
  motiviert?«
- »Welche Bedürfnisse motivieren Sie, Ihr Ziel zu erreichen?«
- »Welche Bedürfnisse behindern Sie bei der Zielerreichung?«
- »Wie könnten Sie die hinderlichen Bedürfnisse auf eine
  andere, konstruktive Art realisieren?«
- »Welche Erfahrungen müssten Sie machen, um diese
  Alternativen tatsächlich umzusetzen?«
- »Was wäre ein erster Schritt?«
- »Welches Fazit ziehen Sie aus dieser Übung?«

Verweise

→ Innere Landkarte
→ Körpersprache
→ Pacing
→ Unser Unbewusstes

F

Feedback – die Essenz der Coaching-Interaktion

Nutzen/Ziel

- Universal-Instrument zur gezielten Beeinflussung des Coachees.
- Bewusstmachung von blinden Flecken.
- Stärkung von Selbstwertgefühl und Rapport.

Anwendungsfelder

- Korrektur von unerwünschtem Verhalten.
- Aufzeigen von neuen Lernmöglichkeiten.
- Dosieren von Nähe und Distanz zwischen Coach und Coachee.

Das Feedback, welches wir von unserem Gesprächspartner bekommen, bildet die Essenz unserer Kommunikation. Auch wenn dieser Tatsache oftmals keinerlei Beachtung geschenkt wird – jede Kommunikation ist eine Abfolge von komplexen Feedbackschleifen. Im Coaching sind diese Schleifen besonders intensiv, da dieser Informationsaustausch unter einem ständigen Leistungsdruck stattfindet und in kurzer Zeit effiziente Ergebnisse bringen soll. Deshalb braucht ein kompetenter Coach ein ausgeprägtes Bewusstsein für die Qualität der stattfindenden Feedbackschleifen. Er muss die Signale seines Coachees auch auf einer tieferen Ebene verstehen und angemessen darauf reagieren. Das Feedback des Coachs steuert den Verlauf des Coaching-Prozesses. Nur wenn der Coach den Coachee über sein Feedback zu einer wirklich guten Lösung führen kann, wird das Coaching erfolgreich sein.

Coaching mit NLP-Werkzeugen. Thomas Rückerl und Torsten Rückerl
Copyright © 2008 WILEY-VCH Verlag GmbH & Co. KGaA, Weinheim
ISBN: 978-3-527-50351-3

Im Coaching

Feedback heißt wörtlich übersetzt »Zurück-füttern«. Wenn wir beim Autofahren auf den Tacho blicken, bekommen wir Feedback zur Geschwindigkeit des Autos zurückgemeldet. So erkennen wir unser Tempo und können es gegebenenfalls an die Straßenverhältnisse anpassen. Auch in der Kommunikation spielt der Austausch von Feedback für den Erfolg eine wesentliche Rolle. Dadurch werden die Beteiligten mit Informationen über ihre Außenwirkung versorgt. Feedback ist die verbale oder körpersprachliche Rückmeldung zum eigenen Verhalten. Jeder Mensch braucht ständig Feedback, um sich in seiner Welt zu orientieren. Wer schon einmal in eine Fernsehkamera gesprochen hat, weiß, wie schwierig es ist, ohne Feedbackschleife auf angemessene Weise Informationen zu vermitteln. Der Wunsch nach positivem Feedback und Bestätigung ist eine mächtige Motivation für das Verhalten der meisten Menschen. Oftmals wird dieses Bedürfnis jedoch nicht befriedigt, denn die meisten Feedbackprozesse laufen unbemerkt ab. Viele Menschen verbinden mit Feedback in erster Linie negative Kritik, wodurch weder beim Empfangen noch beim Senden ein Bewusstsein dafür entsteht, Feedback als entscheidenden Hebel für die Optimierung der Sach- und Beziehungsebene konstruktiv zu nutzen. Im Coaching ist die gegenseitige Bereitschaft zu offenem, ehrlichem und konstruktivem Feedback eine wichtige Voraussetzung für den Coaching-Erfolg. Als Coach wirken Sie durch die Thematisierung von Feedback vorbildhaft und erzeugen ein offenes und wertschätzendes Gesprächsklima mit Ihrem Coachee.

Intelligentes Feedback ist konstruktiv

Konstruktives Feedback ist wertschätzend, präzise und optimierend. Durch konstruktives Feedback kann der Coachee seine eigene Außenwirkung realistisch überprüfen und sich selbstkritisch fragen, ob er derartige Reaktionen bei seinen Mitmenschen tatsächlich erzielen möchte. Konstruktive Kritik zeigt konkrete Ansatzpunkte, an denen der Coachee gezielt arbeiten kann. Für eine bewusste Persönlichkeitsentwicklung brauchen wir die Meinungen anderer Menschen als Spiegel. Falls das Feedback nicht ehrlich ist, wirkt der Spiegel verzerrt. Schmeichelei stärkt zwar unser Selbstwertgefühl, sie führt jedoch zu einem unrealistischen Selbstbild. Falls wir einseitig kritisches Feedback bekommen, werden wir es in der Regel nicht annehmen können und auch zukünftig den Blick in den Spiegel meiden. Dann wird unsere Entwicklung nicht mehr positiv verstärkt, und die gewünschten Lernprozesse verlieren an Dynamik. Coaching wird zum Gewinner-Gewinner-Modell, wenn der Coach den Coachee zunächst bestätigt und ihn dann mit nützlichen Informationen zur gezielten Optimierung versorgt.

Positives Feedback bestätigt uns in unserer Existenz, es bestätigt unsere Innere Landkarte und öffnet unsere Wahrnehmungskanäle. Negatives Feedback hingegen stellt unsere Welt in Frage. Oft wird es abgewehrt und bekämpft, notfalls aggressiv. Wir sind daran gewöhnt, bei Kritik unsere Abwehr einzuschalten und uns zu verteidigen. In der Praxis bringen uns jedoch gerade die kritischen Rückmeldungen weiter. Wenn wir einem anderen Menschen gezieltes Feedback anbieten, soll er die Informationen optimal nutzen können. Deshalb soll das Feedback im Coaching so beschaffen sein, dass der Coachee es gut annehmen kann, um sich dann den Optimierungsideen zu öffnen. Auch für den Austausch von Feedback gilt das Prinzip von Pacing und Leading.

Coaching-Übung zum Feedback

Zuerst Pacing: Was war gut?!

Im Coaching wird durch das Benennen von positiven Aspekten Rapport hergestellt. Der Wunsch des Coachees nach Bestätigung wird gepaced. Dadurch öffnet der Coachee seine Sensoren. Sein Unbewusstes merkt, dass es sich nicht zu verteidigen braucht, sondern wertvolle Information bekommt. Jedes Verhalten birgt Ressourcen, die von einem aufmerksamen Feedbackgeber auf ehrliche Weise gewürdigt werden können.

- »Mir hat gefallen, dass Sie versucht haben, die Bedürfnisse der Mitarbeiter in die Restrukturierung einfließen zu lassen.«

Dann Leading: Was könnte wie verbessert werden?!

Im Coaching gilt die Regel: »Es gibt kein Versagen, es gibt nur Feedback!« Durch das konstruktive Reframing von kritischen Rückmeldungen durch den Coach braucht der Coachee nicht in den Problem-Zustand zu gehen. Stattdessen wird er vom Coach direkt in einen potentiellen Ziel-Zustand geführt. Er wird auf positive Weise motiviert, sein Verhalten zu ändern.

- »Ich könnte mir vorstellen, dass Sie im nächsten Meeting mehr Akzeptanz für die Restrukturierung gewinnen, wenn Sie den Mitarbeitern noch mehr Raum und Zeit zur Mitgestaltung der neuen Arbeitsprozesse geben.«

Gleichzeitig kann der Coachee für sich überprüfen, ob dieses Ziel für ihn tatsächlich erstrebenswert und ökologisch ist. Dabei ist es für den Coach wichtig, die Physiologie des Coachees genau zu beobachten. Die gezielte Orientierung am unterschwelligen Feedback des Coachees ermöglicht es dem Coach, seine Botschaften empfängergerecht zu adressieren.

Für die Realisierung von wohlgeformten Zielen ist ein kurzer Feedbackbogen im Coaching wünschenswert. Wenn man neues Verhalten erlernen möchte, sollte man auch sich selbst bereits nach kurzer Zeit wissen lassen, dass man sich auf dem richtigen Weg befindet, um das erwünschte Verhalten positiv zu verstärken:

- »Woran merken Sie möglichst schnell, dass Sie auf dem richtigen Weg sind, das angestrebte Ziel zu erreichen?! Wie nehmen Sie es wahr? Welche Sinneskanäle sind beteiligt?«

Jede Form von Feedback kann nützliche Informationen vermitteln. Ohne Feedback durch unsere Umwelt könnten keine erfolgreichen Lernprozesse stattfinden.

Verweise

→ Pacing
→ Leading
→ Ressourcen

Flexibilitäts-Training – wie gewinnen Sie Wahlfreiheit?

Nutzen/Ziel

- Steigerung der Souveränität durch die Gewinnung neuer Möglichkeiten.
- Orientierung für komplexe Veränderungsprogramme.

Anwendungsfelder

- Bei unnötigen Einschränkungen im Erleben und Verhalten.
- Um eingeschliffene Kommunikationsmuster zu erweitern oder aufzulösen.
- Optimierung von Pacing und Leading bei schwierigen Coachees.

Als Business-Coach ist es wichtig, sich daran zu erinnern, dass eine hohe Flexibilität im Erleben und Verhalten eine hohe Souveränität im Umgang mit schwierigen Situationen bewirkt. Deshalb wird ein kompetenter Coach grundsätzlich darauf abzielen, den Coachee zu befähigen, seine Flexibilität zu steigern. Der Coach wird ihn anregen, sich auf die Herausforderungen so vorzubereiten, dass er über ausreichend viele Optionen verfügt, um sein Ziel auch bei schwerer See und heftigem Gegenwind zu erreichen.

Im Coaching

Flexibilität bringt Wahlmöglichkeiten im Verhalten und im Erleben. Je mehr Wahlmöglichkeiten zur Verfügung stehen, desto höher die Flexibilität. Jede gelungene Coaching-Intervention erhöht die Flexibilität des Coachees, da alle alten Verhaltensweisen beibehalten werden, um sie später in einem passenden Kontext einsetzen zu können. Jede Verhaltensoption ist eine Ressource. Im

Coaching mit NLP gilt die Annahme, dass derjenige das System steuert, der über die meisten Handlungsmöglichkeiten verfügt. Die eigene Flexibilität kontinuierlich zu verbessern ist ein sinnvoller Anspruch an jeden Coach. Dies gilt sowohl beim Empfangen von Informationen (Eindruck) als auch beim Senden (Ausdruck). Je mehr Wahlmöglichkeiten zur Verfügung stehen, desto größer wird die Wahrscheinlichkeit, dass wir als Coach wie auch als Coachee über ein Verhalten in unserem Repertoire verfügen, das ein wahrhaft angemessenes Reagieren auf unsere Umwelt erlaubt und unsere Handlung zum gewünschten Erfolg führt.

Flexibilität kann auch durch die zielorientierte Aufarbeitung der persönlichen Geschichte im Coaching entstehen. Solange der Coachee die Prozesse der intensiven Auseinandersetzung und Versöhnung mit den schwierigen Teilen der eigenen Psyche noch nicht durchlaufen hat, ist er weniger flexibel, da seine Ausdrucksmöglichkeiten ständig zensiert werden. Die Integration der eigenen Schattenseiten führt zur Versöhnung der inneren Dämonen und fördert eine kongruente Ausstrahlung. Der ausgesöhnte Mensch lernt, mit seinen Eigenarten flexibel umzugehen. Er kann sie als Ressourcen nutzen und die eigenen Lernprozesse als Wachstumsfelder in die Kommunikation einbringen.

Das Repertoire

Das Repertoire ist die Grundlage des psychologischen Werkzeugkoffers im Coaching. Manchmal stellen Teilnehmer während ihrer Coaching-Ausbildung fest, dass sie seit Jahren Coaching-Werkzeuge in ihrer Kommunikation nutzen, ohne es vorher gewusst zu haben. Das liegt daran, dass viele Coaching-Elemente zum natürlichen Ablauf einer erfolgreichen Kommunikation gehören. Coaching-Werkzeuge sind in diesem Sinne nichts Neues, sondern systematische und zielgerichtete Einsatzpläne für nützliche Verhaltensmuster, um in der Kommunikation die gewünschten Ergebnisse zu erreichen. Der Einsatz im Coaching führt dann dazu, das eigene, bereits vorhandene Repertoire als wertvoll zu erkennen und bewusst weiterzuentwickeln. Die Qualität des Coaching hängt jedoch nicht nur von der Vielfalt der zur Verfügung stehenden Werkzeuge ab, sondern auch von der Kompetenz des Benutzers.

Eine optimale Nutzung des vorhandenen Repertoires erfordert geistige Präsenz. Es genügt nicht, das Coaching-Wissen im Kopf zu haben – entscheidend ist die Fähigkeit, das erworbene Know-how in der passenden Situation gezielt einzusetzen und damit den Coachee nachhaltig und wertschöpfend zu unterstützen.

Ein berühmtes Beispiel für Flexibilität im Kommunikationsverhalten ist die erfolgreiche Kontaktaufnahme von Milton Erickson zu dem schizophrenen George. Anstelle der normalen Sprache gab George einen wilden Wortsalat von sich. Die ihn behandelnden Psychiater versuchten, George dazu zu bringen, dass er einsieht, dass sein Wortsalat bestimmte Bedeutungen hat und dass er damit aufhören muss – ohne Erfolg. Erickson hat sich stattdessen ein Transkript von dem Wortsalat anfertigen lassen. Er lernte die typischen Muster, Intonationen und Melodien und konnte anschließend mit George in dessen Sprache sprechen. Auf diese Weise hat er zunächst zu George Kontakt hergestellt und konnte ihn anschließend dazu bringen, wieder am sozialen Leben teilzunehmen.

Mindestens drei Wahlmöglichkeiten

Das Schaffen von Wahlmöglichkeiten ist ein grundlegendes Ziel im Coaching, weil sich dadurch Umweltvariablen in Entscheidungsvariablen verwandeln können. Falls ein Coachee in einer bestimmten Situation glaubt, nur über eine Möglichkeit des Verhaltens zu verfügen, steuert ihn der Zwang – er ist ebenso unfrei wie ein Roboter. Bei der Wahrnehmung von zwei Alternativen befindet der Coachee sich im Dilemma – entweder oder? Erst beim gedanklichen Zulassen von mindestens drei Möglichkeiten begibt sich der Coachee in den Bereich der menschlichen Freiheit – er kann kreativ entscheiden. Die dritte Möglichkeit entspricht dem Prinzip der Synthese der ersten beiden Möglichkeiten. In ihr können sich Gegensätze verbinden. Die Entscheidung für eine gelungene Synthese symbolisiert eine optimale Wahlmöglichkeit, weil sie alle Interessen integriert. Die Fähigkeit, scheinbar gegensätzliche Betrachtungsweisen, Meinungen, Standpunkte, Interessen oder Persönlichkeitsanteile miteinander zu verbinden, gehört für einen kompetenten Coach zum Handwerkszeug. Dadurch kann der Coach seinen Coachee dazu befähigen, kreative Synthesen und neue Wahlmöglichkeiten zu entwickeln.

Die Idee der Wahlfreiheit gilt sowohl für das externe Verhalten als auch für das interne Erleben. Ein Mensch kann als Gemeinschaft von verschiedenen Persönlichkeitsteilen verstanden werden. Das Bewusstsein entspricht der Regierung. Sie wird von denjenigen Teilen unterstützt, deren Interessen sie erfolgreich vertreten kann. Innere Wahlfreiheit bedeutet, die verschiedenen Teile an der Regierungsbildung angemessen zu beteiligen. Das Six Step-Reframing ist ein geeignetes Werkzeug im Coaching, um die dafür nötigen Synthesen im inneren Parlament zu erzeugen. Mit diesem Coaching-Werkzeug schafft der Coach ein Forum, in dem alle konfliktären Teile des Coachees ihre Absichten äußern können. Dabei lernen die Teile, ihre Interessen als »mündige Bürger« auf konstruktive Weise zu vertreten. Als Resultat werden die unterschiedlichen Ziele von der Regierung in einen realistischen Zukunftsentwurf integriert.

Coaching-Übung zur Flexibilität

Diese Übung hat zum Ziel, dem Coachee bewusst zu machen, dass er als Mensch immer mindestens drei Handlungsmöglichkeiten hat. Bitten Sie Ihren Coachee, sich ein Thema vorzustellen, bei dem er glaubt, nur eine Verhaltensoption zu haben.

- »Was möchten Sie mit dieser Handlungsoption erreichen?«
- »Welches Bedürfnis steckt hinter Ihrem Interesse?«
- »Wie könnte xy dieses Bedürfnis realisieren?«
- »Wie wurde dieses Bedürfnis im letzten Jahrhundert realisiert?«
- »Wie wird dieses Bedürfnis in 100 Jahren realisiert?«
- »Wie würde dieses Bedürfnis in Schwarzafrika oder Zentralasien realisiert?«
- »Was bedeuten diese Informationen für Ihre Handlungsoption?«

Verweise

→ Einwand-Integration
→ Framing
→ Inneres Team
→ Reframing

Frage-Technik – Basis-Know-how für Business-Coaches

Nutzen/Ziel

- Gewinnung von Informationen.
- Steuerung von Gesprächssituationen.
- Strukturierung von inneren Prozessen.

Anwendungsfelder

- Eine souveräne Fragetechnik ist das zentrale Werkzeug im Coaching und strukturiert den gesamten Coaching-Prozess!

»Welche Ideen haben Sie bereits zur Lösung Ihres Problems? Wer könnte Sie dabei unterstützen? Was könnten Sie tun, um Ihre Ideen Schritt für Schritt zu realisieren?« Jede Frage ist ein hypnotischer Suchbefehl für das Gehirn des Befragten. Jede geschickte Frage ist auch eine Einladung an den Coachee, seine innere Realität nach außen zu kommunizieren. Eine souveräne Frage-Technik bildet eines der wichtigsten Werkzeuge im Coaching. Als Coach steuern Sie den Gesprächsfluss, indem Sie Ihren Coachee anregen, sich mit genau den Themen kreativ auseinanderzusetzen, die für eine optimale Problemlösung zielführend sind. Die Qualität Ihrer Frage-Technik entscheidet darüber, wie Ihr Coachee seine aktuellen Themen erlebt – als belastendes Problem oder als motivierende und transparente Herausforderung.

Im Coaching

Wer fragt, führt! Diese bekannte Weisheit gilt auch im Coaching. Exzellentes Coaching kann als Kunst des Fragens verstanden werden. Ein geübter Coach steuert die Prozesse im Gehirn seines Coachees durch gezielte Fragen. Durch bewusstes Fragen kann ein Coach seinen Coachee in sinnvolle Zustände führen. Gleichzeitig sammelt er dabei nützliche Informationen, um möglichst genaue und relevante Kriterien zur Zielerreichung zu bekommen. Um eine gestellte Frage ernsthaft zu beantworten, muss der Coachee einen neurologischen Suchprozess auf seiner inneren Landkarte durchlaufen. Dadurch kommt er innerlich in Kontakt mit den entsprechenden Informationen. Diese Informationsverarbeitung drückt sich auch in seiner Physiologie aus und gibt dem Coach wertvolle Hinweise für den Prozess – besonders, wenn der Coachee eigentlich keine Antwort äußern wollte. Fragen steuern somit Informationen und oftmals auch Emotionen. Der Befragte reagiert nicht nur auf den Inhalt der Frage, sondern auch auf die Formulierung, die Betonung, den Zeitpunkt und die Person des Fragenden selbst. Respektvolle Fragen können zum Beispiel sehr viel Wertschätzung ausdrücken. Und sie stärken das Selbstwertgefühl des Coachees – denn wer wird nicht gern um seine Meinung gefragt?

Beispiele für Fragen als Coaching-Werkzeug
Viele Coaching-Interventionen basieren auf gezielten Fragen, denn eine geschickte Fragetechnik ermöglicht ein elegantes und effizientes Leading:

»Was können wir heute gemeinsam erreichen, um Ihrem Ziel ein Stück näher zu kommen?«

Durch intelligente Fragen können alle benötigten Informationen systematisch gewonnen werden. Zum Beispiel werden bei der V.A.K.O.G.-Hypnose (siehe Werkzeug »V.A.K.O.G. – schärfen Sie Ihre Wahrnehmung« und Glossar) die Wahrnehmungskanäle systematisch abgefragt. Dabei können auch Submodalitäten und Strategien erforscht werden:

- »Was sehen Sie in dieser Situation? Welche Farben, Formen und Details sind vorhanden? Was hören Sie? Stimmen? Geräusche? Musik? In welcher Lautstärke? Wie ist die Tonalität beschaffen? Was fühlen Sie? Wo genau im Körper spüren Sie das? Wie ist die Qualität des Gefühls beschaffen? Prickelnd? Warm oder kalt? Starr oder fließend? Was riechen Sie? Was schmecken Sie?«

Ein exzellentes Beispiel für die Kunst des Fragens ist das Pene-Trance-Modell. Es wird vom Coach durch hartnäckige Fragen gesteuert. Zunächst wird eine konkrete Zieldefinition erarbeitet:
- »Was ist Ihr Ziel? Was möchten Sie erreichen? Woran merken Sie, wenn Sie Ihr Ziel erreicht haben? Was sehen, hören, schmecken, riechen, fühlen Sie?«

Sobald eine wohlgeformte Zieldefinition vorliegt, bringt der Coach den Coachee durch Fragen mit den benötigten Ressourcen in Kontakt:
- »Was brauchen Sie, um Ihr Ziel zu erreichen? Wie bekommen Sie es? Kennen Sie jemanden, der es hat? Wie wird es sein, wenn Sie es haben?«

Auch die Überprüfung im Öko-Check wird durch Fragen gesteuert:
- »Was würde geschehen, wenn eine Störung auftaucht? Wie werden Sie darauf reagieren? Was brauchen Sie noch? Woher bekommen Sie es? Wie werden Sie wissen, dass es so funktioniert?«

Anschließend erfragt der Coach im Future Pace den Weg der zukünftigen Realisierung:
- »Wann werden Sie es ausprobieren? Wie können Sie sicherstellen, dass Sie es so machen werden? Woran werden Sie merken, dass Sie einen ersten erfolgreichen Schritt getan haben?«

10 magische Fragen im Coaching

Formulierung der Frage	Ziel der Frage – wann angewendet?
»Was ist das Ziel?«	Hinterfragen, welche Absicht hinter einer Aussage steht, und auf das fokussieren, was eigentlich erreicht werden soll.
»Was stattdessen ...?«	Eine negative Haltung in eine konstruktive verwandeln.
»Was genau ...?«	Präzisierung von allgemeinen und schwammigen Aussagen.
»Woran merken Sie, dass ...?«	Frage nach den (Erfolgs-)Kriterien, die häufig nur implizit bewusst sind.
»Wie können (Sie) oder wir erreichen, dass ...?«	Das Thema personifiziert; persönliche Beteiligung deutlich machen.
»Unter welchen Bedingungen wäre es möglich?«	Lösungs- und Zielorientierung unterstützen und konkretisieren.
»Im Vergleich womit?«	Den Maßstab erfragen, der (meist unbewusst) angelegt wird, bzw. einen anderen Maßstab anbieten und damit eine Neubewertung der Aussage ermöglichen.
»Welcher Nutzen/Gewinn entsteht dadurch?« »Was wollen Sie damit erreichen?«	Konsequenzen der Argumentation hinterfragen und hinsichtlich des Wertes überprüfen.
»Wer könnte dieses Problem lösen?« »Wie würde diese Person vorgehen?«	Neue Inspiration (durch Modell-Lernen) anbieten, um neue Lösungsoptionen zu gewinnen.
»Auf einer Skala von 0 bis 100: Wie würden Sie die Lage einschätzen? Was müsste geschehen, um den Wert 100 zu erreichen?« (schrittweise bis 100 erhöhen)	Den Status eines Themas im Gesamtkontext bewusst bewerten und anschließend schrittweise durch konkrete Veränderungsideen optimieren.

Frage-Arten im Coaching

Es gibt verschiedene Frage-Arten im Coaching, die flexibel in unterschiedlichen Kontexten eingesetzt werden können. Je größer das Repertoire des Coachs, desto vielseitiger und damit oftmals auch motivierter kann der Coachee über sein Thema nachdenken.

Sinnliche Fragen	»Woran merken Sie, dass…?«
Skalierungsfragen	»Auf einer Skala von 1 bis 10 – wie …«
Wunderfragen	»Wenn jetzt ein Wunder geschieht …«
Zirkuläre Fragen	»Was würde xy dazu sagen?«
Hypothetische Fragen	»Angenommen, das Problem wäre gelöst, wie …«
Rekonstruktive Fragen	»Was müsste ein anderer Mensch tun, damit …«
Fokussierende Fragen	»Welche Überschrift könnte das Ganze haben?«
Einfühlende Fragen	»Wenn Sie xy wären …«
Zukunftsorientierte Fragen	»Stellen Sie sich vor, das Ziel ist erreicht …«
Salvatorische Fragen	»Was muss ich noch wissen?«

Verweise

→ Innere Landkarte
→ Leading
→ Meta-Modell

Framing – die Kunst, einen passenden Rahmen zu setzen

Nutzen/Ziel

- Grundlegende Strukturierung zur Einordnung von Informationen.
- Motivierender Sprachgebrauch.

Anwendungsfelder

- Als Intro zu Beginn des Coaching.
- Bei Verwirrung oder Desorientierung des Coachees.
- Als Methode zur Priorisierung/Entscheidung der zentralen Punkte.
- Transfer-Sicherung im konkreten Future Pace.

Das englische Wort Frame bedeutet Rahmen. Es ist der Zusammenhang oder das Umfeld, in dem ein bestimmtes Ereignis stattfindet. Die äußeren Rahmenbedingungen wie Ort, Zeit, Vorgeschichte, geltende Normen und Regeln bestimmen den Kontext einer Situation. Jede Kommunikation findet in einem spezifischen Kontext statt. Jede Information beeinflusst den Kontext und wird gleichzeitig im jeweiligen Bezugsrahmen unterschiedlich eingeordnet und bewertet. Der englische Begriff taucht auch beim Reframing auf, wo es darum geht, den Ereignissen einen neuen und besseren Rahmen zu geben. Der Bedeutungsrahmen ist grundsätzlich flexibel. Je nach Vorerfahrungen und Informationsstand entsteht bei dem Betroffenen ein mehr oder weniger starrer Glaubenssatz, der sich jedoch durch gezielte Fragen verändern lässt. Die Kunst, bewusst konstruktive Rahmen zu erschaffen (Framing) oder suboptimale Rahmen zu verändern (Reframing), ist ein wichtiger Bestandteil im Coaching. Sie verleiht eine hohe Flexibilität beim Bewerten von Situationen und dient als Grundlage vieler Gesprächsführungstechniken.

Im Coaching

Im Coaching können Sie Ihrem Coachee einen neuen Rahmen für die Bewältigung seiner Probleme anbieten. Dabei ist es wichtig, das Anliegen des Coachees erst einmal im Lichte seiner aktuellen Situation zu verstehen. Jede Situation erhält ihre Bedeutung erst durch die Rahmenbedingungen, innerhalb derer sie interpretiert wird. Zum Beispiel bekommt ein nackter, schwitzender Mann eine andere Bedeutung, wenn Sie wissen, dass er gerade in der Sauna sitzt – und nicht in einem 5-Sterne-Restaurant. Wenn Sie die Situation des Coachees und den Rahmen, in dem er seine Situation erlebt, verstanden haben, können Sie damit beginnen, lösungsorientiert an der Optimierung seiner Lage zu arbeiten. Als Coach trainieren Sie sich darin, einerseits die Sachinformationen zu sortieren und andererseits die Zusammenhänge in einen konstruktiven Rahmen zu setzen, um so die Bedeutung bestimmter Informationen im Erleben Ihres Coachees gezielt zu steuern.

Um die Hebelmöglichkeiten des Framings und Reframings im Coaching aktiv einzusetzen, helfen Fragen, die die bestehenden Rahmenbedingungen in Frage stellen oder auf die dahinterliegenden Bedürfnisse und Motivationen abzielen:

- »Sie sagten, dass Sie nicht mit unserer Gesellschaft konform gehen können – welche Werte prägen denn unsere Gesellschaft? Wer bestimmt nach Ihrer Meinung den Wert xy? Welche Motivation steckt dahinter? Wie könnte dieser Wert auch gesehen werden?«

- »Sie sagten, dass Sie unzufrieden mit dem Verlauf Ihrer beruflichen Entwicklung sind – woran messen Sie das? Womit vergleichen Sie sich? Was könnte gut daran sein? Was ist vielleicht sogar deshalb gut an Ihrem Leben?«

Im Coaching wie auch in der Mitarbeiterführung und im Kundenkontakt werden die Prinzipien des Framings vielfach unbemerkt eingesetzt. Nehmen wir einmal an, Sie haben in Ihrer Abteilung eine unbeliebte Aufgabe, die Sie nun an den neuen Mitarbeiter delegieren wollen, und Sie sagen Folgendes zu ihm:

- »Herr Müller, ich habe da eine schwierige und unangenehme Aufgabe für Sie. Vermutlich wird Ihnen die Arbeit nicht gefallen, aber irgendjemand muss es ja tun, und da Sie neu bei uns sind, bleibt es an Ihnen hängen. Nähere Instruktionen gebe ich Ihnen heute Nachmittag. Kommen Sie deshalb bitte um 15 Uhr in mein Büro.«

Was wird dieses Framing bei Herrn Müller bewirken? Vermutlich wird er nicht besonders motiviert an die Sache rangehen. Vielleicht wird Herr Müller im Laufe des Tages darüber nachdenken, wie er die Aufgabe möglichst schnell an andere abwälzen kann. Diese Demotivierung wäre nicht nötig, wenn Sie stattdessen einen anderen Frame wählen:

- »Herr Müller, ich habe da eine wichtige Angelegenheit, die mir sehr am Herzen liegt, und ich könnte mir vorstellen, dass Sie dafür genau der Richtige sind. Die Sache ist nicht ganz einfach, aber ich bin davon überzeugt, dass Sie über die notwendigen Fähigkeiten verfügen und dass wir beide gemeinsam das Kind schon schaukeln werden. Kommen Sie bitte um 15 Uhr in mein Büro, damit wir die Einzelheiten durchsprechen können.«

Durch dieses Framing der anstehenden Aufgabe wecken Sie Interesse und Vertrauen bei Herrn Müller. Er wird motiviert, in das Büro seines neuen Chefs zu kommen, um die Sache in Angriff zu nehmen. Vielleicht liegt Herrn Müller diese Form von Aufgabe tatsächlich. Dann hätte Ihre Abteilung in Zukunft ein Problem weniger. Zumindest wird er der Aufgabe nicht mit einem unnötigen Vorurteil gegenübertreten. Vermutlich wird er nicht einmal auf die Idee kommen, den Auftrag als unangenehm zu empfinden, weil er in erster Linie eine gute Chance sieht, um sich als neuer Mitarbeiter bei seinem Chef zu profilieren.

Framing und Reframing sind im Coaching wichtige Werkzeuge, um die Aufmerksamkeit des Coachees in eine gezielte Richtung zu führen. Die Frage:

- »Welche Herausforderungen sehen Sie auf dem Weg zum Ziel?«

bietet dem Coachee einen anderen Bezugsrahmen zum Nachdenken an als:

- »Welche Probleme sehen Sie auf dem Weg zum Ziel?«

Ein Scheitern in der Vergangenheit kann den Coachee davon abhalten, sein Ziel noch einmal anzugehen. Statt dieses zu betonen mit der Frage:

- »Warum sind Sie beim ersten Mal gescheitert?«

kann der Coach auch nach dem Informationsvorteil im Scheitern fragen:

- »Was haben Sie aus dem ersten Mal lernen können?«

Durch derartige Fragen wird ein geistiger Bezugsrahmen vorbereitet, in dem der Coachee seine Erfahrungen konstruktiv einordnen kann. So braucht er negative Erfahrungen nicht als angstauslösend oder verwirrend zu erleben. Ein ökologisches Framing führt dazu, dass ein unangenehmes Erlebnis auf ressourcevolle Weise verarbeitet werden kann. Da der Kontext die Bedeutung der Ereignisse bestimmt, ist die gezielte Veränderung des Kontextes im Coaching eine effektive Methode, um das Befinden von Menschen zu verbessern. Der Coach nutzt diese Möglichkeit durch das Kontext-Reframing. Dazu gehört die Frage:

- »In welcher anderen Situation wäre diese Verhaltensweise sinnvoll?«

Jede einmal erlernte Verhaltensweise stellt eine Fähigkeit dar und ist somit eine wertvolle Ressource. Durch eine große Vielfalt an Verhaltensweisen entsteht ein flexibles Repertoire. Im Sinne maximaler Flexibilität gilt es als wünschenswert, für jeden Kontext eine angemessene Verhaltensweise parat zu haben.

Framing im Alltag

Das Framing trägt auch dazu bei, unser tägliches Leben zu regeln. Jede Form von Ankündigung, Aufforderung oder Einladung gibt dem Adressaten einen Frame, in den er seine Assoziationen zu den erhaltenen Informationen hineinprojiziert. Die Ankündigung:

- »Hi, Freunde – nächstes Wochenende machen wir wieder eine wilde Party – bitte Getränke und gute Laune mitbringen«

weckt vermutlich andere Assoziationen als:

- »Sehr verehrte Damen und Herren, am 29. 12. veranstalten wir ein Fest, bitte erscheinen Sie in Abendgarderobe.«

In einem teuren Restaurant bezahlen die Gäste oft nicht nur für das Essen gepfefferte Preise, sondern auch für einen attraktiven Frame in Form von Ambiente und zuvorkommenden Kellnern. Bewusstes Framing kann einem gemeinsamen Erlebnis, der zukünftigen Zusammenarbeit oder dem Wert von Informationen einen angemessenen Rahmen geben. Die besten Framings sind oft solche, die für alle Beteiligten ökologisch sind. Nicht-ökologische Framings können falsche Erwartungen wecken. Manchmal kann es besser sein, durch das Reframing einen neuen Rahmen zu schaffen.

Der Verlauf eines Gesprächs formt den Kontext, in dem jede Aussage ihre spezielle Bedeutung bekommt. Wenn Äußerungen aus ihrem Kontext herausgenommen und isoliert wiedergegeben werden, geht ein Teil der ursprünglichen Bedeutung verloren. Dieser Umstand ist eine große Herausforderung für die journalistische Arbeit der Medien wie auch im Coaching. Einerseits soll die Berichterstattung prägnant und kurz sein, andererseits darf der Hintergrund der Ereignisse nicht zu sehr verkürzt werden, sonst kann der Empfänger den Kontext nicht erfassen, und die eigentliche Bedeutung der Informationen geht verloren.

Coaching-Übung: Framing bewusst erkennen

Schärfen Sie Ihre Wahrnehmung für die kognitiven Manöver Ihrer Coachees und beobachten Sie ihre Framings und Reframings im Coaching. Einige Zeitgenossen arbeiten ganz bewusst mit solchen Manövern, doch meistens entscheidet das Unbewusste aus purer Gewohnheit, in welchem Licht die Ereignisse erscheinen.

- Achten Sie darauf, durch welchen Filter Ihr Coachee die Welt betrachtet. Wann werden positive und wann negative Aspekte betont?
- Welchen Frame pflegt Ihr Coachee in der Familie und im Freundeskreis? Welche Gesprächsthemen gibt es? Wie werden die Ereignisse bewertet?
- In welchem Rahmen findet Kommunikation im beruflichen Umfeld des Coachees statt? Geht es darum, sich gegenseitig zu unterstützen oder sich im internen Wettbewerb durchzusetzen?
- In welchem Rahmen nimmt Ihr Coachee seinen Chef, seine Mitarbeiter und Kollegen wahr? Dominiert Motivation oder Frustration?
- Wie framt Ihr Coachee die Welt der Medien? Oder der Politik? Oder der Werbung?
- Welche Art von Humor pflegt Ihr Coachee? Was haben gute Witze mit Framing bzw. Reframing zu tun?

Verweise

→ Reframing
→ Hypnose
→ Motivation

Future Pace –
Anker in die Zukunft werfen

Nutzen/Ziel

- Transfer-Sicherung durch konkrete Zukunftsentwürfe.
- Den Coachee konkret ins Handeln bringen.
- Gestaltungskraft offenbaren.

Anwendungsfelder

- Als Abschluss jeder Coaching-Sitzung.
- Wenn Ergebnis-Orientierung gefordert ist.
- Zur Beschreibung und Planung zielführender Maßnahmen.

Entscheidend für den Wert eines Coaching ist der anschließende Transfer ins reale Leben. Durch einen wirkungsvollen Future Pace gewährleisten Sie, dass die im Coaching erarbeiteten Ergebnisse tatsächlich von Ihrem Coachee umgesetzt werden. Der Future Pace ist der erste Schritt auf der Brücke in die Zukunft. Sie helfen Ihrem Coachee, eine möglichst konkrete und motivierende Abbildung der geplanten Handlungen in seinem Gehirn zu erschaffen.

Im Coaching

Der Future Pace ist eine grundlegende Maßnahme im Coaching. Er wird nach jeder Intervention zur Transfersicherung eingesetzt. Dabei werden zukünftige Ideen, Wünsche, Ziele, Pläne oder Visionen in den wesentlichen Punkten konkret formuliert. Es ist ein strukturierender Handlungsentwurf, der zugleich motivierend wirkt. Wichtig für einen erfolgreichen Future Pace im Coaching sind folgende Elemente:

Der Coachee

- formuliert konkrete Maßnahmen,
- setzt Termine,
- hat eine sinnliche Vorstellung von seiner Zukunft entwickelt,
- stellt seine Motivation durch eine erfolgsorientierte Belohnung sicher,
- hört sich selbst ein verbindliches Commitment aussprechen.

Ein Future Pace kann im Coaching verbal durchgesprochen werden oder auch schriftlich geankert werden. Der Future Pace ist eine aktive Gestaltung der Zukunft und insofern ein Element des Pacing, als dass er den Coachee auf seine Zukunft einstimmt. Dabei paced der Coach nicht nur das, was jetzt da ist, sondern auch die Vorstellung der Zukunft im Kopf des Coachees. Er motiviert den Coachee, sein eigenes Verhalten möglichst konkret auf die realen Erfordernisse der Zukunft abzustimmen.

›Was genau tun Sie wann, um den ersten Schritt auf dem Weg zum Ziel zu erreichen?‹

Mit dem ersten Schritt in Richtung Zielerreichung verändert sich die Landkarte des Coachees. Coaching wirkt als erfolgreiches Optimierungs-Management, weil die gewonnenen Erkenntnisse des Coachees als konkrete Handlungsentwürfe operationalisiert werden. Die Arbeitsergebnisse des Coaching werden in Form von neuen Verhaltensweisen im Gehirn des Coachees neurologisch verankert. Der Future Pace ist auch ein wirksames Ritual, um dem Unbewussten zu symbolisieren, dass jetzt ein aktiver Veränderungsprozess begonnen hat.

Um den Future Pace zu sichern, können im Coaching spezielle, ressourcevolle Anker für den Coachee eingerichtet werden. Sie können dann in Zukunft vom Coachee in der entsprechenden Situation aktiviert werden und ihm benötigte Ressourcen verfügbar machen.

Im Team-Coaching kann der Future Pace als gemeinsamer Maßnahmenkatalog formuliert werden. Die wichtigen Informationen werden als Commitment schriftlich fixiert. Das verantwortliche Teammitglied fasst die Ergebnisse noch einmal in seinen Worten zusammen und datiert die daraus resultierenden Maßnahmen in die Zukunft. Vielleicht werden Protokolle als Anker angefertigt und an alle Teilnehmer verschickt. Im Geschäftsleben und bei der Planung von Projekten wird der Future Pace über die zukünftige Terminplanung initiiert. Bereits feststehende Termine bilden die Basis. So wird ein strukturgebender Frame geschaffen. Dann werden die variablen Termine, Zeiträume und Ziele in diesen Rahmen eingefügt. Ein gelungener Future Pace synchronisiert die Terminplanung der beteiligten Personen, sowohl faktisch als auch mental. So sind die Voraussetzungen geschaffen, die zukünftige Realität gezielt, kooperativ und konsequent zu gestalten.

Coaching-Übung: Future Pace

Für einen Future Pace können Sie Ihrem Coachee folgende Fragen stellen:

- »Welche Schritte sind notwendig, um Ihr Ziel zu erreichen?«
- »In welcher Reihenfolge gehen Sie vor?«
- »Bis wann werden Sie was getan haben?«
- »Was tun Sie als Erstes und wann tun Sie es?«
- »Wie können Sie dafür sorgen, dass Sie sich in der Alltagshektik an Ihr Vorhaben erinnern und es tatsächlich umsetzen?«

Laden Sie Ihren Coachee ein, alle notwendigen Schritte im Geiste durchzugehen. Indem der Coachee die einzelnen Phasen zum Ziel detailliert beschreibt, programmiert er seinen unbewussten Autopiloten. Anschließend bitten Sie ihn, alle nötigen Tätigkeiten auf ein Blatt Papier zu schreiben und die Reihenfolge zu fixieren. Dann kann er die einzelnen Schritte als Etappenziele auf einer Zeitlinie anordnen und dadurch die Handlungsstrategie visualisieren. Durch dieses Zielbild programmiert er seine unbewussten Kräfte auf die Realisierung der gewünschten Zukunftsvision. Anschließend sollte der Coachee alle relevanten Termine in seinen Kalender übertragen, damit auch sein Bewusstsein darüber informiert ist, was wann getan werden soll.

Verweise

→ Öko-Check
→ Motivation
→ Libido-Energie
→ Magie des Wünschens

G

Gewinner-Gewinner-Modell – Königsweg im Konfliktmanagement

Nutzen/Ziel

- Grundlegend positive Orientierung für Konfliktsituationen.
- Ethische Orientierung als Ideal der menschlichen Zusammenarbeit.

Anwendungsfelder

- Emotional aufgeladene Konflikt-Coachings.
- Strukturelle Interessenkonflikte.
- Strategieentwicklung für komplexe soziale Situationen.

Konflikte gehören im Leben dazu. Im Coaching werden Sie immer wieder auf Konflikte stoßen. Als Coach brauchen Sie eine feste Verankerung in der Philosophie des Win-win. Wenn Sie Ihrem Coachee helfen, eine nachhaltig funktionierende Konfliktlösung zu entwickeln, müssen Sie darauf achten, dass alle Beteiligten zu Gewinnern werden können. Gleichzeitig muss auch die Zusammenarbeit von Coach und Coachee als Win-win-Modell realisiert sein, um nachhaltigen Erfolg für beide Seiten zu garantieren. Nur wenn der Coachee sicher ist, dass Sie als kompetenter Coach seine Zielerreichung und nicht Ihre finanziellen Interessen im Fokus haben, wird er Sie weiterempfehlen.

Coaching mit NLP-Werkzeugen. Thomas Rückerl und Torsten Rückerl
Copyright © 2008 WILEY-VCH Verlag GmbH & Co. KGaA, Weinheim
ISBN: 978-3-527-50351-3

Im Coaching

Die Idee des Gewinner-Gewinner-Modells (Win-win-Modell) stammt aus dem Konfliktmanagement. Ein Gewinner-Gewinner-Modell ist das optimale Ergebnis einer kooperativen Konfliktregelung. Es ist kein fauler Kompromiss und kein halbherziges Einlenken, sondern ein Musterbeispiel für eine gelungene Kommunikation.

Wie entsteht ein Gewinner-Gewinner-Modell?
- Gemeinsamkeiten in den Vordergrund stellen.
- Die Ziele der anderen durch Fragen erforschen.
- Eigene Ziele wohlgeformt kommunizieren.
- Alle relevanten Ziele kombinieren.
- Einwände in Wünsche verwandeln.
- Interessen-Parallelität erzeugen.

Beim Gewinner-Gewinner-Modell wird ein vorhandener Konflikt als kreative Herausforderung verstanden und gezielt bearbeitet, bis alle Beteiligten mit dem Ergebnis wirklich zufrieden sind. Auf der persönlichen Ebene entspricht es dem Verhandlungsmodell der Inneren Persönlichkeitsteile. Im Coaching werden innere Konflikte so gelöst, dass allen betroffenen Teilen eine positive Absicht unterstellt wird. Durch diese Grundannahme gewinnt jeder Teil das Recht, angehört zu werden, denn er kann zu einer konstruktiven und ökologischen Lösung des inneren Konflikts beitragen.

**Methoden zur Entwicklung
eines Gewinner-Gewinner-Modells:**

- Zielorientiertes Fragen.
- Ständiges Rapport-Überprüfen und tiefgehendes Pacing.
- Ehrliches und wertschätzendes Feedback.
- Konsequentes Setzen von Separatoren bei Stuck States.
- Brainstorming zur Entwicklung von benötigten Ressourcen.
- Explizite Würdigung der positiven Absichten.
- Einsatz des Chunking bei Einwänden, insbesondere Chunking-Up zur Definition von gemeinsamen Meta-Zielen.

Coaching-Übung: Gewinner-Gewinner-Modell

Damit ein Gewinner-Gewinner-Modell entstehen kann, müssen alle Beteiligten die Chance bekommen, sich subjektiv als Gewinner zu fühlen. Dies beginnt mit dem Erforschen der jeweiligen Interessen:

- »Was möchte ich realisieren? Was ist mir besonders wichtig?«

Dann ist es wichtig, die genaue Absicht des anderen zu erforschen und zu verstehen:

- »Was möchten Sie erreichen? Was ist Ihnen besonders wichtig?«

Nun ist es entscheidend, die Gemeinsamkeiten zu erkennen und in den Vordergrund zu stellen:

- »Was ist unser gemeinsames Ziel? Wie können wir unsere Interessen kombinieren?«

Anschließend fokussieren wir auf die Unterschiede. Bei Differenzen ist es notwendig, sich über kreative Möglichkeiten zur Anpassung der unterschiedlichen Ziele auszutauschen:

- »Wie könnte eine kreative Synthese unserer Ziele aussehen?«

Um die Wahrscheinlichkeit zu erhöhen, dass eine gemeinsame Lösung gefunden werden kann, ist es hilfreich, sich in die Lage des anderen hineinzuversetzen:

- »Warum sollte der andere mir helfen, meine Ziele zu verwirklichen?«

- »Was kann ich ihm dafür anbieten? Wo könnten Synergie-Effekte entstehen?«

Durch solche Fragen entstehen eine kooperative Basis und gegenseitiges Vertrauen. Wenn die Basis stimmt, fällt es leichter, den konfliktträchtigen Kontext als gemeinsames System zu verstehen und weg vom Prinzip »Konkurrenz« hin zum Prinzip »Kooperation« zu fokussieren.

Wenn die beteiligten Personen oder Persönlichkeitsteile den Konflikt als gemeinsame Herausforderung verstehen, verlieren sie keine Energie durch destruktive Reibungsverluste. Stattdessen betrachten sie sich als demselben System zugehörig, als in einem Boot sitzend. Sie denken über die Grenzen ihres eigenen Realitätstunnels hinaus und sehen neben den eigenen Interessen auch die Interessen des anderen und die des Gesamtsystems. Ein ungelöster Konflikt kostet alle Beteiligten immer unnötige Energie. Aus dieser Einsicht entsteht das gemeinsame Interesse, eine Lösung zu entwickeln, die alle Beteiligten zu Gewinnern macht. Dabei ist das gemeinsame Erfolgserlebnis eine zusätzliche Belohnung und eine tragfähige Ressource für die Zukunft.

Verweise

→ Frage-Technik
→ Inneres Team
→ Konfliktmanagement
→ Verhandlungs-Modell
→ Win-win-Ethik

Glaubenssätze – die Nervenbahnen der inneren Landkarte

Nutzen/Ziel

- Bewusstmachung von Wertesystemen.
- Veränderung von Glaubens- und Verhaltensmustern.
- Erhöhung der Handlungsfähigkeit durch Gestaltungskraft des Coachees.

Anwendungsfelder

- Bei Generalisierung von negativen Erfahrungen.
- Zur Auflösung von einschränkenden Glaubenssätzen.
- Erweiterung des geistigen Horizonts und Gewinnung von neuen Möglichkeiten.

Es sind nicht die Dinge selbst, die uns Menschen beeindrucken oder beunruhigen, sondern unsere Interpretation der Dinge. Wir Menschen interpretieren die aktuelle Situation aufgrund vergangener Erfahrungen. Im Coaching geht es oftmals darum, unbewusste Glaubenssätze, die auf vergangenen Erfahrungen beruhen, zu erkennen und hinsichtlich ihres Realitätsgehaltes zu überprüfen. Als kompetenter Coach helfen Sie Ihrem Coachee, unrealistische oder einschränkende Glaubenssätze zu hinterfragen und zu verändern.

Im Coaching

Glaubenssätze (Beliefs) sind ungeprüfte Annahmen über die Realität. Sie zeigen sich in Form von Einstellungen, Werten oder Überzeugungen. Glaubenssätze sind in der Regel unbewusst und eingebunden in ein individuelles Glaubenssystem. Sie beziehen sich auf Ursache-Wirkung-Zusammenhänge, auf Bedeutungen von Ereignissen oder auch auf die eigene Identität. Glaubenssysteme bestimmen unser Handeln und unser Erleben. Sie liegen unseren Motivationen zugrunde und bilden die Basis unserer neurologischen Programme. Viele Themen im Coaching berühren das individuelle Glaubenssystem des Coachees. Dabei werden die relevanten Glaubenssätze bewusst gemacht, ökologisch überprüft, neu formuliert und geankert. Viele Menschen ziehen einen großen Teil ihrer Gefühle von Sicherheit und tagtäglicher Orientierung aus unbewussten Glaubenssätzen, ohne dabei die Normen, Regeln und Werte in Frage zu stellen. Wir orientieren uns also gewohnheitsmäßig an unbewussten Leitlinien.

Viele Elemente unseres Verhaltens und mindestens ebenso viele Einschränkungen entspringen unseren Glaubenssätzen über die eigene Person, über die anderen Menschen und über die Welt, in der wir leben. Sie können unsere persönliche Entwicklung hemmen (»Ich bin ein Versager«), die Lebensqualität beeinträchtigen (»Ich bin hässlich«) oder zwischenmenschliche Konflikte verursachen (»Alle sind gegen mich«). Viele Glaubenssätze werden in frühester Kindheit gelernt (Imprints). Sie haben großen Einfluss auf die gesamte Lebensweise eines Menschen. Auch in der Paartherapie zeigt sich häufig, dass die zwischenmenschliche Beziehung gestört ist, weil alte Glaubenssätze die Partner einschränken.

Die meisten Glaubenssätze sind das Resultat einer Generalisierung. Ein Beispiel: Nach einigen erfolglosen Versuchen, sich für eine Führungsposition zu bewerben, beginnt eine Frau zu glauben, sie sei inkompetent als Führungskraft. Als Folge dieses Glaubenssatzes richtet sich ihre selektive Wahrnehmung neu aus und sucht unbewusst, aber erfolgreich bei den nächsten Bewerbungsgesprächen »Beweise«, um die Annahme ihrer Inkompetenz zu bestätigen. Auch die Bestätigung von einschränkenden Glaubenssätzen vermittelt dem Unbewussten Sicherheit, selbst wenn dadurch bewusste Wünsche sabotiert werden. So wird ein Glaubenssatz im Laufe der Monate und Jahre in das Glaubenssystem eingewoben. Ein wichtiges Ziel im Coaching ist es, einschränkende oder problemerzeugende Glaubenssätze auf ihren aktuellen Realitätsgehalt hin zu überprüfen und bei Bedarf zu korrigieren.

Einschränkende Glaubenssätze auflösen

Glauben gehört zur Natur des Menschen und bedeutet ein riesiges Potenzial von Ressourcen. Diese Energie kann für verschiedene Zwecke eingesetzt werden. Glauben erzeugt Kraft und Motivation. Es gab Kulturen, in denen die Krieger glaubten, dass nur der Tod im Kampf ihnen einen Platz an Odins Tafel ermögliche. Obwohl auch sie den Tod fürchteten, immunisierte der starke Glaube die Krieger gegen die Todesangst und konnte im Kampf enorme Kräfte freisetzen. Mahatma Gandhi glaubte fest daran, dass er Indien durch den gewaltfreien Widerstand zur Unabhängigkeit führen könnte. Er wurde durch sein konsequentes Handeln zum Vorbild für Millionen Menschen. Wer fähig ist zu glauben, kann geradezu unglaubliche Ressourcen entwickeln.

Glaube wächst aus Erfahrungen. Damit sich ein starker Glaube entwickeln kann, brauchen wir intensive Erfahrungen. Eine besonders intensive Erfahrung kann prägend wirken – bereits beim ersten Mal. Die japanischen Zen-Mönche nennen solche Erlebnisse Satori. Durch das Erleben von Satori kann sich die persönliche Entwicklung beschleunigen. Im Coaching ist der Glaube an den Erfolg der Arbeit eine wichtige Voraussetzung für starke Motivation. Sowohl der Coachee als auch der Coach müssen glauben können, dass eine Veränderung möglich ist. Wenn andere Menschen glauben, dass wir fähig sind, zu tun, was wir uns vorgenommen haben, ist dies eine wertvolle Ressource.

Die Realität beginnt im Geiste! Menschen werden zu dem, was sie selber von sich glauben. Die Natur des Glaubens entspricht einer sich-selbst-erfüllenden Prophezeiung. Je ökologischer der Glaube für das System ist, desto ressourcevoller wird sich das Geglaubte manifestieren. Sobald das Unbewusste eine Chance wittert, beginnt der Prozess der Manifestation. Menschen haben die Tendenz zur Selbstverwirklichung. Das in uns schlummernde Potential drängt nach Realisierung. Achtung! Negative Glaubensmuster ziehen ihre Verwirklichung genauso intensiv an wie positive. Deshalb ist es intelligent, die eigenen Glaubensmuster hin und wieder psychohygienisch zu überprüfen und dabei störende Einschränkungen in wohlgeformte Ziele zu verwandeln.

Coaching-Übung: Glaubenssätze in Metazielen auflösen

Ziel dieser Übung ist es, alte einschränkende Glaubenssätze des Coachees zu hinterfragen, um sie in neue ökologisch fundierte Glaubenssätze zu verwandeln.

- Der Coach baut zu seinem Coachee Rapport auf und lässt sich das Problem schildern.

- Der Coach fragt: »Wenn Sie Ihr Problem als einen Glaubenssatz formulieren würden, wie würde dieser heißen?«

- Dann lässt sich der Coach die Situation, in der dieser Glaubenssatz xy maximal gelebt wird, konkret beschreiben (Ort, Zeit, Personen, Stimmung etc.).

- Der Coach fragt: »Wenn Sie den Glaubenssatz xy vollständig leben, was wird dadurch für Sie sichergestellt?«

- Der Coach notiert das Interesse hinter dem Glaubenssatz und fragt: »Wenn Sie Ihr Interesse hinter dem Glaubenssatz xy vollständig durchgesetzt haben, was wird dadurch für Sie sichergestellt?«

- Der Coach notiert das Meta-Interesse hinter dem Interesse und fragt gegebenenfalls nach weiteren dahinterliegenden Interessen, bis er an den Antworten oder der Physiologie des Coachees erkennen kann, dass es keine weiteren relevanten Informationen zu diesem Thema gibt.

- Anschließend fragt der Coach: »Wenn Sie den Glaubenssatz xy vollständig leben, was vermeiden Sie damit?«

- Der Coach notiert die Vermeidung und fragt gegebenenfalls nach weiteren dahinterliegenden Vermeidungsmotivationen, bis er wieder an den Antworten oder der Physiologie des Coachees erkennen kann, dass es keine weiteren relevanten Informationen zu diesem Thema gibt.

- Der Coach fragt: »Nachdem Sie jetzt einiges über Ihre Meta-Interessen herausgefunden haben, was wäre ein hilfreicher Glaubenssatz für die Zukunft?«

- Öko-Check: Jetzt ist der Coach angehalten, ganz genau auf die Physiologie des Coachees zu achten: Kann der Coachee den neuen GS wirklich glauben? Sollten in dieser Phase weitere Einwände auftauchen, führt der Coach seinen Coachee mit zielorientierten Fragen zur Optimierung des neuen Glaubenssatzes: »Wie können Sie den neuen Glaubenssatz so weit verändern, dass er alle Einwände integriert? Unter welchen Bedingungen sind Sie bereit, den neuen Glaubenssatz in Ihrem Verhalten umzusetzen?«

- Future Pace: Um den neuen Glaubenssatz tatsächlich in der Zukunft zu realisieren, fragt der Coach: »Wann werden Sie den neuen Glaubenssatz das erste Mal leben können?«

Verweise

→ Innere Landkarte
→ Meta-Modell
→ Realitätstunnel

Hypnotische Sprache –
Steuerung von Bewusstseinszuständen

Nutzen/Ziel

- Schnelle und nachhaltige Beeinflussung von Coachees.
- Steuerung von psychischen Prozessen.
- Verankerung von neuen Ideen im Unbewussten.

Anwendungsfelder

- Wirkungsvolles Leading.
- Stimulation von konstruktiven Fantasien.
- Gezielte Ansprache des Unbewussten.

Hypnose ist in der menschlichen Kommunikation allgegenwärtig. Viele Menschen hypnotisieren sich selber, ohne dies zu bemerken. Sie assoziieren sich so stark mit ihrer momentanen Wahrnehmung, dass sie alles andere vergessen. Sie hypnotisieren oftmals auch andere, während sie voller Begeisterung mit leuchtenden Augen von einer neuen Idee erzählen oder mit leidenschaftlicher Betroffenheit von einem Problem berichten. Als erfahrener Coach können Sie sich der Kunst der Hypnose bedienen, indem Sie Ihrem Coachee dabei helfen, sich mit den Aspekten seines Themas zu beschäftigen, die ihn wirklich weiterbringen. Die Grundlage jeder hypnotischen Intervention ist ein starkes Band des Vertrauens. Als Hypnotiseur verfügen Sie über erstaunliche Möglichkeiten, um das Unbewusste Ihres Coachees zu kontaktieren und zur Entwicklung einer Problemlösung mit ins Boot zu holen.

Coaching mit NLP-Werkzeugen. Thomas Rückerl und Torsten Rückerl
Copyright © 2008 WILEY-VCH Verlag GmbH & Co. KGaA, Weinheim
ISBN: 978-3-527-50351-3

Im Coaching

Hypnose ist eine Interventionsmethode, deren wesentliches Merkmal die Trance ist. Genau genommen ist Hypnose kein klar abgrenzbares Phänomen. Jede Kommunikation kann als hypnotisch bezeichnet werden, sobald sie den Bewusstseinszustand des anderen beeinflusst. Unter Trance verstehen wir dabei einen Zustand, bei dem sich die Aufmerksamkeit nach innen richtet. Dieser Zustand wird auch im Coaching genutzt. Der Coach induziert Trance bei seinem Coachee durch direkte oder indirekte Suggestion. Es gibt einerseits Techniken, bei denen der Coach mithilfe des Bewusstseins zu unbewussten Teilen des Coachees Kontakt aufnimmt. Auf der anderen Seite gibt es Techniken, bei denen das Bewusstsein zum Beobachter wird und der Coach direkt zum Unbewussten des Coachee spricht. Der wirkungsvolle Einsatz der Hypnose basiert immer auf Wertschätzung und Vertrauen.

Hypnose ist ein Prozess, bei dem das Bewusstsein des Coachees von außen gesteuert wird. Dabei wird seine Aufmerksamkeit gezielt nach innen verschoben. Sein Bewusstsein wird von dem Coach in einen Trance-Zustand geführt, der für die meisten Menschen ungewohnt ist. Der Zensor des Coachees als Wächter der Pforten zu den riesigen unbewussten Potenzialen reagiert in der Trance weniger rigide und gibt Informationen frei, die normalerweise für das eigene Bewusstsein unzugänglich sind. So entsteht eine Kooperation mit dem Unbewussten. Je nach Güte des Rapports und Geschicklichkeit des Coachs hat der induzierte Trance-Zustand eine gewisse Stabilität gegenüber Separatoren, die den hypnotischen Prozess unterbrechen würden. Ein Separator führt zurück in den Wachzustand. Er wird vom Coach bewusst eingesetzt, um die verschiedenen Trance-Zustände zu koordinieren. Im Six Step-Reframing kann der Coach mithilfe solcher Manöver mit den unbewussten Teilen des Coachees Lösungen und Strategien aushandeln, die dann die Grundlage einer zukünftigen Verhaltensänderung des Coachees sein können.

Oftmals haben Menschen Bedenken, sich hypnotisieren zu lassen. Die Angst vor der Hypnose beruht oft auf der Projektion von Allmachtsfantasien auf den Hypnotiseur. Wer schon einmal einen Show-Hypnotiseur dabei beobachtet hat, wie er hypnotisierte Menschen auf der Bühne zu absurdem Verhalten bewegen konnte, stellt sich zu Recht die Frage, inwieweit dieses Phänomen zielführend im Business-Kontext eingesetzt werden kann. Zunächst ist es wichtig, die Wirksamkeit der hypnotischen Intervention im vertrauensvollen Rahmen anzuerkennen. Dann geht es darum, zu verstehen, dass der Coachee auch im stärksten Vertrauen nicht in der Lage ist, unter Hypnose gefährliche oder absurde Entscheidungen zu treffen, weil das Unbewusste dafür im Gesamtsystem des Coachees kein Mandat hat. Ohne die kognitive Bestätigung durch das Bewusstsein des Coachees führt keine Coachingintervention zu einer nachhaltigen Entscheidung. Bei der Mitwirkung an einer Show-Hypnose gibt das Bewusstsein zunächst sein Einverständnis zu den möglicherweise anstehenden, aber harmlosen Peinlichkeiten, wenn der Freiwillige auf die Bühne tritt. Der große Nutzen des Einsatzes der Hypnose im Coaching liegt darin, dass der Coach in der Lage ist, durch den gezielten Kontakt mit dem Unbewussten des Coachees Informationen zu gewinnen, die dann in die bewusste Strategie einfließen können. Schon die bewusste Wahrnehmung der eigenen unbewussten Botschaften in der Hypnose hat oftmals einen versöhnlichen Effekt für den Coachee. Im Selbst-Bewusstsein des Coachees entsteht ein neues, zusätzliches Fundament. Das Selbst-Vertrauen, als Abbild der Beziehung zwischen Unbewusstem und Bewusstsein des Coachees, bekommt neue Kraft, sich den anstehenden Herausforderungen zu stellen.

Hypnotischer Sprachgebrauch

Es gibt ein bestimmtes Sprachverhalten, das besonders geeignet ist, bei Menschen Trance-Zustände zu induzieren. Dazu gehören zum einen formale Aspekte wie die Tonalität der Stimme, die Sprechrichtung und das Tempo der gesprochenen Worte. Zum anderen gibt es inhaltliche Sprachmuster, die das Bewusstsein der Menschen faszinieren, ihre Aufmerksamkeit binden und dadurch Trance-Zustände induzieren. Dieses so genannte Milton-Modell ermöglicht es dem hypnotisierenden Coach, auf eine kunstvolle Weise vage und unbestimmt in seinen sprachlichen Formulierungen zu bleiben. Dabei werden alle spezifischen Informationen getilgt. Stattdessen werden möglichst unkonkrete Nominalisierungen, unspezifische Verben und unbestimmte Beziehungsindizes eingesetzt.

Diese inhaltsfreien Prozessinstruktionen (Fluff) bestehen sozusagen aus zielgerichteter warmer Luft. Sie werden vom Coach jedoch so gezielt eingesetzt, dass durch die spezielle Wahl der Worte beim Coachee ein innerer Prozess der Assoziationen eingeleitet wird. Derartiger Einsatz von Fluff orientiert sich an der Physiologie des Coachees, die dem Coach als Feedback für seine Interventionen dient.

»... und während Sie sich vielleicht fragen mögen, was von all dem, das Sie heute im Laufe des Tages gedacht haben ... für Sie persönlich wichtige Informationen sein könnten, dürfen Sie sich davon überraschen lassen, welche Kriterien Ihr Unbewusstes jetzt wählen mag, um die wichtigen Informationen von den weniger wichtigen zu unterscheiden ... und dabei können Sie vertrauen, dass Ihr Unbewusstes ganz genau weiß, auf welche Weise wichtige Informationen für Sie heute am besten verarbeitet werden können ... um das zu lernen, was Sie gern lernen möchten ... und um in Zukunft mit ähnlichen Situationen noch besser umgehen zu können ...«

Diese vagen Begriffe wirken wie eine saugende Projektionsfläche und werden vom Coachee mit seinem eigenen inneren Erleben gefüllt. Dabei können auch wörtliche Zitate des Adressaten im Sinne des Pacing aufgegriffen und als auditive Anker verwendet werden. Geschickter Umgang mit Fluff kann eine Atmosphäre schaffen, die als Blanko-Ressource dient, indem sie Lernprozesse begünstigt und hypnotische Sprachmuster besonders gut wirken lässt. Als Teil einer Prozessinstruktion für hypnotische Manöver hat der Gebrauch des Wortes »während« eine integrierende Funktion. Gleichzeitigkeit verbindet verschiedene Wahrnehmungen auf elegante Weise. Die sanften Übergänge lassen Pacing und Leading miteinander verschmelzen, der Rapport verstärkt sich durch das Validieren der aktuellen Wahrnehmungen.

Hypnotische Fragen

Im Coaching aktivieren hypnotische Fragen innere Suchprozesse im Gehirn des Coachee:

- »Woran merken Sie es, wenn Sie Ihr Ziel erreicht haben?«

Um diese Frage ernsthaft beantworten zu können, muss der Coachee seine Aufmerksamkeit nach innen richten und in Trance gehen. Durch die Als-Ob-Methode kann der Coach die hypnotische Wirkung verstärken:

- »Tun Sie mal so, als ob Sie Ihr Ziel bereits erreicht hätten ... was sehen, hören, fühlen, riechen und schmecken Sie, während Sie diesen Zustand genießen ...?«

Wenn hypnotische Techniken im Coaching eingesetzt werden, gibt der Coach einen Bezugsrahmen vor, der besagt, dass es angebracht und sinnvoll für den Coaching-Prozess ist, jetzt in Trance zu gehen. Zuvor muss der Coach dem Coachee jedoch glaubhaft vermittelt haben, dass er ihn sicher und kompetent durch die Trance führen kann. Dadurch kann der Coachee die bewusste Kontrolle des Alltagsbewusstseins loslassen. Der Zensor des Coachees wird kooperativ, ein kreatives Klima entsteht, und oftmals erwachen bisher unbewusste Impulse. Deshalb ist eine gemeinsame, klare Arbeitsvereinbarung eine wichtige Voraussetzung für hypnotische Interventionen. Außerdem ist jeder Coach gut beraten, die ökologischen Konsequenzen seiner hypnotischen Fähigkeiten zu kennen und im Zweifel keine Komplikationen für seinen Coachee entstehen zu lassen.

Verweise

→ Leading
→ PeneTrance-Modell
→ Projektion
→ Trance-Zustände

I

Implizite Botschaften – Ideen ins Unbewusste pflanzen

Nutzen/Ziel

- Vermittlung von Botschaften an das Unbewusste.
- Diagnose von zentralen Themen hinter den verbalisierten Gesprächsthemen.

Anwendungsfelder

- Belastung von unbewussten Prozessen.
- Zum besseren Verständnis von inkongruent wirkenden Coachees.

Als erfahrener Coach kommunizieren Sie sowohl mit dem Bewusstsein als auch mit dem Unbewussten Ihrer Coachees. Die Kommunikation durch implizite Botschaften ermöglicht einen eleganten und wirkungsvollen Einfluss auf die unbewussten Prozesse im Gehirn des Coachees. Durch gezielte verbale oder nonverbale Andeutungen können Sie als Coach neue Ideen ins Gehirn Ihres Gegenüber einspielen.

Im Coaching

Implizite Botschaften sind angedeutet, verdeckt oder versteckt. Ein großer Teil der Botschaften innerhalb einer Kommunikation wird implizit vermittelt. Dies kann durch Körpersprache, Mimik, Tonfall oder durch verbale Andeutungen geschehen. Auch der berüchtigte Wink mit dem Zaunpfahl ist wohl noch ein Implikat, wenn auch ein sehr offensichtliches. Hingegen sind explizite Bot-

Coaching mit NLP-Werkzeugen. Thomas Rückerl und Torsten Rückerl
Copyright © 2008 WILEY-VCH Verlag GmbH & Co. KGaA, Weinheim
ISBN: 978-3-527-50351-3

schaften ausdrücklich und klar formuliert. Sie bedeuten zunächst genau das, was wörtlich gesagt wurde, können jedoch auch implizite Informationen für einen aufmerksamen Empfänger enthalten. Explizite Botschaften sind eindeutig, während implizite Botschaften einer Interpretation bedürfen. Besonders im Coaching ist es oftmals nützlicher für den Prozess, wenn der Coachee – angeregt durch eine implizite Botschaft des Coachs – selbst auf eine weiterführende Idee kommt. Nicht nur besonders eigenbestimmte Coachees empfinden einen besonderen Wert darin, dass Sie Urheber eines Lösungsansatzes sind. Konstruktiv erlebte Kreativität gibt Selbstvertrauen und stärkt die Motivation des Coachees.

Einige Menschen senden implizite Botschaften durch Unterlassungen, wie beispielsweise nicht getätigte Telefonanrufe, Vermeidung von Blickkontakten oder doch nicht gekaufte Kleidungsstücke. Ebenso werden Verspätungen, Begrüßungen oder die Verteilung von Zuwendung als Medium für implizite Botschaften benutzt. Ein Empfänger solcher Signale braucht feine Sensoren, um dem Sender gerecht zu werden, er muss sozusagen zwischen den Zeilen lesen können. Viele implizite Botschaften sind auch dem Sender selbst nicht bewusst. Dies bezeichnet man als blinde Flecken in der Wahrnehmung der eigenen Außenwirkung.

Im Coaching kann der Coach dem Coachee wertvolles Feedback geben und ihm dadurch helfen, seine blinden Flecken zu erforschen. Durch die verbale Überprüfung auf der Meta-Ebene kann der Coachee etwas über sein eigenes Kommunikationsverhalten lernen und eventuell entstandene Missverständnisse klären. Doch Vorsicht! Kalibrierte Schleifen wirken auch auf der Meta-Ebene. Ein kompetenter Coach braucht ein feines Gespür, um zu entscheiden, wann es nützlich ist, Botschaften auf der Meta-Ebene explizit auszusprechen. Manchmal ist es besser, Informationen an das Unbewusste des Coachees zu adressieren und sie implizit in die Kommunikation einfließen zu lassen.

Einige Beispiele zur gezielten Anwendung von impliziten Botschaften:
- Ein Coachee, der seinem territorialen Chef nicht direkt sagen möchte, dass er eine neue, bessere Idee hat.

- Ein Coachee, der die direkte Botschaft des Coachs als persönliche Abwertung empfindet.
- Ein Coachee, dem sein übersteigertes Orientierungsmuster an äußeren Autoritäten im Weg steht.

Der implizierte Wirkungszusammenhang ist ein spezieller Wahrnehmungsfilter im Coaching. Der Coach identifiziert Einschränkungen aufgrund von scheinbaren Zusammenhängen, die für den Coachee implizit als zwingend erlebt werden. Dabei vergisst der Coachee oftmals, dass ein Mensch prinzipiell über Wahlmöglichkeiten im Erleben und Verhalten verfügt.

Aussagen wie: »Sein Gerede macht mich wütend« implizieren einen kausalen Zusammenhang zwischen Gerede als externem Auslöser und Wut als interner Reaktion. Jeder Mensch kann jedoch lernen, dass Gerede nicht zwangsläufig wütend machen muss, sondern dass er für viele seiner Reaktionen mehr Freiheit erwerben kann. Denn Wahlfreiheit ist besser als keine Wahlfreiheit.

Verweise

→ Meta-Modell
→ Wahrnehmung
→ Körpersprache

Inkongruenzen –
Konflikte im Inneren Team

Nutzen/Ziel

- Entwicklung von neuen Ideen und Lösungsansätzen.
- Überprüfung der Prozessausrichtung.

Anwendungsfelder

- Wenn Coachees widersprüchliche Signale senden.
- Zur Überprüfung von wichtigen Entscheidungen (Öko-Check).
- Als Transfer-Sicherung und Motivationscontrolling.

Als kompetenter Coach orientieren Sie sich natürlich an den verbalen Aussagen – doch Sie achten auch auf die Körpersprache Ihres Coachees. Wenn alle Signale des Coachees zusammenpassen und ein stimmiges Gesamtbild ergeben, wissen Sie, dass sich der Coaching-Prozess mit hoher Wahrscheinlichkeit in eine positive Richtung bewegt. Wenn hingegen widersprüchliche Signale auftauchen, können Sie davon ausgehen, dass sich diese Inkongruenzen auch im Erleben Ihres Coachees abbilden und der Prozess noch nicht optimal ausgerichtet ist. Als erfahrener Coach greifen Sie die Inkongruenzen rechtzeitig auf und thematisieren sie. So verfügen Sie stets über einen nützlichen Kompass für die Ausrichtung des Coaching-Prozesses.

Im Coaching

Kongruenz bedeutet Übereinstimmung – Inkongruenz ist die fehlende Übereinstimmung und lässt auf innere Widersprüche schließen. Das Gegensatzpaar von Inkongruenz und Kongruenz bildet zwei Pole einer Skala. Dazwischen gibt es unzählige Mischformen (Mixed Emotions). Ein Coachee befindet sich im Zustand der Kongruenz, wenn sein Ausdruck ganzheitlich mit seinem Erleben und seinem Denken übereinstimmt. Dabei wirkt die gesamte Physiologie harmonisch, alle gesendeten Signale sind im Einklang. Wenn ein Coachee mit sich selbst nicht im Einklang steht und widersprüchliche Signale sendet, kann der Coach diese Indizien zur Optimierung des Coaching-Prozesses nutzen, indem er seine Wahrnehmung gezielt thematisiert.

Inkongruenz kann man zum Beispiel daran erkennen, dass Körpersprache und Verbalsprache unterschiedliche Signale senden:

- »Mir geht es jetzt sehr gut!«

Gleichzeitig sind die Mundwinkel des Coachees heruntergezogen, und die Körperhaltung erscheint niedergeschlagen.

Diese Kombination von Signalen wirkt wenig überzeugend. Wenn im Kopf des Coachees innere Widersprüche wirken, zeigen sich auch entsprechende Inkongruenzen im Ausdruck. Solche Inkongruenzen sind für einen Coach wertvolle Informationen. Sie weisen darauf hin, dass die getätigten Interventionen in Gänze noch nicht ökologisch verträglich sind. Manchmal sind sie für ungeübte Beobachter kaum wahrnehmbar, doch ein guter Coach bemerkt derartige Signale. Er greift die Inkongruenzen des Coachees auf und integriert sie in seine Vorgehensweise:

- »Sie sagen, dass es Ihnen jetzt sehr gut geht, doch wenn ich mir Ihre Körperhaltung ansehe, könnte ich auf die Idee kommen, dass Sie etwas bedrückt ...«

Nun hat der Coachee die Möglichkeit, in sich hineinzufühlen und seinen Zustand bewusst zu überprüfen. Vielleicht sagt er dann mit einem Lächeln:

- »Das liegt daran, dass ich gestern mal wieder beim Sport war und jetzt Muskelkater habe ...«

oder er streckt sich mit einem Seufzer und sagt:

- »Nun ja, eigentlich habe ich seit Monaten Rückenschmerzen, weil ich zu viel am Schreibtisch sitze. Es ist aber nicht so schlimm, und meistens vergesse ich die Schmerzen. Und heute sind sie auch gar nicht so schlimm ...«

Nun kann der Coach den körperlichen Zustand in der Arbeitsbelastung des Coachees thematisieren:

- »Haben Sie schon einmal daran gedacht, Sport zu treiben, zum Arzt zu gehen oder einen neuen Bürostuhl oder ein Stehpult auszuprobieren, um sich von den Schmerzen zu befreien?«

Am Ende einer gelungenen Intervention sollte sich der Coachee im Zustand der Kongruenz befinden. Dies überprüft der Coach anhand der Physiologie. Ein Zeichen für Kongruenz ist zum Beispiel eine symmetrische Körperhaltung. Kongruentes Verhalten zeigt sich auch, wenn die Antworten auf prüfende Fragen im Öko-Check klar und ohne Zögern gegeben werden. Es gibt Coachees, die sich selbst nicht eingestehen können, dass sie in einem bestimmten Feld ein Problem haben, obwohl dies für den Coachee offensichtlich ist. Dann ist die Bewusstmachung der Inkongruenzen durch den Coach zwingend notwendig, um dem Veränderungsprozess eine Chance zu geben. Oftmals sind diese Coachees am Ende einer Coaching-Sitzung niedergeschlagen und bedrückt, weil sie diese Einsicht erst einmal verdauen müssen. In diesen Fällen ist es wichtig, dass der Coach dem Coachee verständlich macht, dass er sich etwas Zeit geben muss, um die Veränderung zulassen zu können. Gleichzeitig ist es notwendig, dass der Coach seinem Coachee signalisiert, dass er ihn nicht bis zur nächsten Sitzung mit seinem Lernfeld alleine lässt, sondern ihm auch bei Bedarf spontan zur Verfügung steht.

Kongruenz beim Coach

Exzellente Schauspieler sind aufgrund ihrer fundierten Ausbildung fähig, eine Rolle kongruent zu spielen, auch wenn diese Rolle nicht zu 100% zu ihrer momentanen Befindlichkeit passt. Das kongruente Rollenspiel ist Ausdruck ihrer Professionalität. Für normale Menschen ohne Schauspielausbildung gilt: Inkongruenzen wirken unglaubwürdig. Dies gilt besonders für Führungskräfte im Arbeitsalltag, aber auch für hochpreisige Business-Coaches. Wer souverän führen möchte, braucht eine kongruente Ausstrahlung. Nur ein wahrhaftiger Ausdruck kann so tief in der Seele wurzeln, dass er gegebenenfalls sogar charismatische Kräfte entfaltet. Coaching mit NLP geht davon aus, dass jeder Mensch nach Kongruenz und Authentizität strebt. Ein kongruenter Ausdruck ist das Resultat von innerer Integrität. »Walk as you talk!« Kongruentes Verhalten wirkt auf andere Menschen nachhaltig überzeugend und vorbildhaft. Nach außen gezeigte Inkongruenzen hingegen lassen einen Coach oftmals unglaubwürdig wirken. Deshalb sollte ein kompetenter Coach bei Entscheidungen für oder gegen bestimmte Interventionen auch auf eigene unterschwellige Inkongruenzen achten. Eine Intervention mit einem schlechten Bauchgefühl oder unter unangemessenem Zeitdruck zu initiieren ist meistens nicht die beste Wahl. Wenn Sie als Coach mögliche Einwände rechtzeitig erkennen und mit Ihrem Coachee gezielt thematisieren, haben Sie die Möglichkeit, den Coaching-Prozess zu optimieren und sich gleichzeitig in der Rolle des Coachs besser zu fühlen.

Anmut im Coaching

Auch das Phänomen der »Anmut« kann Ihnen als Coach helfen, sich im Kontakt mit Ihrem Coachee zu orientieren. Anmutige Bewegungen sind ein natürlicher Ausdruck der Wertschätzung lustvoller Körperempfindungen. Kleine Kinder wirken anmutig, weil sie sich spontan und mit natürlicher Grazie bewegen. Ihre Libido-Energie ist noch im lebendigen Fluss. Die Welt und ihre vielfältigen Erscheinungsformen werden als faszinierend erlebt. Um die Welt kennenzulernen, sind die kindlichen Sinne offen und assoziiert. Es gibt noch keine neurotische Spannung, der körperliche Ausdruck entspringt einem kongruenten Gefühl und ist durchtränkt von Wahrhaftigkeit. Menschen verlieren ihre natürliche Anmut, wenn der Energiefluss im Körper blockiert wird. Im Laufe der Jahre werden aus kleinen Inkongruenzen chronische Spannungen. Diese Spannungen verursachen energetische Blockaden und binden Energie, die eigentlich frei fließen könnte. Anmut im Coaching ist ein Wegweiser für gelungene Problemlösungen. Körperliche Anmut gilt als Ausdruck von psychischer Kongruenz. Dabei geht kongruente Körpersprache mit ökologischen Lernprozessen einher: Der Coachee erwirbt in der Veränderung durch aufmerksames Hineinspüren in den eigenen Körper einen wachsenden Kontakt zum Reichtum der kinästhetischen Wahrnehmung. Anmutiges Verhalten des Coachees symbolisiert eine gelungene und nachhaltige Integration.

Verweise

→ Stuck State
→ Six Step-Reframing
→ Körpersprache
→ Physiologie
→ Einwand-Integration

Inkorporieren –
Feedback zu unbewussten Signalen

Nutzen/Ziel

- Verstärken des Rapports durch Aufnehmen und Rückmelden non-verbaler Signale.
- Unbewusste Signale erkennen, verstehen und integrieren.

Anwendungsfelder

- Coachee sendet inkongruente, widersprüchliche Signale.
- Pacing von körpersprachlichen Äußerungen.
- Störungen bei hypnotischen Techniken.

Das Konzept des Inkorporierens stammt ursprünglich aus der Hypnose. Sie können den Coaching-Prozess wesentlich intensivieren, wenn Sie die unbewussten Äußerungen Ihres Coachees sehr aufmerksam beobachten und ihm diese Signale als hilfreiches Feedback zurückmelden. Ein geübter Coach kann sowohl verbale als auch körpersprachliche Signale inkorporieren und dabei das Unbewusste seines Coachees verstärkt in den Prozess einbinden.

Im Coaching

Inkorporieren heißt aufnehmen oder eingliedern. Im Coaching ist damit in erster Linie das verbale Aufgreifen von körpersprachlichen Signalen gemeint. Sie werden in Form von Metaphern, Sprichwörtern, oder ähnlichen Äußerungen an den Coachee zurückgegeben. In der Veränderungsarbeit ist das Inkorporieren von unbewussten Signalen ein wertvolles Feedback und kann wichtige Impulse geben. Diese Rückmeldung ist Teil eines komplexen Feedback-Kreises zwischen Coach und Coachee, wobei der Coach als Feedback-Instrument seines Coachees fungiert.

Der innere Zustand und die beobachtbare Physiologie eines Menschen sind verschiedene Aspekte desselben Phänomens. Besonders die kleinen unwillkürlichen Bewegungen, die im Gesprächsverlauf ganz unbewusst ablaufen (sich an der Nase reiben, mit den Händen spielen, sich am Kinn kratzen, sich durch die Haare streichen, mit den Fingern auf die Tischplatte tippen, sich ans Ohr fassen usw.) können inkorporiert und verstärkt werden. Diese ideomotorischen Bewegungen sind Ausdruck von inneren Impulsen und dienen als Ventil für Gefühle und innere Erregung. Zum Beispiel knetet ein Coachee seine Hände, ohne dies bewusst zu bemerken. Plötzlich lächelt er spontan und legt seine Hände ineinander, so dass beide Zeigefinger in eine Richtung deuten. Der Coach greift dieses unbewusste Signal auf:

- »Manchmal ist es gut, wenn die Gedanken plötzlich eine neue Richtung bekommen.«

Daraufhin verstärkt sich das Lächeln des Coachees, und er nickt ideomotorisch. Die ressourcevolle Physiologie des Coachees zeigt, dass ein unbewusster Impuls erlaubt, validiert und verstärkt wurde. Wie für alle körpersprachlichen Signale gibt es jedoch keine Patentrezepte zur Interpretation dieser unbewusst motivierten Bewegungen. Sie können nur im spezifischen Kontext der aktuellen Kommunikation sinnvoll interpretiert werden. Ideomotorische Bewegungen erlauben jedoch prinzipielle Aussagen über die Qualität des bestehenden Rapports. Eine zunehmende Synchronisation der ideomotorischen Bewegungen der Gesprächspartner ist ein Kennzeichen für guten Rapport.

In der Veränderungsarbeit werden ideomotorische Bewegungen als äußere Entsprechungen von inneren Prozessen verstanden. Durch das Inkorporieren kann der Coach mit den unbewussten Teilen des Coachees in Kontakt kommen. Er improvisiert metaphorische Assoziationen zu den Signalen und gibt sie dem Coachee als verbales Feedback zurück. Durch das Verbalisieren ermöglicht der Coach dem Coachee, mit inneren Prozessen, die normalerweise unbemerkt ablaufen würden, in direkten Kontakt zu treten.

Auch störende Geräusche können inkorporiert werden. Zum Beispiel kommt während der Trance-Arbeit im Coaching eine dritte Person hörbar ins Nebenzimmer. Der Coachee hat die Augen geschlossen, hört aber die Geräusche der Tür. Um die Störung in den Prozess zu integrieren, sagt der Coach:

- »Es kann sein, dass sich irgendwo eine Tür bewegt und dadurch eine neue Perspektive eröffnet wird.«

Auf diese Weise bestätigt der Coach die Wahrnehmung des Coachees. Er signalisiert außerdem, dass er als aufmerksamer Coach die Umgebung kontrolliert. So weiß der Coachee, dass er sich in einer sicheren Umgebung befindet, und kann sich auch weiterhin dem Trance-Zustand hingeben. Besonders in der Trance-Arbeit sind ideomotorische Bewegungen ein interessantes Ausdrucksmedium des Unbewussten. Wenn der Coach die feinen Zeichen aufmerksam beobachtet, kann er sie in der Kommunikation mit dem Unbewussten als Einwandprophylaxe nutzen. Mögliche Einwände können durch Inkongruenzen frühzeitig erkannt werden. Dann inkorporiert der Coach die Einwände, bevor sie das Bewusstsein des anderen erreichen. Ein erfahrener Coach kann mithilfe der genauen Beobachtung der ideomotorischen Bewegungen seines Coachees mit dessen Unbewusstem direkter kommunizieren, als der Coachee selbst es vermag.

Organsprache und Metaphorik

Zum Inkorporieren eignen sich besonders gut die metaphorischen Aussagen, die sich auf Teile des Körpers beziehen – die so genannte Organsprache. Zum Beispiel sitzt ein Coachee in einer schiefen Körperhaltung, und der Coach sagt:

- »Manchmal kann es wichtig sein, zuerst nur eine Seite stark einzubeziehen …«

Dann sitzt der Coachee einen Moment lang noch schiefer, und der Coach fährt fort:

- » … um dann zu einer ausgewogenen Position zu gelangen.«

Jetzt richtet sich der Coachee langsam auf und sitzt gerade. Solche Bewegungen werden vom Bewusstsein des Coachees während der Trance oft nicht bemerkt, sein Unbewusstes reagiert jedoch oftmals direkt auf das Feedback des Coachs.

Die Organsprache kann im Coaching aufgrund der vielen Metaphern auch ein Schlüssel zur Gesundheit sein. Bei der Arbeit mit gesundheitlichen Problemen kann eine Interpretation der Organsprache helfen, die Ursachen der Symptome zu erforschen.

- »Kann es sein, dass irgendetwas an Ihnen frisst oder nagt? Wird Ihnen beim Gedanken an irgendetwas übel? Gibt es etwas, das Sie nicht verdauen können?«

Bei Magenproblemen könnten solche Fragen psychosomatische Zusammenhänge aufdecken. Bei Nackenschmerzen könnte der Coach fragen:

- »Sitzt Ihnen irgendetwas im Nacken? Lastet eine schwere Verantwortung auf Ihren Schultern? Könnte etwas Ihr Genick brechen?«

Es ist eine Kunst, die körpersprachlichen Signale anderer Menschen zu empfangen, subtile Bedeutungen zu erahnen und dem anderen als geschicktes Feedback anzubieten. Diese intelligente Interpretation der Organsprache kann im Coaching als nützliches Werkzeug eingesetzt werden. Dabei darf jedoch nicht vergessen werden, dass es zur Deutung der Organsprache keine Patentrezepte gibt. Ein erfahrener Coach kann aus den unzähligen Möglichkeiten diejenige Verbalisierung auswählen, die seinem Empfinden nach hier am besten passt. Dann kann er sie seinem Coachee anbieten und beobachten, wie dieser darauf reagiert. Vielleicht reagiert auch direkt der Teil des Unbewussten, der das organsprachliche Phänomen erzeugt hat. Wenn der Coachee das verbale Angebot annimmt, indem er die Information als wertvolles Feedback erkennt, verstärkt sich der Rapport.

Verweise

→ Körpersprache
→ Unser Unbewusstes
→ Pacing
→ Hypnotische Sprache
→ Rapport

Innerer Dialog – verbale Kommandos aus der mentalen Zentrale

Nutzen/Ziel

• Bewusste Steuerung von inneren Prozessen.

Anwendungsfelder

• Erzeugen von Botschaften.
• Diagnose von Beliefs und Glaubenssystemen.
• Diagnose und Optimierung von Motivationsstrategien.

In unseren Köpfen findet nahezu in jedem Moment unseres Daseins ein innerer Dialog statt. Jeder Mensch beherbergt eine Vielzahl innerer Stimmen in seinem Kopf, die sein Erleben kommentieren und seine Emotionen und sein zukünftiges Verhalten beeinflussen. Diese Beobachtung führt zum Teile-Modell der menschlichen Persönlichkeit. Auch wenn wir es oft nicht bemerken – wir müssen davon ausgehen, dass jeder Mensch im Innern permanent mit sich selber spricht. Im Coaching nutzen Sie diese Erkenntnis, indem Sie Ihrem Coachee helfen, seinen inneren Dialog bewusst zu beobachten und ihn anschließend konstruktiv auszurichten.

Im Coaching

Der innere Dialog ist uns in der Regel nicht bewusst. Er hat jedoch großen Einfluss auf unser Verhalten. Im Coaching geht es oftmals zu Anfang darum, dem Coachee aufzuzeigen, wie stark er von seinem inneren Dialog beeinflusst wird. Beim Coaching von Leistungssportlern und anderen Leistungsträgern, die punktgenau

Hochleistungen abrufen müssen, spielt die Steuerung des inneren Dialoges eine entscheidende Rolle für den Erfolg. Wenn es dem Coach gelingt, ein niederschmetterndes

- »Ich schaffe das nie, weil der Gegner zu gut ist!«

in ein motivierendes

- »Ich schaffe es, weil der Gegner mich zur Topleistung fordern wird!«

zu verwandeln, ist der Leistungsträger der Zielerreichung bereits ein großes Stück näher gekommen. Die positive Ausrichtung des inneren Dialoges kann durch die Verwendung von ökologischen Autosuggestionen und mentalem Training verbessert werden.

Dazu einige Beispiele:

Ein Manager, der sich auf eine Präsentation vor einer großen Gruppe vorbereitet:
- Statt: »Ich soll hier ordentlich präsentieren, weil mein Chef das so will!«
- »Ich werde hier alle überzeugen, weil ich meinen Fähigkeiten vertraue!«

Ein Verkäufer, dem ein wichtiges Kundengespräch bevorsteht:
- Statt: »Der Kunde wird bestimmt merken, dass unser Produkt nicht so gut ist!«
- »Ich werde erfolgreich abschließen, weil unser Produkt im Preis-Leistungs-Verhältnis das Beste am Markt ist!«

Ein Controller, der die Endkontrolle eines großen Projektes vor sich hat:
- Statt: »Die Projektleitung wird mir sicher nicht alle Informationen geben, weil sie mich nicht mögen!«
- »Ich werde alle Informationen erhalten, weil ich freundlich und gewissenhaft bin!«

Wenn der Coach seinen Coachee im Coaching – möglicherweise in Form eines Rollenspiels – trainiert, seinen inneren Dialog positiv auszurichten, erhöht sich die Wahrscheinlichkeit ganz enorm, dass der Coachee sich auch in der wirklichen Belastungssituation mental motivieren kann. Durch die wiederholten Übungserfahrungen im Coaching entwickelt sich im Gehirn des Coachees eine neurologische Bahn, die das positive Ziel in den Fokus der Aufmerksamkeit rückt.

Erkennen des inneren Dialogs

Ein erfahrener Coach kann die Ausrichtung des inneren Dialogs beim Coachee auch anhand der Augenbewegungen erkennen. Es lohnt sich als Coach, die Verarbeitungsprozesse des inneren Dialogs zu beobachten und zu erforschen. Auf diese Weise können Glaubenssätze des Coachees bewusst in die Veränderungsarbeit integriert werden. Wenn der Coachee nach einer gestellten Frage in den inneren Dialog geht, könnte es sein, dass er verstärkt nach unten links blickt, wo Erinnerungen und Emotionen abgespeichert sind. Als Coach können Sie Ihren Coachee bitten, die gleiche Frage einmal unter dem Aspekt einer möglichen Zukunftsvariante zu betrachten:

- Was wäre die beste Möglichkeit, die Sie sich vorstellen können?

Nun wird der Coachee wahrscheinlich nach oben links blicken, um vor seinem geistigen Auge ein motivierendes Bild einer möglichen Zukunftsvariante zu konstruieren. Nachdem sich die Augenbewegungen des Coachees als Zugangshinweis für den inneren Dialog bestätigt haben, können Sie Ihrem Coachee dies thematisieren. Dadurch wird er in Zukunft durch gezielte Augenbewegungen eine weitere Möglichkeit haben, seinen inneren Dialog bewusst zu steuern.

Auch innere Konflikte, die unbewusst ablaufen und an unseren Kräften zehren, offenbaren sich im inneren Dialog. Das Prinzip des Six Step-Reframing hilft, die inneren Stimmen zu harmonisieren. Oft sind es auch Stimmen unserer Eltern oder Lehrer, die uns antreiben, unter Druck setzen oder sogar beschimpfen. Es ist sehr aufschlussreich, sich bewusst zu machen, auf welche Art man mit sich selber spricht:

- Gibt es nur eine Stimme im eigenen Kopf oder sind es mehrere?
- Sind es meine eigenen Stimmen oder auch übernommene?
- Haben sie Kontinuität oder verändern sie sich?
- Wann verändern sie sich auf welche Weise?
- Wie möchte ich am liebsten mit mir sprechen?

Coaching-Übung: Bewusstmachung des inneren Dialogs
Um den Einfluss des inneren Dialogs zu erkennen, ist es hilfreich, den Coachee bewusst die Erfahrung machen zu lassen, wie sich seine Welt anfühlt, wenn der innere Dialog schweigt. Eine Methode, um den inneren Dialog für einen Moment in die Stille zu führen, ist der periphere Blick, verbunden mit bewusstem Atmen und einer meditativen Einstellung des bewussten Innehaltens. Bitten Sie Ihren Coachee, sich ganz bewusst auf dieses Experiment einzulassen. Nützlich für diese Übung ist ein weiter, attraktiver Ausblick, auf den Ihr Coachee in einer entspannten Sitzposition schauen kann. Nun führen Sie Ihren Coachee mit einer angenehmen, ruhigen Stimme durch seine Wahrnehmung:

- »Sie spüren Ihren Körper, während er entspannt auf dem Stuhl sitzt ... Sie fühlen Ihren Atem ... und während Sie langsam ein- und wieder ausatmen, überblicken Sie das gesamte Panorama vor Ihnen, ohne auf etwas Bestimmtes zu fokussieren ... Sie lassen Ihre Augen langsam und entspannt nach außen wandern, bis Sie das ganze Bild im Überblick haben ... und während Sie dabei langsam ein- und wieder ausatmen, genießen Sie Ihren momentanen Zustand als perfekte Inszenierung, in der nichts verändert werden muss ... behalten Sie das gesamte Panorama im Überblick ... alles ist gut so, wie es ist ... genießen Sie Ihren entspannten Körper, Ihr langsames Atmen, Ihr gesamtes Sein bei diesem Anblick ...«

Dadurch wird die Aufmerksamkeit gebunden; meist jedoch nur für einige Sekunden. Ein aufmerksamer Coachee wird bemerken, wie die Flut der Kognitionen kurze Zeit später wieder bei ihm einsetzt. Der innere Dialog ist der ewige Fluss unserer Gedanken, der unsere kleine individuelle Welt aufrechterhält. Unsere innere Landkarte wird wie eine kleine Insel in den Weiten der Realität durch unseren inneren Dialog in den Turbulenzen der Veränderung stabil gehalten. Wenn der Coachee sich über seinen inneren Dialog bewusst wird und dessen Einfluss auf seine Wahrnehmung und Orientierung erkennt, gewinnt er damit oftmals an Flexibilität und Motivation, um sich von unerwünschten Verhaltensmustern lösen zu können.

Verweise

→ Augenbewegungen
→ Sub-Modalitäten
→ Teile-Modell
→ Unser Unbewusstes

Innere Landkarte – in welcher Welt lebt Ihr Coachee?

Nutzen/Ziel

- Erkennen des subjektiven Erlebens.

Anwendungsfelder

- Zentrales Werkzeug während der gesamten Kommunikation mit dem Coachee.
- Wenn der Coachee recht haben muss oder mental in Feindbildern feststeckt.
- Bei Diskussionen um »Rechthaberei«.

Die innere Landkarte ist eine sehr nützliche Metapher für die Tatsache, dass jeder Mensch seine Erfahrungen mit der Realität auf eine hochgradig individuelle Weise verarbeitet. Wir können die Wirklichkeit nicht unmittelbar erkennen – wir alle haben in unserem Kopf unsere eigene innere Landkarte. Es ist ein einzigartiges Abbild der Realität. Dort ist der ganze Schatz unserer Erfahrungen mit der Umwelt neurologisch verankert. Die innere Landkarte bildet die Grundlage unserer Orientierung in der Welt. Als Business-Coach trainieren Sie sich darin, die Landkarte des Coachees systematisch zu erforschen und sich während Ihrer Intervention konsequent auf dessen Subjektivität zu beziehen. Sie denken im Kopf Ihres Coachees, Sie sprechen seine Sprache und machen ihm maßgeschneiderte Kommunikationsangebote, die er nicht ausschlagen kann, weil sie exakt seine Wirklichkeit treffen und sein Erleben widerspiegeln.

Im Coaching

Unser Sinnesapparat entwickelte sich im Laufe der Evolution. Priorität dabei war nicht, die objektive Beschaffenheit der Welt zu erkennen, sondern die Sicherung unseres Überlebens möglichst optimal zu gewährleisten. Unsere Sinne liefern uns pragmatische Informationen unter dem Aspekt der Nützlichkeit; ähnlich wie die Benutzeroberfläche eines Computerprogramms den Menschen nicht darüber informiert, was tatsächlich in den Prozessoren passiert, sondern ihm lediglich die Optionen anbietet, die er für seine Arbeit mit dem Computer braucht.

Die innere Landkarte

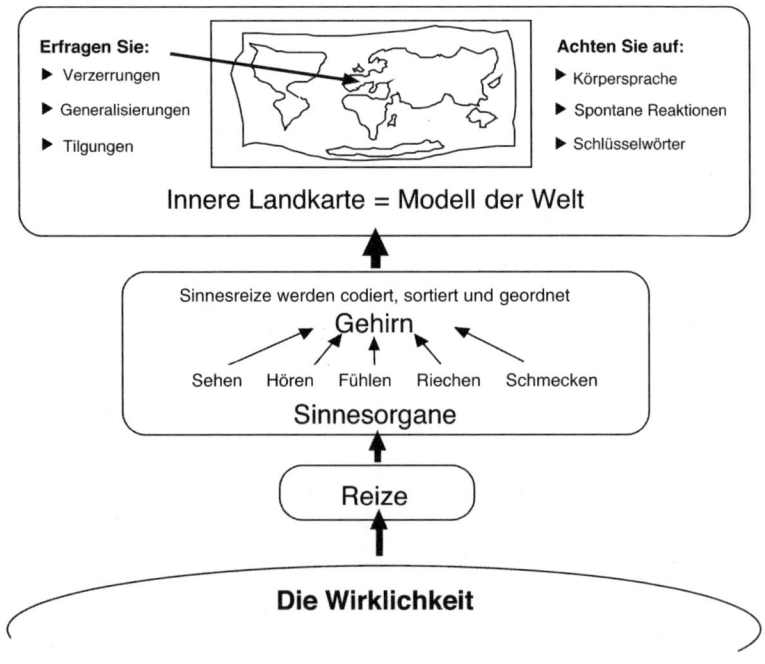

Die menschlichen Erfahrungen mit der Realität werden durch eine Vielzahl von Wahrnehmungsfiltern selektiert und in den bereits vorhandenen Erfahrungsschatz eingebettet. Die innere Landkarte entspricht auch unseren bevorzugten Wahrnehmungs-Strategien, wobei die Sinnessysteme (V.A.K.O.G.) von Menschen unterschiedlich eingesetzt werden. Genau genommen ist jedes Repräsentationssystem eine eigene Landkarte. Die Schnittstellen in unserem Gehirn ermöglichen Flexibilität im Wechsel der Systeme.

Die Beschaffenheit der inneren Landkarte resultiert aus den individuellen Erfahrungen mit der Realität. Sie werden durch die drei universellen Gestaltungsprozesse verarbeitet: Generalisierung, Tilgung und Verzerrung. Diese Prozesse geschehen ständig. In jedem Moment der menschlichen Informationsverarbeitung wird generalisiert, getilgt und verzerrt. Die Gestaltungsprozesse sind evolutionsgeschichtlich sinnvoll und haben viele positive Effekte. Sie können jedoch auch zu Problem erzeugenden Unstimmungen im Kontakt mit anderen Menschen und deren inneren Landkarten führen.

Prinzipiell ist die innere Landkarte ein sehr nützliches Werkzeug für unsere Orientierung, denn unser Organismus spart dadurch viel Energie. Wir brauchen uns nicht in jeder Situation gänzlich neu zu orientieren, sondern können die aktuellen Wahrnehmungen mit den bereits vorhandenen Erfahrungen abgleichen. Die innere Landkarte wird von unserem Unbewussten in jedem Moment herangezogen, um die aktuelle Situation interpretieren, bewerten und einordnen zu können. Ohne entsprechende Referenzerfahrungen wären wir Menschen in unserer turbulenten Umwelt hoffnungslos überfordert. Sobald wir die aktuelle Situation erfasst haben, können wir auf Verhaltensmuster zurückgreifen, die sich in ähnlichen Situationen bereits bewährt haben. Bekannte Situationen vermitteln Sicherheit, während neue Situationen, für die noch keine Referenzerfahrungen vorliegen, oft mit einem Gefühl der Unsicherheit verbunden sind. Andererseits entsteht durch die Orientierung an Referenzerfahrungen auch die Gefahr von unzulässigen Vorurteilen, denn dabei wird die Welt anhand von individuellen Schlüsselerlebnissen kategorisiert, die nicht immer repräsentativ sein müssen. Die Realität ist grundsätzlich komplexer als die innere Landkarte!

Innere Landkarte respektieren oder recht haben?

Deshalb kann es im Coaching bei problematischen Kontexten hilfreich sein, die herangezogenen Referenzerfahrungen des Coachees bewusst in Frage zu stellen. Dies führt zur Arbeit mit Glaubenssätzen (Beliefs). Glaubenssätze sind die Nervenbahnen der inneren Landkarte. Die Veränderung von einschränkenden Glaubenssätzen des Coachees bedeutet eine Korrektur oder Erweiterung der neuronalen Verknüpfungen. Innerer Reichtum setzt eine funktionale und differenzierte Landkarte voraus. Hier kann das Coaching helfen, denn es bietet dem Coachee Chancen, über die gewohnten Einschränkungen hinauszuwachsen und den eigenen Horizont zu erweitern. Mithilfe des Meta-Modells kann der Coach die Beschaffenheit der inneren Landkarte des Coachees erforschen. Bei unnötigen Einschränkungen kann sie im Coaching korrigiert oder differenziert werden. Neue Sichtweisen, Meinungen oder Verhaltensmöglichkeiten können erworben werden. Falls sich unsere Umwelt verändert, sollte auch die Landkarte entsprechend aktualisiert werden.

Wir haben in unseren Köpfen also nicht die Realität selbst, sondern ein reduziertes und verzerrtes Abbild der Realität, das sich von Mensch zu Mensch gewaltig unterscheiden kann. Jeder Mensch verfügt über ein eigenes, einzigartiges Modell von der Realität, und keines dieser Modelle ist zutreffender als irgendein anderes. Wenn wir die innere Landkarte als nützliches Modell der Welt verstehen, kann es nicht darum gehen, die einzig wahre oder einzig richtige Landkarte im eigenen Kopf zu haben.

Besonders im Coaching sollte das Prinzip »Rechthaberei« keine Rolle spielen – jeder Mensch hat das Recht auf seine eigene Wahrnehmung. Ein kompetenter Coach respektiert das subjektive Erleben seines Coachees und wirkt darauf hin, ein gemeinsames Modell der Welt zu erschaffen, das größtmögliche Flexibilität, die besten Wahlmöglichkeiten und zugleich eine optimale Synchronisation mit den anderen, ebenso einzigartigen Landkarten in den Köpfen seiner Mitmenschen gewährleistet. Schon die Bewusstmachung der Tatsache, dass alle Menschen eine unterschiedlich beschaffene Landkarte als Orientierung benutzen, kann das Kommunikationsverhalten des Coachees enorm verbessern. Wir alle können lernen, das eigene Verhalten zunächst auf den Realitäts-tunnel des anderen einzustimmen (Pacing), bevor wir versuchen, ihn zu überzeugen oder zu verändern (Leading). Die Metapher der inneren Landkarte ist ein Schlüssel, um jedes Verhalten eines Menschen als sinnvoll zu erkennen. Gleichzeitig sind Sie als Coach ein wirksames Vorbild, um diese positive Entwicklung weiter voranzutreiben.

Coaching-Übung zur inneren Landkarte

Um Ihren Coachee in Kontakt mit der Bedeutung der inneren Landkarte zu bringen, können Sie ihn mit folgenden Fragen durch einen Bewusstwerdungs-Prozess führen:

- »Was verbirgt sich hinter der Metapher der ›Inneren Landkarte‹«? (Eigene Definition erfragen)
- »Welche Bedeutung hat dieses Wissen in der Kommunikation?« (Beispiele)
- »Wie können Sie dieses Wissen im Berufsalltag konkret einsetzen?« (Beispiele)
- »Welche Beispiele kennen Sie, wo fremde Landkarten signifikant von der eigenen abweichen?«
- »Welches Konflikt-Potenzial verbirgt sich in der Nichtbeachtung von Landkarten?« (Beispiele)
- »Wie können Sie solche Konflikte gezielt auflösen?« (Konkrete Vorgehensweise!)
- »Wann ist es Ihnen gelungen, fremde Landkarten gezielt zu bestätigen (Pacing) und zu verändern (Leading)?« (Beispiele)
- »Welches Fazit ziehen Sie aus diesen Erkenntnissen?« (Als Führungskraft/Mitarbeiter? Als Mensch?)

Verweise

→ Realitätstunnel
→ Projektion
→ Meta-Modell
→ Glaubenssätze

Intuition – Weisheit des Unbewussten

Nutzen/Ziel

- Optimierung der Wahrnehmung durch Einbeziehung des Unbewussten.

Anwendungsfelder

- Zentrales Element der Orientierung im gesamten Coachingprozess.

Intuition ist Erkennen ohne Nachdenken. Als Coach trainieren Sie sich darin, im Laufe Ihrer beruflichen Praxis eine treffsichere Intuition für die zentralen Themen Ihres Coachees zu entwickeln. Gleichzeitig achten Sie darauf, der Intuition Ihres Coachees bewusst Vertrauen zu schenken. Häufig weiß das Unbewusste des Menschen erstaunlich gut, wie sich komplexe Prozesse optimalerweise weiterentwickeln können. Indem Sie Ihren Coachee ermutigen, die Weisheit seines Unbewussten in die Entscheidungsfindung einzubinden, stärken Sie sein Selbstvertrauen und gewinnen wertvolle Informationen für den Coaching-Prozess.

Im Coaching

Der Mensch verfügt über zwei Möglichkeiten der Informationsverarbeitung: die Reflexion und die Intuition. Während die Reflexion die exakte Erklärung des Details durch den kognitiven Vorgang des Nachdenkens ermöglicht, kann die bilderkennende Intuition komplexe Zusammenhänge sehr schnell überblicken. Das Zusammenspiel von unbewusster Intuition und bewusster Reflexion ermöglicht dem Menschen, im Kleinen wie im Großen schnell die optimale Entscheidung zu treffen.

Jeder Mensch hat sich im Laufe seines Lebens eigene Zugänge zu seinen intuitiven Fähigkeiten geschaffen. Sie offenbaren sich oft durch einen metaphorischen Sprachgebrauch. Intuition wohnt im Herzen, offenbart sich durch das Gefühl und kommt aus dem Bauch heraus. Intuitives Verhalten wird geführt durch ein Gefühl der Richtigkeit. Intuition wird auch als Eingebung bezeichnet. Der Zensor zum Unbewussten, das bevorzugt mit inneren Bildern arbeitet, wird durchlässig und lässt Information aus dem Unbewussten im richtigen Moment an die Oberfläche des Erfahrungsschatzes gelangen. So bekommt der Mensch spontane Impulse. Die Intuition nutzt unbewusstes Wissen. Sich auch von der Intuition leiten zu lassen heißt, dem eigenen Unbewussten zu vertrauen. Zu Recht, denn das Unbewusste ist ein riesiger Informationsspeicher, während das Bewusstsein nur eine sehr begrenzte Speicherkapazität hat. Die meisten Lernprozesse im Leben eines Menschen geschehen unbewusst.

Nutzen der intuitiven Weisheit

Wenn die Coaching-Werkzeuge vom Coach verinnerlicht wurden, wählt oftmals seine Intuition im richtigen Moment eine adäquate Intervention, um auf den Zustand des Coachees angemessen zu reagieren. Wer als Coach über einen guten Kontakt zu seiner Intuition verfügt, hat Ressourcen im Repertoire, die das begrenzte Alltagsbewusstsein oft nicht nachvollziehen kann. Die unbewussten Kräfte des Verstehens werden von vielen Menschen weder akzeptiert noch respektiert. Oftmals besteht deshalb im Coaching eine wichtige Aufgabe des Coachs darin, den Coachee darauf aufmerksam zu machen, dass auch er ein zum größeren Teil unbewusstes Wesen ist und deshalb zu seinem eigenen Vorteil mit den eigenen unbewussten Kräften kooperieren sollte. Sobald die Intuition vom Bewusstsein als legitimer und nützlicher Weg der Informationsverarbeitung respektiert ist, kann das Unbewusste aufhören, sich hinter irrationalen Mythen und Magie zu verstecken, was wiederum das Bewusstsein zur Kooperation animiert.

Die Coaching-Werkzeuge repräsentieren auf systematische Weise die intuitiven Verhaltensweisen erfolgreicher Therapeuten und Coachs, um die Struktur der Intuition zu erforschen und gezielt nutzbar zu machen. Sie bildeten Modelle des Verhaltens, um von ihren Vorbildern gezielt lernen und ähnlich gute Resultate bewirken zu können. Dabei wurden die erfolgreichen Verhaltensstrukturen systematisch erforscht und eine Vielzahl unbewusster Strategien aufgedeckt. Dieses Wissen ermöglicht dem kompetenten Coach, dem Bewusstsein seines Coachees die nötigen Detailinformationen zu geben, um sich für eine Zusammenarbeit mit dem eigenen Unbewussten zu entscheiden.

In der modernen Hirnforschung hat die Intuition als bilderkennende Informationsverarbeitung schon seit Jahren ihre angemessene Bedeutung erhalten. Das menschliche Gehirn ist ständig daran interessiert, die Komplexität von Entscheidungsabläufen zu reduzieren, um dadurch Energie zu sparen. Die Intuition ist deshalb ein enorm schnell ablaufender Vorgang, den das Bewusstsein aus Mangel an Kapazitäten und damit Wahrnehmungsgeschwindigkeit nicht nachvollziehen kann. Erst wenn wir unserer Intuition (wieder wie zu Kinderzeiten) vertrauen, kann das Unbewusste seine Kräfte gewinnbringend einsetzen. Deshalb ist Vertrauen im Coaching ein doppelt wichtiger Faktor: Einerseits muss der Coachee seinem Coach vertrauen, andererseits sollte der Coach den Coachee auch dabei unterstützen, seiner Intuition zu vertrauen.

Verweise

→ Unser Unbewusstes
→ Bewusstsein
→ Zensor
→ Modeling

Kalibrieren – gezielter Einsatz von Wahrnehmungsfiltern

Nutzen/Ziel

- Die eigenen Wahrnehmungsfilter bewusst ausrichten.

Anwendungsfelder

- Zentrales Element im Coaching.
- Der Coach kalibriert sich immer wieder auf die relevanten Aspekte seines Coachees ein und orientiert sich an der Physiologie.

Als Coach brauchen Sie eine geschulte Wahrnehmung. Dazu gehört auch die Fähigkeit, den Fokus Ihrer Sinneskanäle gezielt auf bestimmte Aspekte der Realität auszurichten. Kalibrieren bedeutet eichen oder einstellen. Ein erfahrener Coach kalibriert seine Wahrnehmung auf bestimmte Ausdrucksebenen des Coachees, damit er diese genau verfolgen, wiedererkennen und Veränderungen auf Richtung des Ziels erkennen kann. Das Kalibrieren der Wahrnehmung kann auf allen Sinneskanälen geschehen. Als Coach kalibrieren Sie sich gezielt auf eine signifikante Referenzerfahrung mit Ihrem Coachee, um spätere Wahrnehmungen damit abgleichen und einordnen zu können.

Im Coaching

Wenn Suchhunde die Fährte eines Menschen aufnehmen, wird ihnen ein Kleidungsstück des Gesuchten gegeben. Die Hunde kalibrieren sich auf den Geruch des Menschen. Ihre olfaktorische

Coaching mit NLP-Werkzeugen. Thomas Rückerl und Torsten Rückerl
Copyright © 2008 WILEY-VCH Verlag GmbH & Co. KGaA, Weinheim
ISBN: 978-3-527-50351-3

Wahrnehmung ist derart scharf und ihr Erinnerungsvermögen derart trainiert, dass ein einmaliger Stimulus ausreicht, um den Menschen aufzuspüren.

Im PeneTrance-Modell kalibriert sich der Coach visuell auf die Ziel-Physiologie seines Coachees. Für die anschließende Veränderungsarbeit hat er nun ein sichtbares Kriterium für den Erfolg seiner Interventionen. Immer wenn der Coachee die Ziel-Physiologie zeigt oder sich ihr nähert, weiß der Coach, dass er sich auf dem richtigen Weg befindet.

Weitere Möglichkeiten des Kalibrierens:

Die Stimme Ihres Coachees:
- Mit welcher Stimme spricht Ihr Coachee, wenn er von seinem Problem redet?
- Wie spricht Ihr Coachee, wenn er von seinem motivierenden Ziel spricht?
- Wie viel redet Ihr Coachee in welchem Zustand?

Die Wortwahl Ihres Coachees:
- Welche Schlüsselwörter benutzt Ihr Coachee im Problemzustand?
- Welche Schlüsselwörter benutzt Ihr Coachee im Zielzustand?

Die Körpersprache Ihres Coachees:
- Welche Gesten zeigt Ihr Coachee im Problemzustand?
- Welche Gesten zeigt Ihr Coachee im Zielzustand?
- Welche Haltung zeigt Ihr Coachee in welchem Zustand?

Die Informationsverarbeitung Ihres Coachees (Meta-Programme):
- Welche Verarbeitungsstrategien wählt Ihr Coachee im Problemzustand?
- Welche Verarbeitungsstrategien wählt Ihr Coachee im Zielzustand?

Die Augenbewegungen Ihres Coachees:
- Welche Blickrichtungen wählt Ihr Coachee im Problemzustand?
- Welche Blickrichtungen wählt Ihr Coachee im Zielzustand?

Die kinästhetische Präsenz Ihres Coachees (z. B. Händedruck, Bewegungsgeschwindigkeit, Körperpflege):

- Welche Blickrichtungen wählt Ihr Coachee im Problemzustand?
- Welche Blickrichtungen wählt Ihr Coachee im Zielzustand?

Außerdem können Sie den Kleidungsstil, das Zeitmanagement, das Essverhalten und andere Auffälligkeiten Ihres Coachees daraufhin überprüfen, ob es einen direkten Zusammenhang zwischen Symptom und Zustand gibt. Bevor Sie jedoch anfangen, wild zu spekulieren, ist es sinnvoller, Ihren Coachee mit Ihren Vermutungen zu konfrontieren:

- »Könnte es sein, das Sie in Ihrem Problemzustand besonders gern Schokolade essen?«

Oftmals sind Ihrem Coachee derartige Zusammenhänge überhaupt nicht bewusst. Je mehr Informationen Ihr Coachee über seine spezifischen Zustände erfährt, desto eher hat er die Chance, problematische, sich selbst verstärkende Muster zu durchbrechen.

Coaching-Übung zum Kalibrieren

Durch die folgende Übung können Sie als Coach Ihre Fähigkeit zum Kalibrieren trainieren. Dazu benötigen Sie mindestens eine kooperative Testperson. Durch die Wiederholung verstärken Sie Ihre Sicherheit im Kalibrieren. Gleichzeitig können Sie als Coach Ihrem Coachee diese Übung anbieten, damit er sich besser auf seine Mitmenschen einstellen kann:

- Ihre Testperson denkt zuerst an eine Person, die sie sehr gerne mag. Sie beobachten ihn und kalibrieren sich auf seine Physiologie.

- Dann denkt die Testperson an eine Person, die sie gar nicht mag, und Sie kalibrieren wiederum Ihre Wahrnehmung. Jetzt haben sich Sie sich auf zwei unterschiedliche Sinneseindrücke der Testperson kalibriert.

- Anschließend stellen Sie Ihrer Testperson folgende Fragen:
  »Welche Person ist größer?«
  »Welche Person ist älter?«
  »Welche Person lebt näher bei Ihnen?«

Die Testperson beantwortet die Fragen nicht verbal, sondern denkt als Antwort lediglich an die entsprechende Person.

- Ihre Aufgabe ist es, anhand der Physiologie der Testperson herauszufinden, welche Person gemeint ist. Dadurch trainieren Sie die Schärfe Ihrer Wahrnehmung.

Kalibrieren kann auch geübt werden, indem man die Wahrnehmung auf einen bestimmten Sinneskanal fokussiert, um einen bestimmten Prozess zu verfolgen. So kann man sich zum Beispiel auf visuelle Eindrücke kalibrieren, um den Tanz der Physiologien zu beobachten. Oder man kalibriert sich auf auditive Wahrnehmungen, um die Feinheiten bei der Veränderung der Tonalität in der Stimme aufmerksam zu verfolgen.

**Kalibrierte Schleifen –
wenn man sich gegenseitig auf die Knöpfe drückt ...**

Als kompetenter Coach nutzen Sie die Möglichkeit, Ihre Wahrnehmung durch sinnvolle Filter gezielt auszurichten. Doch das Prinzip des Kalibrierens kann auch Probleme erzeugen: Wenn zwei Kommunikationspartner im Laufe der Zeit unbewusste Kalibrierungen entwickelt haben und sich nun gegenseitig auf die Knöpfe drücken. Jede Interaktion hat eine Dynamik. Besonders im Konflikt-Coaching gilt es, diese Muster zu erkennen, zu unterbrechen und die alte Konditionierung durch eine bessere, kommunikationsförderliche Strategie zu ersetzen.

Kalibrierte Schleifen sind eingeschliffene Muster von Reiz und Reaktion, die die Kommunikation erheblich beeinträchtigen können. Immer wenn ein Partner ein bestimmtes Verhalten zeigt, reagiert der andere mit einer bestimmten Reaktion. Bei der Arbeit mit Systemen, insbesondere mit Paaren, kann man kalibrierte Schleifen gut beobachten. Im Tanz der Physiologien, der normalerweise flüssig und lebendig verläuft, ist eine kalibrierte Schleife eine sich wiederholende Schrittfolge, die einen oder beide Partner in die Problem-Physiologie bringt. Metaphorisch gesprochen ist dies die Stelle im Tanz, wo einer dem anderen immer wieder gegen das Schienbein tritt. Doch weil der Tanz sofort weitergeht, bleibt der auslösende Mechanismus unbemerkt. Da die Problem-Physiologie des Gegenübers meist nicht mit dem auslösenden Anker des eigenen Schienbeintritts in Verbindung gebracht wird, haben die Tänzer keine Möglichkeit, die Schrittfolge bewusst zu betrachten, zu korrigieren und neu einzuüben. Kalibrierte Schleifen können eine erstaunliche Stabilität aufweisen, denn konditionierte Verhaltensprogramme erzeugen sehr zuverlässige Stereotypen – besonders, wenn sie nonverbal ablaufen. Deshalb werden beim nächsten Durchgang dieselben Fehltritte mit großer Wahrscheinlichkeit wieder geschehen.

Der Betriebs- und der Vertriebsleiter eines Unternehmens kommen ins Coaching und wollen ihre Arbeitsbeziehung verbessern. Während der Interaktion des Betriebsleiters kann der Coach beobachten, dass sich die Schultern des Vertriebsleiters jedes Mal anspannen, wenn der Betriebsleiter unbewusst seinen Zeigefinger hebt und dabei über die Zusammenarbeit in der Geschäftsleitung spricht. Diese unwillkürliche Veränderung der Physiologie des Vertriebsleiters ist Ausdruck der damit verbundenen Veränderung seines inneren Zustandes. Kalibrierte Schleifen können Auslöser und Reaktionen auf allen Sinneskanälen aufweisen. Nachdem der Vertriebsleiter seine Meinung vertreten hat, legt sich seine Stirn abwartend in Falten, worauf die Stimme des Betriebsleiters als weitere kalibrierte Schleife sofort anschwillt und der drohende Zeigefinger folgt.

Solche Muster können sich im Laufe der Jahre zu problematischen Negativspiralen entwickeln, weil sie sich wie Teufelskreise durch ständige Wiederholung verstärken: der erhobene Zeigefinger – die angespannten Schultern, die Stirn in Falten legen – die schrille Stimme mit dem erneut erhobenen Zeigefinger … Wenn sich solche unbewussten Muster über längere Zeit einschleifen, können das Kommunikationsklima und damit die Geschäftsführung drastisch leiden. Die verzweifelten Partner sind den Ankern hilflos ausgeliefert, solange diese unbewusst bleiben.

Complex Equivalence – der auslösende Schlüsselreiz

Entscheidend für die Auflösung von kalibrierten Schleifen ist die Identifikation der auslösenden Schlüsselreize. Als erfahrener Coach achten Sie nicht nur auf die gesprochenen Inhalte, sondern auch auf die Form der Kommunikation:

- Welche Signale bewirken welche Reaktion?

Dabei werden Sie bemerken, dass »unbewusste Knöpfe« bei dem anderen bestimmte innere Zustände, Gewissheiten und Reaktionen auslösen. Diese Erkenntnis führt Sie zu dem Prinzip des Complex Equivalence. Ein Complex Equivalence ist das spezielle Erkennungsmerkmal eines komplexen Phänomens, das dem Unbewussten eines Menschen signalisiert, dass hier eine Situation vorliegt, für die es in seinem Repertoire ein konditioniertes Verhaltensmuster gibt. Dieser spezielle Schlüsselreiz erzeugt bei dem Gegenüber eine scheinbare Gewissheit und aktivierte eine ganze Kaskade von unbewussten Manövern:

- Im Positiven wird dieser Schlüsselreiz den Beteiligten oftmals bewusst, weil dadurch die Wahrscheinlichkeit wächst, dass die positive Erfahrung sich für die Beteiligten wiederholt. Wenn zum Beispiel bei einem Rendezvous der mitgebrachte Blumenstrauß als entscheidender Schlüsselreiz für den positiven Verlauf des Abends wirkt, wird dieser Anker für das »gewisse Etwas« bewusst in Erinnerung bleiben.
- Im Konfliktfall führt ein bestimmtes Verhalten, das als Complex Equivalence wirkt, jedoch meistens nicht dazu, dass sich die Beteiligten über den Schlüsselreiz bewusst werden, weil das negative Erleben das komplexe Manöver der einsetzenden Abwehrmechanismen als Ganzes verdrängt. So kann ein unbewusstes Verhalten wie zum Beispiel das Hochziehen einer Augenbraue dazu führen, dass der Konfliktpartner in scheinbarer Gewissheit dieses Signal als Zeichen der Verachtung empfindet, ohne den Schlüsselreiz bewusst zu erkennen. Solange dieser Mechanismus unbewusst abläuft, sind beide dem Reiz-Reaktionsmuster ausgeliefert, und die kalibrierte Schleife wird wieder und wieder ablaufen. Erst die Bewusst-

machung des verdeckten Ankers kann dazu führen, dass der problematische Code entschlüsselt und die kalibrierte Schleife verändert werden kann.

Complex Equivalences wirken meist unbewusst und beeinflussen unser Kommunikationsverhalten so lange, bis sie von allen Seiten bewusst wahrgenommen worden sind.

Coaching-Übung: Kalibrierte Schleifen

Diese Technik stammt aus der Arbeit mit Paaren. Sie kann überall dort eingesetzt werden, wo Menschen in kontinuierlichem Kontakt miteinander stehen und kalibrierte Schleifen entwickelt haben. Die Voraussetzung für das Arbeiten mit Reanchoring Couples ist ein guter Rapport zu beiden Partnern durch den Coach und die Erlaubnis, ihre Kommunikation unterbrechen zu dürfen. Dann beobachtet der Coach die Interaktion der Partner und identifiziert eine kalibrierte Schleife. In dem Moment, in dem ein Partner den auslösenden Anker aktiviert, unterbricht der Coach den Kontakt und wendet sich blitzschnell an den anderen Partner, der gerade in die Problem-Physiologie zu geraten droht. Der Coach unterbricht das Reiz-Reaktions-Muster durch eine intervenierende Frage:

- »Eben ist etwas Bestimmtes passiert – kennen Sie das ...?«

Diese Frage wirkt als Separator und konfrontiert mit der problematischen Reaktion. Da hier eine kalibrierte Schleife aufgedeckt wurde, die sich über lange Zeit eingeschliffen hat, wird der betroffene Partner den Zustand kennen.

Als Nächstes bietet der Coach ihm an, eine neue Ressource zu erschließen und sie in den problematischen Kontext hineinzunehmen:

- »Wie würden Sie sich in dieser Situation gerne verhalten können? Was bräuchten Sie, um in einem ressourcevollen Zustand zu sein?«

Während der eine Partner die benötigte Ressource entwickelt, ist es wichtig, dass der Coach den Rapport auch zum anderen Partner behält. Dies kann beispielsweise durch Blickkontakt überprüft werden. Im guten Rapport ist es für den erfahrenen Coach möglich, zu beiden Partnern kontinuierlich Kontakt zu halten. Dadurch kann er die Prozesse sehr subtil steuern. Sobald der Empfänger der kalibrierten Schleife seine benötigte Ressource erschlossen und im Geiste eingeübt hat, ankert der Coach die neue ressourcevolle Reaktion. Dabei spielt das Timing eine wichtige Rolle. Wenn die Intervention gelungen ist, führt das auslösende Signal den Empfänger in Zukunft nicht mehr in die Problem-, sondern in eine Ressource-Physiologie. Nun kann auch der andere Teil der kalibrierten Schleife durch die Hinzuführung einer neuen Ressource bei dem anderen Kommunikationspartner verändert werden. Die Auflösung von kalibrierten Schleifen wird meist als befreiend und erfrischend empfunden, da über lange Zeit blockierte Energie endlich wieder frei fließen kann.

Verweise

→ Konflikt-Coaching
→ Körpersprache
→ Rapport

Kinästhetik –
die natürliche Intelligenz des Körpers

Nutzen/Ziel

* Kinästhetisch orientierte Menschen erkennen und gezielt ansprechen.

Anwendungsfelder

* Fokus auf Körperwahrnehmung und Motorik.
* Emotionalen Kontakt aktiv erleben.
* Gefühlsintensität verstärken.

Kurzdefinition

Der Begriff kinästhetisch bezieht sich auf den Wahrnehmungskanal des Fühlens. Er umfasst alle körperlichen Empfindungen. Dazu gehören zum Beispiel externe kinästhetische Reize. Sie wirken auf den Tastsinn der Hände und auf die taktile Wahrnehmung der Haut von Druck und Berührung. Die Haut ist ein sehr subtiles Sinnesorgan. Außerdem gibt es interne kinästhetische Sensationen. Dazu gehören die Wahrnehmungen der inneren Organe und der Muskeln, die Bewegung des Atems, der Gleichgewichtssinn, jede Form von Schmerzen oder Lust und alle ähnlichen Empfindungen. Auch das Temperaturempfinden ist ein kinästhetisches Phänomen, das sowohl extern als auch intern wahrgenommen wird.

Im Coaching

Ein wichtiger Bereich auf der kinästhetischen Landkarte sind unsere Emotionen. Der Körper informiert uns direkt über unsere Emotionen. Er lässt uns spüren, wenn wir uns freuen, wenn wir glücklich oder begeistert sind. Um Angst, Trauer oder Wut empfinden zu können, müssen wir ebenfalls unseren Körper spüren. Auch Liebe ist ein Gefühl. Um lieben zu können, brauchen wir unser kinästhetisches Sinnessystem. Empfinden Sie die emotionale Wärme, die andere Menschen Ihnen entgegenbringen, und spüren Sie die eigene Wärme, die in Ihnen aufsteigt, wenn Sie mit sympathischen Menschen in Kontakt treten? Als kompetenter Coach brauchen Sie einen möglichst direkten Zugang zu Ihren Emotionen. Durch den gezielten Umgang mit unseren Emotionen erwerben Sie als Coach die soziale Kompetenz, um Ihren Coachee ganzheitlich wahrzunehmen und sich auf seine emotionalen Zustände kalibrieren zu können. Gleichzeitig stimulieren Sie das Unbewusste Ihres Coachees, sich emotional zu zeigen und Ihnen zu vertrauen.

Durch den inneren Dialog werden Gefühle intern verbalisiert, kommentiert und eingeordnet. Emotionen entstehen aus einem Zusammenspiel von Gedanken, Bildern und körperlichen Befindlichkeiten. Manchmal kann auch ein bestimmter Geruch oder Geschmack eine Emotion freisetzen. Die in den Emotionen verschlüsselten Informationen sind mit Lebensenergie aufgeladen. Sie drücken sich durch innere Bewegungen aus und geben uns Menschen entscheidende Impulse zur Realisierung einer sinnvollen Lebensführung. Ein Leben ohne Emotionen wäre eine ziemlich armselige, mechanische Angelegenheit. Emotionen sind wie das Salz in der Suppe, sie veredeln die menschliche Existenz. Der kinästhetische Kanal gibt uns darüber hinaus wertvolles Feedback zu unserem gesundheitlichen Zustand und ermöglicht es, über unsere Intuition mit der Weisheit des Unbewussten in Kontakt zu treten.

Wenn Sie als Coach Ihre emotionale Wahrnehmung verbessern möchten, beginnen Sie einfach damit, tiefer und bewusster zu atmen. Über Ihre Atmung können Sie die Intensität Ihrer emotionalen Zustände steuern. Gleichzeitig stärken Sie Ihre kinästhetische Präsenz. Indem Sie das Zusammenspiel von Atmung, Gedanken und Gefühlen aufmerksam beobachten, können Sie lernen, die emotionale Dimension dieser bewegten Welt Schritt für Schritt zu intensivieren. Danach können Sie anfangen, komplexere Prozesse wie den Genuss beim Essen oder das Hören von stimulierender Musik oder das Sehen eines attraktiven Films gezielt für sich zu beobachten und die Wirkung Ihrer Emotionen auf Ihren Zustand zu verstehen und gezielt zu beeinflussen.

Sinnlich-kinästhetische Sprache

Die Sprache des Menschen bildet auch seine emotionalen Zustände und Vorlieben ab. Im Coaching kann ein erfahrener Coach in der Sprache des Coachees eine sinnliche Metaphorik erkennen, die auf eine kinästhetische Codierung bestimmter Erlebnisse schließen lässt:

Beispiele für sinnlich-kinästhetische Sprache
Mir hüpft das Herz vor Freude, ich habe weiche Knie, mir stockt das Blut in den Adern, man wirft ihm Knüppel zwischen die Beine, es wird warm ums Herz, Kloß im Hals, das macht mir Bauchschmerzen, kalte Füße bekommen, ihm bricht der Schweiß aus, Gefühl der Leere, der Atem stockt, eine Laus über die Leber gelaufen, ein Schauer läuft über den Rücken, ich schwebe, es wird schon gehen, mit beiden Beinen fest auf dem Boden stehen, mir dreht sich der Magen um, in die Ecke gedrängt, ich fühle mich beengt, sich fallen lassen, wo drückt der Schuh, sich in seiner Haut wohl fühlen, das stehen wir durch, Wut im Bauch, in den Griff bekommen, etwas erfassen, etwas handhaben, das berührt mich, es belastet mich, es schmettert ihn nieder, ein harter Typ, das möchte ich aufgreifen, du bist schwer von Begriff, der Griff in die Scheiße, reiß dich zusammen, halt mich fest, das fühlt sich rund an, wann geht's los, wir packen es an.

Coaching-Übung: Was fühle ich jetzt?

- Damit Ihr Coachee seine Emotionen intensiver wahrnehmen kann, lenken Sie seine Aufmerksamkeit zunächst in seinen Brustraum. »Atmen Sie tief ein und aus ... und während Sie dies tun, spüren Sie genau hinein, wie Ihr ganzer Körper darauf reagiert ...«
- Damit sich Ihr Coachee seine Emotionen mithilfe von Worten bewusst machen kann, braucht er eine gute Verbindung zwischen Kopf und Gefühl. Dies ist ein kreativer Prozess, der viel Kontakt und Aufmerksamkeit erfordert. »Lassen Sie die Empfindungen in Ihrem Brustbereich zu, und fragen Sie sich dabei, wie Sie diese Wahrnehmung in Worte kleiden könnten ... welche Begriffe assoziieren Sie mit Ihren Empfindungen? ... Welche Botschaften verbinden Sie mit Ihren Gefühlen?«
- Um sich das ganze Spektrum Ihrer Emotionen zu vergegenwärtigen, bitten Sie Ihren Coachee, sich an Situationen der Vergangenheit zu erinnern, in denen er bestimmte Emotionen erlebt hat: »Wann waren Sie traurig? Wovor haben Sie sich gefürchtet? Was hat Sie wütend gemacht oder geärgert? Wann waren Sie überrascht oder amüsiert? Wann waren Sie besonders glücklich?«
- Gehen Sie die Schlüsselsituationen in dieser Reihenfolge mit Ihrem Coachee in aller Ruhe durch, bis er vollkommen in Kontakt mit den Ressourcen seiner Gefühlswelt steht und sich bewusst ist, wie sich die unterschiedlichen Emotionen anfühlen. Je besser er seine Emotionen kennt, desto intelligenter kann er damit umgehen.
- Dann reflektieren Sie mit Ihrem Coachee seine Erfahrungen und fragen Sie ihn: »Wie möchten Sie in Zukunft mit Ihren Empfindungen, Gefühlen und Emotionen umgehen? Wie können Sie sich daran erinnern, dass Sie einen wertvollen Schatz der Erkenntnis in Ihrem Körper tragen?«
- Zum Abschluss ankern Sie diese neuen Eindrücke bei dem Coachee.

Coaching-Übung: Body-Coaching

Als Coach können Sie einem Coachee, dem es am bewussten Umgang mit seinem Körper mangelt, mit diesem Frageleitfaden zu einem intensiveren Kontakt mit seinen Körpersignalen verhelfen:

- »Wie geht es Ihrem Körper?«
- »Welche Signale bekommen Sie von ihm?«
- »In welchem körperlichen Zustand wären Sie gerne?«
- »Was bedeutet für Sie Fitness?«
- »Was sind Ihre körperlichen Pluspunkte und Kraftquellen?«
- »Was sind Ihre körperlichen Schwachstellen?«
- »Welche Priorität hat Ihr Körper für Sie?«
- »Welche Ideen haben Sie zur Veränderung Ihres körperlichen Zustandes?«
- »Worauf müssen Sie besonders achten?«
- »Was werden Sie wann tun, um Ihre körperliche Verfassung zu verbessern?«

Verweise

→ V.A.K.O.G.

→ Körpersprache

Konflikt-Coaching –
kreative Win-win-Kommunikation

Nutzen/Ziel

- Ökologisches Konflikt-Coaching mit Paaren und Systemen.
- Nachhaltige Konflikt-Lösungen und Arbeitsbeziehungen.
- Verringerung von Reibungsverlusten und Misstrauen.

Anwendungsfelder

- Beim Coaching von Kommunikationsproblemen.
- Auflösung von festgefahrenen Kommunikationsmustern.
- Als Leitfaden bei der Klärung von Interessenkonflikten.

Die Qualität einer Problemlösung resultiert aus der Akzeptanz der Betroffenen. Im Konflikt-Coaching spielt das kreative Erforschen von oftmals unausgesprochenen Bedürfnissen oder Wünschen der Konfliktpartner eine wichtige Rolle für eine gemeinsame Zielentwicklung. Dadurch erhöht sich die Wahrscheinlichkeit, dass eine Lösung des Konflikts nachhaltig wirkt und nicht als »fauler« Kompromiss wahrgenommen wird. Voraussetzung für dieses Interventionsmuster ist die Fähigkeit des Coaches, zu allen Betroffenen einen guten Rapport aufzubauen und dabei eine differenzierte Fragetechnik einzusetzen.

Im Coaching

Konflikt-Coaching ist ein Interventionsmuster, das für die Arbeit mit Paaren, Teams, Arbeitsgruppen oder anderen Systemen entwickelt wurde. Es ist ein grundlegendes Element des kreativen

Konfliktmanagements. Die Beteiligten arbeiten im Konflikt-Coaching an konkreten Reibungspunkten und lernen dabei exemplarisch die Wohlgeformtheitskriterien (siehe Werkzeug »Wohlgeformte Ziele – Programmiersprache des Unbewussten« und Glossar) von Wünschen.

Coaching-Übung: Kunst des Wünschens

- Der Coach fungiert als Konfliktmanager und zugleich als Trainer in der Kunst des Wünschens. Zu Beginn stellt er Rapport her, sowohl zu den einzelnen Personen als auch zu dem Paar oder der Gruppe als Gesamtsystem. Dabei wird eine Arbeitsvereinbarung formuliert, die besagt, dass alle Beteiligten ihre Fähigkeit des Wünschens verbessern wollen. Der Coach braucht die Erlaubnis, die Interaktion jederzeit unterbrechen zu dürfen. So kann er durch gezielte Separatoren die kalibrierten Schleifen verändern. Außerdem erlauben sich die Konfliktpartner gegenseitig, zu wünschen, zu fordern oder über Wünsche zu verhandeln.
- Wenn diese Voraussetzungen erfüllt sind, formuliert ein Partner den ersten Wunsch. Ähnlich wie bei der Formulierung von Zielen im PeneTrance-Modell gelten im Konflikt-Coaching die Kriterien der Wohlgeformtheit für die Formulierung eines Wunsches. Jeder Wunsch entspringt einem inneren Bedürfnis, das dem Menschen oft nur zum Teil bewusst ist. Die sprachliche Formulierung ist die Verpackung des Bedürfnisses. Sie ist ein Werkzeug, um den Wunsch zu realisieren. Durch die Gestaltung der Formulierung anhand der Kriterien der Wohlgeformtheit wird das Werkzeug so lange verfeinert, bis es ein Optimum an Effektivität erreicht.
- Sobald der Wunsch den Kriterien genügt, wendet sich der Coach an den anderen Partner. Er fragt ihn: »Wüssten Sie, wie Sie sich verhalten müssten, um den Wunsch Ihres Konfliktpartners zu erfüllen?« Dabei ist es wichtig, dass die Frage im Konjunktiv gestellt wird, um zu betonen, dass dieses Wissen nicht automatisch impliziert, dass er den Wunsch tatsächlich erfüllen muss.

- Erst wenn sichergestellt ist, dass beide Partner genau wissen, wie sie sich verhalten müssten, werden Bedingungen zur Erfüllung des Wunsches ausgehandelt. Im Idealfall führt die wohlgeformte Formulierung des Wunsches bereits dazu, dass der andere Partner den Wunsch ohne Bedingungen erfüllen möchte. Meistens ist es jedoch notwendig, dass auch der andere Partner seine eigenen Bedürfnisse in Form von Bedingungen vorbringt. Durch diese Integration wird die Realisierung des Wunsches zunehmend wahrscheinlicher.
- Falls die Integration der Bedingungen kein Ergebnis bringt, mit dem beide Partner wirklich zufrieden sind, erforscht der Coach das Meta-Bedürfnis, das sich hinter der Ablehnung des Wunsches verbirgt:

»Was stellen Sie für sich dadurch sicher, dass Sie den Wunsch Ihres Konfliktpartners nicht erfüllen?«

Durch weiteres Hinterfragen mit den Kriterien der Wohlgeformtheit kann der Coach aus der unspezifischen Ablehnung eine konkrete Vorbedingung entwickeln. Dieses Meta-Bedürfnis kann reframed und ebenfalls als Wunsch formuliert werden. Dann wendet sich der Coach wieder an den ersten Partner. Er leitet ihn in die Siebte-Himmel-Physiologie und exploriert auch hier das Meta-Bedürfnis. Jetzt kann er den Wünschenden bitten, weitere Wünsche zu formulieren, die das Meta-Bedürfnis auf alternativen Wegen erfüllen würden. Als Ergebnis wird ein wohlgeformter Wunsch formuliert, der auch für den anderen Partner akzeptabel ist. Die Bedingungen zur Erfüllung sind klar definiert und von beiden gemeinsam entwickelt worden.

- Im nächsten Schritt beginnt die Arbeit mit einem Wunsch des anderen Partners, und die Wohlgeformtheit des Wünschens wird erneut durchlaufen. Im Konflikt-Coaching gilt ein balancierter Rapport zu allen Beteiligten als notwendige Voraussetzung für den Erfolg dieser Intervention. Ein guter Coach beobachtet ständig die Physiologien seiner Coachees und hat ein effektives Repertoire von Separatoren zur Verfügung, um etwaige Problem-Physiologien wieder in Ressource-Zustände zu verwandeln. Kontinuierlicher Kontakt zu beiden Partnern in möglichst vielen Sinnessystemen unterstützt den Rapport, der kontinuierlich überprüft werden sollte.

- Um die Realisierung der Wünsche zu sichern, führt der Coach abschließend ein kleines Ritual durch. Es dient als Future Pace für den neuen Verhaltensentwurf. Dabei bringt der Coach die Partner in Kontakt mit Ressourcen der gemeinsamen Beziehung. Er bittet sie, eine Vereinbarung zu suchen, die in der Vergangenheit getroffen und eingehalten wurde. Dann modelliert er diese Vereinbarung und lässt die beiden Partner dadurch die Wunscherfüllung besiegeln. Zum Schluss testet der Coach die Vereinbarung. Er spielt des Teufels Advokat. Dabei verwendet er die Columbo-Technik und stellt beiläufige Fragen: »Ach so, da fällt mir ein – was würde passieren, wenn …?!«

Diese Vorgehensweise entspricht auch dem Öko-Check. Wenn der Rapport stimmt, kann der Anwalt des Teufels bereits in früheren Phasen des Prozesses die Ökologie überprüfen. Ein guter Coach entwickelt eine Intuition für ökologische Zukunftsentwürfe. Sobald Inkongruenzen oder Einwände auftauchen, werden diese in Form von neuen Bedingungen in den Prozess integriert. Auch im Konflikt-Coaching gilt die Denkweise des Reframing: Hinter jedem Einwand verbirgt sich eine positive Absicht. Jeder Einwand und jede Form von Kritik kann mithilfe des Reframing in einen Wunsch verwandelt werden.

Coaching-Übung: Wahrnehmungspositionen wechseln

Bei dieser Methode geht es um eine Neubewertung von Konflikten im Coaching mit nur einer Person. Der Coach führt den Coachee aktiv und zielgerichtet zu einem Wechsel der Perspektiven auf die Konfliktsituation. Diese Intervention erzielt ihre oftmals verblüffende Wirkung durch die menschliche Fähigkeit, sich in andere Menschen hineinzuversetzen und deren Sichtweise und Empfindungen anzunehmen.

Es gibt grundsätzlich drei Perspektiven auf jede Kommunikationssituation: die eigene, die der anderen Person und die eines neutralen Beobachters (Meta-Position). Diese drei Wahrnehmungspositionen werden mit der folgenden Vorgehensweise systematisch eingenommen und mit dem Ziel einer Konfliktlösung ausgewertet.

- Der Coach baut den Rapport auf und befragt den Coachee über die Situation: »Wer ist an dem Konflikt beteiligt (Name, Alter, Geschlecht)? Wie findet der Konflikt statt (Rahmenbedingungen, Dauer, mögliche Historie)?«
- Der Coach baut ein Setting (Bodenanker oder verschiedene Stühle) mit den drei Wahrnehmungspositionen auf (Meta-, Ich-, Du-Position). Der Coach und sein Coachee stellen sich auf die Meta-Position. Der Coach dissoziiert den Coachee von der Situation und erklärt die weitere Vorgehensweise. Die Durchführung dieses und der folgenden Schritte wird erheblich erleichtert, wenn die Konfliktsituation »nachgestellt« wird. Ideal hierfür ist es, für den Coachee (Ich-Position) und den »Konfliktpartner« (Du-Position) einen Platz im Raum zu definieren, indem man z. B. dort eine Markierung hinlegt oder indem für beide je ein Stuhl aufgestellt wird.
- Anschließend bitten Sie Ihren Coachee, den Konflikt aus seiner eigenen Perspektive (Ich-Position) zu beschreiben. Wichtig ist hierbei, das am Beispiel einer tatsächlich erlebten Situation zu tun. Ermutigen Sie Ihren Coachee, in der Ich-Form zu sprechen und auch von seinen Gefühlen zu be-

richten. Fragen Sie nach den genauen Verhaltensweisen und Worten. Je konkreter die Beschreibung, desto besser. Fragen Sie danach, was er aus dieser Perspektive konkret sieht (z. B. Gestik und Mimik des Gegenübers) und hört (Worte, Stimme, Tonfall).

- Bitten Sie Ihren Coachee, nun (auch gefühlsmäßig) wieder Abstand von der Situation zu nehmen, indem Sie beide zurück auf die Metaposition gehen. Vielleicht braucht er einen Moment, um die mit dem Konflikt verbundenen Gefühle abzuschütteln (Separator setzen).

- Bitten Sie nun Ihren Coachee, in die Du-Position zu gehen und sich vorzustellen, dieselbe Situation aus den Augen und mit den Ohren seines Konfliktpartners wahrzunehmen. Bitten Sie Ihren Coachee, sich in der Fantasie möglichst weitgehend in die Sprechweise und Körpersprache der anderen Person hineinzuversetzen. Lassen Sie in ihn in der Ich-Form die genauen Verhaltensweisen und Worte beschreiben, die diese andere Person wahrnimmt. Fragen Sie auch nach den Gefühlen dieser Person.

- Bitten Sie Ihren Coachee (wieder auch gefühlsmäßig), Abstand von der Situation zu nehmen, indem er die Position verlässt. Dieses intensive Einfühlen in den Konfliktpartner ist oftmals sehr verblüffend für den Coachee. Manchmal sprechen Coachees mit einer etwas anderen Stimme oder zeigen eine ungewohnte Körpersprache, weil sich ihr Unbewusstes derartig stark in die Rolle des Gegenübers hineinversetzt. Vielleicht braucht Ihr Coachee entspannende Erläuterungen von Ihnen als Coach und einen längeren Moment, um die Erfahrung der dem Konflikt verbundenen Wahrnehmungen und Gefühle seines Konfliktpartners abzuschütteln.

- Leiten Sie Ihren Coachee nun an, die Situation nochmals von der Metaposition aus zu betrachten. Hier sollten keine parteiischen Gefühle mehr auftreten (sonst wäre die Rolle ja nicht neutral). Der Coach fragt, was der Coachee in der Ich-Position anders machen könnte oder sollte, um die Wahrscheinlichkeit zu erhöhen, dass der Konfliktpartner sein Verhalten im positiven Sinne verändert.

- Nun nimmt der Coachee wieder die Ich-Position ein, um die Tipps aus der Meta-Position umzusetzen. Der Coach fragt, ob sich an der Situation etwas verändert hat oder wie sich die Situation in Zukunft positiver entwickeln könnte.
- Anschließend fragt der Coach den Coachee auf der Du-Position, was sich verändert hat und ob der Konfliktpartner seinerseits bereit wäre, sein Verhalten zu verändern. Und wenn nicht, was der Coachee in der Ich-Position noch verändern/lernen müsste.
- Der Durchlauf durch die drei Positionen kann nun beliebig oft wiederholt werden, sinnvollerweise so lange, wie sich noch weitere nützliche Erkenntnisse ergeben. Dabei sollte der Coach den Öko-Check (Risiken, Nebenwirkungen, Preise?) und Future-Pace (Was machen Sie wann, um die Veränderung zu realisieren?) berücksichtigen. Die Übung endet grundsätzlich auf der Metaposition. Durch die aufgrund dieses Prozesses einsetzende Änderung im Verhalten und in der Einstellung des Coachees ändert sich die Konfliktsituation häufig auf verblüffend radikale und positive Weise.

Fragen zur Konflikt-Analyse

Mit diesem Leitfaden können Sie als Coach einen Konflikt schnell und treffsicher analysieren:
- Wie sind die Rahmenbedingungen?
- Wer ist betroffen?
- Wer vertritt welche Positionen?
- Welche positiven Absichten verbergen sich dahinter?
- Welche Emotionen sind im Spiel?
- Seit wann besteht der Konflikt?
- Wie hat sich der Konflikt entwickelt? Welche Phasen gab es?
- Was wären mögliche Lösungsideen?
- Wie müssten diese Lösungsideen kommuniziert werden?
- Welche weiteren Ressourcen werden benötigt?
- Was sind die konkreten Schritte zur Konfliktlösung?

Fragen im Konflikt-Coaching

Um die persönliche Betroffenheit des Konfliktpartners in eine konstruktive Richtung zu führen, können Sie als Coach den folgenden Leitfaden nutzen:

Worum geht es genau?
- Details, Kriterien, Verhalten?

Im Vergleich womit?
- Welchen Vergleichs-Maßstab haben Sie?

Was ist Ihr Ziel in diesem Konflikt?
- Was wollen Sie erreichen?
- Was wollen Sie dadurch sicherstellen?

Welche positiven Absichten verbergen sich dahinter?
- Was wollen Sie »eigentlich«?
- Welche »wahren« Bedürfnisse haben Sie?

Was stattdessen?
- Welche Alternativen gibt es?
- Wie könnte es funktionieren?

Unter welchen Bedingungen wäre es möglich?
- Wunder-Frage: Was müsste geschehen, damit ...?

Arbeitsblatt: Konflikt-Gesprächsvorbereitung

Dieses Arbeitsblatt ermöglicht eine zielorientierte Gesprächs-
vorbereitung für ein anstehendes Konflikt-Gespräch:

1. Was ist mein Ziel?

   _____

2. Welche Ziele verfolgt mein Gesprächspartner?

   _____

3. Welche Ressourcen sind im Spiel?

   _____

4. Welche Konflikte könnten auftauchen?

   _____

5. Welche Lösungen kann ich anbieten?

   _____

6. Mein Gesprächspartner als Person:
   Was mag ich an ihm? Was empfinde ich als Herausforderung?

   _____

7. Wie kann ich das Vertrauen meines Gesprächspartners
   gewinnen?
   Welche Bedürfnisse und Ängste hat er?

   _____

8. Meine Strategie:

   _____

   _____

   _____

   _____

Verweise

→ Gewinner-Gewinner-Modell
→ Rapport
→ Win-win-Ethik
→ Wohlgeformtheit
→ Ziel-Orientierung

Körpersprache –
der Tanz der Physiologien

Nutzen/Ziel

- Ganzheitliche Kommunikation und direktes Verstehen.
- Erkennen von unterschwelligen Botschaften.

Anwendungsfelder

- Zentraler Wahrnehmungsfilter im Coaching.
- Der kompetente Coach orientiert seine Vorgehensweise an der Körpersprache seines Coachees und nutzt seinen eigenen Körper als Kommunikationsmedium.

Die Kommunikation im Coaching verläuft immer ganzheitlich. Als Coach hören Sie nicht nur die gesprochenen Worte Ihres Coachees, sondern nehmen seinen ganzheitlichen Ausdruck aufmerksam wahr. Sie hören den Klang seiner Stimme, und Sie beobachten alle Veränderungen in seiner Körpersprache. Gleichzeitig beziehen Sie Ihren eigenen Ausdruck der Stimme und Körpersprache präzise und zeitnah auf Ihren Coachee. Diesen Prozess des »Sich-aufeinander-Beziehens« gestalten Sie aktiv und bewusst. Dadurch können Sie die Dynamik, Nähe und Distanz gezielt dosieren und Ihre Einfühlung in die Welt des Coachees enorm steigern.

Im Coaching

Ein guter Coach orientiert sich an der Körpersprache des Coachees. Er erkennt innere Zustände, nachdem er seine Wahrnehmung auf die entsprechenden Physiologien kalibriert hat. Auch ideomotorische Bewegungen des Coachees liefern wertvolle Hinweise. So ist zum Beispiel kreatives Denken oft mit kleinen körperlichen Bewegungen verbunden. Gezieltes Pacing kann über die Körpersprache initiiert werden. Der Tanz der Physiologien ist ein körpersprachliches Phänomen, das durch eine gezielte Beobachtung zum großen Teil entschlüsselt werden kann. Bei gutem Rapport erscheinen die körperlichen Bewegungen im Laufe der Zeit, als wenn die Physiologien von Coach und Coachee durch unsichtbare Fäden verbunden wären. Ihre Bewegungen wirken direkt aufeinander bezogen, die Impulse sind synchronisiert.

Physiologien

Im Coaching mit NLP meint der Begriff der Physiologie all das, was an einem Menschen wahrnehmbar ist. Die Physiologie bezeichnet den momentanen psycho-physiologischen Gesamtzustand des Coachees. Dazu gehört sowohl das innere Erleben als auch das äußere Verhalten. Deshalb können die Begriffe »Physiologie« und »Zustand« synonym verwendet werden. Dabei wird davon ausgegangen, dass Körper und Geist Teile eines gemeinsamen kybernetischen Systems sind und sich gegenseitig beeinflussen. Die aktuelle Physiologie wird durch innere und äußere Wahrnehmungen bestimmt. Sobald der Mensch neuen Wahrnehmungen ausgesetzt ist, verändert sich seine Physiologie. Der Wechsel von Physiologien ist charakteristisch für die menschliche Existenz. Das Leben ist ein kontinuierlicher Fluss und unterliegt ständigem Wandel. Eigentlich gibt es unendlich viele verschiedene Zustände, da jeder Moment einmalig ist und einzigartige Wahrnehmungen bietet, doch in der menschlichen Kommunikation lassen sich oftmals recht schnell wiederkehrende Muster erkennen. Die Veränderung der Physiologie lässt sich an beobachtbaren Parametern erkennen: Körperhaltung, Muskeltonus, Gesichtsausdruck, Augenbewegungen, Gesichtsfarbe, Atmung, Stimmklang oder ideomotorische Bewegungen. An der Veränderung dieser Variablen kann der geschulte Coach den Wechsel von inneren Zuständen verfolgen, indem er seine Wahrnehmung auf den Coachee kalibriert.

Im Coaching werden prinzipiell vier Physiologien unterschieden:

- Problem-Physiologie,
- Ziel-Physiologie,
- Ressource-Physiologie,
- Versöhnungs-Physiologie.

Außerdem haben Trance-Zustände ihre eigene Trance-Physiologie, und natürlich gibt es darüber hinaus unzählige Misch-Physiologien, die jedoch meistens einen klaren Schwerpunkt erkennen lassen.

Problem-Physiologie

Wenn ein Coachee emotional mit seinem Problem stark assoziiert ist, drückt sich dies auch körperlich aus. Die Problem-Physiologie zeigt sich anhand offensichtlich fehlender Motivation und oftmals durch extreme Verhaltensweisen oder Empfindungen:

- sehr hektisch oder sehr ruhig,
- sehr starr oder sehr nervös,
- sehr laut oder sehr leise,
- sehr kontrolliert oder sehr impulsiv,
- sehr vage oder extrem fokussiert,
- starke Ausprägung in den Meta-Programmen.

Jeder Mensch trifft immer die subjektiv beste Wahl. Eine Problem-Physiologie bedeutet, dass der Betroffene hier noch keine besseren Wahlmöglichkeiten zur Verfügung hat. Eine extreme Form des Problem-Zustands ist der Stuck State. Hier hat der Coachee jeden Kontakt zu seinen Ressourcen verloren. Um einen Coachee aus der Problem-Physiologie herauszuführen, muss der Coach zunächst guten Rapport herstellen. Dann kann er einen Separator setzen, um der Wahrnehmung einen neuen Impuls zu geben. Bei der Anwendung von einigen Interventions-Techniken wird der Problem-Zustand geankert. Durch Betätigung des Ankers kann im Laufe der Veränderungsarbeit immer wieder direkter Kontakt zum Kern des Problems hergestellt werden, und das bisher Erreichte kann überprüft und integriert werden.

Ziel-Physiologie

Coaching mit NLP ist eine zielorientierte Methodik. Dabei wird der Coachee so schnell wie möglich aus der Problem-Physiologie in die Ziel-Physiologie geführt. Zum Formulieren von Zielen kann das PeneTrance-Modell eingesetzt werden. Der Coachee gelangt in die Ziel-Physiologie, sobald er innerlich Kontakt zu seinen Zielen herstellt. Dabei kann der Coach ihn durch konsequente Fragen unterstützen:

- »Wie soll es stattdessen sein? Was möchten Sie erreichen? Was ist Ihr Ziel? Woran merken Sie, dass Sie es erreicht haben? Tun Sie einmal so, als ob Sie es bereits erreicht hätten ... jetzt!«

Je genauer die Zielformulierung herausgearbeitet wurde, desto deutlicher wird die Ziel-Physiologie. Der Coach kalibriert seine Wahrnehmung auf diese Physiologie als Zielerkennungs-Phänomen. Diese Kalibrierung dient ihm als sinnlicher Kompass, um den Coachee zielorientiert zu führen, während dieser auf seiner Suche nach den benötigten Ressourcen unzählige Physiologien durchläuft.

Ressource-Physiologie

In der Ressource-Physiologie ist der Coachee in Kontakt mit seinen Ressourcen. Er verfügt über Wahlmöglichkeiten und ein positives Selbstwertgefühl. Er fühlt sich seinen Problemen gewachsen und kann ihnen als Herausforderung begegnen. Ein erfahrener Coach induziert Ressource-Zustände, indem er seinen Coachee an seine bisherige Lebenserfahrung und die damit verbundene Selbstachtung erinnert:

- »Sie, als erwachsener Mensch, der jetzt hier vor mir steht ... und schon so viel Wertvolles in seinem Leben erreicht und erlebt hat ...«

Die Ressource-Physiologie ist der Ziel-Physiologie ähnlich. Der entscheidende Unterschied besteht darin, dass die Ziel-Physiologie sich auf die Zukunft bezieht, während die Ressource-Physiologie Erfahrungen aus der Vergangenheit nutzbar macht. Ein extrem ressourcevoller Zustand ist der Moment of Excellence, hier ist der Mensch im Vollbesitz seiner Kräfte.

Versöhnungs-Physiologie

Die Versöhnungs-Physiologie zeichnet sich durch eine psychische Entspannung aus, die vom Coachee als positiv erlebt wird. Mediziner würden von einem Wechsel von der sympathikus- zur parasympathikus-aktivierten Physiologie sprechen. Dazu gehören mehr Durchblutung, tiefere Atmung, eine entspanntere, symmetrische, aufrechte Haltung und ein bewegter oder berührter Gesichtsausdruck, oftmals verbunden mit einer erhöhten Feuchtigkeit der Augen. Die Versöhnungs-Physiologie ist das Ergebnis eines gelungenen Reframing. Der Coachee erkennt, dass sein Verhalten, das bisher als Problem betrachtet wurde, eine nützliche Funktion in seinem Leben erfüllt. Dies führt zur Bewusstwerdung von sekundären Gewinnen und wichtigen Schutzfunktionen. Dabei werden ungeliebte Teile, die bisher abgelehnt oder bekämpft worden sind, als wertvoll erkannt, gewürdigt und in die Persönlichkeit integriert.

Tanz der Physiologien

Eine gelungene Kommunikation ist wie ein gemeinsamer Tanz. Wenn Menschen miteinander kommunizieren, bewegen sie sich in einem sehr feinen und komplexen Schwingungsfeld. Videoaufzeichnungen, die im Zeitraffer abgespielt werden, zeigen deutlich, wie die Bewegungen der Partner aufeinander abgestimmt sind. Auch Lachen, Gähnen, Sich-Strecken, der Griff zur Kaffeetasse oder kleine ideomotorische Bewegungen sind bei gutem Rapport synchronisiert. Menschen befinden sich immer in einem Schwingungszustand.

Das Pacing ist eine subtile Methode, um mit anderen Menschen in den Gleichschritt zu kommen. Gelungenes Pacing erzeugt Rapport. Wenn Menschen im Rapport miteinander kommunizieren, synchronisiert sich der Tanz ihrer Physiologien. Professionelle Tänzer offenbaren dieses Phänomen auf beeindruckende Weise. Ihre Bewegungen wirken so homogen aufeinander abgestimmt, als wenn ein einziger Organismus sich bewegen würde. Im Konfliktmanagement sagt man, die beteiligten Konfliktpartner müssen ihren Konflikt austanzen, um zu einer gemeinsamen Verständigung zu kommen. Die Physiologien der Beteiligten zeigen, wann der Konflikt für alle wirklich ökologisch gelöst wurde. Der Tanz der Physiologien ist ein sinnlicher Ausdruck der Beziehungsebene. Ein kompetenter Coach versteht es, diesen feinen Seismographen zu interpretieren und Hinweise zum aktuellen emotionalen Erleben der Tänzer zu gewinnen.

Körpersprache und Wahrnehmungstypen

Gleichzeitig bestimmen die unterschiedlichen Wahrnehmungstypen die Ebene der Kommunikation, weil sie unterschiedlich auf die aktuellen Physiologien des Gegenübers reagieren:

- Visuelle Typen beobachten die körpersprachlichen Signale der anderen Menschen oft sehr genau und tendieren dazu, auch ihre eigene visuelle Außenwirkung zu kontrollieren.
- Auditive Typen achten besonders auf verbale Informationen; der körpersprachliche Austausch wird von ihnen oft nur unbewusst wahrgenommen.
- Kinästhetische Typen fühlen sich in die Haut des anderen hinein, ohne jedoch zwangsläufig auf ihre eigene Körpersprache zu achten. Sie sprechen mit den Händen und neigen dazu, andere Personen zu berühren. Für Kinästheten ist die Körpersprache das bevorzugte Ausdrucksmedium.

Jeder Mensch hat außerdem eine persönliche Geschichte und einen eigenen Lernhintergrund. Je nach Art der Sozialisation haben körpersprachliche Signale unterschiedliche Bedeutung. Was für einen Menschen aufdringliche Nähe bedeutet, erscheint einem anderen wie kühle Distanz. Ein Mensch hat gelernt, seine Gesprächspartner anzufassen, um Kontakt herzustellen; ein anderer glaubt, dass Berührungen in der Öffentlichkeit anstößig sind. Eine dritte Person findet dieses Verhalten aufregend erotisch, und eine vierte fühlt sich vielleicht in ihrer territorialen Souveränität bedroht.

Hinzu kommen situative Faktoren. Körpersprache geschieht immer im Kontext einer speziellen Situation, die über die aktuelle Bedeutung der Signale bestimmt. Wenn jemand allein zu Hause vor dem Fernsehschirm mit einer Dose Bier in der Hand laut rülpst, hat dies eine andere Bedeutung, als wenn er es beim Geschäftsessen im Restaurant mit einem Glas Champagner in der Hand tut.

Körpersprache und Verbalsprache

Um die Funktionsweise der menschlichen Kommunikation zu verstehen, müssen wir uns auch mit Evolution befassen, da unsere heutigen Wahrnehmungsfilter durch die letzten Jahrmillionen stärker geprägt wurden als durch die wissenschaftlichen Erkenntnisse der letzten tausend Jahre. Evolutionsgeschichtlich ist die Körpersprache sehr viel älter als die Verbalsprache. Ebenso ist das Unbewusste sehr viel älter als das Bewusstsein. Bei der Verständigung unserer Vorfahren spielte der Ausdruck über den Körper eine weitaus größere Rolle als in der heutigen Zeit, da die Verbalsprache noch nicht so differenziert war. Die Körpersprache entspricht dem analogen, unmittelbaren Ausdruck, während die Verbalsprache eine Digitalisierung darstellt, die reflektiert werden muss. Moderne Menschen in den hochtechnisierten Großstädten sind an Digitalisierungen gewöhnt. Die westlichen Gesellschaftssysteme unseres Jahrhunderts trainieren die Kinder in den Schulen zum einseitigen Gebrauch der Verbalsprache. Trotzdem bestimmt immer noch die Körpersprache unsere zwischenmenschlichen Beziehungen in einem sehr hohen Maß. Das Unbewusste des modernen Menschen reagiert nach wie vor oft sehr sensibel auf körpersprachliche Signale. Die Körpersprache ist sehr viel schwieriger zu manipulieren als die Verbalsprache. Psychologische Untersuchungen haben gezeigt, dass die meisten Menschen im Zweifelsfall eher den körpersprachlichen als den verbalen Signalen vertrauen.

Viele erfolgreiche Führungskräfte und Politiker wissen, dass ihre charismatische Überzeugungskraft durch den bewussten Einsatz von Körpersprache unterstrichen wird. Die Körpersprache sendet analoge Signale. Sie sind auf natürliche Weise mit der echten Befindlichkeit des Menschen assoziiert und damit glaubwürdiger als digitale Verbalkonstruktionen, die eine Unzahl von manipulierten Dissoziationen erlauben. Schauspieler durchlaufen eine harte und langjährige Ausbildung, bis sie den Ausdruck ihres Körpers auf der Bühne wirklich kontrollieren können. Schlechte Schauspieler erkennt man oft daran, dass ihre Körpersprache nicht wirklich mit der Rolle und dem Stück harmoniert. Falls Verbalsprache und Körpersprache nicht übereinstimmen, entstehen Inkongruenzen, und der Mensch verliert an Überzeugungskraft.

Im Coaching mit NLP sind Körpersignale nicht grundsätzlich den verbalen Botschaften übergeordnet. Stattdessen können alle Signale als Ausdruck der verschiedenen Persönlichkeitsteile interpretiert werden. Gleichzeitig wird betont, dass es bei der Interpretation von körpersprachlichen Signalen keine Patentrezepte gibt. Viele Menschen glauben immer noch, dass es in der Körpersprache einen eindeutigen Code gibt. Dies wäre jedoch eine unzulässige Vereinfachung. Ähnlich wie bei der Deutung von Träumen kann man die körpersprachlichen Signale nur im Kontext der konkreten Situation verstehen. Die Bedeutung der Signale bedingt sich durch kulturelle und individuelle Sozialisationsprozesse.

Verweise

→ Evolution
→ Rapport
→ Kongruenz
→ Inkorporieren

Kreativität –
unerschöpfliche Quelle der Innovation

Nutzen/Ziel

- Entwicklung von neuen Ideen und Lösungsansätzen.

Anwendungsfelder

- Wenn der Coachee inhaltlich nicht weiterweiß.
- Als Einstieg in eine komplexe Problemlösung.
- Zur Gewinnung neuer Ressourcen.
- Als Kraftquelle für schwierige Problemlösungen.
- Stimulation von unbewussten Kräften.

Im Coaching zählen gute Ideen! Oftmals »schmort der Coachee im eigenen Saft« – sorgenvolle Gedanken seit Tagen oder gar Wochen. Als Coach sind Sie gefordert, einerseits neue Perspektiven ins Spiel zu bringen und andererseits Ihren Coachee stimulieren zu können, dass auch er neue Impulse entwickelt. Eine sehr wirkungsvolle und einfache Methode zur Produktion von neuen Ideen ist das Brainstorming. Es stimuliert den kreativen Fluss ohne Kritik oder störende Bewertungen. Außerdem können Sie Ihren Coachee mit dieser spielerischen, unbegrenzten Übung motivieren, über den eigenen Tellerrand zu schauen.

Im Coaching

Das Brainstorming ist eine der bekanntesten Kreativitätstechniken. Wichtig dabei ist ein freier Fluss der Gedanken. Für ein erfolgreiches Brainstorming ist es notwendig, ein kreatives, offenes

Klima zu schaffen. Alle Impulse sind erlaubt. Die verrücktesten Einfälle sind oft die wirkungsvollsten Stimuli der Inspiration. Je fantasievoller die Ideen fließen dürfen, desto stärker ist der Anreiz, aus den gewohnten Denkmustern auszubrechen und wirklich neue Ideen zu produzieren. Weitere Variationen von bereits vorhandenen Einfällen sind ebenfalls sinnvoll. Quantität ist erwünscht. Je mehr Ideen gesammelt werden, desto größer ist die Wahrscheinlichkeit, dass brauchbare Lösungen darunter sind. Außerdem bietet jede Äußerung eine mögliche Anregung für weitere Einfälle. Auch kleine Veränderungen oder neue Kombinationen von bereits genannten Vorschlägen können neue Geistesblitze entfachen.

Während jedes Brainstormings gilt:

»Es gibt keine unsinnigen Ideen!« und »Kritik kommt später!«

Diese Regeln sind für viele Coachees ungewöhnlich und oft nicht auf Anhieb zu realisieren. Sie sind jedoch entscheidend für ein fruchtbares Brainstorming. Die Äußerungen werden vorerst nicht bewertet, sondern nur gesammelt und registriert. Die kritische Überprüfung hinsichtlich der Brauchbarkeit erfolgt erst später bei der anschließenden Bewertung. Beim kritikfreien Formulieren von spontanen Ideen in einer Gruppe setzen oftmals verblüffende Synergieeffekte ein.

Grundregeln des Brainstormings

1. Kombinieren und Aufgreifen von bereits geäußerten Ideen.
2. Negative Beurteilungen oder Kritik sind verboten.
3. Viele Ideen in kürzester Zeit (Zeitrahmen definieren).
4. Freies Assoziieren und Fantasieren ist erlaubt.
5. Erst nachdem die kreative Phase der Ideenfindung abgeschlossen ist, findet eine realistische Bewertung unter klaren Moderationsregeln statt.

Brainstorming wird im Coaching auf vielfältige Weise eingesetzt. Zur Stimulanz von inneren Prozessen werden im Brainstorming zu einem bestimmten Thema Ideen entwickelt, indem spontane Einfälle gesammelt werden. Im Six Step-Reframing und seinen Varianten machen die verschiedenen Teile ein internes Brainstorming und suchen mithilfe des kreativen Teils nach alternativen Wegen, um die positive Absicht auf neue Weise zu realisieren. Auch das innere Team profitiert vom Brainstorming, das die verschiedenen Teile veranstalten.

Auch im Team-Coaching kann Brainstorming bei der Entwicklung neuer Ideen und Lösungsansätze eine wichtige Rolle spielen. Die Teammitglieder stimulieren sich gegenseitig und fantasieren über ihre gewohnten Denkmuster hinaus. Üblicherweise folgt nach einiger Zeit ein toter Punkt und niemandem fällt mehr etwas ein. Die Erfahrung zeigt jedoch, dass es sich lohnt, diesen toten Punkt auszuhalten, denn danach kommt wieder eine besonders kreative Phase. Das Unbewusste der Teilnehmer braucht diesen kurzen Zeitraum, um die Eindrücke wirken zu lassen und neue Verknüpfungen zu bilden.

Kreative Intelligenz

Kreativität ist schöpferische Kraft. Wenn ein Mensch kreativ handelt, verändert er bestehende Muster und erschafft neue Strukturen. Solange er nur den konditionierten Verhaltensprogrammen folgt, hat er sein kreatives Potenzial noch nicht erschlossen. Jeder Mensch ist potenziell kreativ. Kreativität kann stimuliert werden; sowohl von außen (extrinsisch) als auch von innen (intrinsisch). Die extrinsische Stimulanz wirkt wie eine Herausforderung. Not macht erfinderisch! Wenn die bestehenden Verhaltensoptionen keine adäquaten Lösungen bieten, beginnt der kreative Mensch, neue Wege zu suchen. Er probiert, experimentiert und findet durch Versuch und Irrtum schließlich kreative Lösungen oder kommuniziert seine Not und modelliert seinen erfolgreichen Nachbarn. Die intrinsische Stimulanz wird auch als Spieltrieb bezeichnet. Lust und Neugierde sind innere Antriebe, die kreatives Verhalten fördern. Kreativität ist ein spontanes Phänomen. Es kann gefördert, aber nicht erzwungen werden.

Die menschliche Kreativität wird auch in der Wissenschaft zunehmend als alternative Form der Intelligenz anerkannt. Intelligenz und Kreativität sind zwei Aspekte desselben Phänomens. Die Psychologie unterscheidet zwischen konvergentem und divergentem Denken. Konvergentes Denken ist die Fähigkeit, bestehende Strukturen zu erkennen und eine richtige Lösung in einem vorgegebenen Rahmen zu finden. Die meisten Intelligenztests messen die Fähigkeit zum konvergenten Denken. Divergentes Denken ist die Fähigkeit, bestehende Strukturen in Frage zu stellen und jenseits des vorgegebenen Rahmens neue Lösungen zu entwickeln. Divergentes Denken ist eine wichtige Grundlage des kreativen Handelns. Coaching führt zu einer Steigerung der Kreativität von Coach und Coachee:

- »Wenn das, was Sie bisher getan haben, nicht funktioniert, was können Sie stattdessen tun?«

Coaching ist ein kreativer Prozess. Dabei werden die vorhandenen Ressourcen auf eine neue Weise organisiert. Ein Coach muss zunächst den aktuellen Zustand seines Coachees pacen. Dann kann er ihn durch kreatives Leading stimulieren, neue Wahrnehmungsfilter und bessere Verhaltensweisen zu entwickeln.

Im Unbewussten jedes Coachees schlummern kreative Ressourcen. Besonders deutlich wird dies im Coaching bei der Technik des Six Step-Reframing. Hier wird der bewusste Kontakt zu einem kreativen Teil hergestellt. Der kreative Teil arbeitet sehr eng mit dem Teil zusammen, der die Träume träumt. Es gibt keinen Traum, der nicht kreativ ist; jeder Traum enthält kreative Elemente. Im Schlaf ist der Zensor an der Pforte zum Unbewussten weniger wach, er wird durchlässig. So können die im Gehirn gespeicherten Eindrücke des Tages aufgearbeitet und mit früheren Erfahrungen verknüpft werden. Ein ähnlich kreativer Prozess geschieht beim Six Step-Reframing. Falls der Kontakt zum kreativen Teil einmal erfolgreich aktiviert wurde, kann er über die Coaching-Situation hinaus auf andere Lebensbereiche generalisieren und dem Menschen als dauerhafte Ressource zur Verfügung stehen. Der kreative Teil kann in vielen Situationen als ideenreicher Ratgeber fungieren und wertvolles Wissen aus dem Unbewussten an die Oberfläche des Bewusstseins transportieren. Kreatives Brainstorming kann zu einer nützlichen Gewohnheit werden. Wenn ein Mensch lernt, lebendigen Kontakt mit seinem kreativen Teil zu pflegen, erschließt er sich eine wertvolle Blankoressource.

Kreatives Coaching

Jede Ausbildungstechnik im Coaching mit NLP dient in erster Linie als Orientierungshilfe für den noch unerfahrenen Coach. Für den erfahrenen Coach sind alle NLP-Techniken flexibel kombinierbar. Die Struktur des klassischen Interventionsschemas wird durch die Individualität des Coachees modifiziert. Je flexibler ein Coach kommunizieren kann, desto kreativer kann er seine Vorgehensweise gestalten. Wer Interventionstechniken kreativ anwenden möchte, ist jedoch gut beraten, vorher die Standardtechniken einzuüben.

Genauso konnte Picasso meisterhaft perspektivisch malen und zeichnen, bevor er in der Lage war, die Grenzen seiner Kunst zu überschreiten und damit kreativ zu spielen. In den asiatischen Kampfkünsten, den Martial Arts, geht der Lernende einen ähnlichen Weg. Zuerst werden die Grundtechniken eingeübt. Im Laufe der Zeit entsteht durch regelmäßige Übung ein kreatives Potenzial, und der Schüler beginnt, die Standards zu variieren. Dann lernt er, die Techniken situativ anzuwenden, sie auf seine eigene Persönlichkeit abzustimmen und sich durch sie auszudrücken. Wenn er seine Disziplin beherrscht, hat sich der Schüler zum Meister entwickelt. Verfügt er über eine innovative Persönlichkeit, können sich aus seinen kreativen Impulsen sogar neue Stilrichtungen entwickeln.

Kreatives Intervenieren ist ein Prozess, bei dem bereits vorhandene Elemente auf eine neue Weise eingesetzt werden. Deshalb muss sich im Repertoire des Coachs bereits einiges an Know-how befinden, bevor er es kreativ einsetzen kann. Das eingeübte Know-how bildet ein kreatives Potenzial, aus dem der erfahrene Coach dann schöpfen kann. Erst die Übung führt zur Beherrschung einer Disziplin. Im Laufe dieses Weges bildet sich ein unerschöpfliches Potenzial von kreativen Variationen.

Verweise

→ Libido
→ Stuck State
→ Six Step-Reframing

L

Leading –
die Kunst der gezielten Beeinflussung

Nutzen/Ziel

- Strukturierung des Coaching-Prozesses.
- Hilfreiche Intervention des Coachs zur Gestaltung einer besseren Zukunft für den Coachee.

Anwendungsfelder

- Wenn der Coachee »feststeckt« und nicht weiterweiß.
- Die Führungskompetenz des Coachs entscheidet maßgeblich über die Art und den Erfolg des Coaching-Prozesses.
- Der kompetente Umgang mit den Leading-Werkzeugen ist für den Coach unentbehrlich.

Als Business-Coach müssen Sie fähig sein, in kürzester Zeit das Vertrauen Ihres Coachees zu gewinnen und seinen Ist-Zustand zu verstehen. Um dem Coachee jedoch zu helfen, seine Situation schnell und nachhaltig zu verbessern, müssen Sie auch in der Lage sein, ihn zu einer motivierenden Problemlösung zu führen. Führung im Coaching bedeutet offene oder unterschwellige Beeinflussung des Coachees zu seinem Vorteil. Als Coach haben Sie die Führungsverantwortung für die Strukturierung des Prozesses. Dies setzt ein genaues Ziel voraus. Leading bedeutet das Führen des Coachees durch zielorientierte Fragen und sinnvolle Interventionen. Durch den gelungenen Aufbau einer positiven Beziehungsebene (Pacing) gewinnen Sie als Coach die Akzeptanz des Coachees, sich von Ihnen beeinflussen zu lassen (Leading). Leading ohne ausreichendes Pacing führt zum Widerstand des Coachees. Erst wenn sich eine gemeinsame Vertrauensebene entwickelt hat,

Coaching mit NLP-Werkzeugen. Thomas Rückerl und Torsten Rückerl
Copyright © 2008 WILEY-VCH Verlag GmbH & Co. KGaA, Weinheim
ISBN: 978-3-527-50351-3

der so genannte Rapport, kann der Coach den Coachee überzeugend führen.

Im Coaching

Der Coach führt im Coaching durch seine Prozess-Kompetenz. Dazu gehört zu Anfang des Coaching-Prozesses auch eine klare Arbeitsvereinbarung. Wenn zum Beispiel ein Coachee, der als Führungskraft Probleme im Umgang mit seinen Mitarbeitern hat, weil diese nie zu Wort kommen dürfen, auch im Coaching einen 100% Redeanteil anstrebt, ist der Coach gefordert, Standing zu zeigen und dieses Thema konsequent zu thematisieren. Dazu gehört beispielsweise eine Gesprächsvereinbarung, die dem Coach erlaubt, seinem Coachee bei Bedarf das Wort zu entziehen, um ihn zum Zuhören oder Fragen zu motivieren. Der Coach wäre in diesem Falle ein echter Experte auf diesem Gebiet und könnte mit seiner Feldkompetenz wertvolle inhaltliche Impulse an seinen Coachee weitergeben.

Natürlich ist es hilfreich, wenn der Coach auch inhaltliche Impulse in den Prozess einbringen kann, doch in erster Linie geht es beim Leading darum, die Bedürfnisse und Ressourcen des Coachees durch gezielte Fragen zu erforschen, zu sortieren und zu aktivieren. »Wer fragt, führt!« – diese alte Weisheit gilt heute, in unserer modernen Informationsgesellschaft, mehr denn je zuvor.

Leading durch gezielte Fragen

Wenn Sie im Coaching exzellent führen wollen, dann stellen Sie gezielte Fragen! Jedes Gespräch kann durch intelligente Fragen souverän gesteuert werden. Der Fragende agiert, der Gefragte muss reagieren. Eine geschickte Frage kann für den Coachee eine unwiderstehliche Einladung darstellen, um die innere Realität verbal nach außen zu projizieren. Jede gestellte Frage gibt dem Gehirn des Empfängers einen hypnotischen Suchbefehl. Der moderne Mensch wurde durch Erziehung, Schule und berufliches Umfeld darauf konditioniert, an ihn gerichtete Fragen zu beantworten. Lassen Sie uns dazu ein kleines Experiment durchführen. Entspannen Sie sich. Beobachten Sie genau, wie Ihr Unbewusstes auf die folgenden Fragen reagiert:

- Welche Farbe hat Ihr Auto?
- Wann sind Sie heute Morgen aufgestanden?
- Wo waren Sie letztes Jahr im Urlaub?

Was haben Sie beobachtet? Haben Sie sich die gestellten Fragen innerlich beantwortet? Selbst geschriebene Fragen bewirken eine Reaktion, bei gesprochenen Fragen ist der Effekt meist noch stärker. Unser Unbewusstes sucht die Antwort – ob wir es wollen oder nicht.

Doch gezielte Fragen dienen im Coaching nicht nur der systematischen Gewinnung von Information, sie können auch ein geschicktes Pacing sein. Respektvolle Fragen können sehr viel Wertschätzung ausdrücken, sie stärken das Selbstwertgefühl des Gefragten – wer wird nicht gern um seine Meinung gefragt?! Gleichzeitig helfen Sie als fragender Coach Ihrem Coachee, die Thematik konstruktiv und zielführend zu interpretieren. Außerdem dienen Fragen dazu, Ihre Wahrnehmung als Coach auf elegantem Wege zu überprüfen. Wenn Sie genau wissen wollen, ob Sie Ihren Coachee richtig verstanden haben, dann fragen Sie konsequent nach und prüfen Sie das aktuelle Ausmaß an Übereinstimmung. Ein guter Coach verfügt über ein reiches Repertoire von konstruktiven Fragen. Auch durch geschickten Einsatz von Ankern und Separatoren können innere Zustände vom Coach gesteuert und Menschen souverän geführt werden.

Führungswerkzeuge im Coaching

- Ein wichtiges Führungswerkzeug im Coaching ist das Feedbackgeben. Durch konstruktives Feedback kann der Coach den Coachee zunächst bestätigen, um ihn dann zu Optimierungsmöglichkeiten zu führen. Beim Feedbackgeben ist es wichtig, dass die Optimierungsidee konkret formuliert wird und einen realistischen Bezugsrahmen hat. Nur wenn die Entwicklungsidee des Coachs vom Coachee als ökologisch verträglich empfunden wird, kann er diesen Impuls als motivierende Problemlösung akzeptieren.

- Der direkteste und wohl seltenste Weg des Leading im Coaching ist der direkte Appell. Der Coach gibt einen verbalen Impuls, dem der Coachee folgt. Um einen direkten Appell seines Coachs anzunehmen, benötigt der Coachee nicht nur ein sehr starkes Vertrauen, sondern positive Referenzerfahrungen mit den Appellen seines Coachs. Warum sollte er sonst dem Appell folgen? Noch dazu, wo er als Coachee eigentlich die inhaltliche Fachkompetenz für sein Thema besitzt. Erfolgreiches Leading durch einen direkten Appell setzt oftmals einen enormen Leidensdruck beim Coachee voraus: Er ist am Ende seiner Belastbarkeit und braucht den berühmten Tritt, um seine Komfortzone tatsächlich zu verlassen.

- Im Coaching wird ein Impuls durch den Coach oftmals als Prozessinstruktion formuliert. Sie kann vom Coach konkret oder auch als Bitte oder Einladung zu einem Experiment an den Coachee gesendet werden. Mit ihrer Hilfe führt der Coach seinen Coachee in eine neue Erfahrung auf dem Weg zu seinem Ziel. Auf ein Experiment oder eine Bitte kann sich das Unbewusste des Coachees oftmals besser einlassen als auf einen direkten Impuls, da es sich nur um eine mögliche neue Erfahrung handelt, die nicht notwendigerweise die alten Erfahrungen infrage stellen wird.

- Eine weitere Möglichkeit der Führung im Coaching ist die implizite Botschaft. Hierbei wird der Impuls vom Coachee ganz bewusst verdeckt gesendet. Dafür nutzt der Coach die Möglichkeit, über Metaphern oder indirekte Formulierungen das Unbewusste des Coachees zu erreichen. Implizite Botschaften helfen, den Coachee mit einer neuen Perspektive in Berührung zu bringen, ohne dass er sofort über den Input reflektiert und damit in alte Denkmuster verfällt. Wenn diese unterschwellig ausgesendete Information in das Bewusstsein des Coachees dringt, hat er oftmals das Gefühl, selbst Urheber dieses Impulses zu sein. Dadurch wird er sich wesentlich motivierter mit dieser neuen Ressource beschäftigen.

Widerstand im Coaching

Der Rapport bezeichnet das Vertrauensverhältnis zwischen Coach und Coachee. Geht der Rapport verloren, reißt auch das magische Band des Vertrauens. Wenn der Coach dies nicht bemerkt und trotzdem versucht, weiter durch Interventionen zu führen, wird der Coachee ihm Widerstand entgegensetzen. Dafür sorgen die unbewussten Kräfte des Coachees, die für seine persönliche Ökologie verantwortlich sind. Widerstand bedeutet mangelnde Flexibilität des Coachs. Für den Coach gilt dann, durch einfühlsames Pacing wieder Rapport zu erzeugen. Wenn guter Rapport besteht, bilden die Kommunikationspartner eine Einheit. Der flexiblere Partner wird die Einheit führen. Deshalb braucht ein guter Coach eine möglichst hohe Flexibilität im Verhalten und in der Auswahl seiner Coaching-Werkzeuge.

Coaching-Übung: Führung durch Fragen

Trainieren Sie Ihre eigene Fragetechnik, um das Coaching bewusst zu steuern. Entwickeln Sie ein Gespür für die richtige Frage im richtigen Moment. Nutzen Sie Ihre Kreativität, um die Infos Ihres Gegenübers durch immer wieder neue Fragen zu vertiefen. Achten Sie dabei auf Folgendes:

- Stellen Sie viele offene Fragen!
- Unterscheiden Sie ziel- und problemorientierte Fragen!
- Erforschen Sie genaue Details (wer, was, wie, wo genau?)!
- Hinterfragen Sie Motive, Absichten und Beweggründe (Wieso? Warum? Weshalb?)!
- Achten Sie gleichzeitig auf den Rapport!
- Beobachten Sie die Physiologie des anderen!
- Lassen Sie Ihrem Gegenüber genug Zeit, um seine Antwort zu formulieren!
- Ermutigen Sie den anderen durch Signale der Freundlichkeit – Lächeln, Blickkontakt und interessierte Aufmerksamkeit.

Um erfolgreiche Vorbilder zu modellieren, können Sie Ihren Fernseher als Inspiration nutzen. Verfolgen Sie den Verlauf von Interviews, und beantworten Sie sich folgende Fragen:

- Wie werden Fragen bei den TV-Profis eingesetzt?
- Welche Auswirkung hat dies auf den Gesprächsverlauf?
- Werden mehr offene oder geschlossene Fragen gestellt?
- Welche Fragen motivieren den Befragten?
- Welche Fragen irritieren oder frustrieren ihn?
- Werden eher problem- oder zielorientierte Fragen gestellt?
- Können Sie sehen, wie der Befragte in Trance geht, um seine Antwort zu formulieren?
- Wie bewerten Sie persönlich den Verlauf des Interviews? An welcher Stelle hätten Sie eine andere Frage gestellt?

Verweise

→ Frage-Technik
→ Ziel-Orientierung
→ Pacing
→ Rapport

Lebenslanges Lernen – der sichere Weg zum Erfolg

Nutzen/Ziel

- Der Coach hilft dem Coachee, sein Gehirn optimal zu nutzen und nötige Lernprozesse schnell und gezielt zu durchlaufen.

Anwendungsfelder

- Wenn alte Verhaltensmuster nicht mehr funktionieren.
- Zur Erschließung von neuen Ressourcen.
- Bei der Überwindung von persönlichen Grenzen.
- Entwicklung von Geduld und Ausdauer.
- Zur Überwindung von Opferhaltung, Passivität, Regression, mangelnder Verhaltensflexibilität.

Der Erfolg im Coaching beruht auf der Tatsache, dass der Coachee nach dem Coaching besser als vorher auf die Herausforderungen seiner Umwelt reagieren kann. Dafür muss er lernen, alte Verhaltensweisen an neue Anforderungen anzupassen. Für Sie als Business-Coach bedeutet das, dass Sie Ihren Coachee dazu befähigen müssen, neue, sinnvolle Erfahrungen zu machen, um dadurch neue Fähigkeiten in sein Verhaltensrepertoire zu integrieren. Gleichzeitig stehen Sie als Coach mit jedem neuen Coaching-Auftrag vor der Aufgabe, Ihre Kompetenzen zu erweitern, um das einzigartige menschliche Wesen vor Ihnen zu verstehen und zielorientiert unterstützen zu können.

Im Coaching

Lernen bedeutet, dass durch Erlebnisse im Gehirn neue neurologische Verknüpfungen entstehen. Jeder Mensch hat aufgrund der Plastizität (neuronale Formbarkeit durch Erfahrungen) seines Gehirns die lebenslange Lernfähigkeit als Ressource zur Verfügung. Differenzierter und intelligenter als jedes andere Lebewesen können wir unser Verhalten durch Lernen an die Erfordernisse der Umwelt anpassen. Als bewusste Gehirnbenutzer sind wir in der Lage, alte inadäquate Verhaltens- und Wahrnehmungsmuster auf intelligente Weise in Frage zu stellen und stattdessen flexible Verhaltensweisen zu erlernen. Je bewusster wir auf die Lernfähigkeit unseres Gehirns fokussieren, desto leichter fällt uns die effiziente Anpassung an die an uns gestellten Herausforderungen.

Der moderne Mensch befindet sich jedoch in einem Dilemma. Einerseits veranlasst uns die Neigung unseres Systems zum Energiesparen immer wieder, die bereits erlernten und bewährten Verhaltensweisen zu reproduzieren und unseren Gewohnheiten zu folgen. Gewohnheiten sparen Energie, geben uns Sicherheit und sind bequem. Die Steuerung durch unbewusste Gewohnheiten erwächst aus dem evolutionsgeschichtlichen Kontext, wo sich unsere menschliche Spezies so erfolgreich entwickelte. Menschen waren über Jahrtausende geeicht auf eine Umwelt, die sich im Laufe eines Menschenlebens nicht wesentlich geändert hat. Die menschliche Neigung, konditionierten Gewohnheiten zu folgen, setzt stabile Umweltbedingungen voraus. Die heutige Umwelt verändert sich jedoch rasend schnell. Vieles, was wir gestern gelernt haben, gilt oftmals schon morgen nicht mehr. Dadurch entsteht zumeist eine tiefe Verunsicherung bei den Betroffenen. Die Auflösung des Dilemmas gelingt uns nur durch die ständige Bereitschaft, Neues zu lernen.

Wir Menschen sind in der Lage, unser Handeln und auch unser Erleben durch Lernen ständig zu optimieren. Wir haben dadurch die Chance, unsere Persönlichkeit kontinuierlich zu entwickeln. Die konsequente Anwendung des NLP im Coaching impliziert für Coach und Coachee einen lebenslangen Lernprozess. Dabei wird das eigene Repertoire von Verhaltensweisen ständig erweitert und die Flexibilität zunehmend erhöht. Lernen bedeutet, das eigene Gehirn gezielt zu benutzen und damit unser gesamtes System in

Schwung zu halten. Nicht wenige Senioren widmen sich der Weiterbildung im hohen Alter, weil sie wissen, dass dies auch ihre Vitalkräfte aktiviert. Erfolgreiche Unternehmen organisieren für ihre Mitarbeiter Weiterbildungsmöglichkeiten in Form von Seminaren und Trainings. Führungskräfte kommen ins Coaching, um auf individuelle Weise die eigene Kompetenz zu optimieren. Jede Coaching-Intervention impliziert einen gezielten Lernprozess des Coachees, wobei neue neurologische Verknüpfungen im Gehirn geschaffen werden. Um das Gelernte im Alltag anwenden zu können, macht der Coach am Ende jeder Coaching-Sitzung einen Future Pace. Durch mentales Probehandeln wird eine neurologische Struktur für das zukünftige Verhalten angelegt.

Modeling – die schnellste Form des Lernens

Das Lernen am erfolgreichen Modell (Modeling) ist eine besonders wirkungsvolle Art des Lernens. Dabei gibt das Modell dem Lernenden eine konkrete Zielvorstellung zur effizienten Orientierung. Auf diese Weise hat der Lernprozess von Anfang an eine genaue Richtung und konkrete Kriterien zur Einhaltung dieser Richtung.

Wenn ein Coachee beispielsweise glaubt, eine bestimmte Ressource nicht selbst zur Verfügung zu haben, fragt ihn sein Coach:

- »Kennen Sie jemanden, der das kann? Wie macht der das? Tun Sie einmal so, als ob Sie diese Fähigkeit auch hätten …«

Beim Modeling ist es wichtig für den Modellierer, sich eine Zeit lang möglichst intensiv in die Welt seines Modells hineinzufühlen. Um die relevanten Strategien des Modells zu verstehen, tut der Modellierer so, als ob er das Modell wäre. Zur ökologischen Integration des Gelernten ist es jedoch wichtig, die neuen Fähigkeiten anschließend bewusst in das eigene Repertoire zu integrieren. Nicht die Persönlichkeit des Modells wird modelliert, sondern seine Fähigkeiten. Natürlich kann das Modell als Person ein willkommener Anker sein, doch entscheidend beim ökologischen Modeling ist, dass die Verfügbarkeit der neuen Fähigkeiten mit der eigenen Identität verknüpft wird.

Beim Lernen gibt es kein Versagen und keine Fehler. Jede Erfahrung kann als nützliches Feedback verstanden werden, um dem zukünftigen Lernprozess eine bessere Ausrichtung zu geben. Gesunder Humor kann beim kreativen Verarbeiten von schwierigem Feedback gute Dienste leisten. Lernen ist der Weg in die Freiheit. Es gibt vieles, was Menschen jetzt noch nicht tun können und in Zukunft lernen werden.

Übungsgruppen – partnerschaftliche Feedback-Kultur

Beim Einüben von Interventions-Techniken im Coaching können drei Personen eine Übungsgruppe bilden, wobei alle Teilnehmer eine bestimmte Funktion erfüllen. Die Positionen werden im Rotationsverfahren gewechselt:

- Der Teilnehmer auf der Position A ist der Coachee. Er stellt sich für die Übung als Testperson zur Verfügung. Dabei hat er die Erlaubnis, völlig spontan zu sein. Er darf seinen Bedürfnissen freien Lauf lassen und hat jederzeit das Recht, Grenzen zu setzen. Von A wird lediglich erwartet, dass er das Beziehungsangebot seines Coachs annimmt und mit ihm kooperiert.
- Der Teilnehmer in der Position B ist der Coach von A. Er ist der aktiv Übende und trainiert seine Anwenderkompetenz als Coach. Dabei sollte er bereits zu Beginn der Übung eine theoretische Vorstellung vom technischen Ablauf auf seiner inneren Landkarte abgebildet haben, damit A den Prozess der Intervention fließend durchlaufen kann. Ist diese Vorstellung lückenhaft, sollte er vor Beginn der Intervention gemeinsam mit den anderen Teilnehmern den Ablauf noch einmal kurz durchsprechen. B ist verantwortlich für die Steuerung der inneren Prozesse von A. Er soll dafür Sorge tragen, dass es sowohl seinem Coachee als auch ihm selbst in der Rolle als Coach gut geht.
- Der Teilnehmer in der Position C ist der Beobachter. Der Beobachter schult seine Wahrnehmung auf allen Kanälen. Zum Beispiel beobachtet er den Tanz der Physiologien und achtet auf feine Veränderungen in der Stimme des Coachees. Nach der Übung ist er der Moderator der anschließenden Feedbackrunde. C sorgt dafür, dass B und A konstruktives Feed-

back erhalten. Dabei fragt er zuerst A und dann B nach ihrem Erleben. Sobald beide berichtet haben, teilt er ihnen seine eigenen Wahrnehmungen mit. Wenn sich daraus eine lebhafte Reflexion entwickelt, moderiert C den Austausch und lenkt die Gesprächsinhalte immer wieder zurück zu den relevanten Themen.

Durch das Rotationsverfahren sammelt jeder Teilnehmer Erfahrungen in den verschiedenen Funktionen. Sind mehr als drei Personen in einer Übungsgruppe, wird die C-Position von mehreren Teilnehmern besetzt. Dabei können spezielle Beobachteraufträge wahrgenommen werden. Zum Beispiel könnte C1 den peripheren Blick üben und kalibrierte Schleifen identifizieren, während C2 nach sprachlichen Zugangshinweisen sucht und Strategien aufdeckt. So wird die Wahrnehmung gezielt trainiert, und die anschließende Feedbackrunde bekommt eine systematische Struktur.

Mental Martial Arts

Das NLP wurde entwickelt, um Lernprozesse zu erforschen und effizienter zu gestalten. Deshalb wurden komplexe Fähigkeiten aufgeschlüsselt und in einfache Techniken zerlegt. Die Ergebnisse wurden so dargestellt, dass sie von jedem Menschen nachvollzogen werden können. Jede Veränderung beginnt mit dem Einüben von Techniken. Wenn die Techniken sorgfältig eingeübt wurden, hat der Anwender einen inneren Prozess durchlaufen, der ihn wissen lässt, dass sich hinter den operativen Techniken eine neue Qualität der Kommunikation verbirgt. Mit der Verinnerlichung der Kommunikationstechniken setzt der Mensch neue Kapazitäten frei, die er für weitere Lernprozesse nutzen kann. Diese Erkenntnis führt ihn zu den Mental Martial Arts.

Der Geist der Martial Arts stammt aus den asiatischen Kampfkünsten. Karate, Judo, Aikido, Taekwondo, Kung Fu oder Tai Chi sind Wege zur Gesundheit und Bewusstwerdung. Sie sind seit Jahrtausenden erprobt und basieren auf verfeinertem Wissen. Durch ihre Ausübung werden Methoden zur effektiven Kommunikation auf körperlicher und geistiger Ebene vermittelt. Das NLP kann als Disziplin der Mental Martial Arts verstanden werden. Dabei geht es in erster Linie um die Entwicklung von geistigen Fähigkeiten. Auch der Erwerb von Coaching-Kompetenz geschieht auf dem Weg der Übung. Es reicht nicht aus, nur über Coaching zu lesen, zu reden oder Seminare zu besuchen; damit ist noch keine echte Anwenderkompetenz erworben. Die entscheidenden Schritte bestehen darin, die Werkzeuge auszuprobieren und damit eigene Erfahrungen zu sammeln. So füllen sich die zunächst theoretischen Strukturen mit lebendiger Wahrheit. In der Praxis macht Übung den Meister.

Ein Schüler der Martial Arts lernt und trainiert zuerst einfache Grundtechniken, die ihn flexibler und sensibler machen. Später lernt der Schüler eine Vielzahl von komplizierter werdenden Techniken. Er kann sein Verhalten nun gezielt variieren. Wenn die Zeit reif ist, wird der Schüler sein eigener Meister. Er beginnt auf der Grundlage des Gelernten, selbst neue Möglichkeiten der Anwendung zu schaffen. Er entwickelt eigene Wege des Lernens und seinen eigenen Stil der Anwendung. Das Erlernen des Coachings ist ein ähnlicher Prozess. Lebendiges Wissen wächst aufgrund von Erfahrungen. Verbunden mit geistiger Präsenz kann sich dabei ein Weg der inneren Arbeit eröffnen, der den Lernenden in die Freiheit führt. Dieser Prozess ermöglicht sowohl ressourcevollen Kontakt mit anderen Menschen als auch die Befreiung von unnötigen Einschränkungen im Sinne einer Selbstheilung.

Verweise

→ Evolutionäre Muster
→ Modeling
→ Ressourcen
→ Win-win-Ethik

M

Magie des Wünschens – die Realität beginnt im Geiste

Nutzen/Ziel

- Attraktive Zukunftsgestaltung.
- Grundlage des positiven Denkens.
- Ausrichtung selektiver Wahrnehmungsfilter.

Anwendungsfelder

- Orientierungsloser Coachee im Zustand negativer Lageorientierung.
- Zukunftsfragen: »Was will ich wirklich?«
- Mangelnde Motivation, um Wünsche in Ziele zu verwandeln.

Was ist der Unterschied zwischen Magie und Logik? Sobald uns ein Bühnenmagier uns seinen Trick verraten würde, wird die Zauberei durchschaubar. Im Grunde sind magische Vorgänge nur so lange magisch, bis unser Bewusstsein verstanden hat, wie sie funktionieren und sie somit als logisch erklären kann. Die Magie des Wünschens ist eine einfache und leicht erlernbare Form der Magie, weil sie auf der kreativen Motivation bei der Gestaltung der eigenen Zukunft beruht. Die Macht der selektiven Wahrnehmung führt dazu, dass unser Gehirn Informationen nach ihrer Bedeutung sortiert. Es neigt dazu, uns die Realität so zu präsentieren, dass unsere unbewussten Annahmen über die Wirklichkeit bestätigt werden. Als Coach können Sie diesen Mechanismus gezielt nutzen, indem Sie Ihrem Coachee helfen, seine Wahrnehmungsfilter konsequent positiv und zielorientiert auszurichten.

Coaching mit NLP-Werkzeugen. Thomas Rückerl und Torsten Rückerl
Copyright © 2008 WILEY-VCH Verlag GmbH & Co. KGaA, Weinheim
ISBN: 978-3-527-50351-3

Im Coaching

Am Anfang war der Wunsch! Unsere Wünsche sind eine grundlegende Motivation für unser Verhalten. Das menschliche Unbewusste ist darauf geeicht, unsere Wünsche zu erfüllen. Die selektive Wahrnehmung ist ein nützlicher Mechanismus der menschlichen Psyche, der jedoch auch unnötige Einschränkungen erzeugen kann. Die menschliche Wahrnehmung entwickelte sich im Laufe der Evolution. Sie wurde so konzipiert, dass sie uns die besten Überlebenschancen in einer natürlichen Umwelt bietet. Deshalb dürfen wir nicht vergessen, dass die Lebensumstände, unter denen sich die Muster unserer Wahrnehmung entwickelten, anders waren als die heutigen. Unsere Wahrnehmung funktioniert vornehmlich nicht unter der Prämisse, die Realität zu erkennen, sondern unser Überleben zu sichern. Unsere unbewussten Sensoren sind auf Frequenzen, Objekte, Ereignisse und Abläufe kalibriert, die bestimmte Merkmale der Überlebenssicherung aufweisen. Sie lenken unsere Aufmerksamkeit und sorgen dafür, dass nur die Wahrnehmung der markierten Objekte in unser Bewusstsein dringt. Erst durch den intensiven Kontakt mit alternativen Lerninhalten wird das Unbewusste neu konditioniert. Dies geschieht beim Lernen über positive Referenzerfahrungen, bei dem neue neuronale Verknüpfungen im Gehirn entwickelt werden.

Aktuelle Ziel-Erkennungsreize haben Vorfahrt im Gehirn!

Die selektive Wahrnehmung kann auch als Projektion verstanden werden. Wenn bestimmte Themen aktuelle Relevanz besitzen, projiziert der Mensch diese Themen in die Geschehnisse seiner Umwelt hinein. Dafür programmiert das Unbewusste die selektive Wahrnehmung, um relevante Gestalten zu entdecken. Wenn jemand zum Beispiel ein neues Auto kaufen möchte und dabei mit einer bestimmten Marke liebäugelt, wird seine selektive Wahrnehmung im Straßenverkehr plötzlich gehäuft diese Automarke entdecken. Das gleiche Phänomen setzt ein, wenn in der Familie oder im Freundeskreis jemand schwanger wird – plötzlich stellt man fest, dass es enorm viele schwangere Frauen gibt.

Der selektive Charakter der menschlichen Wahrnehmung ist eine mächtige Ressource, die aber auch zu Einschränkungen führen kann. Bei der sich selbst erfüllenden Prophezeiung sorgt das Unbewusste dafür, dass ein bestimmter Zukunftsentwurf realisiert wird – auch dann, wenn der Mensch ihn eigentlich vermeiden möchte. Unser Unbewusstes kann nicht negieren! Egal, ob wir etwas wollen oder nicht wollen, das Unbewusste aktiviert die entsprechenden Wahrnehmungsfilter, um die Vorstellung, die wir in unseren Köpfen tragen, zu realisieren. Deshalb ist es so wichtig, erwünschte Ziele positiv zu formulieren.

Wenn dabei ehrlich gewünscht, empfangen und gewürdigt wird, ist die Magie des Wünschens ökologisch sehr verträglich und unterstützt den Selbstheilungsprozess oder die Zielerreichung. Nehmen Sie sich etwas Zeit und besinnen Sie sich auf die Sehnsüchte, Träume, Wünsche und Ziele, die Sie in diesem Leben gerne verwirklichen möchten.

Er wusste nicht, dass es unmöglich war, also hat er es getan!

Wenn Sie die Magie des Wünschens auf wirkungsvolle Weise aktivieren möchten, achten Sie darauf, dass Sie Ihren Sehnsüchten und Träumen wirklich gerecht werden. Seien Sie mutig und formulieren Sie genau das, was Sie wirklich glücklich machen würde. Nicht mehr und vor allem nicht weniger! Gönnen Sie sich die beste aller Möglichkeiten, schließlich ist es Ihr Leben. Lassen Sie sich nicht durch irgendwelche geglaubten Einschränkungen Ihres konditionierten Verstandes irritieren. Jahrtausende träumten die Menschen den Traum vom Fliegen, und fast alle glaubten, es sei unmöglich. Der Verstand konnte es sogar begründen: Menschen können nicht fliegen, denn wir unterliegen der Schwerkraft. Doch wo ein Wille ist, da ist auch ein Weg! Immer wieder gab es kreative Menschen, die fliegen wollten und sich nicht entmutigen ließen. Die Realität beginnt im Geiste, am Anfang war der Wunsch! Dann plötzlich gab es Flugmaschinen mit Propellern, und inzwischen finden wir es ganz normal, mit dem Linienflieger in sechs Stunden nach Amerika zu jetten. Denken Sie daran, was gestern unmöglich erschien, kann morgen auf scheinbar magische Weise gelingen und übermorgen für alle logisch sein.

Durch den bewussten Umgang mit unseren wahren Wünschen können wir unser Leben aktiv gestalten. Wünsche ziehen ihre Verwirklichung an! Wenn ein Wunsch durch ein persönliches Ritual libidinös aufgeladen und zugleich als wohlgeformtes Ziel formuliert wird, bekommt das Unbewusste eine wirkungsvolle Programmierung. Die selektive Wahrnehmung wird gezielt auf Reize zur Zielerreichung ausgerichtet, und neue Wahrnehmungsfilter entstehen. Das schriftliche Ankern der Wünsche zum Beispiel auf einer Time Line gibt den organisierten Wünschen einen zeitlich transparenten Rahmen und ermöglicht ein ökologisches Projektmanagement.

Visualisieren Sie Ihre Ziele auf einer Zeitlinie!

Schreiben Sie alles auf, zunächst als Brainstorming, und dann machen Sie Ihre Ziele zu einem magischen Magneten, indem Sie die Kriterien der Wohlgeformtheit anwenden. Achten Sie dabei besonders auf positive Formulierungen. Wenn Sie ein Problem haben, das Sie gern loswerden möchten, dann fragen Sie sich, wie es sein wird, wenn Sie Ihr Problem gelöst haben. Beschreiben Sie diesen Zielzustand möglichst genau. Nutzen Sie Ihre Fantasie, stimulieren Sie Ihre Kreativität und erlauben Sie sich, strukturiert zu träumen. Werden Sie zum mentalen Designer. Als Ergebnis dieses magischen Rituals blicken Sie auf eine Liste mit wohlgeformten Zielen. Sie schaffen eine fundierte Basis für eine erfolgreiche Zukunft. Als Nächstes ordnen Sie Ihre Ziele auf Ihrer persönlichen Zeitlinie ein. Fragen Sie sich, wann Sie jedes einzelne Ziel verwirklicht haben wollen. Geben Sie jedem Ziel ein Datum, und visualisieren Sie alle Ziele auf einer magischen Linie, die am heutigen Tage beginnt und irgendwo in der Zukunft endet. Sie können den zeitlichen Rahmen beliebig variieren. Sie können in Tagen denken, in Wochen, in Monaten, in Jahren oder in Jahrzehnten. Sie können Ihre Ziele auch als kleine Symbole darstellen. Entwerfen Sie ein magisches Zielbild, das Ihre Zukunft so visualisiert, wie sie im günstigsten Fall sein könnte.

Nachdem Sie Ihr Unbewusstes mit allen nötigen Informationen versorgt haben, informieren Sie auch Ihr Bewusstsein über Ihre geplante Vorgehensweise. Fragen Sie sich für jedes Ziel, welche konkreten Schritte Sie tun müssen, um es zu realisieren. Finden Sie heraus, was Sie als Erstes tun können und wann Sie damit beginnen wollen. Schreiben Sie alles auf, handschriftlich oder am PC. Die Seiten Papier, die Sie als Ergebnis dieses überaus nützlichen Rituals in den Händen halten, werden für Sie in Zukunft attraktiver sein als jede Zeitung oder jedes Buch. Es ist Ihr persönliches Manifest, eine magische Synthese von Bewusstsein und Unbewusstem. Sie können davon ausgehen, dass Ihr Unbewusstes konsequent darauf achten wird, die fixierten Ziele zu realisieren, während Ihr Bewusstsein die meisten Informationen schnell wieder vergessen darf. Selbst wenn Sie das Papier nie wieder anschauen, wird Ihr Unbewusstes zumindest einen Teil der Ziele verwirklichen, sofern sie wohlgeformt formuliert wurden. Sie können Ihre unbewussten Kräfte jedoch aktiv bei ihrer Arbeit unterstützen, indem Sie sich die Aufzeichnungen hin und wieder zur Hand nehmen. Dadurch frischen sie die Erinnerung auf, und vor allem erhalten Sie die Gelegenheit, Ihre Ziele hinsichtlich ihrer Aktualität zu überprüfen.

Aktualisieren Sie Ihre Zielformulierung!

Menschliche Ziele können sich im Laufe der Zeit unbemerkt verändern. Viele Menschen verschwenden enorme Mengen von Zeit und Energie, indem Sie Zielen hinterherlaufen, die für sie im Grunde gar nicht mehr erstrebenswert sind. Falls solche Ziele dann irgendwann einmal erreicht werden, fragt sich der betroffene Mensch oft verblüfft, warum er denn jetzt nicht endlich glücklich ist? Eigentlich müsste er es sein, doch merkwürdigerweise spürt er nur eine seltsame Leere in sich. Da die entsprechende Programmierung irgendwann in der Vergangenheit getätigt und dann nicht korrigiert wurde, arbeitete der mentale Autopilot pflichtgemäß an der Realisierung. Die unbewussten Kräfte verfolgen Ihre Aufträge sehr gewissenhaft. Um diesem tragischen Effekt vorzubeugen, sollten Sie Ihre persönlichen Ziele hin und wieder überprüfen. Machen Sie einen aktuellen Öko-Check. Wenn Sie merken, dass sich Ihre Bedürfnislage verändert hat, dann verändern Sie auch Ihre

Zielformulierung entsprechend. Es kommt sehr selten vor, dass Bedürfnisse einfach verschwinden, meistens verändern Sie sich allmählich im Laufe der Zeit. Viele Veränderungen resultieren aus einem persönlichen Reifungsprozess. Deshalb wird die alte Zielformulierung Ihnen eine wertvolle Spur liefern, aus welchem Stoff Ihr neues, aktuelles Ziel beschaffen sein könnte.

Coaching-Übung zur Magie des Wünschens

- Bitten Sie Ihren Coachee, in aller Ruhe die Sehnsüchte, Träume, Wünsche und Ziele aufzuschreiben, die er in seinem Leben gerne verwirklichen möchte:
  »Was sind die besten Zukunftsvorstellungen für Ihr Leben?«
- Überprüfen Sie mit Ihrem Coachee, ob die Formulierungen den Kriterien der Wohlgeformtheit entsprechen:
  »Stehen die Formulierungen im Einklang mit der Programmiersprache des Unbewussten?«
- Bitten Sie Ihren Coachee, die Ziele auf einer Zeitlinie zu visualisieren:
  »Wann wollen Sie welche Ziele realisiert haben?«
- Entwickeln Sie mit Ihrem Coachee Strategien zur Umsetzung der Ziele, indem Sie Meilensteine und Etappenziele definieren:
  »Welche Ressourcen fehlen Ihnen? Wie können Sie diese Ressourcen generieren? Was genau tun Sie wann, um die Etappenziele zu realisieren?«
- Überprüfen Sie zusammen mit Ihrem Coachee, ob die Ziele, die Zeitrahmen und die Strategien ökologisch verträglich sind:
  »Welche Nebenwirkungen, Risiken und Preise sind zu erwarten?«
- Bringen Sie Ihren Coachee ins Handeln:
  »Was sind die ersten Schritte zur Zielerreichung, und wann werden Sie diese gehen?«

- Installieren Sie mit Ihrem Coachee eine zeitlich passende Feedbackschleife, um die Entwicklung zu überprüfen und gegebenenfalls Strategieanpassungen vorzunehmen: »Wann wollen wir uns wieder treffen, um den Prozess zu überprüfen?«

Verweise

→ Future Pace
→ Projektion
→ Time Line

Meta-Ebene –
auf dem geistigen Feldherrenhügel

Nutzen/Ziel

- Bewusstheit erhöhen und gezielt ausrichten.
- Missverständnisse und ihre Auswirkungen bei Konflikten erkennen.
- Emotionale Betroffenheit relativieren.
- Intelligente Entscheidungen herbeiführen.

Anwendungsfelder

- Als zentrales Werkzeug des Coachs zur Steuerung von Prozessen.
- Coachee »sieht den Wald vor lauter Bäumen nicht«.
- Bei Detailverliebtheit oder Betriebsblindheit.

Auf der Meta-Ebene gewinnen Sie Souveränität. Sie überblicken alle relevanten Faktoren für die Diagnose und Entwicklung eines Systems. Sie können alle Elemente ohne emotionale Anhaftung betrachten und ihre Funktion in Hinsicht auf das ökologische Gleichgewicht und ihre Bedeutung für die Zielerreichung Ihres Coachees erkennen. Die Fähigkeit, Ihren Coachee auf die Meta-Ebene führen zu können, ist für Sie als Coach eine wichtige Grundlage zur Klärung von Missverständnissen und zur Lösung von inneren und äußeren Konflikten. Die Meta-Ebene ist eine spezielle Form der gezielten Dissoziation im Coaching. Sie schafft eine sehr nützliche Distanz zum momentanen Geschehen und ermöglicht einen umfassenden Überblick. Mithilfe von kontrollierten Dissoziationen kann der Coachee besonders in Krisensituationen neue Wahlmög-

lichkeiten erlangen. Die Meta-Ebene bietet eine optimale Wahrnehmungsposition, um ein soziales System zu hinterfragen, zu verstehen und zu optimieren.

Im Coaching

Im Coaching wird mit der Installation einer Meta-Ebene durch
den Coachee eine zweite Ebene der Wahrnehmung geschaffen, auf
der das zwischenmenschliche Geschehen psychologisch analysiert
werden kann. Auf der Meta-Ebene befinden sich die Beteiligten weder im eigenen Realitätstunnel noch in dem ihrer Gesprächspartner, sondern auf einer neutralen Betrachtungsebene. Wenn Menschen auf der Meta-Ebene wahrnehmen, betrachten sie die aktuelle
Situation als Teil eines komplexen Kommunikationsprozesses.
Dabei wird die eigene Betroffenheit in eine analytische Sichtweise verwandelt. Meta-Kommunikatoren verfolgen den Verlauf der
Begegnung möglichst objektiv. Sowohl der eigene als auch der Realitäts-Tunnel der anderen Kommunikationspartner liefert Kriterien
für eine angemessene Bewertung der aktuellen Situation. Diese außergewöhnliche Betrachtungsweise führt zu einem klaren Verständnis der Kommunikation. Die Meta-Ebene gilt deshalb auch
als »geistiger Feldherrenhügel«. Falls mehrere Personen diesen
geistigen Feldherrenhügel erklimmen können, kann die so genannte Meta-Kommunikation stattfinden. Man spricht über die Art
der Kommunikation: »Wie reden wir hier eigentlich miteinander?!«

Coaching-Übung: Meta-Ebene

Im Coaching kann auf der Meta-Ebene die aktuelle Situation
als Teil eines komplexen Kommunikationsprozesses wahrgenommen werden. Der Coach lädt den Coachee ein, sich an
eine schwierige Gesprächssituation zu erinnern und dabei
ganz bewusst aus der Distanz auf die Situation zu fokussieren:
• Welche Rahmenbedingungen hatte dieses Gespräch?
• Wie wurde miteinander kommuniziert?
• Wer hatte welchen Redeanteil?

- Wie wurde die Beziehungsebene gestaltet?
- Welche sinnesspezifischen Phänomene hätte ein unbeteiligter Dritter in der Kommunikation wahrnehmen können?
- Was wünschen sich die Beteiligten?
- Welche Ziele wurden verfolgt?
- Welche gemeinsamen Ziele gab es?
- Wie hätte man alle Ziele unter einen Hut bringen können?

Mithilfe dieser kontrollierten Dissoziation kann der Coachee lernen, seine Bedürfnisse so zum Ausdruck zu bringen, dass sie von seinen Mitmenschen gerne befriedigt werden. Oft entscheidet die Art und Weise, wie ein Bedürfnis vorgetragen wird, ob die anderen Menschen sich darauf einlassen können. Die Erfahrungen auf der Meta-Ebene helfen dem Coachee zu erkennen, ob seine Mitmenschen seine Bedürfnisse tatsächlich nicht befriedigen können oder ob sie die Art, mit der er seine Interessen vertritt, nicht akzeptieren können. Als Meta-Kommunikator wissen Sie, wann es sich lohnt, einen neuen Versuch zu starten, und wenn Sie sich dann in den Realitätstunnel des anderen hineinfühlen, können Sie schnell herausfinden, auf welche Weise Sie dies am besten tun. Die Meta-Ebene kann dem Coachee helfen, in der Kommunikation neue Wahlmöglichkeiten zu erlangen. Wenn alle Menschen lernen würden, auf der Meta-Ebene zu kommunizieren, und gleichzeitig die Idee des Gewinner-Gewinner-Modells als ethisches Ziel beherzigen würden, wären wir einem echten sozialen Frieden ein ganzes Stück näher gekommen.

Verweise

→ Dissoziation
→ Realitätstunnel
→ Wahrnehmung

Meta-Modell –
das sprachliche Universal-Werkzeug

Nutzen/Ziel

- Erforschen und Bewusstmachen der inneren Landkarte.
- Bewusster Umgang mit Sprache und Informationsverlust.
- Schnelle und systematische Informationsgewinnung.

Anwendungsfelder

- Präzisieren von missverständlichen Aussagen und indifferenter Kommunikation.
- Als Leitsystem zum Hinterfragen von spontanen Äußerungen.
- Bewusstes Verstehen und Hinterfragen von Komplexität.
- Zur Diagnose und Veränderung von einschränkenden Glaubensmustern.

Im Coaching ist es von besonderer Bedeutung, die verbalen Informationen des Coachees mit seiner inneren Abbildung der Welt in Zusammenhang zu setzen. Mit dem Meta-Modell können Sie als Coach eine direkte Verbindung zwischen der Sprache des Coachees und seinen Empfindungen und Glaubenssätzen auf seiner inneren Landkarte herstellen. Gleichzeitig helfen Sie Ihrem Coachee, dass er sich seiner inneren Prozesse bewusst wird und diese durch seinen Sprachgebrauch gezielt beeinflussen kann.

Im Coaching

Das Meta-Modell ist für den kompetenten Coach ein fundamentales Werkzeug zur Gewinnung von sprachlichen Informationen. Der Einsatz der Fragen des Meta-Modells verbindet den Coachee mit dem Erleben. Das Meta-Modell wurde entwickelt, um die Sprache eines Menschen mit der durch die Sprache repräsentierten Erfahrung zu verknüpfen. Sprache ist nicht Erfahrung, sondern eine Repräsentation der Erfahrung. Ebenso ist die Landkarte nicht das Territorium, sondern nur eine Abbildung davon. Da wir nicht direkt auf die Welt einwirken, erschaffen wir in unseren Köpfen neurologische Modelle von der Realität – unsere inneren Landkarten. Sie vermitteln uns die Orientierung für unser Verhalten. Wir entwickeln unsere Landkarten durch drei universelle Gestaltungsprozesse: Generalisierung, Tilgung und Verzerrung.

Generalisierung: »Immer, alles und jeder?«

Generalisierung heißt Verallgemeinerung. Wir Menschen neigen dazu, unsere Erfahrungen zu generalisieren. Wenn wir in einer konkreten Situation etwas erfahren und gelernt haben, können wir in Zukunft bei allen Situationen, die ähnliche Merkmale aufweisen, das Gelernte anwenden. Dadurch ersparen wir uns viele mühevolle Versuch-Irrtum-Experimente. Auch soziale Vorurteile sind Formen der Generalisierung. Dabei werden Menschen aufgrund von Herkunft, Beruf oder Aussehen in bestimmte Kategorien eingeordnet. Derartige Vorurteile mögen zwar manchmal zutreffen, oft nimmt man sich dadurch jedoch die Chance, die Qualitäten des anderen wirklich zu erkennen. Sprachlich offenbaren sich Generalisierungen in Worten wie »alle, immer, nie, keiner, jeder«. Durch die Anwendung des Meta-Modells können im Coaching unzulässige Generalisierungen erkannt, hinterfragt und differenziert werden.

Wenn ein Kind einmal an der Kinderzimmertür gelernt hat, wie eine Türklinke funktioniert, generalisiert es diese Erfahrung auf ähnliche Situationen. Es kann jetzt alle Türen öffnen, indem es die Klinke herunterdrückt. Wenn das Kind jedoch nicht versteht, warum es eine Tür nicht öffnen kann, die abgeschlossen ist, zeigt dies, dass seine innere Landkarte hier unzulässig generalisiert. Es muss lernen, zwischen abgeschlossenen und unverschlossenen Türen zu unterscheiden. Dafür muss die bisher erfolgreiche Generalisierung kritisch hinterfragt werden. Das Kind kann lernen, dass es Schlüssel gibt, um verschlossene Türen zu öffnen. Dieses Wissen bereichert sein Verhaltensrepertoire.

Unzulässige Generalisierungen, die oftmals mit starkem emotionalem Druck verknüpft sind, können psychische Einschränkungen erzeugen. Ein Mensch wird einmal von einem Hund gebissen, generalisiert diese Erfahrung auf alle Hunde und muss jetzt jedes Mal mit Angstzuständen kämpfen, sobald irgendein Hund in seine Nähe kommt. Selbst kleine, völlig friedliche Hunde versetzen ihn in Angst. Auf seiner inneren Landkarte werden Hunde nicht differenziert abgebildet. Das Unbewusste kann nicht zwischen bissigen und freundlichen Hunden unterscheiden. Erst mit dem Erleben von positiven Erfahrungen baut sich im Unbewussten langsam die vertrauensvolle Fähigkeit der Differenzierung wieder auf. Im Coaching gilt es bei unbewussten Schwierigkeiten des Coachees sinnvoll zu differenzieren, in erster Linie um die Begleitung bei der Gewinnung von positiven Referenzerfahrungen, die der Coachee allein von vornherein nicht zugelassen hätte.

Tilgung: »Was wurde vergessen?«

Der Prozess der Tilgung beeinflusst unsere Wahrnehmung in jedem Moment – wir können nicht nicht tilgen! Die Kapazität unseres Bewusstseins ist begrenzt, ein Großteil der wahrgenommenen Informationen wird permanent getilgt. Nur Informationen, die für den Menschen eine Bedeutung haben, werden auf unserer inneren Landkarte abgebildet. Durch die Tilgung von Informationen können wir unsere Aufmerksamkeit fokussieren und uns auf einen bestimmten Ausschnitt unseres Erlebens konzentrieren. So kann man sich zum Beispiel auf einer lauten und hektischen Party trotzdem auf ein Gespräch konzentrieren, weil die übrige Geräuschkulisse automatisch getilgt wird. Erst wenn ein Schlüsselreiz, wie zum Beispiel der eigene Name, an das Ohr dringt, wird die automatische Tilgung unterbrochen und die Aufmerksamkeit neu ausgerichtet. Auch die Fähigkeit, ein Buch zu lesen, während der Fernsehapparat läuft, ist ein Beispiel für eine nützliche Tilgung.

Die selektierende Funktion der Tilgung ermöglicht es, in unserer hektischen Welt zu bestehen und nicht von Außenreizen überwältigt zu werden. Ohne die Fähigkeit zur Tilgung von Informationen wären wir Menschen der heute allgegenwärtigen Reizüberflutung hoffnungslos ausgeliefert. Nützlicherweise wählt der Zensor diejenigen Informationen aus, die für uns relevant sein könnten. Doch die Tilgung von Informationen kann auch zu Problemen und Einschränkungen führen. Oft werden auch Anteile unseres Erlebens getilgt, die für ein volles, reiches und funktionales Modell der Welt nötig sind. Dies ist zum Beispiel dann der Fall, wenn wir unsere Eigenanteile am Zustandekommen eines Konfliktes tilgen und die Verantwortung gänzlich dem anderen zuschieben. In der Oberflächenstruktur der Sprache offenbaren sich Tilgungen durch fehlende Informationen. Im Coaching hilft das Meta-Modell, Tilgungen zu erkennen und im Falle von problematischen Einschränkungen die Abbildung der Wirklichkeit auf der inneren Landkarte durch weitere Informationen zu ergänzen.

Verzerrung: » Wenn aus Mücken Elefanten werden!«

Durch die Verzerrung wird bei der Abbildung sensorischer Einzelheiten eine Umgestaltung auf unserer inneren Landkarte vorgenommen. Die Fähigkeit zur Verzerrung von sinnlichen Eindrücken bildet eine wichtige Voraussetzung zur Entstehung von Kreativität. Jede Form von Kunst basiert auf einer gekonnten Verzerrung. Wir verfälschen die Realität in der fiktionalen Literatur, in den Künsten und sogar in der Wissenschaft. Romane und Gemälde sind schöpferische Werke, in denen die Realität vorsätzlich verzerrt wurde. Auch Mikroskope oder Fernrohre wurden von den Menschen erfunden, um die Realität auf eine beabsichtigte Weise verzerrt abzubilden. Prinzipiell bewirkt jeder Einsatz der menschlichen Fantasie eine Verzerrung der Wirklichkeit. Unsere Vorstellungskraft ermöglicht es, die realen Sinneseindrücke im Geiste neu zu formieren. Genau genommen geschehen im Gehirn des

Menschen ständig kreative Prozesse, denn die begrenzte Frequenz, auf der unsere Sinnesorgane Informationen empfangen, nötigt uns Menschen dazu, die tatsächliche Realität in unseren Köpfen anhand von fragmentierten Reizen zu konstruieren. Dieses kreative Konstrukt ist unsere innere Landkarte.

Unsere Fähigkeit zur Verzerrung ist eine wertvolle Ressource – sie kann aber auch zu Problemen führen. Negative Verzerrungen können die eigene Lebensqualität einschränken. Ein extremes Beispiel ist der Verfolgungswahn. Dabei wird jedes Ereignis so interpretiert, dass die Wahnidee, von Feinden beobachtet und verfolgt zu werden, erhärtet wird. Auch mangelndes Selbstwertgefühl kann zu problematischen Verzerrungen führen. Ein Mensch, der sich selbst für nicht liebenswert hält, verzerrt alle kritischen Rückmeldungen zu seiner Person durch diesen Filter. Dadurch kann er den konstruktiven Informationsgehalt der Kritik nicht nutzen, um sich zu verändern und zu wachsen. Stattdessen fühlt er sich ungeliebt und frustriert. Verzerrungen der inneren Landkarte drücken sich durch sprachliche Muster aus. Das Meta-Modell dient im Coaching dazu, die Verbindung zwischen Sprache und der repräsentierten Erfahrung wiederherzustellen. Es bietet Möglichkeiten, einschränkende Verzerrungen zu erkennen, zu hinterfragen und zu korrigieren.

Da sich diese drei Gestaltungsprozesse in sprachlichen Mustern ausdrücken, können wir das Meta-Modell als Instrument im Coaching einsetzen, um die sprachlichen Formulierungen zu hinterfragen. Auf diese Weise wird die Verbindung zwischen der Sprache und der durch sie repräsentierten Erfahrung wiederhergestellt. Als Coach können Sie mit dem Meta-Modell eine Voraussetzung schaffen, um die problemerzeugenden Strukturen der inneren Landkarte zu korrigieren. Es ermöglicht Ihnen, durch systematisches Fragen die reduzierte und verzerrte Oberflächenstruktur auf die ursprüngliche Tiefenstruktur zurückzuführen. So ist es möglich, sowohl die Ressourcen als auch die Einschränkungen auf der Landkarte des Coachees systematisch zu erforschen.

Tiefen- und Oberflächenstruktur

Jede Botschaft in der Kommunikation hat sowohl eine Tiefen- als auch eine Oberflächenstruktur. Die Tiefenstruktur ist die vollständige sprachliche Repräsentation einer Erfahrung. Die Oberflächenstruktur ist ein reduziertes Abbild der Tiefenstruktur; es sind die Worte, die ein Mensch wählt, um seine Erfahrung mitzuteilen.

Wenn wir über eine bestimmte Erfahrung berichten möchten, wäre die Tiefenstruktur also die vollständige Botschaft. Der Empfänger unserer Botschaft wird jedoch nur mit der Oberflächenstruktur konfrontiert. Diese interpretiert er dann gemäß seiner eigenen inneren Landkarte, indem er seine eigenen Erfahrungen in unsere Worte hineinprojiziert.

Die Aussage »Ich bin glücklich!« hat eine sehr einfache Oberflächenstruktur. Die entsprechende Tiefenstruktur wird hingegen viel komplexer beschaffen sein. Wieso ist der Mensch glücklich? Seit wann? War er vorher unglücklich? Wie empfindet er sein Glücksgefühl? Der Empfänger könnte unendlich weiterfragen, ohne die Botschaft in ihrer ganzen Tiefe zu verstehen, denn mit jeder neuen Teilinformation entstehen wieder vielfältige Bedeutungen der Tiefenstruktur. Die Tiefenstruktur ist somit kein wirklich absolutes Ziel in der Kommunikation, sondern nur eine Metapher für die dahinterliegenden Informationen, die der Sender mit der Botschaft verknüpfen kann.

Bei der Umsetzung einer Information von der Tiefen- zur Oberflächenstruktur gehen zwangsläufig Informationen verloren. Die Tiefenstruktur existiert nur im Gehirn des Senders. Um unsere Botschaften zu kommunizieren, wählen wir eine Oberflächenstruktur, von der wir glauben, dass unser Empfänger die Bedeutung versteht. Die gewählten Worte sollen sowohl die Tiefenstruktur des Senders repräsentieren als auch den Sprachgebrauch des Empfängers pacen. Worte sind lediglich auditive Anker, die bei jedem Menschen individuelle Assoziationen bewirken. Nur wenn die verwendeten Worte im Kopf des Empfängers ähnliche Assoziationen wie im Kopf des Senders auslösen, funktioniert die Kommunikation. Je unterschiedlicher die Assoziationen beschaffen sind, desto größer ist der Informationsverlust. Da gesprochene Worte bei jedem Menschen mit anderen Erfahrungen verknüpft sind, ist das gegenseitige Verstehen nur bedingt möglich.

Das im Coaching mit NLP verwendete Meta-Modell der Sprache wurde geschaffen, um die Botschaften des Coachees besser zu verstehen. Es ist für den Coach ein extrem wichtiges Instrument, um die Oberflächenstruktur der Botschaften des Coachees systematisch zu untersuchen und die fehlenden Informationen durch Fragen gezielt zu ergänzen. Gleichzeitig wird der Coachee durch das Wissen um Tiefen- und Oberflächenstruktur befähigt, sich mit dem Informationsgehalt und Sprachgebrauch seiner internen und externen Kommunikation auseinanderzusetzen.

Coaching-Übung zum Meta-Modell

1. Der Coachee identifiziert sein Problem.
   - Der Coach hinterfragt Generalisierungen, Verzerrungen, Tilgungen.
   - Darauf folgte ein prägnanter Satz → Mein Problem:

   _____

2. Der Coach erforscht die genaue Tiefenstruktur der Problematik durch gezielte Fragen: »Was bedeutet das genau? Was steckt dahinter? In welchem Zusammenhang? Mit wem? Wie lange?« usw.
   - Achtung! Der Coach muss dem Coachee ausreichend Zeit für den kreativen Prozess der treffenden Wortfindung geben, Trance-Pausen erlauben und die Physiologie beobachten.
3. Der Coach fragt: Was stattdessen? Wie soll es sein, wenn es gelöst ist?
   - Wohlgeformtheits-Kriterien durch gezielte Fragen integrieren.
   - Ein prägnanter Satz → Mein Ziel:

   _____

4. Was will der Coachee tun, um sein Ziel zu erreichen?
   - Strategie und benötigte Ressourcen genau erforschen
   - Ein prägnanter Satz → Mein Weg zum Ziel:

   _____

5. Problemlösung überprüfen und verankern:
   - Öko-Check: Zeigt der Coachee eine inkongruente Physiologie? Welche Risiken, Nebenwirkungen und Preise bringt die Veränderung? Wie reagiert der Coachee?
   - Future Pace: Konsequentes Chunking-Down: Was genau wird der Coachee wann genau umsetzen?

Verweise

→ Wirksamkeit im Coaching
→ Anker
→ Frage-Technik
→ Projektion
→ Repräsentations-Systeme
→ Innere Landkarte
→ Generalisierung

Metaphern –
sprachliche Bilder für das Unbewusste

Nutzen/Ziel

- Direkte Ansprache des Unbewussten durch bildhafte Darstellungen.
- Verankerung von neuen Ideen.
- Implizite Inspiration für den Coachee.

Anwendungsfelder

- Coachee fühlt sich durch Komplexität überfordert.
- Verpacken von Botschaften, die vom Bewusstsein noch nicht verstanden werden.
- Als Separator-State-Manöver zur Auflösung von Stuck-States.

Metaphern sind sinnlich-attraktive Formulierungen, die einen komplexen Kontext durch ein einfaches bildhaftes Gleichnis beschreiben. Im Coaching werden Metaphern eingesetzt, um einen komplizierten Zusammenhang durch leicht verständliche Begriffe auszudrücken. Eine alternative, sinnlich-ansprechende Formulierung kann ein neues Licht auf den Sachverhalt werfen. Aufgrund der überzeugenden Bildsprache sind Metaphern oftmals besser für das Unbewusste zu verstehen als komplizierte Analysen. Metaphern können im Coaching spontan entstehen, um dem Coachee eine treffende Beschreibung seiner Situation anzubieten. Ein kompetenter Coach kann kreative Metaphern gezielt ins Gespräch einbringen, um psychische Prozesse zu beeinflussen.

Im Coaching

Die Nutzung von Metaphern im Coaching ist deshalb so effizient, weil ein Bild oftmals mehr offenbart als 1000 Worte. Eine gelungene Metapher bietet ein vereinfachendes und zugleich treffendes Abbild einer bestimmten Situation oder Konstellation aus einer neuen Perspektive. Dadurch kann die irritierende Komplexität der realen Situation auf prägnante Weise dargestellt werden. Metaphern haben in der Kulturgeschichte eine lange Tradition: Zum Beispiel enthalten biblische Texte viele Metaphern, um auch einfachen Menschen komplexe Zusammenhänge auf verständliche Weise zu vermitteln. Bekannte Sprichworte wie »er sieht den Wald vor lauter Bäumen nicht«, »alter Wein in neuen Schläuchen« oder die »zwei Seiten einer Medaille« sind kleine Metaphern. Besonders gut zur Konstruktion von Metaphern eignen sich klassische Archetypen wie König, Prinzessin oder Bettler, da sie die Wahrnehmungsmuster des Unbewussten aktivieren.

Im Coaching können Metaphern bei der Lösung von Problemen eingesetzt werden. Die Metapher bietet einen Stimulus für das Unbewusste, um den Zusammenhang in einer neuen, intuitiven Weise zu verarbeiten. Die bewusste Reflexion tritt beim Hören eines bildhaften Gleichnisses oftmals in den Hintergrund. Die Metapher versetzt die aktuelle Problematik in einen anderen Kontext, den der Coachee besser und mit mehr Distanz überschauen kann, da er darin weniger involviert ist.

Wenn dem Coachee eine Geschichte erzählt wird, in der jemand anderes, vielleicht eine Märchenfigur oder ein Fabelwesen, ein ähnliches Problem erfolgreich bewältigt, erhält das Unbewusste eine Idee, wie sein eigenes Problem gelöst werden könnte, ohne dass sein Bewusstsein sofort ernsthafte Einwände erheben muss. Dabei ist es wichtig, dass die Metapher die Struktur der problematischen Situation deutlich abbildet. Die interpersonellen Beziehungen und die Bewältigungsmuster müssen im metaphorischen Kontext wiedererkennbar sein. Wenn die Metapher und das reale Problem strukturell ähnlich sind, wird der Coachee sie bewusst oder unbewusst miteinander in Beziehung setzen und aus einer neuen Perspektive auf die Problemlösung blicken können.

Besonders in der Welt der Computer gibt es viele Analogien, die komplexe Strukturen des menschlichen Geistes bildhaft und anschaulich darstellen können:

- »Hardware«: Gehirn und Sinnesorgane,
- »Software«: Erfahrungen und Gelerntes,
- »Arbeitsspeicher« und »Festplatte«: Kurz- und Langzeitgedächtnis,
- »Monitor«: als Analogie für das begrenzte Bewusstsein,
- »Updates«: neues Lernen.

Metaphorik

Der kunstvolle Umgang mit Metaphern kann auch nützlich sein, um das Gesamtsystem des Coachees konstruktiv zu beschreiben. Wenn sich zum Beispiel ein Coachee schwertut, den Sinn in seinem Entwicklungsweg zu sehen, kann ihm der Coach mithilfe der Metapher des »eigenen Films« den Sinn von Widersprüchen und Herausforderungen veranschaulichen. Bei der Realisierung eines Films wirken viele Beteiligte mit eigenen unterschiedlichen Interessen mit. Es gibt möglicherweise einen Drehbuchautor, einen Produzenten, einen Regisseur, den Hauptdarsteller und mehrere Nebendarsteller sowie den Kameramann, den Beleuchter, den Tonmeister, den Cutter, den Requisiteur, den Experten für Spezialeffekte und einen ganzen Stab von Assistenten und Helfern. Erst im Zusammenspiel des ganzen Teams an den verschiedenen Drehorten mit den zeitlichen und finanziellen Aspekten entsteht der endgültige Film. Gleichzeitig braucht ein guter Film ein bestimmtes Niveau an Dramatik, damit der Film den Zuschauer begeistern kann. Dazu gehören Phasen der Exploration und der Vertiefung, spannende Action-Szenen und ruhige Momente voller Emotionen sowie Wendungen, Andeutungen, Überleitungen, Rückblenden oder Zeitsprünge. Die Vorstellung, dass sich ein menschliches Leben kontinuierlich und linear entwickelt, ist genauso unwahrscheinlich und unbefriedigend wie ein anspruchsvoller Film, der wie auf einem Gleis läuft und dessen Ende schon nach wenigen Momenten absehbar ist. Erst mit den Prüfungen und Brüchen kann der Hauptdarsteller an seiner Aufgabe wachsen und den Sinn in seinem Werdegang verstehen. Durch den Einsatz der Metaphorik kann der Coach seinem Coachee einerseits zu einer wohlwollenden Betrachtungsweise seines Lebensweges verhelfen und andererseits die Komplexität eines menschlichen Lebens ganz gezielt als lohnenswerte Herausforderung vermitteln.

Verweise

→ Innere Landkarte
→ Pacing
→ Unser Unterbewusstes

Meta-Programme –
Muster der Info-Verarbeitung

Nutzen/Ziel

- Schnelle Persönlichkeits-Diagnostik.
- Wertvolle Wegweiser für ein gelungenes Pacing.
- Strukturierende Hinweise für Motivationsstrategien.

Anwendungsfelder

- Zentrales Werkzeug im Coaching.
- Gezieltes Entwickeln von maßgeschneiderten Motivations-Strukturen.
- Optimieren von Entscheidungs-Strategien.
- Orientierung an Meta-Programmen als Rapport-Verstärker.

Meta-Programme sind Wahrnehmungsfilter. Sie formen unsere Persönlichkeit und bilden die Strukturen unserer Orientierung im Privatleben und im Beruf. Es sind innere Strukturen, die in unseren Köpfen immer wieder durchlaufen werden. Meta-Programme machen Aussagen über wiederkehrende Eigenarten eines Menschen, die sich in verschiedenen Lebensbereichen und in vielfältigen Verhaltensweisen offenbaren. So stellen wir sicher, dass wir nicht von unbrauchbarem oder unwichtigem Input überflutet werden. Die Art und Weise der Filterung der Wahrnehmung ist ein wesentlicher Bestandteil im Prozess der individuellen Bedeutungsherstellung und schlägt sich im sprachlichen Ausdruck nieder. Meta-Programme liefern die Antwort auf die Frage, wie genau – nach welchem Muster – der Mensch auf seine spezifische Art und Weise verallgemeinert, tilgt und verzerrt. Meta-Programme sind also übergeordnete, interne Sortiermuster, die selbst inhaltsfrei sind, mithilfe derer wir die Klasse von Information auswählen, die wir bereit sind aufzunehmen. Gleichzeitig liefern uns die Meta-Programme ein Ordnungssystem, in das wir neu gewonnene Informationen einsortieren. Das heißt, Meta-Programme klassifizieren nach der Form, nicht nach dem Inhalt der Information. Sie sind die am wenigsten bewusste Ebene des Ausfilterns und setzen die Parameter dafür, wie unsere Meinungen und Überzeugungen gebildet werden.

Im Coaching

Es gibt zwei unterschiedliche Arten von Meta-Programmen: Die einfachen Meta-Programme beschreiben auf einer bipolaren Skala das äußere Verhalten, die komplexen Meta-Programme werden durch die einfachen Meta-Programme bedingt und beschreiben innere Prozesse, die inneren Zustände und die adaptiven Reaktionen. Die einfachen Meta-Programme beschreiben die strategischen Muster, die wir Menschen für unsere Orientierung in der Informationsverarbeitung benutzen. Auch hier gilt es, den Fokus bewusst zu verschieben und den Coachee auf eine andere, von seiner Orientierung abweichende Sichtweise aufmerksam zu machen. Manchmal ist eine Bewusstmachung der erste Anstoß für einen Veränderungsprozess.

Motivations-Filter: hin zu – weg von

Welche Motivation steuert den Coachee?
Ein Coachee mit einer ausgeprägten »Hin-zu«-Motivation strebt zu dem, was er wirklich will, er bleibt auf sein Ziel konzentriert. Diesen Coachee bringt man durch aktive Sprache, einen optimistischen Tonfall und Impulse zu Zielen und Belohnungen in Schwung.
- Was wird Ihr Ergebnis sein?
- Was werden Sie damit erreichen?

Ein Coachee mit einer ausgeprägten »Weg-von«-Motivation ist sehr klar in Bezug auf das, was er nicht will. Er erkennt Probleme sehr schnell und weiß, was man vermeiden sollte. Dieser Coachee ist motiviert, Probleme und negative Konsequenzen zu vermeiden. Oftmals ist der Auslöser für eine Veränderung ein Weg-von-Motiv, das aktiv in eine Hin-zu-Motivation gewandelt werden kann. Im Coaching gilt es, diesen Coachee bei seinen Bedenken abzuholen, um ihn dann immer wieder an seine eigentlichen Ziele zu erinnern. Machen Sie Ihren Coachee auf kleine positive Entwicklungsschritte aufmerksam, damit er sinnlich wahrnehmbare Erfolgsschritte nachvollziehen kann.

- Was haben Sie dadurch erreicht, dass Sie keine Fehler machen?
- Indem Sie dafür sorgen, dass keine Katastrophe passiert, stellen Sie was sicher?

Beurteilung von Informationen: innenorientiert – außenorientiert (internal – external)

Wie findet der Coachee seinen Vergleichsmaßstab?

Ein Coachee mit Innenorientierung richtet sich nach seinen eigenen Maßstäben. Er gehorcht seiner inneren Referenz, um zu vergleichen und zu entscheiden. Hier gilt es, dem Coachee immer wieder Bedenkzeit einzuräumen, damit er den Prozess mit seinen inneren Referenzen vergleichen kann. Gleichzeitig kann es sinnvoll sein, den Coachee auch in Kontakt mit externen Maßstäben zu bringen, damit sich eine zu einseitige internale Orientierung ausbalanciert.

- Wie würde ein anerkannter Experte die Lage einschätzen?
- Was würden die anderen Beteiligten dazu sagen?

Ein Coachee mit Außenorientierung entscheidet eher nach den Maßstäben anderer. Um die Richtung zu finden und zu wissen, dass er eine Aufgabe gut gelöst hat, benötigt er von außen eine entsprechende Anerkennung. Dies kann dazu führen, dass er Schwierigkeiten hat, eigene Entscheidungen zu treffen. Im Coaching ist es sinnvoll, diesem Coachee vermehrt anerkennendes Feedback auszusprechen. Gleichzeitig ist es wichtig, die internen Maßstäbe des Coachees verstärkt in den Fokus seiner Aufmerksamkeit zu stellen, damit der Veränderungsprozess seinen inneren Bedürfnissen entsprechen kann.

- Wenn Sie der Experte wären, was ist Ihre Haltung zu diesem Thema?
- Als zentral Beteiligter – wie fühlen Sie sich in dieser Rolle?

Beziehung: für mich – für andere – für uns

Ist der Coachee Einzelkämpfer, Helfer oder Teamworker?

Ein Coachee mit starker »Für-mich«-Orientierung richtet seine Aufmerksamkeit verstärkt auf seine eigenen Belange. Im Coaching ist es wichtig, durch den Öko-Check die Vernetzung mit den Interessen und Zielen der anderen Menschen im sozialen Netz des Coachees herzustellen.

- Wenn Sie dieses Ziel verfolgen, wen können Sie dabei ins Boot holen?
- Gibt es eine Möglichkeit, Ihr Ziel so weit zu verändern, dass auch die anderen Beteiligten zustimmen können?

Ein Coachee mit »Für-andere«-Orientierung fühlt sich in einem starken Ausmaß verantwortlich für die Zufriedenheit und das Wohlergehen seiner Mitmenschen. Er stellt die Interessen der anderen in den Fokus seiner Aufmerksamkeit und handelt danach. Oftmals verbirgt sich dahinter ein mangelnder Selbstwert. Im Coaching ist es deshalb wichtig, sicherzustellen, dass die eigenen Interessen des Coachees betont werden und er diese auch annehmen kann.

- Wenn Sie ganz allein von diesem Thema betroffen wären, wie würden Sie sich dann entscheiden?
- Was würde ein Freund dazu sagen, wenn er Ihre Interessen vertreten möchte?

Ein Coachee mit »Für-uns«-Orientierung stellt seine Gruppe in den Mittelpunkt seines Handelns. Für ihn ist gut, was für die Gruppe gut ist. Im Coaching ist es einerseits wichtig, ihm seine starke soziale Ausprägung als persönliche Stärke zu vermitteln. Gleichzeitig könnte es auch darum gehen, dem Coachee seine individuellen Eigenarten und Bedürfnisse bewusst zu machen, damit er die innere Erlaubnis gewinnt, sich im Bedarfsfall adäquat abzugrenzen.

- Welche speziellen Interessen und Bedürfnisse machen Ihre Persönlichkeit aus?
- Wie kann die Gruppe von Ihrer Individualität profitieren?

Zeitorientierung: Vergangenheit – Gegenwart – Zukunft

Schaut der Coachee zurück, auf das Jetzt oder nach vorne?

Ein Coachee, der sich an der Vergangenheit orientiert, holt sich seine Referenzerfahrungen aus vergangenen Zeiten. Meistens ist er in einer Tradition verankert und vermisst damalige Werte und Zusammenhänge. Um diesen Coachee mit seiner Gegenwart zu versöhnen und für die Zukunft zu interessieren, ist es wichtig, ihn in der Zukunft die Möglichkeit erkennen zu lassen, auch traditionelle Werte zu verwirklichen.

- Was können Sie dazu beitragen, dass altbewährte Werte auch in Zukunft bestehen bleiben?
- Was könnte gut daran sein, dass sich das Leben der Menschen durch die Zeit verändert?

Ein Coachee, der sich strikt in der Gegenwart orientiert, setzt das, was er erlebt, nur in Bezug zum Hier und Jetzt. Diese Menschen sind oftmals lageorientiert und tun sich schwer, das Leben als dynamischen Prozess wahrzunehmen. Im Coaching ist es wichtig, den zeitlichen Zusammenhang jeder Entwicklung zu vermitteln, damit ein Veränderungswunsch einerseits in den Wurzeln der Vergangenheit erkannt werden kann und andererseits durch ein attraktives Ziel in der Zukunft motiviert wird.

- Welche Ziele haben Sie im nächsten Jahr?
- Wie haben Sie dieses Thema vor fünf Jahren erlebt, und was glauben Sie, wie Sie es in fünf Jahren bewerten?

Ein Coachee, der sich an der Zukunft orientiert, malt sich oftmals aus, welche Auswirkungen seine gegenwärtigen Erlebnisse auf die Zukunft haben mögen. Diese Vorstellung kann sowohl visionär und kreativ sein als auch kritisch, skeptisch oder ängstlich. Im Coaching gilt es einerseits, die Zukunftsorientierung zu einer positiven Zielorientierung weiterzuentwickeln. Andererseits ist es wichtig, bei dem Coachee ein Bewusstsein dafür zu wecken, dass seine Beziehungen zu seinen Mitmenschen, als wichtiger Faktor jeder Veränderung, in der Regel durch die gemeinsamen Erfahrungen in der Vergangenheit und Gegenwart bestimmt werden.

- Was brauchen Sie, um Ihre Gegenwart zu genießen?
- Was können Sie dafür tun, dass sich das Projekt in die richtige Richtung entwickelt?

Aufmerksamkeit:
Menschen – Orte – Dinge – Informationen – Aktivitäten

Was ist dem Coachee in einem Kontext wichtig?

Bei diesem Meta-Programm geht es darum, was der Coachee in seinem Erleben in den Mittelpunkt rückt. Für den Coach ist es sehr hilfreich, wenn er weiß, welche Elemente eines Kontextes im Fokus der Aufmerksamkeit des Coachees stehen. Um diesen Wahrnehmungsfilter im Coaching zielführend zu nutzen, ist es sinnvoll, dem Coachee seine Präferenz bewusst zu machen und darauf hinzuwirken, dass er seinen Aufmerksamkeitsfokus bei Bedarf flexibel an den Veränderungswunsch anpassen kann.

- Sind es Menschen, Orte, Dinge, Informationen oder Aktivitäten, die Ihnen zu diesem Thema wichtig sind?
- Wie können Sie Ihre Aufmerksamkeit auf ein anderes Element in diesem Kontext lenken?

Verarbeitungsformen: allgemein – spezifisch

In welchem Rahmen beschäftigt sich der Coachee mit seinem Thema?

Ein allgemeinorientierter Coachee möchte gerne das »Große Ganze« überblicken. Er ist oftmals ein globaler Denker, dem es leicht fällt, sich mit großen Informationseinheiten zu befassen. Häufig kann er gut planen und Strategien entwerfen. Im Coaching geht es darum, dass der Coachee seine Vorliebe einerseits als Stärke erlebt und andererseits sich auch für die Kleinigkeiten begeistern kann.

- Welche Details sind in diesem Thema wichtig?
- Was genau entscheidet über den Erfolg in diesem Projekt?

Der spezifisch orientierte Coachee fühlt sich mit kleinen Informationseinheiten am wohlsten. Er beschäftigt sich mit den Details und Feinheiten eines Themas und kommt gut mit aufeinander aufbauenden Folgen klar. Im Coaching geht es darum, die Aufmerksamkeit dieses Coachees über die Details auf das Ziel zu lenken, damit er einzuschätzen weiß, wann er sich mit wie viel Energie den Details oder dem Gesamtziel widmen sollte.

- Welche Details in diesem Thema sind zielführend?
- Wenn Sie auf das »Große Ganze« schauen, was hat im Moment Priorität?

Verarbeitungsformen: ähnlich – verschieden

Womit vergleicht der Coachee das Thema?

In diesem Meta-Programm geht es darum, zu verstehen, ob der Coachee bevorzugt die Gemeinsamkeiten oder die Unterschiede wahrnimmt, um sich zu orientieren.

Beispiel: Wie ist Berlin? »Berlin ist Hamburg sehr ähnlich.«
»Berlin ist ganz anders als Freiburg.«

Im Coaching ist es wichtig, dem Coachee bewusst zu machen, dass jeder Vergleich auch eine emotionale Einfärbung des Kontextes mit sich bringt. Ein Vergleich, der zu einer Übereinstimmung führt, bejaht eine Aussage und impliziert die Richtigkeit des Vergleichs. Führt ein Vergleich zu einer Abweichung, ist der Nutzen des Vergleichs in Frage gestellt und drückt gegebenenfalls einen unterschwelligen Einwand aus. Im Coaching ist es wichtig, den Coachee mit einem konstruktiven Fokus in Kontakt zu bringen.

- Welchen Nutzen hat es für Sie, wenn Sie auf die Unterschiede oder Gemeinsamkeiten fokussieren?
- Welche Aussage ziehen Sie aus diesem Vergleich?

Verarbeitungsformen: vollständig – unvollständig

Was fällt dem Coachee auf?

Ein Coachee, der bevorzugt auf die Vollständigkeit fokussiert, bemerkt bei verschiedenen Begebenheiten (Örtlichkeiten, Zuständen, Projekten) die vorhandenen Ressourcen oder Fähigkeiten. Diese Beurteilungsrichtung ermöglicht eine positive Motivation durch das, was da ist. Im Coaching geht es darum, diese positive Sichtweise zu stärken und gleichzeitig den Wunsch nach Präzision und Gründlichkeit bei dem Coachee zu stimulieren.

- Bei all den bestehenden Ressourcen, was könnten Sie noch gebrauchen, um das Ziel mit höherer Wahrscheinlichkeit zu erreichen?
- Unter welchen Voraussetzungen könnte das Projekt noch einfacher realisiert werden?

Ein Coachee, der bevorzugt auf die Unvollständigkeit fokussiert, bemerkt zunächst die fehlenden Ressourcen und Fähigkeiten. Diese Controlling-Kompetenz ist eine gefragte Qualität, wenn es gilt, Defizite aufzudecken – jedoch nicht, um Erfolge zu registrieren oder die Beteiligten zu motivieren. Im Coaching ist es wichtig, diesen kritischen Wahrnehmungsfilter ganz gezielt in der passenden Phase (Öko-Check) einzusetzen. Gleichzeitig gilt es, den Coachee dazu zu befähigen, auch mit einem motivierenden Filter auf die Veränderung zu schauen.

- Welche Ergebnisse im Veränderungsprozess können Sie wertschätzen und darauf aufbauen?
- Wie können Sie die anderen Beteiligten dazu bringen, die bestehenden Mängel und Lernfelder motiviert zu optimieren?

Verarbeitungsformen: (pro)aktiv – reaktiv

Wie dynamisch geht der Coachee mit seinem Thema um?

Ein proaktiver Coachee agiert und initiiert neue Erfahrungen. Er wartet nicht darauf, dass andere Handlungen in Gang bringen, sondern treibt die Dinge voran und führt sie durch. Der proaktive Coachee stellt von sich aus Fragen und macht »klare« und »bestimmte« Aussagen. Er bevorzugt kurze, einprägsame Sätze und einen festen Tonfall. Im Coaching ist es wichtig, dass der Coachee sich die Zeit nimmt, um Entwicklungen zu hinterfragen und Misserfolge als Lernchancen wahrzunehmen, ohne sich in einen heillosen Aktionismus zu flüchten.

- Was konnten Sie aus dieser Entwicklung für sich lernen?
- Wie können Sie die Wahrscheinlichkeit erhöhen, dass Sie mit der nächsten Maßnahme Ihr Ziel auch wirklich erreichen?

Ein reaktiver Coachee wartet darauf, dass andere aktiv werden und er reagieren kann. Oder er sucht einen anderen Zeitpunkt, der besser geeignet scheint, um ein Thema anzugehen. Dadurch braucht er zum Teil sehr lange, um sich zu entscheiden, oder er kommt gar nicht ins Handeln. Die Sprache ist oftmals passiv und unbestimmt mit vielen Konjunktiven. Im Coaching geht es darum, dem Coachee zu vermitteln, dass neben der zielgerichteten Aktivität auch ein gewisses Maß an Risikobereitschaft und Entscheidungsfreude zur Realisierung der gewünschten Veränderung gehört.

- Was werden Sie wann tun, um Ihr Ziel zu erreichen?
- Unter welchen Bedingungen werden Sie das Projekt selbst in die Hand nehmen?

Keines der Meta-Programm-Muster ist besser oder schlechter als die anderen. Für eine möglichst hohe Flexibilität ist es sinnvoll, die Muster auszubalancieren und damit beweglich zu sein. Die Meta-Programme sind durch prägende Erfahrungen (Imprints) entstanden. Sie sind tief in unserem Unbewussten verankert. Coaching mit NLP bietet Möglichkeiten, um diese grundlegenden Muster unserer Persönlichkeit bewusst zu machen und bei Bedarf zu verändern.

Coaching-Übung:
Fragen zur Diagnose der grundlegenden Meta-Programme
Motivation: hin zu – weg von
- Ist es wichtiger, x zu erreichen als y zu vermeiden?
- Ist beides gleich wichtig?
- Zieht es Sie an oder treibt es Sie fort?

Bezugsinformation: internal – external
- Woher wissen Sie, wenn Ihre Arbeit gut war?
- Orientieren Sie sich an Ihren inneren Gedanken/Bildern/ Gefühlen oder an dem, was Ihre Umwelt Ihnen zurückmeldet?
- Ist das Ihre eigene Meinung?

Beziehung: für mich – für andere – für uns
- Für wen möchten Sie das erreichen?
- Wer soll das erleben?
- Auf wen achten Sie am meisten?

Zeitorientierung: Vergangenheit – Gegenwart – Zukunft
- Wann soll das geschehen?
- Woher kommen Ihre Informationen/Vorstellungen?
- Tun Sie das für die Zukunft?
- Zählt nur das Hier und Jetzt?

Aufmerksamkeit: Menschen – Orte – Dinge – Informationen – Aktivitäten
- Worauf achten Sie als Erstes, wenn Sie im Urlaub sind?
- Was ist Ihnen am wichtigsten in der Situation?
- Was/wen würden Sie auf eine einsame Insel mitnehmen?

Verarbeitungsformen: allgemein – spezifisch
- Nehmen Sie das im Detail oder eher im Ganzen wahr?
- Sehen Sie das symbolhaft oder eher konkret?
- Wenn Sie die Wahl hätten: global oder lokal?

Verarbeitungsformen: ähnlich – verschieden
- Bevorzugen Sie das, was Sie schon kennen?
- Lieben Sie die Abwechslung und Überraschungen?
- Gleich und Gleich gesellt sich gern oder Gegensätze ziehen sich an?

Verarbeitungsformen: vollständig – unvollständig
- Was fällt Ihnen mehr auf: all das, was schon da ist oder all das, was noch fehlt?
- Wenn Sie auf Ihre Vergangenheit schauen – was ist bedeutsamer: das, was Sie gemacht haben, oder das, was Sie nicht gemacht haben?
- Lieber All-inclusive-Urlaub oder Abenteuerexpedition?

Verarbeitungsformen: proaktiv – reaktiv
- Was tun Sie dafür?
- Lassen Sie es einfach auf sich zukommen?
- Lassen Sie sich leicht führen, oder werden Sie lieber geführt?

Verweise

→ Beliefs
→ Unser Unbewusstes
→ Evolution
→ Pacing

Mitarbeiter-Coaching – der Chef als Coach

Nutzen/Ziel

- Beschleunigen und Verstärken von gezielten Teamentwicklungs-Prozessen.
- Bewusstmachung der Teamdynamik.

Anwendungsfelder

- Bei neu formierten Teams.
- Bei Leistungsabfall und Konflikten im Team.
- Bei Restrukturierungen mit Auswirkungen auf das Team.

Um als Führungskraft Ihre Mitarbeiter aktiv zu coachen, können Sie Ihre Menschenkenntnis und Ihre Führungsqualitäten auf eine neue Art einsetzen. Interessanterweise verfügen viele Führungskräfte bereits über wichtige Fähigkeiten, um Ihre Mitarbeiter zu coachen – ohne dass sie jemals bewusst darüber nachgedacht haben. Gute Chefs coachen »aus dem Bauch«, indem sie so auf den Mitarbeiter eingewirkt haben, dass dieser sich positiv unterstützt fühlt: »Mithilfe meines Chefs konnte ich in meine neuen Aufgaben hineinwachsen.« Gute Chefs helfen ihren Mitarbeitern, gesteckte Ziele zu erreichen, indem sie gemeinsam mit den Mitarbeitern Strategien entwickeln. Sie motivieren und begeistern ihre Mitarbeiter für neue Aufgaben. Sie führen sie in die Eigenverantwortung und helfen ihnen, ihre Arbeit so zu erledigen, dass sie dabei echte Erfolgserlebnisse haben. Den Erfolg ihrer Mitarbeiter empfinden sie wie den eigenen Erfolg. Mithilfe einer positiven Gesprächsführung wecken sie den Sportsgeist ihrer Mannschaft. Gute Chefs erzeugen in ihrem Team ein leistungsorientiertes Arbeitsklima, das von Motivation, Fairness und Spaß am Erfolg geprägt ist.

Im Coaching

Ob Sie wollen oder nicht – als Chef üben Sie einen mächtigen Einfluss auf Ihre Mitarbeiter aus. Die Mitarbeiter projizieren ihre Bedürfnisse, Hoffnungen und Ängste in Sie hinein. Kleinigkeiten, die Ihnen selber vielleicht unbedeutend erscheinen, werden von Ihren Mitarbeitern aktiv beobachtet und interpretiert – von der Farbe Ihrer Krawatte über den Tonfall Ihrer Stimme bis zur Deutung Ihrer Mimik. Deshalb empfehlen wir Ihnen, sich Ihrer Außenwirkung bewusst zu werden und in Zukunft empfängerorientiert zu kommunizieren. Sie steuern Ihre Außenwirkung, indem Sie sich darauf besinnen, dass jede Minute der Kommunikation Ihre Mitarbeiter aktiv beeinflusst. Als Coach Ihrer Mannschaft trainieren Sie sich darin, sich in die Wirklichkeit und das Erleben Ihrer Mitarbeiter einzufühlen. Was würden Sie sich von Ihrem Chef wünschen, wenn Sie in der Haut Ihrer Mitarbeiter steckten? Wie müsste Ihr Chef sich verhalten, damit Sie ihm vertrauen und gerne mit ihm zusammenarbeiten? Solche Fragen geben Ihnen Hinweise, um Ihren Mitarbeitern zukünftig solche Signale zu senden, die sich positiv auf die gemeinsame Kommunikation auswirken.

Der Übergang zwischen kompetenter herkömmlicher Führungsarbeit und modernem Business-Coaching erscheint fließend. Coaching ist so alt wie die Menschheit – viele verantwortungsvolle Chefs coachen ihre Mitarbeiter intuitiv, ohne dass sie bisher ein bewusstes Selbstverständnis als Coach entwickelt haben. Durch ein bewusstes Rollenverständnis kann das intuitive Coaching eine neue Qualität gewinnen. Insbesondere durch den Einsatz von Coaching-Werkzeugen können Optimierungsprozesse wesentlich vereinfacht und beschleunigt werden. Gleichzeitig kann die gemeinsame Arbeit eine neue Tiefe gewinnen, und auch komplexe Probleme können strukturiert und systematisch angegangen werden. Der Methodenkoffer des Coaching bietet eine reiche Palette von Möglichkeiten, um gezielt auf Mitarbeiter einzuwirken. Der Umgang mit den Werkzeugen erfordert zunächst eine gewisse Investition, die sich oftmals schon mittelfristig vielfach auszahlt. Als Coach gebrauchen Sie Ihren gesunden Menschenverstand – und gleichzeitig nutzen Sie erprobtes psychologisches Know-how. Sie verfügen über konstruktive Wahrnehmungsfilter und systematische

Techniken zur zielorientierten Gesprächsführung, die Sie im Alltag vielseitig einsetzen können. Kaum ein Unternehmen wird es sich zukünftig leisten, auf diese enorme Ressource in der Menschenführung zu verzichten. Coaching als Führungsstil ist ein echtes Zukunftsmodell. Je besser die Chefs von morgen ihre Mitarbeiter coachen, desto höher entwickelt sich die Leistungsfähigkeit der Unternehmen.

Wie coacht ein Chef seine Mannschaft?

Zunächst ist es für die Führungskraft empfehlenswert, das Coaching-Know-how im Kontakt mit einzelnen besonders wohlgesinnten Mitarbeitern anzuwenden und es dadurch schrittweise einzuüben. So können Sie die nötigen Erfahrungen sammeln, um die Coaching-Werkzeuge im Laufe der Zeit fest in Ihrem persönlichen Repertoire zu verankern. Sobald Sie in der Rolle des Coachs eine gewisse Souveränität erlangt haben, können Sie beginnen, als Team-Coach zu arbeiten. Dabei fokussieren Sie nicht nur auf einzelne Mitarbeiter und deren Eigenarten, sondern Sie beginnen auch zu beobachten, wie sich einzelne Elemente im System Ihres Teams gegenseitig beeinflussen. So wie ein Fußball-Coach Strategien entwickelt, um Abwehr, Mittelfeld und Sturm aufeinander einzustellen, beginnen Sie die Prozesse in Ihrem Team gezielt zu steuern. Als Team-Coach steigern Sie die Effizienz Ihrer ganzen Mannschaft, indem Sie alle Ihre Leute als »vernetztes System« betrachten. Sie helfen Ihren Mitarbeitern, ein motivierendes »Wir-Gefühl« zu empfinden, indem Sie die Stärken und die vollbrachten Leistungen in den Vordergrund stellen.

Fokussieren Sie zunächst auf die positiven, bereits vorhandenen Aspekte, und dann denken Sie in die Zukunft und nehmen die anstehenden Herausforderungen ins Visier. Rufen Sie hin und wieder alle Ihre Leute zusammen und sagen Sie ihnen, warum Sie stolz darauf sind, so eine prächtige Truppe zu führen. Anschließend fragen Sie das Team, welche aktuellen Themen besondere Aufmerksamkeit und kreative Energie benötigen. Vielleicht machen Sie ein Brainstorming und sammeln Lösungsideen. Oder Sie vereinbaren Coaching-Termine mit den verantwortlichen Mitarbeitern, um die Lösungen detailliert durchzusprechen. Dann rufen Sie Ihren Mitarbeitern die Ziele Ihres Unternehmens ins Bewusstsein und leiten aus den aktuellen Themen die anzugehenden Herausforderungen ab. Sie verteilen konkrete Aufgaben und setzen Termine für die Feedback-Kontrolle der vereinbarten Aufgaben.

Der Chef als Klima-Faktor

Im Regelfall fungiert der Chef als mächtigster Klima-Faktor im Team. Der Chef entscheidet über die geltenden Werte. Er sagt, was richtig und was falsch ist. Er trifft die wichtigen Entscheidungen im Team. Er hat die Macht, Mitarbeiter im Falle eines Fehlverhaltens zu bestrafen. Der Chef vertritt sein Team nach außen und trägt die volle Verantwortung für Erfolg oder Misserfolg. Als Coach werden Sie dieser Verantwortung gerecht, indem Sie bewusst und nachhaltig intelligent mit dieser Macht umgehen. Sie sorgen für eine Vertrauenskultur im Team. Sie verkörpern die Win-win-Orientierung als Vorbild für Ihre Mitarbeiter. Sie interpretieren das Prinzip von »richtig oder falsch« auf eine wertschätzende und für alle nachvollziehbare Weise, indem Sie offen argumentieren und dabei die Lebenserfahrung, Kompetenz und Wertmaßstäbe Ihrer Mitarbeiter einbeziehen. Bevor Sie wichtige Entscheidungen treffen, fragen Sie Ihre Mitarbeiter nach deren Meinung. Als Coach arbeiten Sie sehr bewusst mit der Feedback-Struktur der positiven Konditionierung. Sie nutzen das Prinzip von »Belohnen und Bestrafen« auf eine zielführende Weise: so viel Belohnung wie möglich und so viel Bestrafung wie nötig. Sie sorgen für überwiegend positive Gefühle im Erleben Ihrer Mitarbeiter, weil Sie wissen, dass großzügig belohnte Mitarbeiter gerne und motiviert an ihrem Arbeitsplatz erscheinen, während unterdrückte und bestrafte Mitarbeiter dazu neigen, ihren Arbeitsplatz zu vermeiden oder sich mit Aufbegehren und Widerstand zu präsentieren. Gleichzeitig verstärken Sie mit dieser Strategie das Bedürfnis nach Eigenverantwortung und selbst gemachten Erfolgserlebnissen bei Ihren Mitarbeitern.

Als Coach trainieren Sie sowohl sich selbst als auch Ihre Mitarbeiter in der Kunst der intelligenten Kommunikation und des zielorientierten Denkens. Deshalb führen Sie regelmäßige Gespräche mit Ihren Mitarbeitern. Im Laufe des Coaching-Prozesses können sich diese partnerschaftlichen Gespräche zu einer echten Quelle der Inspiration und Kreativität entwickeln. So schaffen Sie ein Win-win-win-Modell, von dem sowohl Ihr Unternehmen als auch Ihre Mitarbeiter als auch Sie selber profitieren. Um eine ganzheitliche Coaching-Basis zu erschaffen, können Sie die gesamte Kommunikationskultur mit Ihren Mitarbeitern als kreatives Coaching-Feld betrachten – mit einer Vielzahl von verborgenen Chancen.

Während der Coaching-Gespräche sprechen Sie keinesfalls nur über Probleme, sondern vielmehr über Lösungen! Üben Sie einen positiven, in die Zukunft gerichteten Einfluss auf Ihre Gesprächspartner aus. Erlauben Sie kreative Ideen, wägen Sie gemeinsam die Chancen und Risiken ab. Investieren Sie Ihre Zeit nicht nur »aus gegebenem Anlass« – um Zahlen und Daten zu kontrollieren, oder wenn dringende Probleme ins Haus stehen, oder wenn der Mitarbeiter gerade einen Fehler gemacht hat. Als Coach denken und handeln Sie pro-aktiv. Sie wollen nicht nur kurzfristige Problemlösungen, sondern auch langfristige Erfolge. Als Coach setzen Sie auf nachhaltige Qualität. Sie sind davon überzeugt, dass Ihre Mitarbeiter noch bessere Leistungen erbringen, wenn sie die Chance bekommen, ihre persönlichen Neigungen und Fähigkeiten voll zu entfalten. Gleichzeitig erhöhen Sie Ihre Akzeptanz als Führungskraft, indem Sie die persönlichen Eigenarten Ihrer Mitarbeiter respektieren. Sie entwickeln ein aufrichtiges Interesse am Erleben Ihrer Mitarbeiter. Wenn Sie sich dafür entscheiden, Ihren Mitarbeitern in der Rolle des Coachs zu begegnen, übernehmen Sie die Verantwortung, die Sie als Führungskraft ohnehin bereits tragen – jedoch auf eine neue, erfrischende Weise.

Fragen zur Teamdiagnose

Mit diesem Frageleitfaden können Sie als Teamleiter Ihr Team diagnostizieren, um für sich einen Überblick zu gewinnen. In einem zweiten Schritt können Sie einen Fragebogen mit ausgewählten Fragen an alle Teammitglieder ausgeben, um Ihre Einschätzung mit der des Teams abzugleichen. Dazu ist es ratsam, den

Zweck dieser Erhebung klar und fair zu kommunizieren. Die Kommunikation der Ergebnisse sollte mit Wertschätzung und Respekt durchgeführt werden, denn die gemeinschaftliche Diagnose eines Teams ist ein sensibles Feld, das für die Entwicklung des Teams und seine Dynamik eine hohe Bedeutung haben kann.

- Wenn Sie die Leistungsfähigkeit Ihres Teams auf einer Skala von 0–100 einschätzen: Wo steht Ihr Team?
- Wo ist Ihr Team besonders stark?
- Wo sind Sie als Führungskraft besonders stark?
- Wo sind die einzelnen Teammitglieder besonders stark?
- Warum?
- Wie konnte das Team diese Stärken entwickeln?
- Was sind die Lernfelder des Teams? Wie kann das Team sich optimieren?
- Was sind die Lernfelder der einzelnen Teammitglieder? Wie können sich diese verbessern?
- Wo liegen Ihre eigenen Lernfelder? Wie können Sie sich verbessern?
- Wie können Sie eine effektive Lernkultur im Team etablieren?
- Wie können Sie die Teamführung konsequent optimieren?
- Wie können Sie als Coach Ihrer Mitarbeiter den Teamprozess gezielt unterstützen?

Verweise

- → Coaching-Vereinbarung
- → Modeling
- → Motivation
- → Frage-Technik
- → Ziel-Orientierung

Fragen zum Mitarbeitergespräch

Wie können Sie den Mitarbeiter bei der Erreichung seiner Ziele unterstützen?

(▶ Lösungen + Angebote)

Was müssen Sie noch beachten im Hinblick auf das Gespräch?

(▶ Konfliktlage? Personalwechsel? Rahmenbedingungen?
Persönliche Vorlieben? Vorgeschichte? Vertrauensbasis?
Potenzielle Konflikte? Besondere Wünsche?
Karriereperspektiven? Finanzielle Situation?)

Was ist Ihr persönliches Ziel für dieses Gespräch?

Maximal:

Minimal:

Ideen für weitere Gesprächstermine?

(Planung des weiteren Entwicklungsprozesses)

Mitarbeiter-Coaching-Formular

Name: _____ Geburtstag: _____ Hobby: _____

Stärken + Pluspunkte:

_____

_____

_____

_____

_____

_____

Schwächen:		Lern-Aufgaben:		Bis wann?
_____	→	_____	→	_____
_____	→	_____	→	_____
_____	→	_____	→	_____
_____	→	_____	→	_____
_____	→	_____	→	_____

Besonderes:

_____

_____

_____

_____

_____

_____

Modeling –
Lernen am erfolgreichen Modell

Nutzen/Ziel

- Initiation von schnellen und nachhaltigen Lernprozessen.

Anwendungsfelder

- Fehlende Ressourcen.
- Orientierung an erfolgreichen Vorbildern.
- Beschleunigung von Lernprozessen.

Eine erfolgreiche Coaching-Session basiert meist auf einem gelungenen Lernprozess. Der Coachee reflektiert sein aktuelles, zumeist problemerzeugendes Thema und lernt dabei, seinen Einfluss
für eine Optimierung seiner Lage zu erkennen. Der Coach hilft
ihm, seine innere Landkarte so zu bearbeiten, dass die aktuelle Situation in Zukunft weniger problemerzeugend erscheint – oder
dass er im besten Fall sogar eine vollständige und nachhaltige Problemlösung herbeiführen kann. Dabei muss der Coachee seine
Ressourcen auf eine bessere Weise organisieren, den Fokus seiner
Aufmerksamkeit verschieben und vielleicht neue Strategien anwenden. Mit anderen Worten: Der Coachee muss bereit sein zu lernen.
Dieser Lernprozess kann beschleunigt und inspiriert werden, wenn
der Coachee im Schatz seiner Erfahrungen mit anderen Menschen
ein Modell entdeckt, das eine ähnliche Herausforderung erfolgreich gemeistert hat. Das Modeling beschreibt eine systematische
Methode, um Lernen am erfolgreichen Modell gezielt einzusetzen.

Im Coaching

Das gezielte Lernen am Modell ist ein wesentlicher Prozess im Coaching mit NLP. Wenn eine gewünschte Verhaltensweise oder Fähigkeit für den Coachee noch nicht verfügbar ist, kann ein kompetenter Coach ihn dazu einladen, sich real oder in der Vorstellung jemanden zu suchen, der darüber verfügt.

- Kennen Sie jemanden, der das kann, was Sie gern können würden?
- Wie macht er das? Wie verhält sich diese Person? Über welche Fähigkeiten verfügt er? Was glaubt er über sich und seine Beziehung zur Welt, um dies zu können?
- Wie wäre es, wenn Sie es so wie er tun würden? Was müssen Sie tun, um seine Fähigkeiten zu erlernen? Was müssen Sie glauben, um es zu können? Womit fangen Sie an? Wie stellen Sie Ihre Motivation auf diesem Lernweg nachhaltig sicher?

Mithilfe des Modeling kann der Coachee lernen, die gewünschte Ressource in das eigene Verhaltensrepertoire zu integrieren. Modelle begleiten und steuern unsere Entwicklung. Modell-Lernen ist evolutionsgeschichtlich sinnvoll und somit eine archetypische Ressource. Kinder lernen von ihren Eltern. Ob wir es wollten oder nicht – als Kinder haben wir unsere Eltern modelliert. Als wir uns in der Pubertät von den Eltern lösten, suchten wir uns neue Modelle: Tennisspieler, Fotomodelle, Erfinder, Architekten, Nobelpreisträger, Rocksänger oder Filmstars. Wir alle haben die Fähigkeit zum Modell-Lernen, und unser Unbewusstes sucht sich immer wieder neue Modelle – den erfolgreichen Kollegen, den charismatischen Chef, die attraktive Nachbarin oder den rüstigen Spaßvogel im Kegelverein.

Im Coaching werden durch Modeling Ressourcen erschlossen. Dabei werden nützliche Fähigkeiten oder Strategien modelliert. Der Coachee lernt, die eigenen Ressourcen so zu organisieren, dass er sie in eine ähnliche Struktur bringen kann wie sein Modell. Komplexe Verhaltensweisen werden in kleinere Sequenzen zerlegt (Chunking-Down). Beim Modeling befindet sich der Modellierer in der Rolle des Lernenden. Er ist ein Schüler, der zugleich seinem Lehrer hilft, bisher unbewusste Erfolgsstrategien bewusst zu machen. Dabei helfen gezielte Fragen und die Möglichkeit, direktes Feedback auf die eigenen Erfahrungen zu bekommen. Ein erfahrener Coach ist in der Lage, zusammen mit seinem Coachee maßgeschneiderte Strategien für das Lernen am Modell zu entwickeln.

Modeling als Gewinner-Gewinner-Modell

Um dem erfolgreichen Modell seine Mitwirkung schmackhaft zu machen, ist es sinnvoll, Ihr Modell zunächst auf der Beziehungsebene wertzuschätzen und ihm dann den beidseitigen Vorteil deutlich zu machen. Dem ursprünglichen Ansatz des NLP lag die Überlegung zugrunde, dass selbst Könner und Experten nur zu einem kleinen Teil bewusst wissen, was sie im Einzelnen genau tun. Sie tun es einfach und folgen ihrer Intuition. Erst der Prozess des Modeling wirft ein bewusstes Licht auf die tatsächlich eingesetzten Erfolgsstrategien. Davon profitieren dann sowohl der Modellierer als auch das Modell. Modeling ist ein Gewinner-Gewinner-Projekt. Das Modell gewinnt ein neues Bewusstsein für die eigenen Fähigkeiten. Durch die konkreten Fragen des Modellierers wird es angeregt, die eigenen Strategien im Detail zu erforschen. Darüber hinaus erfolgt während des Prozesses oft ein Streamlining. Das modellierte Verhalten wird dadurch noch eleganter. Streamlining ist das Begradigen und Optimieren von Strategien. Sie werden bewusst erkannt, validiert, gewürdigt und metaphorisch poliert.

Eine spezielle Form des Modeling ist das Master Modeling. Hier werden Vorbilder modelliert, die durch einen Selektionsprozess als besonders erfolgreich erkannt wurden. Nun wird ein konkretes Trainingsprogramm erstellt, das sich an den Eigenschaften und Verhaltensweisen der erfolgreichen Vorbilder orientiert. So können andere Menschen auf schnellem Wege lernen, in dieser Disziplin ebenfalls erfolgreich zu sein, indem sie von den Erfahrungen der Vorbilder direkt profitieren. Wichtig dabei ist, dass die Modellierer das Verhalten des Vorbildes nicht unreflektiert kopieren, sondern nur die wirklich erwünschten Ressourcen ökologisch in ihre Persönlichkeit integrieren. Der Lernende muss sein Modell zunächst imitieren, doch sobald er das Gelernte verinnerlicht hat, soll er sich bewusst wieder vom Modell lösen und seine eigene Identität betonen.

Modeling kann auch beiderseitig betrieben werden, zum Beispiel von Co-Trainern oder Führungskräften, die gemeinsame Veranstaltungen durchführen. Diese fruchtbare Form der Zusammenarbeit wird Ressourcen-Modeling genannt, da die Partner wechselseitig die Ressourcen des anderen in das eigene Repertoire integrieren. In langjährigen Freundschaften und in Ehen wird oft Ressourcen-Modeling betrieben, ohne dass sich die Lernenden darüber bewusst sind. Das Unbewusste übernimmt Fähigkeiten aus dem Repertoire des anderen und setzt sie wie selbstverständlich im eigenen Kontext ein. Auch ein Coach kann die Ressourcen seines Coachees modellieren. Dabei bringt der Coach seinen Coachee in einen ressourcevollen Zustand. Dann folgt er durch intensives Pacing seinem Coachee. Er fühlt sich möglichst vollständig in den ressourcevollen Zustand ein und lernt, die auslösenden Anker zu aktivieren. Nun zeigen beide die gleiche kraftvolle Physiologie. In Zukunft haben sowohl der Coachee als auch der Coach die Ressource in ihrem Verhaltensrepertoire zur Verfügung.

Eleganz beim Modeling

Beim Modeling für Fortgeschrittene gilt das Kriterium der Eleganz. Je eleganter der Coachee sein neues Verhalten realisieren kann, desto ökologischer gestaltet sich sein Lernprozess. Eleganz bedeutet Einfachheit und ebenso ein günstiges Verhältnis von Aufwand und Nutzen. Eleganz ist ein wesentliches Kriterium beim Optimieren von Verhaltensstrategien. Eine Strategie ist elegant, wenn sie mit wenigen Schritten und geringem Aufwand ein optimales Resultat erreicht. So einfach wie möglich, so komplex wie nötig. Dieses grundlegende Prinzip führt zur schlichten Eleganz guter Modelle – vorausgesetzt, es repräsentiert trotz seiner Einfachheit die wesentlichen Komponenten des realen Sachverhalts.

Das NLP wurde ursprünglich als Instrument zum systematischen Erlernen von erfolgreichen Verhaltensweisen geschaffen. Dabei wurden nützliche Fähigkeiten von erfolgreichen Vorbildern modelliert. Das Modeling ist eine elegante Form der Theoriebildung. Das Entwickeln von Modellen unterscheidet sich von anderen Arten der Theoriebildung insofern, als es sich nicht an Forderungen wie objektive Wahrheit, Wirklichkeit oder statistische Gültigkeit orientiert, sondern an praktischer Anwendbarkeit und Einfachheit. Um dies zu erreichen, muss man sich auf die Form konzentrieren, weniger auf den Inhalt oder die Details.

Eleganz ist nicht nur ein ästhetisches, sondern auch ein sehr pragmatisches Kriterium. Elegante Strategien verbrauchen ein Minimum an Zeit und Energie und sind somit zur ökologischen Verträglichkeit prädestiniert. Albert Einstein war der Meinung, dass Fortschritte im Prozess der Modellbildung darauf beruhen, dass man das Modell der Realität mit einem zunehmend umfassenderen Spektrum von Sinneserfahrungen in Zusammenhang bringt und dabei gleichzeitig versucht, die Abbildung möglichst elegant zu gestalten. Einstein formulierte es folgendermaßen: »Ziel der Wissenschaft ist erstens die möglichst vollständige begriffliche Erfassung und Verknüpfung der Sinneserlebnisse in ihrer ganzen Mannigfaltigkeit, zweitens aber die Erreichung dieses Zieles unter Verwendung eines Minimums von Begriffen und Relationen.«

Coaching-Übung zum gezielten Modeling

Zunächst identifizieren Sie mit Ihrem Coachee die fehlende Ressource:

- »Was genau möchten Sie erlernen?«
- »Welches Problem möchten Sie lösen?«
- »Welche Fähigkeit oder Eigenschaft brauchen Sie dafür?«

Dann konzentrieren Sie Ihren Coachee auf das Finden eines geeigneten Modells:

- »Kennen Sie jemanden, der diese Fähigkeit oder Eigenschaft besitzt?«
- »Wie müsste er diese Eigenschaft oder Fähigkeit einsetzen, um damit erfolgreich zu sein?«
- »Wie können Sie jemanden kennenlernen, der diese Fähigkeit oder Eigenschaft besitzt?«

Danach führen Sie Ihren Coachee in die assoziierte Wahrnehmung des Modells:

- »Wie würde er dieses Problem betrachten?«
- »Was genau würde er tun, um das Problem zu lösen?«
- »Was würde er dabei sehen, hören, fühlen, schmecken, riechen?«
- »Was glaubt er über sich und seine Umwelt, während er das Problem löst?«
- »Was hat er in der Vergangenheit getan oder gelassen, um diese Fähigkeit oder Eigenschaft zu entwickeln?«
- »Welche Details beim Erlernen der Fähigkeit müssen beachtet werden?«
- »Was ist sonst noch wichtig, um den Erfolg des Lernprozesses zu sichern?«

Abschließend bringen Sie den Coachee in Kontakt mit der Umsetzung:

- »Was genau wollen Sie von dieser Person lernen?«
- »Was sind Ihre Motive und Ihre Zielkriterien?«
- »Unter welchen Bedingungen sind Sie bereit, dieses Wissen anzuwenden?«
- »Was tun Sie genau wann, um den Lernprozess zu starten?«

Verweise

→ Lebenslanges Lernen
→ Ressourcen
→ Transfer

Moment of Excellence – im Vollbesitz aller Kräfte!

Nutzen/Ziel

- Gezielte Aktivierung von individuellen Ressourcen.
- Stärkung des Selbstwertgefühls.
- Erfolgserlebnisse bewusst als Kraftquelle nutzen.

Anwendungsfelder

- Vorbereitung auf Präsentationen und wichtige Events.
- Motivations-Verstärker, Mutmacher.
- Nachhaltige Verfügbarkeit von früheren Erfolgs-Erlebnissen.

Wenn Sie Ihren Coachee maximal motivieren wollen, müssen Sie ihn attraktive Zielreize ganzheitlich spüren lassen. Er braucht ein positives Zielbild, überzeugende Zielkriterien und vor allem ein intensives Gefühl für den anvisierten Zustand – vielleicht kann er sogar einen leckeren Geschmack oder einen anregenden Duft mit seinem Ziel verbinden. Ein Moment of Excellence ist ein besonders ressourcevoller Zustand, in dem sich der Coachee jeder Herausforderung gewachsen fühlt. Im Moment of Excellence hat er eine intensive Verbindung zu seinen Stärken. Er fühlt sich kraftvoll, und die Dinge laufen mühelos. Der Kontakt mit anderen Menschen gestaltet sich angenehm, Vertrauen und Wertschätzung können spontan entstehen. Der Coachee fühlt sich als Herr seiner selbst – er befindet sich im Flow-Zustand. Er erlebt sich in seiner Kompetenz und kann seine Chancen aktiv nutzen.

Im Coaching

Es gibt Momente im Leben, da gelingt einem einfach alles. Mithilfe der Übung zum Moment of Excellence können solche Zustände identifiziert und für die Zukunft nutzbar gemacht werden. Durch den Einsatz von Ankern werden sie dauerhaft verfügbar gemacht. Dadurch entsteht eine wertvolle Blanco-Ressource, die der Mensch jederzeit mit wenig Aufwand aktivieren kann.

Coaching-Übung: Moment of Excellence identifizieren

Zu Beginn der Übung bittet der Coach seinen Coachee, drei Situationen in seinem Leben zu finden, in denen er sehr guten Zugang zu seinen Fähigkeiten hatte. Durch diesen Suchprozess gelangt der Coachee bereits in eine ressourcevolle Physiologie. Dann wählt er diejenige Situation aus, die ihm jetzt am attraktivsten erscheint. Dabei kann auch eine kreative Synthese aus mehreren Situationen geschaffen werden. Über die V.A.K.O.G.-Hypnose führt der Coach den Coachee in den exzellenten Zustand hinein:

> »Während Sie immer besseren Kontakt zu der Situation bekommen, machen Sie sich bewusst, was Sie dort sehen ... (Pause) ... und während Sie all das sehen, hören Sie auch etwas ... (Pause) ... und während Sie all das wahrnehmen, spüren Sie Ihren Körper und Ihre Gefühle ... (Pause) ... und vielleicht nehmen Sie einen bestimmten Geruch oder Geschmack wahr ...«

Dabei ist es wichtig, dass der Coachee sich vollkommen in das Erlebnis hineinassoziiert, damit die Energie für das anschließende Ankern wieder total lebendig ist.

Der Anker für die gezielte Verfügbarkeit der exzellenten Energie wird mithilfe einer speziellen Bewegung installiert, die den Coachee mit dem intensivsten Moment des exzellenten Zustandes verbindet. Der Anker soll so beschaffen sein, dass er durch eine kleine, möglichst unauffällige Bewegung elegant aktiviert werden kann. Diese spezielle Bewegung wird vom Coachee so lange eingeübt und in der Wirkung überprüft, bis sie als wirkungsvoller Anker für den ressourcevollen Zustand fungiert. Wenn der Coachee sich selbst in Zukunft in einen ressourcevollen Zustand versetzen möchte, kann er den Anker betätigen und so Kontakt zu seiner exzellenten Energie herstellen. Um die zukünftige Anwendung auch für schwierige Kontexte zu gewährleisten, können zum Abschluss der Übung noch ein Öko-Check (Worauf muss ich besonders achten?) und ein Future Pace (Wann werde ich diesen Anker das erste Mal einsetzen?) als Transfersicherung gemacht werden.

Coaching-Übung: Moment of Excellence installieren

Mit diesen Instruktionen können Sie als Coach den Moment of Excellence bei Ihrem Coachee installieren:

1. Anker auswählen
»Wählen Sie als Anker eine bestimmte Bewegung, wie zum Beispiel das Ballen einer Faust, oder wählen Sie eine Stelle an Ihrem Körper, die Sie jederzeit unauffällig berühren können, wie zum Beispiel den kleinen Finger oder ein Ohrläppchen.«

2. Situation auswählen
»Erinnern Sie sich an drei konkrete Situationen, in denen Sie optimalen Zugang zu Ihren mentalen und physischen Kräften hatten und in einer exzellenten Verfassung waren. Genießen Sie es, sich diese powervollen Momente wieder bewusst zu machen, und entscheiden Sie sich dann für die Situation, die Ihnen im Moment am attraktivsten erscheint.«

3. Situation revitalisieren
»Versetzen Sie sich nun mit allen Sinnen in die damalige Situation hinein. Schließen Sie die Augen und erinnern Sie sich in allen Details. Was genau haben Sie erlebt? Tun Sie so, als ob die Situation wieder lebendig wäre. Was sehen, was hören und was fühlen Sie? Gibt es einen bestimmten Geruch oder Geschmack? Lassen Sie sich genug Zeit, um den Zustand mit all seiner Kraft aufs Neue zu erleben. Wie ist das Licht an die-

sem Ort? Hell oder dunkel? Welche Farben können Sie sehen? Was gab es zu hören? Stimmen oder Geräusche? Laut oder leise? Was haben Sie damals empfunden? Wo genau in Ihrem Körper spüren Sie das Gefühl? Vergegenwärtigen Sie sich die Situation in allen Einzelheiten ...«

4. Moment of Excellence ankern
»Welcher Moment aktiviert in Ihnen das intensivste, kraftvollste Gefühl? Nehmen Sie sich die Freiheit, diesen Moment in Zeitlupe abzuspielen. Empfinden Sie ihn, solange Sie mögen. Auf dem Höhepunkt Ihrer Erfahrung ankern Sie Ihren Ressource-Zustand, indem Sie den vorab ausgewählten Anker betätigen.«

5. Separator-State
»Öffnen Sie die Augen, und tun Sie für einen kurzen Augenblick irgendetwas anderes. Bringen Sie sich in einen neutralen Zustand, bevor Sie den Anker testen.«

6. Anker testen
»Überprüfen Sie, ob der Anker den gewünschten Ressource-Zustand erneut hervorruft. Falls nicht, dann wiederholen wir den Vorgang. Je öfter Sie den Anker aufladen, desto stärker wird seine Kraft. Wir können diese Erfahrung so lange wiederholen, bis Sie Ihren exzellenten Zustand mit jeder Faser Ihres Körpers empfinden können.«

Verweise

→ Ankern
→ Körpersprache
→ Ressourcen

Motivation –
Quelle der Libido-Energie!

Nutzen/Ziel

- Libido-Energie bringt frischen Wind ins Leben des Coachees und steigert die Wahrscheinlichkeit der Zielerreichung.

Anwendungsfelder

- Bei Frust, Langeweile und Sinnlosigkeit.
- Wenn der Coachee den Kontakt zur Lebensfreude verliert.
- Bei Motivationsproblemen.

Libido bedeutet Lust und Leidenschaft. Die Libido-Energie nutzt die stärkste Motivationsquelle des Menschen. Sie ist die wunderbare Ressource, die unsere schöpferischen Energien freisetzt und kreative Kräfte weckt. Der freie Fluss der Libido bewegt Menschen auf natürliche Weise. Wenn ein Ziel libidinös besetzt ist, entwickelt man die lustvolle Motivation »hin zu«, die von innen heraus wirkt.

Im Coaching

Machen Sie Ihre Ziele unwiderstehlich! Finden Sie heraus, was Sie wirklich begeistern würde! Was müsste passieren, damit auch Ihr Unbewusstes Lust bekommt, das Ziel zu realisieren? Was würde Sie dabei am meisten motivieren?

Je attraktiver Sie das Ziel Ihres Coachees gestalten können, desto stärker werden seine unbewussten Kräfte wirken, um die ersehnten Ziele zu erreichen. Der Fluss der Libido-Energie durchströmt jedes Lebewesen. Die Libido-Energie, die ein wahrhaft attraktives Ziel zu aktivieren vermag, ist eng mit Ihrer Motivation verbunden, das Ziel zu verwirklichen. Je mehr Libido, desto stärker die Motivation. Diesen Effekt bezeichnet man in Anlehnung an unsere archetypischen Instinkte auch als »animal magnetism«. Manche Coachees verbinden mit den Begriffen Lust und Leidenschaft nur den Kontext der Sexualität. Daraus resultiert oftmals eine mangelnde Erlaubnis, ihre Libido-Energie ganzheitlich zu realisieren. Diese mangelnde Erlaubnis zeigt sich in einschränkenden Glaubenssätzen wie »Ohne Fleiß kein Preis« oder »Erst die Arbeit und dann das Vergnügen«, wodurch der freie Fluss der Energie in den asexuellen Bereichen des Lebens blockiert wird. Dann ist der Coach gefordert, die einschränkenden Glaubenssätze des Coachees aufzudecken, um die mit der Libido einhergehende Motivation zur Zielerreichung zu nutzen. Coaching mit NLP ist ein lustbetontes Instrumentarium. Persönliche Freiheit, Selbstverwirklichung und die optimale Organisation von Ressourcen können uns nicht nur im höchsten Maße motivieren, sondern von uns geradezu spielerisch erworben werden, wenn die libidinösen Kräfte ökologisch genutzt werden.

Ziele mit Libido-Energie aufladen!

Frei fließende Libido-Energie bringt uns in die Gewinner-Physiologie. So zu tun, als ob wir unsere genetische Information fortpflanzen, gibt dem Unbewussten ein gutes Gefühl. Wir sind auf dem besten Weg, die wesentliche biologische Funktion zu erfüllen. Das Modell der Libido-Energie ist sehr hilfreich zum Verständnis der Dynamik unseres Unbewussten. Libido-Energie bestimmt darüber, in welche Richtung wir unsere Aufmerksamkeit und unsere Aktivitäten lenken. Wir benötigen fließende Libido, um uns mit einem guten Gefühl in Bewegung zu setzen. Sobald ein Ziel libidinös besetzt ist, wird der energetische Fluss verstärkt in diese Richtung geleitet. Der Coachee erlebt diese energetisierende Welle als einen Zustand der erhöhten Leistungsbereitschaft. Er fühlt sich motiviert, aktiv zu werden und sein Ziel zu verwirklichen.

Kann das Ziel jedoch nicht adäquat realisiert werden, staut sich die Energie. Es entstehen innere Spannungen und Reibungsverluste. Falls dieser Zustand länger andauert, können daraus chronische

Blockaden erwachsen. Beim gesunden Menschen befindet sich die Energie im ständigen Fluss, blockierte Libido hingegen erzeugt körperliche Symptome und psychische Neurosen. In solchen Fällen müssen die zugrunde liegenden Ziele überprüft und vielleicht korrigiert werden. Vielleicht müssen mögliche Hindernisse aus dem Weg geräumt und neue Handlungsstrategien entworfen werden. Sobald die Konflikte gelöst sind, schmilzt auch die energetische Blockade. Jetzt kann die Energie wieder frei fließen. Das Erkennen und Realisieren von unbewussten Wünschen kann ein wirkungsvolles Heilmittel sein, um chronische Leiden abzustellen. Libido möchte fließen! Wenn der Coach es versteht, diesen Prozess beim Coachee bewusst zu unterstützen und zu steuern, stärkt er nicht nur die Erfolgschancen in puncto Zielerreichung, sondern tut auch was für die Gesundheit seines Coachees.

Coaching-Übung: Motivierendes Ziel-Coaching

Um Ihren Coachee direkt mit seiner Libido-Energie zur Zielerreichung in Kontakt zu bringen, können Sie diesen Leitfaden nutzen. Sinnvoll ist es, wenn Sie den erwünschten Zustand mit der Anker-Technik nachhaltig als Motivationsschub einsetzen können.

- »Welches Ziel möchten Sie gern erreichen?«
- »Warum möchten Sie es gern erreichen?«
- »Welche Bedürfnisse sind damit verbunden?«
- »Wie wird es sein, wenn Sie das Ziel erreicht haben?«
- »Was sehen Sie?«
- »Was hören Sie?«
- »Was sagen Sie sich selber?«
- »Was fühlen Sie?«
- »Was riechen und schmecken Sie?«

Anker setzen!
- »Was würde die Zielerreichung noch schöner machen?«

Brainstorming: Libido! Belohnungen? Menschen? Ort? Umstände? etc.
- »Welchen Weg müssen Sie gehen, um Ihr Ziel zu erreichen?«
- »Welche Etappenziele liegen auf diesem Weg?«
- »Stellen Sie sich bitte noch einmal vor, Sie sind den Weg zum Ziel erfolgreich gegangen:«
- »Wie fühlt sich das an?«
- »Was ist das Schönste dabei?«
- »Was motiviert Sie ganz besonders?«

Ankern!
- »Wann gehen Sie los?«

Verweise

→ Magie des Wünschens
→ Ziel-Orientierung

N

New Behaviour Generator – kreative Neu-Orientierung

Nutzen/Ziel

- Optimierung von Verhalten.
- Entwicklung von neuen Fähigkeiten.

Anwendungsfelder

- Wenn der Coachee sich in alten Verhaltensmustern gefangen fühlt.
- Um Assoziation und Dissoziation als neue Ressourcen zu erleben.

Coaching kann eine wertvolle Unterstützung bei der Realisierung von Veränderungsprozessen bieten. Viele Coachees möchten sich verändern, einige wissen, wohin sie sich verändern wollen, doch die wenigsten wissen, wie sie ihr persönliches Verhalten ändern können, um ihr Ziel zu erreichen. Der New Behaviour Generator ist eine kreative Form des mentalen Trainings. Sie dient der Optimierung von Verhalten und kann im Wachzustand oder in Trance durchgeführt werden. Dabei wird das Prinzip der Time Line auf drei Positionen konzentriert. Der Coachee wechselt zwischen diesen Positionen, bis er die neuen Verhaltensressourcen so weit verinnerlicht hat, dass er sich seiner Herausforderung mit hoher Wahrscheinlichkeit mit einem neuen, optimierten Verhalten stellen kann. Der New Behaviour Generator ist ein strukturiertes Verfahren, um Veränderungsprozesse kreativ anzuregen und gezielt zu steuern.

Coaching mit NLP-Werkzeugen. Thomas Rückerl und Torsten Rückerl
Copyright © 2008 WILEY-VCH Verlag GmbH & Co. KGaA, Weinheim
ISBN: 978-3-527-50351-3

Im Coaching

Der Coach steuert den Lernprozess durch Fragen und Prozessinstruktionen, wobei er sich an der Physiologie des Coachees orientiert. Er braucht das zu optimierende Verhalten des Coachees nicht unbedingt zu kennen. Das Modell der Augenbewegungen dient dabei als Orientierungshilfe. Bestimmte Blickrichtungen sind Indikatoren für entsprechende innere Zustände. Die Zustände werden vom Coach geankert, indem zum Beispiel für jede Bewusstseins-Position ein Stuhl als räumlicher Anker aufgestellt wird.

Coaching-Übung: New Behaviour Generator

1. Position: Gedanken über die Zukunft
   Ausgangspunkt ist eine Situation, in der sich der Coachee anders verhalten möchte, als sein bisheriges Repertoire erlaubt.
   - Der Coach fragt: »Wie möchten Sie sich in Zukunft in dieser Situation stattdessen verhalten?«
   - Der Coachee geht auf der ersten Position in den inneren Dialog und denkt über die relevante Situation nach. Diese erste Bewusstseins-Position entspricht im Modell der Augenbewegungen oftmals dem Blick nach unten links. Als Ergebnis entwickelt der Coachee eine auditive Repräsentation des erwünschten Verhaltens und äußert sie gegebenenfalls gegenüber dem Coach, um ein erstes reflektorisches Feedback zu erhalten.
   - Zur Unterstützung kann der Coach die Als-Ob-Methode oder das Modeling einsetzen: »Tun Sie einfach mal so, als wenn Sie es bereits könnten ... oder vielleicht kennen Sie jemanden, der das kann, was Sie gern können würden – wie macht er das? Wie wäre es, wenn Sie es so täten, wie er es tut?«

2. Position: Visuelles Erleben des neuen Verhaltens
   - Sobald der Coachee weiß, wie er sich in Zukunft verhalten möchte, schickt ihn der Coach in die zweite Bewusstseins-Position auf einem anderen Stuhl: »Nun stellen Sie

sich bitte vor, wie Sie sich selber sehen, während Sie das neue Verhalten ausprobieren.«

- Der Coachee geht wieder in den inneren Dialog und blickt diesmal oftmals nach oben rechts. Er sieht sich selbst dissoziiert in der relevanten Situation das neue Verhalten ausprobieren.

1. Position: Überprüfung und kreative Optimierung
- Dann wechselt er zurück in die erste Position und reflektiert im inneren Dialog seine eben erlebte Vision.
- Der Coach fragt: »Was hat Ihnen gefallen? Was kann wie verändert werden? Verfügen Sie bereits über die Kompetenz, um es zu tun? Welche Konsequenzen wird das neue Verhalten in Zukunft auslösen?«

2. Position: Kinästhetisch-assoziiertes Erleben des neuen Verhaltens
- Sobald der Coachee mit seinem Verhalten zufrieden ist, schickt ihn der Coach in die dritte Bewusstseins-Position auf den dritten Stuhl. »Überprüfen Sie nun, wie sich das neue Verhalten in der relevanten Situation anfühlt.« Der Blick des Coachees geht häufig nach unten, besonders nach unten rechts. Er ist assoziiert und fühlt dabei in sich hinein, während er das optimierte Verhalten durchlebt.

1. Position: Konsequente Optimierung
- Dann lässt ihn der Coach zurück in die erste Position wechseln, um die Erfahrung mit dem Coachee zu reflektieren und das neue Verhalten weiter zu verbessern.
- Dieses Rotationsverfahren wird so lange vollzogen, bis er sich in einer kongruent ressourcevollen Physiologie befindet.
- Abschließend wird ein Future Pace gemacht: Der Coach fragt: »Wann genau werden Sie das neue Verhalten anwenden? Was tun Sie dabei als Erstes? Worauf achten Sie besonders?«

Ein kompetenter Coach kann aufgrund der Physiologie des Coachees bei der abschließenden Absichtserklärung erkennen, ob ein starkes inneres Commitment besteht. Sollte der Coachee einen eher inkongruenten Eindruck auf den Coach machen, ist es ratsam, Unstimmigkeit zu thematisieren, damit die bis jetzt verdeckten oder unbewussten Einwände zur Optimierung des Verhaltens hinzugezogen werden können.

Walt-Disney-Technik

Die Walt-Disney-Technik ist eine Variante des New Behaviour Generator. Sie dient dem Entwickeln von neuen Fähigkeiten. Sie wurde von Robert Dilts entwickelt, indem er das Verhalten des kreativen Genius Walt Disney modellierte. Dabei werden drei Stühle oder Moderationskarten als Bodenanker verwendet.

Der Coachee wechselt im Rotationsverfahren von einer Position in die nächste und verfeinert sein zukünftiges Verhalten dabei so lange, bis es hundertprozentig ressourcevoll, ökologisch-verträglich und präzise beschrieben ist. Ausgangspunkt ist eine Situation, in der der Coachee sich nicht so verhalten hat, wie er es gern tun würde. Die drei Positionen entsprechen drei Funktionen der menschlichen Psyche:

* Realist,
* Träumer,
* Kritiker.

Coaching-Übung: Walt-Disney-Technik

Der Coach bittet seinen Coachee, sich in jeder Position diszipliniert zu identifizieren.

* Zunächst fühlt sich der Coachee als Realist in seine aktuelle Lage hinein. Er spürt sich und die Grenzen seiner momentanen Möglichkeiten.
* Als Träumer entwickelt er daraufhin sein Ziel. Er ist dabei meistens visuell und sieht sich selbst in der Zukunft neues Verhalten ausprobieren. Er sucht nach den dafür nötigen Fähigkeiten und stellt sich vor, was er vielleicht noch benötigt.

Er kann bereits vorhandene Ressourcen aktivieren, sich neue Ressourcen vorstellen oder die Fähigkeiten einer anderen Person modellieren. Dabei ist er dissoziiert und richtet seine Augen nach rechts oben, um Bilder zu konstruieren.

- Als Kritiker arbeitet der Coachee dann oftmals auditiv und hört kritische Stimmen zu der Vision des Träumers, formuliert Einwände und fragt sich, was noch verbessert werden kann. Er verfolgt seinen inneren Dialog und richtet seine Augen dabei oftmals nach links unten. Er analysiert die Erfahrungen der Vergangenheit.

- Der Realist erlebt dann im assoziierten Zustand, die Zusammenführung aus der Vision des Träumers und der Optimierung durch den Kritiker. Der Realist ist kinästhetisch und überprüft gefühlsmäßig den optimierten Zukunftsentwurf. Er richtet seine Augen dabei meist nach rechts unten.

Der Realist macht Erfahrungen in der Gegenwart, die anschließend den Träumer weiter inspirieren. So kann der Träumer im nächsten Schritt einen noch besseren Zukunftsentwurf visionieren, der danach wiederum vom Kritiker überprüft wird. Dieser Prozess der gegenseitigen Befruchtung wird so lange fortgesetzt, bis alle drei Positionen hundertprozentig zufrieden sind.

Wichtig für den Erfolg der Übung ist es, Inkongruenzen des Coachees zu bemerken und das Rotationsverfahren so lange fortzuführen, bis sich der Coachee in einem kongruent ressourcevollen Zustand befindet. Wenn der Coachee die Positionsdisziplin verliert, ist es für Sie als Coach ratsam, den Coachee auf eine vierte Meta-Position zu führen und gemeinsam den Stand der Entwicklung zu reflektieren. Danach bitten Sie Ihren Coachee, ganz gezielt wieder in eine Position einzusteigen, um den Prozess weiterzuführen.

Abschließend wird ein kleines Ritual in Form eines verbalen oder nonverbalen Commitments vollzogen, um sicherzustellen, dass die neu erworbenen Fähigkeiten gut geankert sind und dass alle Teile wieder in die Gesamtpersönlichkeit integriert werden.

Verweise

→ Ankern
→ Augenbewegungen
→ Modeling

Nominalisierung –
erstarrte Erfahrungen wiederbeleben

Nutzen/Ziel

- Aufzeigen und Entwickeln von neuen Verhaltensoptionen.
- Dynamisieren des Sprachgebrauchs.

Anwendungsfelder

- Coachee fühlt sich gefangen, deprimiert, unlebendig.
- Alte Konditionierungen auflösen.

Im Coaching kommt es darauf an, den Coachee in Kontakt mit neuen Gestaltungsoptionen zu bringen. Nicht selten jedoch empfindet der Coachee sich als »Opfer der Umstände«, als abgeschnitten von allen gestalterischen Verhaltensoptionen. Dieses negative Grundgefühl äußert sich oftmals auch durch einen passiven Sprachgebrauch. Ein wichtiges Erkennungsmerkmal ist der häufige Gebrauch von Nominalisierungen. Als Coach können Sie solche verbalen Schlüsselreize identifizieren und durch eine kreative Fragetechnik in dynamische und somit lebendige Erfahrungen zurückverwandeln.

Nominalisierungen sind Substantive, die aus Prozessbegriffen entstanden sind. Aus einem fortlaufenden Prozess wurde ein abstraktes Ding oder ein komplexes Ereignis. Nominalisierungen sind nützliche auditiv-digitale Anker. Ihr großer Vorteil ist, dass komplexe Abläufe praktischerweise durch nur einen Begriff erfasst werden. Wenn jedoch vergessen wird, dass sich hinter dem statischen Begriff ein dynamischer Prozess verbirgt, wird die innere Landkarte reduziert, und der Mensch verliert Wahlmöglichkeiten.

Im Coaching

Die Formulierung »Wir haben eine Beziehung« impliziert eine gewisse Statik. Der Begriff »Beziehung« ist eine Nominalisierung für vieles, was die Partner gemeinsam tun, wie zum Beispiel reden, essen, sich berühren oder spazieren gehen. Viele sinnliche Details werden in einem abstrakten Begriff zusammengefasst. Nominalisierungen entsprechen dem Chunking-Up. Metaphorisch ausgedrückt reduziert die Nominalisierung einen dynamischen Film auf ein einziges abstraktes Bild.

Coaching-Übung: Erkennen von Nominalisierungen

Es gibt zwei Tests im Coaching, um Nominalisierungen von regulären Nomina zu unterscheiden. Beim ersten Test fragt der Coach:

- »Ist dieses Ding in Wirklichkeit ein Prozess? Kann man Wörter wie ›momentan, andauernd‹ davorsetzen?«

Falls es passt, ist es eine abstrakte Nominalisierung: ein momentanes Problem, eine andauernde Beziehung versus ein momentanes Auto, ein andauerndes Haus.

Beim zweiten Test kann der Coach fragen:

- »Ist dieses Ding als konkretes Objekt sinnlich wahrnehmbar? Könnte man es auf einen LKW legen?«
- »Welche Farbe hat es? Welches Geräusch entsteht, wenn ich mit einem Hammer dagegenklopfe? Wie fühlt sich die Oberfläche an? Wie riecht es? Kann man da hineinbeißen?«

Falls ja, ist es keine abstrakte Nominalisierung, sondern ein sinnlich erfassbares Nomen. Durch diese Tests ist der Coachee in der Lage, Nomen und Nominalisierungen bewusst zu unterscheiden.

Im Coaching ist es oftmals wichtig, Nominalisierungen wieder in eine dynamische Sprache zu verwandeln, die zielführend, aktiv und motivierend ist. Diese lebendigen Formulierungen führen dazu, dass ein bisher abgeschlossenes und der Kontrolle entzogenes Ereignis vom Unbewussten des Coachees wieder als lebendiger Prozess verstanden wird.

- Wenn ein Coachee klagt: »Ich bekomme zu wenig Anerkennung«,
- kann der Coach ihn fragen: »Wie möchten Sie denn gern von wem für was anerkannt werden?«

Damit vitalisiert er den Prozess des Anerkanntwerdens im Erleben des Coachees. Dadurch werden leblose Informationen wieder sinnlich erfahrbar und die Bedürfnisse des Coachees deutlich. Der Coachee spürt, dass er sein Leben aktiv und kreativ gestalten kann.

Verweise

→ Meta-Modell
→ Positiver Sprachgebrauch
→ Wahlmöglichkeiten

Öko-Check – gibt es Risiken und Nebenwirkungen?

Nutzen/Ziel

- Überprüfen der ökologischen Verträglichkeit.
- Basis einer gewissenhaften Transfersicherung.

Anwendungsfelder

- Zentrales Instrument jeweils am Ende jeder Coaching-Sitzung, in Kombination mit Future Pace.
- Bei Inkongruenzen und inneren Einwänden.
- Als Balance zwischen Nachhaltigkeit und konsequenter Zielorientierung.

Als Coach können Sie mit wirkungsvollen Interventionen Menschen helfen, freier zu werden, unnötige Einschränkungen aufzulösen und Probleme zu bewältigen. Coaching zielt darauf ab, das Repertoire des Coachees mit neuen Verhaltensoptionen zu bereichern und das alte Verhalten als Ressource für andere Kontexte beizubehalten. Eine Intervention gilt im Coaching als erfolgreich, wenn sie die gewünschten Resultate erzielt und dabei zugleich für das ökologische System des Coachees verträglich ist. Im Öko-Check überprüfen Sie als Coach ganz bewusst, ob die geplante Veränderung mit der bisherigen Organisation des Systems »Coachee« verträglich ist. Im Öko-Check wird deutlich, welche Nebenwirkungen, Risiken und Preise die Veränderung für den Coachee mit sich bringt. Der Öko-Check darf im Rahmen einer sauberen Arbeitsweise bei keiner Coaching-Intervention fehlen.

Coaching mit NLP-Werkzeugen. Thomas Rückerl und Torsten Rückerl
Copyright © 2008 WILEY-VCH Verlag GmbH & Co. KGaA, Weinheim
ISBN: 978-3-527-50351-3

Im Coaching

Der Öko-Check respektiert den Ist-Zustand und die Integrität eines Systems. Jedes Verhalten erfüllt nützliche Funktionen innerhalb des menschlichen Systems und kann subjektiv als sinnvoll erkannt werden. Jede Veränderung in einem komplexen System beeinflusst das gesamte System und kann unerwünschte Nebenwirkungen erzeugen. Ein lebendiges System ist darum bemüht, sich selbst im Zustand der Stabilität zu halten. Veränderung steht häufig im Widerspruch zur Stabilität. Hier liegt ein prinzipielles Konfliktpotenzial. Um eventuelle Konflikte rechtzeitig zu bemerken, fragt der Coach im Anschluss an eine getätigte Intervention, ob es einwanderhebende Teile gibt. Mögliche Einwände können auch von aktuell unbewussten Teilen erhoben werden. Solche Einwände können an unterschwelligen Inkongruenzen erkannt werden. Der Coachee ist jedoch oft nicht darin trainiert, derartige Signale aus eigener Initiative wahrzunehmen. Deshalb liegt es in der Verantwortung des Coachs, hier kritische Fragen zu stellen. Dabei kann sich herausstellen, dass die geplante Veränderung so weitreichend ist, dass sie andere Teile in ihrer Funktion stören würde. In diesem Fall werden die betroffenen Persönlichkeitsteile des Coachees die Veränderung bekämpfen. Deshalb ist es intelligent, die Interessen dieser Teile frühzeitig zu berücksichtigen und in die geplante Veränderung zu integrieren, damit auch sie ihre Funktion einwandfrei erfüllen können. Erst dann wird die Innovation ökologisch verträglich sein und somit von allen Teilen unterstützt werden.

Der Einsatz von machtvollen Interventionsmethoden beinhaltet natürlich auch die Möglichkeit des Missbrauchs, über die sich jeder Coach bewusst sein sollte. Veränderung ist nur gut, wenn sie ökologisch ist. Glücklicherweise wird die Gefahr des Missbrauchs durch ein natürliches Regulativ entscheidend verringert: Ein Coach, der nicht-ökologische Absichten verfolgt oder frappierende Inkompetenzen aufweist, wird Schwierigkeiten haben, den nötigen Rapport zum Coachee zu bekommen. Dies vermindert den Radius und die Tiefe seiner Manipulation in starkem Maße, denn guter Rapport ist die Voraussetzung für jede wirkungsvolle Intervention.

In der Veränderungsarbeit wird davon ausgegangen, dass das Unbewusste für die Ökologie zuständig ist und als ihr Anwalt fungiert.

Manchmal ist der Coachee im Coaching aber so begeistert von den anvisierten Zielen und den neuen Wegen, um seine Ziele zu erreichen, dass er mögliche Einwände aus dem Bewusstsein verdrängt. Falls der Coachee im Sturm der Begeisterung die Stimme der unbewussten Weisheit überhören sollte, kann der Coach ihn auffordern, mögliche Einwände zu fantasieren. Erfahrungsgemäß ergreift das Unbewusste diese Chance, um sich zu äußern und auf mögliche Störungen oder Nebenwirkungen aufmerksam zu machen.

Coaching-Übung: Öko-Check

Zur Überprüfung der gefundenen Lösung wechseln Sie als Coach ganz bewusst Ihren Wahrnehmungsfilter, um die mit dem Coachee entwickelte Strategie kritisch zu überprüfen und wirklich wasserdicht zu machen.

Fragen zur Analyse von Risiken und Nebenwirkungen:
- Wo liegen mögliche Schwachstellen?
- Welche Einwände könnte es gegen die gefundene Lösung geben?
- Welche Risiken beinhaltet Ihre Strategie?
- Wie können Sie die Risiken minimieren?
- Welche Nebenwirkungen können auftreten?
- Wie können Sie sich dagegen schützen?

Fragen zum Entwickeln von Back-Up-Lösungen:
- Falls Ihre Strategie nicht wie geplant funktioniert – was können Sie dann tun?
- Welche Alternativen gibt es?
- Unter welchen Bedingungen könnte Plan B in Kraft treten?
- Welche Spielräume gibt es und wie gehen Sie damit um?

Fragen zum Definieren und Prüfen von Preisen:
- Jede Veränderung hat ihren Preis – welchen Preis müssen Sie für Ihre Veränderung zahlen?
- Vielleicht müssen Sie etwas lernen oder aushalten oder sich besonders anstrengen oder auf etwas verzichten – unter welchen Bedingungen sind Sie bereit, diesen Preis zu zahlen?

Fragen zum Vorbereiten von Commitments:
- Was brauchen Sie außerdem?
- Was wäre noch zu bedenken?
- Wenn Ihr Unbewusstes Ihnen noch eine wichtige Botschaft auf den Weg gäbe – welche Botschaft wäre das?
- Was genau werden Sie jetzt tun, um die Realisierung der Lösung einzuleiten?

Ein kompetenter Coach sieht an der Physiologie des Coachees, ob sich dieser nach dem Öko-Check in einem ressourcevollen Zustand befindet. Sollte der Coachee einen eher inkongruenten Eindruck auf den Coach machen, ist es ratsam, Unstimmigkeit zu thematisieren, damit die bis jetzt verdeckten oder unbewussten Einwände zur Optimierung des Verhaltens hinzugezogen werden können.

Coaching-Übung: Öko-Check im Veränderungs-Coaching
Dieser Frageleitfaden hat zum Ziel, einen komplexen Veränderungsprozess auf seine ökologische Verträglichkeit hin zu untersuchen.

Ressourcen aktivieren:
- Warum sind Sie eine erfolgreiche Persönlichkeit?
- Worauf sind Sie ganz besonders stolz?
- Was sind die Säulen Ihrer Identität?

Veränderungs-Bedarf analysieren:
- Was sind die Baustellen in Ihrem Leben?
- Wie möchten Sie sich verändern?
- Wie können Sie sich verändern?

Ökologie überprüfen:
- Nebenwirkungen und Einwände?
- Welche inneren Einwände könnte es gegen die Veränderungen geben?
- Welche äußeren Einwände könnte es geben?
- Welche Bedeutung haben die Einwände?

- Welche positiven Absichten stecken dahinter?
- Wie können Sie die positiven Absichten integrieren?

Risiko-Überprüfung:
- Welche Risiken liegen in der Veränderung?
- Welche Risiken können Sie tragen?
- Unter welchen Bedingungen können Sie alle Risiken tragen?

Preis:
- Welchen Preis müssen Sie für diese Veränderung bezahlen?
- Sind Sie bereit, ihn zu bezahlen?
- Wie können Sie ihn gern bezahlen?

Fazit:
- Welches Fazit ziehen Sie aus dem Öko-Check?
- Worauf müssen Sie ganz besonders achten?
- Was genau werden Sie tun, um die Erkenntnisse des Öko-Checks zu integrieren?

Teufels Advokat

Der Advokat des Teufels konfrontiert den Coachee mit der schlechtesten aller Möglichkeiten (worst case) und überprüft dabei die Reaktion des Coachees. Diese extreme Form des Öko-Checks überprüft die systemische Verträglichkeit einer Intervention unter den denkbar härtesten Bedingungen. Er sollte nur bei entsprechend riskanten Veränderungen oder sehr risikobereiten Coachees durchgeführt werden.

- In dieser Form des Öko-Checks malt der Coach den Teufel an die Wand: »Was würde passieren, wenn … ?!«

Falls der Zukunftsentwurf ökologisch ist und der Coachee mit ganzem Herzen an seine Realisierung glaubt, wird er kongruente und ressourcevolle Antworten auf die kritischen Fragen geben. Falls die Fragen des Advokaten des Teufels den Coachee verunsichern oder verängstigen, deutet dies darauf hin, dass der Zukunftsentwurf noch nicht hundertprozentig ökologisch ist oder dass der

Future Pace noch nicht sorgfältig genug präzisiert wurde. In solchen Fällen wechselt der Coach wieder seine Rolle. Er beendet die Provokation und wirkt wieder unterstützend. Er reagiert auf die beobachteten Inkongruenzen und hilft dem Coachee, die positive Absicht der Einwände zu erkennen und in den Zukunftsentwurf zu integrieren. Dabei organisiert der Coachee seine Ressourcen auf eine bessere Weise, um die vermeintlichen Schwierigkeiten optimal bewältigen zu können. Jetzt kann der Coach erneut den Anwalt des Teufels spielen – so lange, bis der Coachee den Öko-Check kongruent und ressourcevoll durchlaufen kann.

Falls die ökologische Überprüfung eine noch gründlichere Vorgehensweise verlangt, kann der gewissenhafte Coach den Coachee auffordern, selbst den Anwalt des Teufels zu spielen:

- »Gibt es noch irgendwelche Einwände oder Zweifel? Wenn ja, welche?«
- »Falls Ihnen jetzt keine Einwände einfallen, dann erfinden Sie bitte welche!«
- »Was könnten Ihre Familie, Ihre Freunde, Ihre Gegner oder ein Außenstehender einwenden?«

Verweise

→ Einwand-Integration
→ Körpersprache
→ Future Pace

Ökologie-Bewusstsein – das Gleichgewicht der Systeme

Nutzen/Ziel

- Transfer-Sicherung.
- Aufzeigen ganzheitlicher, systemischer Zusammenhänge.

Anwendungsfelder

- Grundsätzliches Bewusstsein im Coaching für jeden gelungenen Veränderungsprozess.
- Entscheidend für nachhaltige Wirksamkeit.
- Provokation bei der Bewusstmachung von unbewussten Einwänden.

Der Begriff der Ökologie meint im allgemeinen Sprachverständnis die Wissenschaft von den Beziehungen zwischen den Lebewesen und ihren Lebensräumen. Im Coaching wird der Begriff spezifiziert auf das komplexe Gleichgewicht eines Menschen als lebendiges System. Dieses Gleichgewicht wird durch die Beziehungen der verschiedenen Persönlichkeitsteile und ihr Zusammenwirken als psychisches und körperliches System bestimmt. Wenn in ein komplexes System eingegriffen wird, verändert sich unter Umständen das gesamte System in eine unerwünschte Richtung. Deshalb sollte bei jeder Intervention im Coaching die ökologische Verträglichkeit für das System »Coachee« durch den Coach überprüft werden. Dies geschieht im Öko-Check. Eine Veränderung ist dann ökologisch, wenn sie mit den Anforderungen des Systems verträglich ist.

Im Coaching

Die systemische Denkweise hat das Coaching mit NLP stark beeinflusst. Menschengruppen wie zum Beispiel Familien, Business-Teams oder die Mitarbeiter eines Unternehmens werden als soziales System verstanden. Ebenso kann ein einzelner Mensch als personales System betrachtet werden. Körper und Geist beeinflussen sich wechselseitig, alle Verhaltensweisen erfüllen eine oder mehrere Funktionen innerhalb des Systems. Dabei gibt es unbewusste Programme und Funktionen, deren Aufgabe es ist, die Stabilität unserer Welt zu wahren. Stabilität steht jedoch im Gegensatz zur Veränderung. Die Sicherung des Überlebens ist der stärkste menschliche Impuls, und jede Veränderung birgt Risiken. Deshalb darf nicht vergessen werden, dass jeder Mensch ein System darstellt, das sich in erster Linie selbst erhalten will. So lässt sich erklären, warum viele Verhaltensweisen oder Gewohnheiten beibehalten werden, obwohl der Mensch sie gerne ablegen und sich verändern möchte. Auch ungeliebte Verhaltensweisen erfüllen ökologische Funktionen, bringen sekundäre Gewinne und stabilisieren unsere Existenz.

Jede Veränderung beeinflusst das ganze System

Die Systemtheorie besagt, dass die Veränderung eines einzelnen Elementes das gesamte System beeinflusst. So führt zum Beispiel exzessives Essen nicht nur zur Sättigung, sondern auch zu Müdigkeit und Verlangsamung und längerfristig oft zur Gewichtszunahme. Hingegen bewirken Erfolgserlebnisse oftmals eine positive Eigendynamik. Wenn ein Mensch mit einer bestimmten Tätigkeit Erfolg hat, hebt dies sein Selbstwertgefühl. Erfolgreiches Verhalten bringt Anerkennung durch die Mitmenschen. Dies wirkt sich wiederum auf die Arbeitsmoral, Leistungsmotivation und Lebensfreude aus. Dadurch können weitere Ressourcen wie Kreativität, Humor oder Gelassenheit aktiviert werden. Die ökologischen Vernetzungen in einem System können weitreichende Folgen haben. Dieser Effekt wirkt auch umgekehrt. Wenn jemand beispielsweise das Rauchen aufgibt, verliert er dadurch vermutlich auch sekundäre Gewinne, die oft mit dem Rauchen verknüpft sind, wie zum Beispiel gesellige Kontakte mit anderen Rauchern, Möglichkeiten zu kleinen Pausen oder bewusstes Atmen. Ähnliche Verknüpfungen gibt es in allen Lebensbereichen. Bei jeder psychischen Intervention muss daher mit unvorhergesehenen Nebeneffekten gerechnet werden.

Ein Beispiel zum ökologischen Verständnis ist das Coaching mit einer stark übergewichtigen Marketingleiterin, die sich Sorgen um ihre Außenwirkung machte und deshalb abnehmen wollte. Ihre übermäßige Leibesfülle brachte den sekundären Gewinn, für Männer unattraktiv zu sein. Dadurch wurde ihre Ehe stabilisiert. Die Frau hatte in ihrem Repertoire keine Verhaltensweisen, um mit sexuellen Anträgen von Männern angemessen umzugehen. Sie musste in der Vergangenheit entweder mit dem Mann sofort ins Bett gehen oder konnte ihn nur sehr brüsk abweisen, was zu Verstimmungen auf der Beziehungsebene führte. Beide Wege gefährdeten ihr aktuelles System als verheiratete Frau. Für Männer sexuell attraktiv zu sein, war für sie eine überaus bedrohliche Situation. Deshalb wählte ihr Unbewusstes durch das Übergewicht einen Weg, um möglichst unattraktiv zu erscheinen und dadurch die Ökologie ihres Systems zu schützen. Der Coach entwickelte dann mit dem Coachee angemessene Verhaltensweisen zum Umgang mit männlichen Anträgen und übte sie mit ihm ein. Durch diese Intervention bereicherte sich das Verhaltensrepertoire des Coachee um die notwendigen Fähigkeiten, um auch als attraktive Frau ökologisch zu leben. Anschließend war es möglich, die Essgewohnheiten der Frau zu verändern. Sie konnte abnehmen und ein normales Körpergewicht halten.

Jeder Mensch lebt innerhalb von sozialen Systemen. Er fungiert als Projektionsfläche für die anderen und erfüllt Rollenerwartungen. Wenn durch psychische Interventionen seine Verhaltensmuster verändert werden, beeinflusst dies auch die ihn umgebenden sozialen Systeme. Wenn ein Mensch zum Beispiel nicht »Nein« sagen kann und im Coaching ohne Öko-Check neue Abgrenzungsmechanismen installiert werden, kann dies zu weitreichenden sozialen Konflikten führen:

- Der Partner fühlt sich möglicherweise persönlich entwertet.
- Der Chef unterstellt Illoyalität oder mangelnden Einsatz.

Erst wenn die Strategie zum Nein-Sagen durch begleitende Maßnahmen wie die Mitteilung von konkreten Ich-Botschaften als Erklärung:

- »Schatz, ich hatte heute einen schweren Tag und brauche meinen Freiraum zur Entspannung«,

und alternativen Angeboten zur Kooperation:

- »Ich habe heute leider noch drei Projekte für den Vorstand zu erledigen, aber ich kann mir vorstellen, dass der Herr Meyer sich darum kümmern kann«

mit den Antragstellern unterfüttert wird, wird die notwendige Abgrenzung Akzeptanz finden.

Jede Veränderung hat Auswirkungen auf das gesamte System. Falls die Veränderung tiefgreifend ist, kann es sein, dass sie das Gleichgewicht des Systems empfindlich stört. Zum Ausgleichen der Störung müsste das System viel Energie aufwenden. Vielleicht ist die Störung sogar so gravierend, dass sie die Stabilität des Systems gefährdet oder dessen Sicherheit bedroht. In diesem Fall ist die Veränderung nicht ökologisch verträglich. Sie wird von den betroffenen Teilen im Unbewussten sabotiert werden und sich vermutlich nicht realisieren lassen. Deshalb ist es für die erfolgreiche Veränderungsarbeit wichtig, die geplanten Innovationen im Öko-Check (Risiken, Nebenwirkungen, Preise?) auf ihre Verträglichkeit hin zu überprüfen.

Verweise

→ Öko-Check
→ Frage-Technik
→ Einwand-Integration
→ Unser Unbewusstes

P

Pacing – Schlüssel zum Vertrauen

Nutzen/Ziel

- Vertrauen gewinnen, positive Beziehungen aufbauen.
- Möglichem Widerstand prophylaktisch entgegenwirken.

Anwendungsfelder

- Zentrales Instrument, um den Coaching-Prozess erfolgreich zu starten.
- Notwendige Grundlage eines erfolgreichen Leading!

Im Coaching ist es entscheidend, dass eine Vertrauensebene zwischen Coach und Coachee besteht. Als Coach müssen Sie fähig sein, das Vertrauen des Coachees schnell und nachhaltig zu gewinnen. Mithilfe des Pacing können Sie diesen Prozess systematisch auf vielen Ebenen einleiten. Erst wenn Sie als Coach Ihren Coachee erfolgreich gepaced haben, können Sie ihn wirksam beeinflussen und führen.

Im Coaching

Das amerikanische Wort Pace bedeutet Gangart oder Schritt. Ein Pacemaker ist ein Schrittmacher, der zum Beispiel beim Pferderennen in der ersten Runde mitfährt und die Pferde in den Gleichschritt bringt. Auch ein Herzschrittmacher ist ein Pacemaker. Wenn Menschen den gleichen Pace haben, bewegen sie sich im gleichen Tempo, im gleichen Rhythmus, im gleichen Schwingungsfeld – es herrscht eine gemeinsame Verbindung. Während

Coaching mit NLP-Werkzeugen. Thomas Rückerl und Torsten Rückerl
Copyright © 2008 WILEY-VCH Verlag GmbH & Co. KGaA, Weinheim
ISBN: 978-3-527-50351-3

der Kommunikation sind ihre Bewegungen synchronisiert, die Wesen harmonieren miteinander, sie befinden sich im Rapport – dem magischen Band des Vertrauens. Pacing ist die Grundlage, um erfolgreiche Coaching-Interventionen durchzuführen.

Erfolgreiches Pacing führt im Coaching zum Rapport, dem vertrauensvollen Band zwischen Coach und Coachee. Für den Coach geht es darum, sich auf die Gangart des Coachees einzustellen, ihn abzuholen und mit ihm im Gleichschritt Richtung Zielerreichung zu gehen. Pacing wird unterschiedlich ins Deutsche übersetzt. Dabei werden verschiedene Aspekte dieser subtilen Tätigkeit betont: guten Kontakt herstellen, eine positive, vertrauensvolle Verbindung schaffen, Gemeinsamkeiten betonen, sich in die Welt des anderen einfühlen, sich an den anderen angleichen. Pacing bedeutet auch Spiegeln, weil das bewusste, jedoch nicht mechanische Einnehmen der gleichen Körperhaltung die positive Verbindung von Coach und Coachee verstärkt.

Kennzeichen für guten Rapport:
- positive Beziehungsebene,
- harmonischer Gesprächsfluss,
- lebendiger Austausch,
- Synchronizität in den Bewegungen,
- Betonen von Gemeinsamkeiten,
- Humor, echtes gemeinsames Lachen,
- angenehmes Gesprächsklima,
- kooperativer Umgang mit Konflikten,
- Kompromissbereitschaft, Flexibilität,
- Teamgeist, Wir-Gefühl, Solidarität.

Ein kompetenter Coach kann seinen Coachee bei gutem Rapport mühelos in ressourcevolle Zustände führen. Dafür braucht er sensible Wahrnehmungsfilter und flexibles Ausdrucksvermögen. Falls der Rapport schwindet, gilt es für den Coach, besser zu pacen. Kreativität ist gefragt. Die Vielfalt der menschlichen Existenz bietet unzählige Möglichkeiten, um Gemeinsamkeiten zu entdecken, zu verstärken und so den natürlichen Zugang zur Welt des anderen

Pacing auf der Mikro-Ebene

Aktuelle Merkmale:	... zum Beispiel:
Körperhaltung	Gestik, Kopfhaltung, Beinstellung, Rumpfneigung, Finger
Körperbewegungen	Zeitpunkt, Tempo, Rhythmus, Richtung, Intensität
Mimik	Blickrichtung, Lächeln, Gesichtsausdruck
Körperspannung	locker, angespannt, verkrampft, wechselhaft
Gesprächsinteressen	aktuelle Erlebnisse, Wünsche oder Probleme
Kommunikation	Tempo, Offenheit, Zusammenhang?, Sprünge?, Tiefgang?
Erwartungen	genug Zeit, Feedback, eingeladen werden, Entschuldigungen
Bedürfnisse	Aufmerksamkeit, Anerkennung, Sicherheit, Hunger, Ruhe, Geld
Gefühle	Freude, Angst, Trauer, Wut, Unzufriedenheit, Begeisterung
Atem	Intensität, Pausen, Rhythmus, Bauch/Brust
Kleidung	Farben, Stil, sportlich? elegant? Krawatte?, Marken, Preislagen

Pacing auf der Makro-Ebene

Stabile Merkmale:	... zum Beispiel:
Interessen/Hobbys	Reisen, Auto, Sport, Kochen, Musik, Kunst, Bücher, Natur
Lebensstil	Wohnqualität, Freundeskreis, Gewohnheiten, Freizeit, Auto
Humor	Thematik, Dreistigkeit, Ironie, eigene Person?, Art des Lachens
Gewohnheiten	beim Essen, Reisen, Einkaufen, im Büro, zu Hause
Motivation	Hin-Zu-Was?, Weg-Von-Was?, steuernde Bedürfnisse
Wahrnehmungstyp	Wahrnehmungsgewohnheiten, sinnliche Sprache
Sprache	Schlüsselworte, sinnliche Vokabeln, Lieblingsfloskeln, Dialekt
Stimme	Tempo, Lautstärke, Betonung, Melodie, Pausen
Meinung	Kultur, Politik, TV-Programm, aktuelle Themen
Glauben	eigene Person, andere Menschen, Beschaffenheit der Welt
Persönliche Werte	Freiheit, Sicherheit, Familie, Solidarität, Reichtum ...
Identität	Ich bin: Unternehmer, Sportler, Mercedes-Fahrer, Vater

zu gewinnen. Ein erfahrener Coach kann mit allen Wahrnehmungsfiltern auf physischen und psychischen Ebenen pacen:

Werden grundlegende Glaubenssätze erfolgreich gepaced, führt dies vermutlich zu stärkerem Rapport als das Spiegeln von Körperhaltungen. Deshalb spricht man im Coaching von Pacing auf der Mikro-Ebene und Makro-Ebene. Die Mikro-Ebene bezieht sich auf kurzlebige Phänomene, die aus der Physiologie im Hier und Jetzt resultieren. Zur Makro-Ebene gehören kontinuierliche Merkmale, die charakteristisch für die Persönlichkeit eines Menschen sind.

Unbewusstes Pacing

Unbewusstes Pacing geschieht ständig im täglichen Leben. Sobald Menschen einander sympathisch sind, pacen sie sich, indem sie ihr Verhalten in der Kommunikation aufeinander abstimmen. Dies sind vielschichtige und feinsinnige Prozesse, die meistens unbemerkt stattfinden. Auch unbewusstes Pacing verbessert die Interaktion. Es führt Menschen in gemeinsame Schwingungszustände und sorgt für gute Stimmung. Pacing wird auch durch soziale Rituale initiiert, wie zum Beispiel das gegenseitige Zuprosten beim Konsum alkoholischer Getränke. Hier bekräftigen die Trinkenden durch das synchronisierende Anstoßen ihren gemeinsamen Rapport. Gesellige Raucher ziehen gleichzeitig an ihrer Zigarette und machen synchrone Bewegungen zum Aschenbecher. Sehr deutlich kann man das Prinzip des Pacing bei Liebespaaren beobachten. Verliebte Paare wirken auf andere Menschen oft wie ein einziges Wesen, so harmonisch sind ihre Schwingungen miteinander synchronisiert.

Die Idee des Pacing ist auch ein Schlüssel zum Verständnis der Massenpsychologie. Bei Fußballspielen pacen sich die Schlachtenbummler auf vielen Ebenen, singende Fans schunkeln gemeinsam in einem homogenen Farbenmeer. Wenn Soldaten in die Schlacht zogen, gingen sie im Gleichschritt und sangen gemeinsame Lieder. Alle trugen die gleiche Uniform, den gleichen Haarschnitt und ein gemeinsames Feindbild im Kopf.

Pacing verbindet, unabhängig davon, ob es unbewusst stattfindet oder bewusst initiiert wird. Durch gezieltes Pacing kann ein fruchtbares Gesprächsklima geschaffen werden. Für einen kompetenten Coach gibt es unbegrenzte Möglichkeiten zur vertrauensvollen Kontaktaufnahme, um seinen Coachee danach erfolgreich durch den Veränderungsprozess zu führen. Bewusstes Pacing wird durch äußere Aktivität initiiert, wesentlich dabei ist jedoch der subtile innere Prozess des respektvollen Gleichschwingens.

Coaching-Übung: Wer folgt wem?

Betrachten Sie die Welt unter dem Aspekt von Pacing und Leading. Beobachten Sie, wie Menschen miteinander Kontakt aufnehmen. Werden Sie sich darüber bewusst, wie selbstverständlich das Unbewusste Ihrer Mitmenschen dieses magische Prinzip im Alltag praktiziert. Jeder Tag bietet Ihnen unzählige Gelegenheiten, um diesen Wahrnehmungsfilter einzusetzen. Hier einige Beispiele:

- Beobachten Sie die Körpersprache anderer Menschen, wenn Sie miteinander kommunizieren. Wartezeiten beim Arzt, am Flughafen oder in Restaurants bieten viele Möglichkeiten, um das menschliche Sozialverhalten aufmerksam zu studieren.
- Verfolgen Sie das Prinzip des Pacing und Leading im Fernsehen. Stellen Sie zeitweilig den Ton ab. Beobachten Sie den Tanz der Physiologien.
- Achten Sie bei Aktivitäten von Gruppen darauf, wie die Partner sich aufeinander beziehen. Wer führt die Gruppe?
- Verfolgen Sie gesellschaftliche Rituale wie zum Beispiel Hochzeiten, Ehrungen, Festlichkeiten oder offizielle Anlässe unter dem Blickwinkel von Pacing und Leading.
- Lernen Sie klar zu unterscheiden, wann kommunizierende Menschen sich im Rapport befinden und wann nicht. Entwickeln Sie ein sicheres Gespür dafür, wie die magische Verbindung die zwischenmenschliche Kommunikation beeinflusst.

Fragen Sie sich bei allen Beobachtungen: Wann besteht Rapport und wann bricht er ab? Was geschieht, wenn der Rapport verloren geht? Was genau wird gepaced? Wer führt wann? Und was befähigt ihn dazu?

Coaching-Übung: Extrem Pacing

In dieser Übung geht es darum, herauszufinden, wo die Grenzen des Pacing liegen. Testen Sie in unverbindlichen Situationen, in denen ein Rapportverlust keine schwerwiegenden Folgen hätte, wie weit Sie mit dem Pacing tatsächlich gehen können. Versuchen Sie herauszufinden, wo die Schwelle liegt, bis der andere Ihre Kontaktaufnahme für unangemessen und aufdringlich hält. Folgen Sie dabei nicht Ihren Vorurteilen, sondern beobachten Sie gewissenhaft, wie der andere auf Ihr Pacing tatsächlich reagiert.

- Denken Sie daran, dass penetrantes Pacing auch als »Spiegeln« bezeichnet wird. Werden Sie zum Spiegel Ihres Gegenüber! Wenn er seinen Kopf bewegt, bewegen Sie auch Ihren Kopf. Wenn er sich vorbeugt, beugen Sie sich ebenfalls vor. Wenn er lacht, lassen Sie sich anstecken und lachen einfach mit.
- Übertreiben Sie Ihre Pacing-Manöver ganz bewusst. Hängen Sie Ihr Fähnlein hundertprozentig in die Windrichtung Ihres Gegenübers. Werden Sie für diese Übung zum hemmungslosen Opportunisten! Verhalten Sie sich genau so, wie er sich verhält. Finden Sie gut, was der andere gut findet; und kritisieren Sie, was er kritisiert. Geben Sie Ihre eigene Identität für einen Moment völlig auf, und werden Sie zum Zwilling Ihres Gesprächspartners.
- Tun Sie Dinge, die Sie normalerweise nicht tun würden. Erweitern Sie Ihren Verhaltensspielraum, indem Sie sich hundertprozentig auf den anderen einstellen. Springen Sie über Ihren eigenen Schatten, und lassen Sie sich völlig von den natürlichen Impulsen Ihres Gesprächspartners führen.

Für diese Übung ist es besonders wichtig, dass Sie sich an die folgende Tatsache erinnern: Jeder Mensch möchte gepaced und bestätigt werden! Wenn Sie diese Übung, trotz der grotesken Aufgabenstellung, mit einem respektvollen Grundgefühl für Ihr Gegenüber durchführen, werden Sie vermutlich feststellen, dass Ihre ursprünglich empfundene Grenze des Pacing von Ihren Mitmenschen noch nicht als unangenehm empfunden wird.

Verweise

→ Leading
→ Rapport
→ Körpersprache
→ Unser Unbewusstes

PeneTrance-Modell –
wo soll die Reise hingehen?

Nutzen/Ziel

* Verwandeln von belastenden Problemen in motivierende Ziele.
* Als Kompass der Ziel-Orientierung im Coaching.

Anwendungsfelder

* Der Coachee ist verhaftet in Problem-Orientierung.
* Übergang von Ist-Analyse zum Zielzustand.
* Der Coachee wirkt orientierungslos und erzählt unstrukturiert.

Coaching ist eine zielorientierte Methode. Ohne Ziel kein Coaching. Als Coach helfen Sie Ihrem Coachee, seine aktuellen Probleme in positive Ziele zu verwandeln. »Wie wird es sein, wenn Sie Ihr Ziel gelöst haben? Was haben Sie dann?« Dies sind wichtige Fragen im Coaching und führt Sie zum PeneTrance-Modell, das von dem Hamburger Psychologen Thies Stahl entwickelt wurde. Durch konsequentes Nachfragen mit hypnotischer Wirkung führen Sie den Fokus der Aufmerksamkeit Ihres Coachee in die Zukunft. Mithilfe kreativer Fantasie stimulieren Sie einen positiven Zukunftsentwurf und ermöglichen so eine konstruktive Orientierung.

Im Coaching

Das PeneTrance-Modell ist ein Verfahren, um den Coachee durch konsequentes Nachfragen zu wohlgeformten Zielvorstellungen zu führen. Dabei wird die Ökologie von Interventionen in besonderem Maße betont. Der Name der Methode setzt sich aus den

Worten »penetrant« und »Trance« zusammen, weil der Coach so lange konsequent hartnäckige Fragen stellt, bis die Zieldefinition bestimmten Kriterien der Wohlgeformtheit genügt.

Um die Fragen des Coachs ernsthaft beantworten zu können, muss der Coachee innere Suchprozesse durchlaufen. Dabei geht er in Trance. Als Erstes wird eine Zieldefinition formuliert. Dann werden Ressourcen zur Zielerreichung aktiviert. Danach wird die gewünschte Veränderung auf ihre ökologische Verträglichkeit hin überprüft. Dabei wird auch das als unerwünscht empfundene Problemverhalten gewürdigt. Alte Verhaltensweisen werden neu kontextualisiert und als Ressource in das Repertoire des Coachees integriert. Abschließend wird ein Future Pace als Transfersicherung gemacht. Wenn die Intervention erfolgreich war, wird der Coachee zum Abschluss entweder eine motivierte Ziel-Physiologie oder eine entspannte Versöhnungs-Physiologie zeigen.

- »Woran werden Sie merken, dass Sie Ihr Ziel erreicht haben?«

Diese Frage des Coachs führt meist nicht auf Anhieb zu einer Antwort, die alle Kriterien der Wohlgeformtheit erfüllt. Um das Ziel in Übereinstimmung mit diesen Kriterien formulieren zu können, muss der Coachee in leichte Trance-Zustände gehen. Er richtet seine Aufmerksamkeit nach innen, nimmt bisher unbewusste Impulse wahr und wird vom Coach immer wieder in den Zukunftsentwurf der Zielerreichung hineinhypnotisiert. Wenn ein guter Rapport und eine klare Arbeitsvereinbarung bestehen, erlebt der Coachee die Fragen seines Coachs trotz ihrer Penetranz nicht als unangenehm, denn er merkt, dass jede dieser Fragen seinen Zustand verbessert. Durch die Fragen wird er konsequent aus dem Problem-Zustand in einen Ziel-Zustand geführt. Jede weitere, im Sinne der Kriterien der Wohlgeformtheit beantwortete Frage bringt ihn der erwünschten Zielerreichung ein Stück näher. Die Orientierung anhand von Kriterien schafft klare Strukturen und gibt der gemeinsamen Arbeit eine verbindliche Basis.

Coaching-Übung: PeneTrance-Modell

Im PeneTrance-Modell zeigen die Kriterien der Wohlgeformtheit, ob das gewünschte Ziel bereits optimal formuliert ist
oder ob noch weiter daran gearbeitet werden muss. Sobald die
Zieldefinition alle Kriterien der Wohlgeformtheit erfüllt, wird
ein Ressource-Zustand induziert. Die Prozessinstruktionen
führen den Coachee auf respektvolle Weise an seine Ressourcen:

- »Sie als erwachsener und reifer Mensch haben eine Menge
  gelernt in verschiedenen Zeiten Ihres Lebens, mit verschiedenen Menschen, an verschiedenen Orten – was von all diesen Fähigkeiten kann Ihnen jetzt helfen, um Ihr Ziel zu erreichen?«
- Der Coachee findet daraufhin mindestens fünf Ressourcen
  in Form von verfügbaren Fähigkeiten.
- Sie werden anschließend durch einen Future Pace im Unbewussten geankert: »Jetzt machen Sie bitte innerlich ein kleines Ritual (möglicherweise ein magisches Wort, das sich
  aus den Anfangsbuchstaben der Ressourcen zusammen-
  setzt) und fokussieren auf Ihre Ressourcen, um sicherzustellen, dass Sie sich im relevanten Kontext ... (wörtliche
  Zitate des Coachees) ... an diese Fähigkeiten erinnern
  können ... und dass Sie sie so einsetzen werden, wie es in
  der Situation am besten ist ...«
- Im Coaching mit NLP geht es grundsätzlich darum, bestehende Verhaltensoptionen zu erhalten und dadurch für die
  Zukunft erhöhte Wahlfreiheit zu erwerben. Deshalb folgt ein
  Kontext-Reframing: »Finden oder erfinden Sie bitte drei
  Kontexte, wo Sie die neue Fähigkeit nicht anwenden
  möchten, sondern lieber das alte Verhalten zur Verfügung
  haben möchten.«
- Auf diese Weise wird der Coachee in die Versöhnungs-Physiologie geführt. Er kann nun erkennen, dass sein ur-
  sprüngliches Problemverhalten in bestimmten Kontexten
  auch eine wertvolle Fähigkeit darstellt. So braucht sein Unbewusstes nicht zu befürchten, dass es ökologisch notwendige Verhaltensoptionen verliert. Nur dann wird das Unbe-

wusste bereit sein, die Realisierung des neuen erwünschten Verhaltens aus vollen Kräften zu unterstützen.

- Als Nächstes wird ein gründlicher Öko-Check gemacht. Dabei schlüpft der Coach in die Rolle von des Teufels Advokat. Zur Überprüfung von möglichen unerwünschten Nebenwirkungen fordert er seinen Coachee auf, ein Bedeutungs-Reframing vorzunehmen: »Finden oder erfinden Sie bitte drei negative Konsequenzen, die es in Ihrem Leben geben könnte, wenn Sie Ihr Ziel erreicht haben.«

Oftmals sind Coachees so erfreut über ihre wohlgeformten Ziele, dass sie diese Transfersicherung als unnötig abtun. Doch gerade hier sollte ein gewissenhafter Coach penetrant nachfragen, um das neu Gelernte ökologisch zu überprüfen.

- Anschließend werden Möglichkeiten zum Umgang mit diesen negativen Konsequenzen gesucht: »Finden Sie nun für jede der möglichen negativen Konsequenzen verschiedene Ideen, wie Sie ihnen vorbeugen können oder wie Sie sie bewältigen werden.«
- Abschließend wird ein Future Pace gemacht: »Wann genau werden Sie Ihr Ziel erreichen? Wie wird das sein? In welcher konkreten Situation in der Zukunft werden Sie das neue Verhalten zum ersten Mal anwenden?«

Verweise

→ Frage-Technik
→ Körpersprache
→ Ökologie
→ Ressourcen
→ Wohlgeformte Ziele

Peripherer Blick –
Fokus auf das ganze Panorama

Nutzen/Ziel

- Aktive Wahrnehmung von Physiologien und systemischen Signalen.
- Separator, um den Coachee mental zu entspannen.

Anwendungsfelder

- Zentrales Werkzeug zur ganzheitlichen Visualisierung.
- Als Separator in schwierigen Gesprächs-Situationen.
- Wahrnehmung von Paar- und Team-Dynamiken.

Der periphere Blick ist eine besondere Art, die visuelle Aufmerksamkeit zu lenken. Dabei fixieren die Augen nicht wie gewöhnlich einen Ausschnitt des Gesichtsfeldes, sondern sehen das Gesamtbild als weiches Panorama. Weil es keinen gewohnten Fokus gibt, auf den sich unsere Aufmerksamkeit konzentrieren kann, entsteht ein individueller Freiraum für sonst unbewusste Wahrnehmungen. Als Coach können Sie Ihren Coachee mit dieser Technik einladen, aus seiner gewohnten Wahrnehmung herauszutreten, um bisher nur unbewusst wahrgenommene Signale bewusst zu erfassen.

Im Coaching

Der periphere Blick bietet eine interessante Möglichkeit, die eigenen Wahrnehmungsgewohnheiten für einen kurzen Moment zu unterbrechen und einen Zustand der inneren Ruhe zu erzeugen. Der periphere Blick entspannt Ihre Augen und Ihren Geist. Die Bedeutung des peripheren Blickes ist jedoch von Mensch zu Mensch verschieden. Wir haben unterschiedliche Strategien bei der Organisation unserer Wahrnehmung. Es gibt auch Coachees, für die der periphere Blick zum gewohnten Repertoire gehört. Er kann sogar Bestandteil einer Problem-Physiologie sein. Das Sehen ohne Fokus wirkt dann wie ein Starren ins Leere. Die damit einhergehende Trance ist ein Zustand der geistigen Abwesenheit. In solchen Fällen ist das Herbeiführen eines scharfen Fokus eher als Separator geeignet.

Bei Meetings, Konferenzen, Familientreffen oder anderen Zusammenkünften von Menschen kann man mithilfe des peripheren Blickes den Tanz der Physiologien beobachten. Die Synchronizität und die Bezogenheit der Bewegungen zueinander werden dabei sehr deutlich. Business-Trainer oder Gruppentherapeuten können durch den peripheren Blick die Dynamik einer Gruppe erkennen. Diese Art der visuellen Wahrnehmung gehört zum natürlichen Verhaltensrepertoire des Menschen. Unsere Vorfahren schützten sich auf diese Weise vor möglichen Angriffen aus dem Hinterhalt. Der periphere Blick gibt den größtmöglichen Überblick über ein Terrain, ohne auf Details zu fokusieren, wobei das Unbewusste in diesem Gesamtbild intuitiv auch verdeckte Bewegungen registrieren kann. Gleichzeitig entspannt diese Sichtweise die fokussierte Aufmerksamkeit des Menschen, da der periphere Blick nur eingesetzt wird, wenn alles, was sich in unmittelbarer Nähe befindet, vertraut ist. Im modernen Alltag hilft diese Sichtweise, ein Auto sicher durch den Straßenverkehr zu lenken, Mannschaftssport zu spielen oder verschiedene Arbeitsvorgänge gleichzeitig zu überwachen.

Für die meisten Menschen ist der periphere Blick eine ungewohnte Art der Wahrnehmung. Deshalb kann diese Fähigkeit im Coaching als wirkungsvoller Separator eingesetzt werden.

Coaching-Übung: Der periphere Blick

Diese Übung können Sie für sich als Training des peripheren Blicks durchführen – Sie können sie aber auch als Coach Ihrem Coachee anbieten. Bei dieser speziellen Art des Sehens fixieren Sie nicht wie gewöhnlich auf einen Ausschnitt Ihres Gesichtsfeldes, sondern sehen das Gesamtbild als weiches Panorama. Dabei gibt es keinen Fokus. Lassen Sie Ihren Blick auch im Alltag immer wieder weich werden, und sehen Sie das Gesamtbild Ihrer Umgebung als maximales Panorama. Zum Trainieren dieser visuellen Methode können Sie wie folgt vorgehen:

- Strecken Sie beide Daumen in Augenhöhe eine Armlänge vor sich aus. Halten Sie die Daumen zunächst eng beisammen und betrachten Sie beide gleichzeitig.
- Dann führen Sie beide Arme langsam horizontal auseinander. Setzen Sie diese Bewegung so lange fort, bis Sie beide Daumen gerade noch links und rechts neben sich erkennen können (Ihre Augen entspannen sich und blicken weiterhin nach vorne!).
- Halten Sie die Arme seitlich gestreckt und richten Sie nun Ihre Aufmerksamkeit zwischen die beiden Daumen. Versuchen Sie, das gesamte Panorama mit einem langen ruhigen Blick zu erfassen, ohne dabei auf Details zu fokussieren. Jetzt sind Sie im Zustand des peripheren Sehens.

Mit etwas Übung wird es Ihnen leichtfallen, diese Form der visuellen Wahrnehmung auch ohne den Einsatz der Arme zu aufzubauen. Genießen Sie einfach die entspannte Position Ihrer Augen, atmen Sie dabei tief und ruhig, und erlauben Sie Ihrem Geist, sich ebenfalls zu entspannen.

Der periphere Blick kann im Coaching auch als meditative Technik zur Zentrierung der inneren Aufmerksamkeit eingesetzt werden. Durch die Aufforderung des Coachs an den Coachee, seinen Blick ohne Fokus auf das ganze Panorama auszudehnen, entsteht eine besondere visuelle Sensibilität, die sich auf andere Sinnessysteme übertragen kann. Plötzlich hören wir auch die leisen Geräusche um uns herum und spüren den eigenen Körper auf eine feinfühlige Weise. So entsteht sinnliche Präsenz, die durch bewusstes Atmen verstärkt wird. Dabei kann sogar der innere Dialog für einen Moment in die Stille geführt und anschließend bewusst beobachtet werden.

Verweise

→   Körpersprache
→   Visuell

Phobie-Technik –
Befreiung von übersteigerten Ängsten

Nutzen/Ziel

- Reduzierung und Auflösung von heftigen Ängsten.

Anwendungsfelder

- Coachee zeigt zwanghaftes Angst-Erleben.
- Vorhandensein von unnötigen Einschränkungen und Tabus.
- Traumatische Erlebnisse.

Angst ist eine mächtige Emotion. Nicht selten begegnen wir im Coaching Menschen, die unter heftigen Ängsten leiden. Obwohl der Verstand eindeutig weiß, dass die Heftigkeit der ängstlichen Reaktion vollkommen übertrieben ist, gelingt es dem Betroffenen nicht, die Angst zu beherrschen oder aufzulösen. Die Entwickler des NLP haben kompetente Psychotherapeuten bei der Heilung von Phobien beobachtet und dabei ein einfaches Format entwickelt, dass von erfahrenen Coachs bei der Linderung oder Bewältigung von starken Ängsten sehr effizient eingesetzt werden kann.

Im Coaching

Eine Phobie ist eine heftige Angst vor bestimmten Dingen, Ereignissen oder Situationen, die für andere Menschen oftmals ungefährlich sind. Auslöser für Phobien können zum Beispiel Mäuse, Spinnen, Spritzen, der Anblick von Blut, Zahnarztbesuche, Fahrstühle oder Eisenbahnwaggons sein. Charakteristisch für Phobien ist die übersteigerte Koppelung von äußeren Reizen und inneren Zuständen.

Phobien werden meist durch traumatische Erlebnisse (z. B. Unfälle, Krankheiten, Missbrauchserfahrungen) oder archetypische Urängste (z. B. Spinnen und Nagetiere, mit denen sich unsere in Höhlen lebenden Vorfahren auseinandersetzen mussten) erzeugt und sind somit eine Schutzreaktion. Das Unbewusste versucht, durch die phobische Reaktion den Menschen vor einem weiteren Trauma zu bewahren. Eine Phobie ist ein traumatischer Puffer, den das Bewusstsein des Betroffenen nicht kontrollieren kann. Immer wenn ein Spinnenphobiker eine Spinne sieht, gerät er in einen Stuck State: Er ist innerlich von seinen Ressourcen abgeschnitten, verliert die Kontrolle und wird von seiner Angst überwältigt. Vom subjektiven Erleben her geht es dabei oft um Leben und Tod – die phobische Reaktion wird als absolut zwingend erlebt. Coaching mit NLP ist bekannt für seine spektakulären Erfolge in der Heilung von Phobien in kürzester Zeit. Dies geschieht durch die gezielte Entkoppelung des inneren Zustandes vom äußeren Reiz. Bei der Arbeit mit starken Ängsten ist es besonders wichtig, die Ökologie des Coachees genau zu beachten und die Intervention in einem geschützten Vertrauensrahmen durchzuführen.

Coaching-Übung: Phobie-Technik

- Als Einstieg in die Phobie-Technik überprüft der Coach die Intensität des Rapports, indem er seinen Coachee zu einem ungewöhnlichen Experiment einlädt und die Physiologie des Coachees dabei genau überprüft.
- Dann ankert der Coach eine starke Ressource-Physiologie des Coachees auf einem besonderen Stuhl oder Ort im Raum, indem er seinen Coachee durch die V.A.K.O.G.-Hypnose in einen Zustand der Stärke und Selbstsicherheit führt, den sein Coachee in seiner Vergangenheit erlebt hat (Moment of Excellence).
- Anschließend wechselt der Coachee auf einen neutralen Stuhl, und der Coach nimmt mit dem inneren Teil des Coachees Kontakt auf, der für die phobische Reaktion verantwortlich ist. Er wird gewürdigt, und es wird sichergestellt,

dass ihm die phobische Reaktion auch in Zukunft als Wahlmöglichkeit erhalten bleibt.

- Als Nächstes ankert der Coach die phobische Physiologie des Coachees auf einem weiteren Stuhl: Der Coach führt den Coachee durch eine doppelte Dissoziation in eine Wahrnehmungsposition, aus der er vor seinem geistigen Auge als Zuschauer einen Schwarz-Weiß-Film auf einer sehr kleinen Kinoleinwand von der Situation beobachtet, in der er die phobische Reaktion erlernt hat. So kann der Coachee aus der sicheren Distanz ein tieferes Verständnis für den Sinn seiner damaligen Reaktion entwickeln. Außerdem kann der Coach seinen Coachee mithilfe dieses inneren Films an alternative Wahrnehmungsvarianten der phobischen Situation heranführen. Der Coach bietet seinem Coachee gezielte Instruktionen zur Veränderung der Wahrnehmung des Films an. Durch die Unterlegung von zum Beispiel lustiger Musik oder der Veränderung der Leinwandgröße und späteren Einfärbung der Filmbilder gewinnt der Coachee mehr und mehr Kontrolle über die zunehmend realistischer werdende innere Abbildung der Schlüsselsituation. Der Coach beobachtet dabei die Physiologie, um den Belastungsgrad für den Coachee sinnvoll zu dosieren.
- Anschließend setzt der Coach einen Separator und führt seinen Coachee wieder auf den neutralen Stuhl. Hier können die Erlebnisse des Coachees reflektiert werden und gegebenenfalls erneut die Ressource-Physiologie initiiert werden.
- Im Öko-Check überprüft der Coach, ob alle Teile des Coachees mit der Veränderung einverstanden sind. Falls die phobische Reaktion sekundäre Gewinne gebracht hat, werden diese durch das Six Step-Reframing integriert. Dann bittet er seinen Coachee, noch einmal auf den Stuhl zu wechseln, in dem sein innerer Film der phobischen Reaktion ablief. Der Coach führt seinen Coachee wieder in die doppelte Dissoziation des Schwarz-Weiß-Films auf einer sehr kleinen Kinoleinwand, doch diesmal überlässt er es dem Coachee, sich der realistischen Abbildung der phobischen Reaktion zu nähern. Wenn der Coachee mit seinen neuen Erfahrun-

gen und Ressourcen der Kontrolle eine andere Rolle in der Situation spielen kann, um auf eine angemessene Weise mit der traumatischen Erfahrung umzugehen, wird die phobische Reaktion mehr und mehr unnötig, und der Coachee kann in Zukunft anders auf den Schlüsselreiz reagieren.

- Abschließend erfolgt ein Future Pace durch den Coach, damit der Coachee die frei gewordene Energie, die jetzt nicht mehr an die phobische Situation gebunden ist, auf andere Art nutzen kann. Wenn es die Rahmenbedingungen erlauben, können Coach und Coachee gemeinsam im Realitätstest überprüfen, ob die Phobie tatsächlich überwunden ist und das alternative Verhalten zu einer stabilen Ressource des Coachees geworden ist.

Verweise

→ Ankern
→ Ressourcen
→ Six-Step-Reframing

Positive Absicht –
die vergessene Motivation?

Nutzen/Ziel

- Konsequente Wertschätzung für alle Lebensäußerungen des Coachees.

Anwendungsfelder

- Konstruktiver Umgang mit Einwänden.
- Innere Konflikte → Win-win-Methodik.
- Erzeugen der Versöhnungs-Physiologie.
- Zur Auflösung von alten Blockaden.
- Als Ventil für nicht realisierte Veränderungsvorhaben.

Im Coaching mit NLP gilt die Denkweise, dass jedes menschliche Verhalten auf eine positive Absicht zurückgeführt werden kann. Dabei ist es für Sie als Coach sinnvoll, von der Annahme auszugehen, dass alle Impulse Ihres Coachees von einer unbewussten Instanz gesteuert werden, die grundsätzlich darauf abzielt, einen vermeintlichen Vorteil für das Individuum zu erreichen. Mithilfe dieses Wahrnehmungsfilters können Sie auch scheinbar unsinnige, weil problemerzeugende Verhaltensweisen wertschätzen, erforschen und verstehen. Dadurch können Sie als Coach mit den unbewussten Kräften Ihres Coachees schnell eine positive Beziehungsebene erzeugen und reduzieren die Gefahr des unbewussten Widerstandes gegen die Veränderung.

Im Coaching

Jede Verhaltensweise des Menschen entspringt einer positiven Absicht. Manchmal fällt es schwer, diese Grundannahme konsequent zu verifizieren. Das Verständnis der positiven Absicht impliziert eine systemische Denkweise. Der Mensch wird als System betrachtet. Alle Impulse dienen dem optimalen Überleben des menschlichen Systems. Coaching mit NLP trennt zwischen Absicht und Verhalten. Die positive Absicht entspricht dem Ursprung des Impulses; die konkrete Verhaltensweise ist lediglich der im Moment mögliche Weg der Realisierung. Da der gewählte Weg in vielen Fällen von unbewussten Teilen bestimmt wird, kann das tatsächliche Verhalten der Absicht nicht immer gerecht werden. Entweder wird der beabsichtigte Effekt nur teilweise erreicht, oder das Verhalten erzeugt unerwünschte Nebenwirkungen. In solchen Fällen bewertet unser Bewusstsein die inadäquaten Verhaltensweisen als negativ. Dann wollen wir uns verändern und bekämpfen das störende Verhalten. Derartige Kämpfe erzeugen Inkongruenzen und verbrauchen Energie. Die Erkenntnis der positiven Absicht kann den Kampf beenden und eine heilsame Aussöhnung bewirken.

Versöhnung setzt Energien frei

Das Prinzip der Versöhnung spielt eine wichtige Rolle im Coaching. Es ist unmittelbar mit der Idee des Reframing und der positiven Absicht verbunden. Innere Konflikte binden Energie; durch die Versöhnung werden oftmals ungeahnte Energien freigesetzt. Dabei entspannt sich die Psyche. Der Coachee entwickelt zu sich selbst eine neue positive Einstellung. Wenn ein Coachee im Reframing erkennt, welche positive Absicht hinter einer bisher bekämpften Verhaltensweise steht, geschieht eine innere Versöhnung. Der bisher ungeliebte Teil wird als nützlich erkannt. Dabei gelangt der Mensch in einen entspannten Zustand, den der Coach an der entsprechenden Versöhnungs-Physiologie erkennt.

Die Versöhnung ist eine Form der Re-Integration. Als Metapher ausgedrückt: Wenn ein Kind sein Elternhaus im Streit verlässt, ist es von der Familie auch emotional getrennt. Damit sind für alle

Beteiligten negative Emotionen verbunden. Wenn die Streitenden bereit sind, wieder miteinander zu reden und dem anderen eine Chance zu geben, kann ein Weg gefunden werden, um das abtrünnige Kind wieder in die Familie zu integrieren. Wenn der Vater (oder die Mutter) einen verlorenen Sohn (oder eine Tochter) zurückbekommt, findet eine Versöhnung (oder Vertöchterung) statt. Ein ähnlicher Prozess geschieht beim Reframing in der Psyche des Coachees. Durch die Erkenntnis der positiven Absicht entsteht Verständnis für den ehemals abgelehnten Teil. Ein innerer Konflikt kann gelöst werden. Die Gesamtpersönlichkeit empfindet plötzlich wieder Elternliebe für den abtrünnigen Teil und ist bereit, ihn wieder zu integrieren.

Dies kann im Coaching dazu führen, dass eine zuvor angestrebte Veränderung nicht mehr notwendig erscheint oder zumindest das alte Verhalten in bestimmten Situationen beibehalten werden soll. Die Versöhnung bietet in vielen Fällen eine echte Alternative zur Veränderung. Sofern sie ökologisch ist, kann viel Zeit und Energie gespart werden. Eine Versöhnung ist oft eine elegante Lösung für Energie verbrauchende Konflikte. Der anstrengende Kampf ist beendet, und alle Beteiligten genießen den Frieden.

Bei der Versöhnung spielt das Prinzip des sekundären Gewinnes eine wichtige Rolle. Zum Beispiel sind die Arbeitsgewohnheiten von Workaholics häufig mit verschiedenen sekundären Gewinnen verbunden. Wenn diese Sucht erkannt wurde, wird sie meist vom Bewusstsein bekämpft, weil das übermäßige Arbeitspensum unerwünschte und schädliche Nebenwirkungen mit sich bringt. Trotzdem verbergen sich hinter dem Impuls des Arbeitssüchtigen positive Absichten wie Verantwortungsbewusstsein, Einsatzwillen, Ehrgeiz oder andere Ressourcen. Wenn die positive Absicht als Motiv der unerwünschten Verhaltensweise erkannt wurde, können neue, adäquatere Wege zur Realisierung der sekundären Gewinne gefunden werden. Dieser Prozess wird im Six-Step-Reframing durchlaufen. Erst wenn der Mensch lernt, sich die sekundären Gewinne auf eine bessere Weise zu verschaffen, verliert die alte Gewohnheit ihren Sinn und kann aufgegeben oder gezielt dosiert werden. Die konsequente Frage nach der positiven Absicht bietet im Coaching die Möglichkeit, alle Teile unserer Persönlichkeit zu akzeptieren. Jedes Verhalten des Coachees ist ein sinnvoller Bestandteil der persönlichen Ökologie. Wenn wir unerwünschte Verhaltensweisen aufgeben wollen, müssen wir den systemischen Nutzen auf andere Weise gewährleisten. Für jede Veränderung brauchen wir alternative Verhaltensweisen, um die zugrunde liegende positive Absicht auf ökologische Weise zu realisieren.

Symptome als Botschaften des Unbewussten

Coaching mit NLP versteht Gesundheit als Zustand der Balance. Jedes Symptom ist Ausdruck einer Störung der inneren Balance. Symptome werden von unserem Unbewussten erzeugt. Sie können als nützliche Signale verstanden werden. Oft weiß das Bewusstsein des Menschen nicht, was der Organismus benötigt, um das systemische Gleichgewicht wiederherzustellen. Dann gehen wir zum Arzt, zum Coach oder zum Psychotherapeuten. Der Mensch kann jedoch lernen, die Signale frühzeitig zu erkennen und sich daraufhin so zu verhalten, dass er sich aus eigener Kraft wieder in ein gesundes, harmonisches Gleichgewicht bringt. Das NLP geht davon aus, dass sich hinter jedem Symptom eine positive Absicht verbirgt. Wenn wir diese erkennen, können wir alternative Wege finden, um sie zu realisieren. Das Six-Step-Reframing ist eine Coaching-Intervention, um Symptome als Botschaften zu verstehen. Wird die Information in aktives Lernverhalten umgesetzt, wird das Symptom als Signalgeber nicht mehr benötigt und kann verschwinden. Falls bestimmte Symptome über längere Zeit vorhanden waren, haben sie oft verschiedene systemische Funktionen im Leben des Menschen übernommen. Dann sind sie ökologisch eingenetzt und können verschiedene sekundäre Gewinne mit sich bringen.

Ein Symptom kann zum Beispiel Funktionen im Sozialverhalten des Menschen erfüllen. So kann ein Kind gelernt haben, dass es nur dann Aufmerksamkeit von seinen Eltern erhält, wenn es krank ist. Wenn das Unbewusste diese Erfahrung generalisiert, wird der Mensch vielleicht auch als Erwachsener krank werden, um die Aufmerksamkeit seiner Bezugspersonen, Ehepartner oder Kinder zu gewinnen. Die positive Absicht des Symptoms ist dann der Gewinn von Aufmerksamkeit. Wenn der Mensch gelernt hat, die Aufmerksamkeit seiner Mitmenschen auf andere Weise zu gewinnen, braucht er das Symptom nicht mehr. Das Kranksein verliert seinen Sinn. Symptome lassen sich auch über die Arbeit mit Glaubenssystemen verändern. Hier gelten sie als Ausdruck von erworbenen Einschränkungen oder von Konflikten zwischen mehreren Glaubenssätzen.

Coaching-Übung: Das Berater-Modell

Das Berater-Modell ist eine Methode im Coaching, um Einwände, Zweifel oder Befürchtungen des Coachees sinnvoll zu integrieren:

- Der Coach lädt den Coachee dazu ein, verschiedene innere Kräfte als Persönlichkeits-Teile zu benennen, um sie direkt ansprechen zu können und sie in Kontakt miteinander zu bringen.
- Dann werden die positiven Absichten jedes Teils herausgearbeitet und gewürdigt: »Lieber Teil xy, welche Absicht verfolgst Du mit deinem Verhalten? Was möchtest Du damit sicherstellen?«
- Die verantwortlichen Persönlichkeits-Teile erhalten jeweils eine Beraterfunktion (Sicherheitsberater, Zeiteinhalter, Qualitätsmanager, Ressourcencontroller etc.). So können sie ihre positive Absicht auf eine konstruktive Weise realisieren, indem zum Beispiel Ängste in intelligentes Verhalten oder generelle Einwände in konkrete Bedingungen verwandelt werden. Falls der Coachee die Ängste oder Einwände bisher abgelehnt und innerlich bekämpft hatte, wird er bei gelungener Anwendung des Berater-Modells seine Versöhnungsphysiologie zeigen. Dann hat ein grundlegendes Reframing stattgefunden, und die ehemaligen inneren Störenfriede helfen jetzt, den gewonnenen Frieden zu sichern.

Zum Beispiel kann es vorkommen, dass ein Coachee in der Arbeit mit seinem Coach eine berufliche Problemlösung entwickelt hat und anschließend Zweifel bekommt, ob die gefundene Lösung wirklich funktionieren wird. Es könnten sich unbewusste Stimmen melden, die sagen, dass bei dieser Lösung die ohnehin bereits knapp gehaltene Freizeit noch knapper wird. Das wiederum führt zu weniger Zeit zum Sport mit Freunden, was ihm eigentlich wichtig ist. Außerdem könnte seine Familie sich vernachlässigt fühlen. Das Berater-Modell greift die Befürchtungen auf und verwandelt sie in Wünsche. Dabei suchen die Teile schon vorbeugend neue Wege, um ihre positiven Absichten zu verwirklichen. Vielleicht sucht der Sport-Teil nach anderen, weniger zeitaufwendigen Gelegenheiten, um zu trainieren. Oder der Freunde-Teil bildet mit dem Familien-Teil eine Koalition, und der Mensch besucht zusammen mit seiner Familie gemeinsame Freunde. Diese innere Vorbereitung trägt dazu bei, die berufliche Problemlösung ökologisch zu gestalten. Dadurch steigen die Erfolgschancen der Realisierung enorm.

Besonders hilfreich ist das Berater-Modell, wenn sich beim Öko-Check herausstellt, dass die geplanten Veränderungen nicht jetzt sofort, sondern erst im Laufe der Zeit verlässlich auf ihre Verträglichkeit geprüft werden können. Dann werden mögliche innere Störenfriede durch ein Reframing zu zukünftigen Beratern erklärt und mit eigenen Kriterien ausgestattet, um ihre positive Absicht zum richtigen Zeitpunkt zu realisieren. So werden Frühwarnsignale vereinbart, damit ökologische Störungen rechtzeitig bemerkt werden und der Mensch angemessen darauf reagieren kann.

Verweise

→ Sekundärer Gewinn
→ Einwand-Integration
→ Öko-Check
→ Unser Unbewusstes
→ Glaubenssysteme

Positiver Sprachgebrauch – denken Sie nicht an eine kleine schwarze Katze!

Nutzen/Ziel

- Konsequente Konditionierung des Coachees auf zielorientierte Wahrnehmung.
- Unterstützung in der Zielerreichung durch die unbewussten Kräfte.

Anwendungsfelder

- Zentrales Werkzeug zur effizienten Prozess-Steuerung.
- Coachee verharrt in Problem-Zuständen.

Im Coaching gilt die Herausforderung, Negationen in positive Aussagen zu verwandeln. Positives Denken und positives Formulieren sind grundlegende Fähigkeiten eines kompetenten Coachs. Sie können durch konsequentes Reframing geübt und kultiviert werden. Konstruktives Reframing von negativen Aussagen intensiviert den Rapport und stimuliert die kreativen Geister des Coachees. Die Vorgehensweise im Coaching ist konsequent zielorientiert und entspricht somit der Funktionsweise unserer Psyche. Negationen werden vom Unbewussten oftmals gar nicht erkannt oder verwirren den unbewussten Autopiloten. Insbesondere beim Formulieren von Zielen widersprechen negative Formulierungen den Kriterien der Wohlgeformtheit.

Im Coaching

Unser Hörsinn ist immer aktiv. Selbst wenn wir schlafen, empfangen wir auditive Signale in Form von Geräuschen unserer Umwelt, die direkt an unser Unbewusstes gehen. Auch wenn wir mit anderen Menschen sprechen, hört unser Unbewusstes jedes unserer Worte und möchte sich dazu ein Bild machen, um das Gesagte abbilden zu können. Besonders wenn wir über unsere Zukunftsvorstellungen sprechen, ist es wichtig, positive Aussagen zu benutzen, damit sich unser Unbewusstes ein Bild über unsere bewusste Zielausrichtung machen kann. Durch die selektiven Wahrnehmungsfilter des Unbewussten kann der Zielerreichungsprozess massiv unterstützt werden. Bei der Verwendung von Negationen entsteht entweder kein Bild und dadurch eine unbewusste Irritation, oder die Verneinung wird vom Unbewussten ignoriert und die Botschaft damit ins Gegenteil verkehrt.

Man erkennt Negationen an der Vorsilbe un- oder an Worten wie nicht, kein, ohne. Oftmals formuliert der Coachee seinen Veränderungswunsch durch eine Negation:

- Ich will bei der Arbeit nicht immer wieder die gleichen Fehler machen.
- Ich möchte nicht mehr von meinen Kollegen geschnitten und gemieden werden.
- Ich möchte keinen Alkohol mehr trinken.
- Ich wünsche mir ein Leben ohne Zwänge.

Gut, diese Erkenntnisse können eine Ressource für die Veränderung darstellen, nur – was stattdessen? Wir brauchen Alternativen! Das menschliche Unbewusste kann nicht negieren. Es kann die Negation nicht verarbeiten. Der Gedanke an irgendetwas bringt uns bereits damit in Kontakt, auch wenn wir verbal ein »nicht« davor setzen. Die Aufforderung »Denke nicht an eine kleine schwarze Katze« führt dazu, dass wir an eine kleine schwarze Katze denken. Wir müssen uns zunächst eine kleine schwarze Katze vorstellen, bevor wir dann beschließen können, es nicht zu tun. Deshalb brauchen wir positiv formulierte Alternativen, zum Beispiel einen großen weißen Hund.

Falls der Coachee im Coaching Negationen gebraucht, um sein Ziel zu beschreiben, fragt ihn der Coach, was er stattdessen erreichen möchte.

- Ein Coachee sagt: »Ich will nicht mehr depressiv sein.«
- Daraufhin stimuliert ihn der Coach, eine attraktive Alternative zu entwickeln: »Wie wird es denn sein, wenn Sie nicht

mehr depressiv sind? In welchem Zustand möchten Sie stattdessen sein? Was wollen Sie erreichen? Was ist Ihr Ziel?«

Diese kreative Fragetechnik des Coachs ist ein entscheidendes Instrument zur Zieldefinition. Dabei hinterfragt der Coach die Negationen des Coachee so lange, bis eine positive Entsprechung gefunden wurde. Viele Menschen sind es nicht gewohnt, sich auf eine zielorientierte Weise mit ihren Problemen auseinanderzusetzen. Daher braucht der Coach oft eine gewisse Beharrlichkeit, um die Negationen zu verwandeln.

Coaching-Übung: Probleme in Ziele verwandeln

Diese einfache Übung hat zum Ziel, aktuelle Missstände des Coachees in positive Ziele zu verwandeln.

- Bitten Sie Ihren Coachee, ganz gezielt darüber nachzudenken, was er gern verändern möchte, und diese Missstände aufzuschreiben. Durch die schriftliche Fixierung bekommen die Themen für das Unbewusste des Coachees eine stärkere Ladung.
- Dann schauen Sie im Coaching gemeinsam auf die Liste mit den Missständen und fragen Sie Ihren Coachee bei jedem einzelnen Punkt, was genau er stattdessen haben möchte. Oftmals ist die unterstützende Begleitung durch den Coach die entscheidende innere Erlaubnis für den Coachee, um sich »endlich« konstruktiv mit seinen Missständen auseinanderzusetzen. Achten Sie als Coach darauf, dass Ihr Coachee seine Ziele in positiven Worten formuliert. Damit die Formulierung auch der Programmiersprache des Unbewussten entspricht, überprüfen Sie jedes Ziel mit den Kriterien der Wohlgeformtheit.

Verweise

→ Ziel-Orientierung
→ Wohlgeformtheit
→ Unser Unbewusstes
→ PeneTrance-Modell

Präsenz – Aufmerksamkeit ist Energie!

Nutzen/Ziel

- Konsequente Optimierung bei der Beziehungs-Gestaltung.
- Steigerung der Wirksamkeit von Coaching-Interventionen.

Anwendungsfelder

- Zentrale Werthaltung im Coaching.
- Die Präsenz des Coachs energetisiert den Coachee.
- Als zusätzliche Stimulanz für Kreativitäts-Techniken.

Als Coach sind Sie gefordert, die komplexe Lebenssituation Ihres Coachees zu verstehen – inklusive unbewusster Ängste und Bedürfnisse und trotz vieler unausgesprochenen Informationen. Diese enorme Leistung können Sie nur vollbringen, wenn Sie sich regelmäßig darin trainieren, eine außerordentlich starke Präsenz aufzubauen und dabei in einen Zustand von Wertschätzung und Aufmerksamkeit für Ihre Umgebung zu gelangen. Die Qualität Ihrer Präsenz prägt Ihre Ausstrahlung und bestimmt den Respekt, den andere Menschen Ihnen entgegenbringen. Ihre Präsenz als Coach bildet den Zündfunken, um den kreativen Erkenntnisprozess im Gehirn Ihres Coachees zu aktivieren.

Im Coaching

Mit Präsenz ist die Fähigkeit gemeint, im Hier und Jetzt als wahrnehmender Mensch gegenwärtig zu sein. Geistige Präsenz entsteht durch bewusste Aufmerksamkeit für die aktuelle Situation auf der Sach- und Beziehungs-Ebene. Als kompetenter Coach sollten Sie gleichzeitig auch auf die Meta-Ebene fokussieren können, um den Gesamtprozess zu steuern. Präsenz wird durch eine innere Wachsamkeit genährt, die ständig stimuliert werden muss, um nicht zurück in die Konsumhaltung des Alltagsbewusstseins zu gleiten. Für einen kompetenten Coach ist es deshalb sinnvoll, Chancen-Denken, Feedbackbereitschaft und Begeisterungsfähigkeit als positive Gewohnheit zu entwickeln. Nützliche Werkzeuge zum Steigern der Präsenz des Coachees sind Separator State-Manöver und Blick-Kontakt auf Augenhöhe. Sie reorientieren den Coachee in das aktuelle Geschehen und stärken seine Präsenz im Umgang mit seinem Thema.

In Verbindung mit Kongruenz wirken präsente Menschen auf andere besonders anziehend und überzeugend. Der Volksmund spricht dann von Ausstrahlung oder Charisma. Jeder Mensch hat eine Ausstrahlung, doch erst wenn eine gewisse Intensität vorhanden ist, wird sie von anderen Menschen als bemerkenswert wahrgenommen. Uns Menschen umgibt ein feines Schwingungsfeld. Je präsenter wir sind, desto intensiver werden unsere Schwingungen. Wenn die Schwingungen eines Menschen harmonisch sind, wirkt er kongruent und vertrauenswürdig. Disharmonie erzeugt Inkongruenzen. Falls Inkongruenzen von einem Coach während der Veränderungsarbeit mit dem Coachee bewusst wahrgenommen werden, liefern sie wertvolle Informationen. Sie zeigen dem Coach, wo seine Intervention noch nicht ökologisch ist. Ein präsenter Coach hat die Chance, sehr frühzeitig zu bemerken, wann er wieder pacen muss, um den Rapport zum Coachee zu stabilisieren. Gleichzeitig unterstützt die eigene Präsenz und Kongruenz den Vertrauensaufbau beim Coachee.

Wenn Menschen miteinander kommunizieren, prallen die sie umgebenden unsichtbaren Schwingungsfelder aufeinander. Durch Pacing werden die Schwingungen synchronisiert. Sobald dieser Prozess in einem ausreichenden Maße gelungen ist, entsteht Rapport. Je präsenter die Gesprächspartner dabei sind, desto bewusster und subtiler kann die Abstimmung auf den anderen gestaltet werden. Präsenz ermöglicht eine ganzheitliche menschliche Begegnung. Coaching basiert auf Kongruenz, Wertschätzung und Einfühlungsvermögen. Ohne Präsenz wären die drei Grundhaltungen jedoch nur ein theoretisches Konstrukt. Erst wenn der Coach seinem Coachee in der aktuellen Situation wahrhaftig begegnet, werden heilsame Veränderungen bewirkt. Ohne Präsenz wird dem Coach keine erfolgreiche Intervention möglich sein, selbst wenn er über wirksame Werkzeuge in seinem Repertoire verfügt. Der Coachee braucht ein Beziehungsangebot, um sich auf die gemeinsame Arbeit einlassen zu können. Es ist eine gelungene Synthese von Präsenz und Interventions-Technik, die einen erfolgreichen Coach auszeichnet.

Präsenz stärkt Kompetenz

Je kompetenter der Coach ist, desto weniger braucht er strukturierte Techniken, um seinen Coachee zu führen. Für den noch ungeübten Coach ist jedoch das saubere Einüben von Techniken der Schlüssel zum Erlernen von gezielten Interventionen. Das NLP stellt dem Coach ein großes Repertoire von Interventionstechniken zur Verfügung. In seriösen Coaching-Ausbildungen steht zu Anfang die Struktur der Techniken oft im Vordergrund, da das Einüben von Techniken gleichzeitig eine Schulung der Präsenz bewirkt. Manchmal führt die Orientierung an den Techniken jedoch zu dem Irrtum, technische Brillanz sei das wesentliche Element der erfolgreichen Kommunikation. Dies ist nicht der Fall. Die Techniken sind nur ein Vehikel, um intuitive Prozesse zu strukturieren. Erst durch die Präsenz des Coachs entfalten die Coaching-Techniken ihre volle Würze. Interventions-Muster wie zum Beispiel das Six-Step-Reframing dienen als Hilfe, um die Prozesse, die im Coachee stattfinden, zu verlangsamen und zu strukturieren. Dadurch kann der Coach seine Vorgehensweise gezielt auf die aktuellen Bedürfnisse des Coachee abstimmen.

Je präsenter ein Coach in der aktuellen Situation ist, desto geringer wird die Wahrscheinlichkeit einer ungewollten Projektion oder Übertragung, weil alle Sinnessysteme für das reale Geschehen offen sind. Die ökologische Befreiung von konditionierten Verhaltensmustern erfordert geistige Präsenz. Ohne Präsenz gäbe es keine bewusste Steuerung, sondern nur unbewusste Programme, die nicht immer geeignet sind, um die reale Situation optimal zu gestalten. Geistige Präsenz ermöglicht es, diese Programme als solche zu erkennen und bei Bedarf gezielt zu verändern.

- »Wenn das, was Sie bisher getan haben, nicht funktionierte, dann tun Sie in Zukunft etwas anderes!«

Geistige Präsenz begünstigt flexibles Verhalten, da vorhandene Wahlmöglichkeiten bewusst erkannt werden und umgesetzt werden können. Insofern beginnt erfolgreiches Coaching mit der bewussten Beobachtung des eigenen Selbst, der anderen Menschen und der zwischenmenschlichen Prozesse.

Meditative Techniken

Der Begriff der Meditation bezeichnete ursprünglich Methoden der Selbstversenkung aus dem östlichen Kulturkreis, die an religiöse Praktiken gekoppelt waren. Heute versteht man darunter verschiedene Möglichkeiten, um die eigene Aufmerksamkeit nach innen zu richten und zu zentrieren. Jeder Trance-Zustand ist eine kleine Meditation. Wir lösen uns vom Alltagsbewusstsein und folgen mit der Wahrnehmung unseren inneren Impulsen. Die Praxis der Meditation versorgt uns langfristig mit der notwendigen Energie, um eine geistige Präsenz auszustrahlen. Auch die bewusste Anwendung von Coaching-Werkzeugen setzt einen kurzen Moment der Meditation voraus. Fehlt dieser Moment der Selbsterinnerung, bewegen wir uns in Bereichen der mechanischen Kommunikation. Ein kompetenter Coach benötigt bewusste Energie, um im Hier und Jetzt präsent zu sein. Die Fähigkeit zur Selbsterinnerung kann eine souveräne Meta-Ebene erzeugen, die es erlaubt, über das aktuelle Geschehen zu reflektieren und dabei die eigene Subjektivität zu relativieren.

Um während der Meditation geistige Präsenz zu gewinnen, brauchen wir energetische Anker. Diese können unterschiedlich beschaffen sein:

- Einige Methoden konzentrieren sich während der Praxis auf den Fluss des eigenen Atems. Die Berührung des Atems in der Nase ist ein wirkungsvoller olfaktorischer Anker.
- Das ständige Wiederholen eines Mantras (Leitsatz) bindet die Aufmerksamkeit des Meditierenden im auditiven Kanal.

- Das Fokussieren auf beruhigende Bilder wie ein Kerzenlicht fungiert als visueller Anker.
- Auch bewusstes Essen kann eine intensive Meditation mit gustatorischen Qualitäten sein.
- Die Konzentration auf bestimmte Körperwahrnehmungen bietet mannigfaltige Möglichkeiten, um den Fokus der Aufmerksamkeit im kinästhetischen Kanal zu ankern.

Durch die praktizierte Meditation bekommt der Mensch die Möglichkeit, seine inneren Programme zu beobachten und zu reflektieren. Durch regelmäßige Übung und geeignete Techniken können wir ein Maß an Selbstbewusstsein entwickeln, mit dem wir auch in der alltäglichen Kommunikation eine verstärkte Präsenz ausdrücken können.

Coaching-Übung: Der Uptime-Anker

Diese Übung zielt darauf ab, einen sehr wachsamen Zustand zu etablieren, indem Sie sich Ihrer fünf Sinnessysteme bewusst werden. Uptime beschreibt einen Zustand der erhöhten Aufmerksamkeit, der durch sinnliche Präsenz gekennzeichnet ist. Sie können diese Übung selbst anwenden oder auch Ihren Coachee dazu einladen.

1. Vorbereitung

- Suchen Sie sich einen ruhigen Ort, an dem Sie Ihre Umgebung ungestört beobachten können. Entspannen Sie sich. Machen Sie es sich bequem und vergessen Sie Ihre Alltagsgedanken. Gönnen Sie sich einen Moment der Besinnlichkeit. Öffnen Sie die Pforten Ihrer Wahrnehmung. Genießen Sie es, einfach nur da zu sein. Lassen Sie sich beeindrucken von dem sinnlichen Reichtum, der in jedem Moment Ihres Lebens auf Sie einwirkt.
- Dann betrachten Sie in Ruhe Ihre linke Hand und ordnen jedem Finger ein Sinnessystem zu. Der Daumen symbolisiert das Sehen, der Zeigefinger das Hören, der Mittelfinger das Fühlen, der Ringfinger das Riechen und der kleine Finger das Schmecken. Gleich werden Sie Ihre Aufmerksamkeit der Reihe nach auf die fünf Systeme lenken. Registrieren Sie besonders die externen Eindrücke, die

Sie von außen über diesen Kanal empfangen. Wenn Sie ein Optimum an sinnlicher Präsenz wahrnehmen, dann drücken Sie mit der rechten Hand den entsprechenden Finger Ihrer linken Hand für einige Sekunden.

2. Sinnessysteme ankern

- Visuell (Daumen): Öffnen Sie Ihre Augen und betrachten Sie die visuelle Welt. Was können Sie alles sehen? Nehmen Sie die verschiedenen Farben, Strukturen, Kontraste und Bewegungen wahr. Registrieren Sie feinste Farbnuancen, die vielfältigen Strukturen der einzelnen Gegenstände, die Lichtreflexe und Schattenspiele.
- Auditiv (Zeigefinger): Nun schließen Sie Ihre Augen und lauschen der auditiven Welt. Was gibt es in diesem Moment zu hören? Nehmen Sie die Geräusche, Klänge, Stimmen und Töne in Ihrem Umfeld wahr. Aus welcher Richtung kommen die einzelnen Reize? Hören Sie Ihren Atem? Falls Sie Stimmen wahrnehmen, wie unterscheiden sich diese in Höhe, Tempo, Melodie und Rhythmus? Gibt es Momente der Stille? Was hören Sie in solchen Momenten?
- Kinästhetisch (Mittelfinger): Jetzt tauchen Sie ein in die bewegte Welt der Gefühle. Sie spüren Ihre Haut und Ihren ganzen Körper. Welche Empfindungen können Sie lokalisieren? Wie fühlen sich Ihre Muskeln an? Wie schnell schlägt Ihr Herz? Spüren Sie die Atembewegung in Brust- und Bauchraum? Spüren Sie die Temperatur und die Atmosphäre im Raum?
- Olfaktorisch (Ringfinger): Beschnuppern Sie die Welt durch Ihr olfaktorisches Sinnesorgan. Was riechen Sie? Gibt es einen dominanten Geruch? Spüren Sie, wie die Luft in Ihre Nase dringt, und halten Sie den Kontakt zu Ihrem Atem für einen Moment.
- Gustatorisch (kleiner Finger): Lassen Sie sich Ihre Sinnesreize auf der Zunge zergehen. Was schmecken Sie? Wie feucht ist Ihr Mund? Wie glatt sind Ihre Zähne? Wenn Sie nichts schmecken sollten, wie schmeckt das?

3. Separator-State
   - Bewegen Sie sich ein wenig. Bringen Sie sich für einen Moment in einen neutralen Zustand, bevor Sie die Wirksamkeit Ihres Uptime-Ankers überprüfen.

4. Anker aktivieren
   - Überprüfen Sie, ob die Anker bereits ausreichend mit den Sinnessystemen verknüpft wurden. Falls nicht, wiederholen Sie die Übung. Je häufiger Sie die Verknüpfung auffrischen, desto wirksamer werden Ihre Anker. Wenn Sie die linke Hand zur Faust ballen und alle Finger spüren, werden Sie dadurch in einen Zustand der erhöhten Aufmerksamkeit gelangen. Sie können auch gezielt nur ein bestimmtes System aktivieren. Falls Sie sich zum Beispiel in einer anstrengenden Verhandlung mit einem kinästhetischen Typen befinden, dann greifen Sie während des Gesprächs hin und wieder unauffällig an Ihren Mittelfinger, um Ihre Wahrnehmung ebenfalls auf diesen Kanal zu kalibrieren und einen gemeinsamen Pace zu gewährleisten.

Verweise

→ Bewusstsein
→ Leading
→ Separator
→ V.A.K.O.G.

Projektion – die Funktionsweise des menschlichen Geistes

Nutzen/Ziel

- Bewusstmachung der essenziellen Bedeutung von Coachee-Äußerungen.

Anwendungsfelder

- Zentraler Wahrnehmungsfilter.
- Ein kompetenter Coach braucht das Verständnis der menschlichen Psyche.
- Projektion ist der wesentliche kognitive Mechanismus des menschlichen Geistes.

Als Coach sind Sie eine magische Projektionsfläche für Ihren Coachee. Ob Sie wollen oder nicht – Ihr Coachee projiziert ständig seine Wünsche, Ängste und Stimmungen auf Ihre Person. Gleichzeitig projizieren auch Sie Ihre innere Landkarte auf Ihren Coachee. Diese zumeist unbewussten Prozesse können Sie aktiv beeinflussen. Zum einen können Sie sich darin trainieren, Ihre innere Landkarte gezielt zurückzunehmen, um sich Ihren Projektionen auf den Coachee bewusst zu werden. Zum anderen können Sie die Projektion Ihres Coachees gezielt steuern, indem Sie ihm klare und attraktive Kommunikationsangebote auf der Sach- und Beziehungsebene anbieten. Durch die Bewusstmachung von Übertragungsprozessen und die Steigerung der Präzision beim Austausch von Informationen können Sie Ihre Wirksamkeit als Coach erheblich steigern.

Im Coaching

Der menschliche Geist funktioniert wie ein Projektor. Wir projizieren ständig unsere innere Landkarte auf die aktuellen Wahrnehmungen. So können wir unsere Erfahrungen einordnen und bewerten. Dabei erfolgt ein permanenter Abgleichungsprozess mit den bereits vorhandenen Erfahrungen, um eine schnelle Orientierung zu gewährleisten. Jedes Gespräch ist ein Austausch sinnlicher Projektionen. Die Wahrnehmung unserer Mitmenschen wird durch frühere Erfahrungen mit anderen Personen in ähnlichen Situationen unterschwellig beeinflusst. Wir nehmen die Welt nicht so wahr, wie sie wirklich ist, sondern wir interpretieren Ereignisse, Situationen oder andere Menschen gemäß unserer eigenen inneren Landkarte. Selbst wenn wir schlafen, projizieren wir unsere Träume auf die innere Leinwand. Wir können nicht nicht projizieren.

Gleichzeitig ist die Projektion ein interaktiv-dynamischer Prozess. Unser menschlicher Geist als Projektor und unsere Umgebung als Leinwand unserer Projektionen verändern und beeinflussen sich gegenseitig – jedoch oftmals in unterschiedlichem Ausmaß. Wenn wir uns verlieben, wird dieser Effekt besonders deutlich – libidinöse Projektionsfläche auf den ersten Blick! Wir projizieren unsere unbewussten Traumvorstellungen in den Partner hinein. Solange der Partner diesen Vorstellungen entspricht, sehen wir die Welt durch die rosarote Brille, schweben auf Wolken und hören die Engel singen. Doch im Laufe der Zeit fällt es immer schwerer, die Traumvorstellung aufrechtzuerhalten – nicht zuletzt, weil sich auch unsere Träume verändern. Die Märchenfee oder der Traumprinz entpuppen sich als Menschen mit Eigenschaften, die nicht (mehr) mit unserem Konzept vom ersehnten Partner übereinstimmen. Wir müssen realisieren, dass wir einer Täuschung unterlagen, und sind dementsprechend enttäuscht. Wenn wir unsere eigene Veränderung gar nicht wahrnehmen, geben wir vielleicht sogar dem anderen die Schuld dafür, dass er nicht so ist, wie wir es von ihm erwarteten. Das Objekt der Begierde verliert seine Attraktivität, und der libidinöse Vulkan erlischt. Das Gefühl der Verliebtheit verschwindet. Glücklicherweise haben Menschen die Möglichkeit, sich ihrer eigenen Projektionsdynamik bewusst zu werden. Wir können lernen, über solche psychologischen Mechanismen hinauszuwachsen.

Sinnvolle Projektionen unterstützen den Prozess

Als Coach haben sie die Möglichkeit, die Mechanik und Dynamik der Projektion für den Coaching-Prozess zu nutzen. Zum Beispiel sind die konstruktiven Interpretationen des Coachs, die er dem Coachee für eine Neubewertung seiner aktuellen Situation anbietet, auch gezielte Projektionen. Eine sinnvolle Projektion zielt darauf ab, beim Coachee eine positive Veränderung in der Physiologie zu bewirken. Der Coachee wird dann ressourcevoller, seine Körperhaltung wird symmetrischer, und die spontanen Trance-Zustände werden länger und tiefer. Diese Prozessmerkmale zeigen, dass ein inhaltliches Reframing erfolgreich war. Die angebotenen Projektionen wurden vom Unbewussten des Coachees als nützlich akzeptiert.

Ein kompetenter Coach hinterfragt, wann sein Coachee die Signale anderer Menschen interpretiert und spekuliert, ohne es selbst zu bemerken. Der Coach hört seinem Coachee genau zu und orientiert sich darüber hinaus auch an Zugangshinweisen zum inneren Erleben des Coachees: die Augenbewegungen, die sinnliche Sprache und die Ideomotorik seiner Körpersprache geben durch zu erkennende Inkongruenzen Aufschluss darüber, inwieweit der Coachee angenommene Wahrheiten in sein Glaubenssystem integriert hat. Diese ungeprüften Annahmen werden von Ihnen als Coach hartnäckig hinterfragt. Der Coachee erhält die Chance, seine innere Landkarte zu überprüfen:

- »Woher wissen Sie das?«
- »Woran würden Sie merken, wenn es anders wäre?«

Dieses Hinterfragen von ungeprüften Annahmen und Glaubenssätzen ermöglicht dem Coachee, oftmals sehr direkt seine Projektionen zu erkennen und seine eigene Situation anders wahrzunehmen und zu beurteilen.

Projektion in der Psychologie

Differenziert betrachtet hat der Begriff der Projektion eine doppelte Bedeutung: Die spezielle Bedeutung versteht die Projektion als Angst-Abwehrmechanismus. In der menschlichen Psyche gibt es verschiedene Funktionen, die dem Unterbewusstsein dazu dienen, Ängste abzuwehren, die der Mensch nicht spüren möchte. Projektion ist einer dieser Mechanismen. Vereinfacht kann man sagen, dass in der speziellen Projektion Eigenschaften, die ein Mensch bei sich selbst nicht wahrhaben möchte, weil sie ihm Angst machen, in andere Menschen hineinprojiziert und dort bekämpft werden.

In der allgemeinen Bedeutung der Projektion projiziert der Mensch sein inneres Erleben nach außen, während die Umwelt als Kulisse dient. Jede Wahrnehmung ist zugleich ein Spiegel der eigenen Subjektivität. Wir können in der Außenwelt nur das erkennen, wofür es auf der eigenen inneren Landkarte einen Wahrnehmungsfilter gibt. Wenn uns ein aktuelles Thema beschäftigt, wird unsere selektive Wahrnehmung in der Außenwelt verstärkt Gestalten zu diesem Thema entdecken: Schwangere sehen vermehrt andere Schwangere, stolze Besitzer eines neuen Automodells entdecken öfter ihren Wagentyp im Stadtbild. Dieser interessante Mechanismus ist unter anderem verantwortlich für die erstaunlichen Synchronizitäten bei projektiven Persönlichkeitstests. Zum Beispiel werden im Rorschach-Test dem Probanden Bilder mit Tintenklecksen vorgelegt. Er wird aufgefordert, die Bilder zu interpretieren. Dabei projiziert er eine für ihn und seine Psyche spezifische Bedeutung in die Kleckse hinein. Die Bilder dienen als Projektionsfläche, die Beschaffenheit der Kleckse bildet eine Kulisse. Sie bieten einen Stimulus für die Aussagen des Probanden über die eigene innere Landkarte. Auf diese Weise gewinnt ein geschulter Psychologe Informationen über die Welt des Probanden. Jedoch darf nicht vergessen werden, dass projektive Tests keine zuverlässigen Diagnosen über den Probanden erlauben, sondern lediglich subjektive Hinweise geben. Die Tiefenstruktur seiner Erfahrung ist sehr viel komplexer als die verbalisierte Oberflächenstruktur. Der Psychologe wertet den Test aus, indem er sein eigenes diagnostisches Verständnis in die Aussagen des Probanden hineinprojiziert. Ein erfahrener Coach ist sich bewusst, dass auch er seine innere Landkarte auf die Themen des Coachees projiziert. Doch mit diesem Wissen kann er seine Landkarte bewusst zurücknehmen, um die Landkarte des Coachees gezielt zu erforschen.

Coaching-Übung: Der Geist als Projektor

Ziel: Projektionen erkennen und steuern.

- Machen Sie sich immer wieder bewusst, dass der menschliche Geist wie ein Projektor funktioniert.
- Erinnern Sie sich daran, dass jede Äußerung, jede Meinung und jede Erzählung auf einer Projektion basiert. Jeder Mensch projiziert seine innere Landkarte in die tatsächliche Realität hinein.
- Achten Sie darauf, sich nicht von den Projektionen anderer provozieren zu lassen. Setzen Sie die Aussagen in Beziehung zu deren Erfahrungshintergrund und deren Werte-System.
- Wenn Sie jemanden überzeugen wollen, geben Sie ihm gezielte motivierende Informationen, um seine Projektion zu beeinflussen.
- Steuern Sie die Projektionen anderer Menschen durch zielorientierte Kommunikation.
- Seien Sie sich gleichzeitig darüber bewusst, dass auch Ihr eigenes Erleben auf einer Projektion basiert.
- Üben Sie Ihre Fähigkeit, die aktuelle Projektion immer wieder infrage zu stellen und hinsichtlich ihres Realitätsgehaltes und ihrer Aktualität zu überprüfen.
- Trainieren Sie Ihre mentale Flexibilität, und sorgen Sie dafür, dass Ihr geistiger Projektor geschmeidiger wird.
- Üben Sie, verschiedene Meinungen nebeneinander stehen zu lassen.

Um den Mechanismus der Projektion durch eigene Erfahrungen zu verifizieren, möchten wir Ihnen das folgende Experiment vorschlagen: Legen Sie verschiedenen Personen ein Foto Ihrer Wahl vor. Bitten Sie jeden Betrachter, das Bild zu beschreiben und dazu eine kleine Geschichte zu erfinden. Anschließend vergleichen Sie die Aussagen miteinander. Diese Übung können Sie auch mit Ihrem Coachee durchführen.

Verweise

→ Innere Landkarte
→ Hypnose-Techniken
→ Übertragung
→ Realitätstunnel

Pyramide der logischen Ebenen – geordnete Komplexität

Nutzen/Ziel

- Kompetente Führung des Coachees auch bei schwierigen Persönlichkeits-Themen.
- Entwicklung eines sinnlich-attraktiven Ziels.
- Hebel in der Komplexität identifizieren.

Anwendungsfelder

- Falls strukturelle Persönlichkeits-Störungen den Coachee behindern.
- Veränderung von langjährigen eingeschliffenen Verhaltensmustern.

Im Coaching geht es auch darum, das Problem des Coachees in seinem Gesamtsystem zu verstehen. Die logischen Ebenen sind ein nützliches Orientierungsmodell für die Lokalisierung des Coaching-Themas. Welcher Lebensbereich ist von dem Thema direkt betroffen? Welche Auswirkungen hat das Problem auf andere Ebenen? Wo fallen vielleicht sekundäre Gewinne weg, wenn es die Aufmerksamkeit für das Problem nicht mehr gibt? Für die pragmatische Diagnose des Systems »Coachee« bietet die Arbeit mit den logischen Ebenen einen ebenso einfachen wie wirksamen Ansatz. Gleichzeitig können Sie als Coach Ihren Coachee durch die logischen Ebenen führen, um ein Ziel mit sinnlich-motivierenden Erfahrungen aufzuladen und ökologisch verträglich zu formulieren.

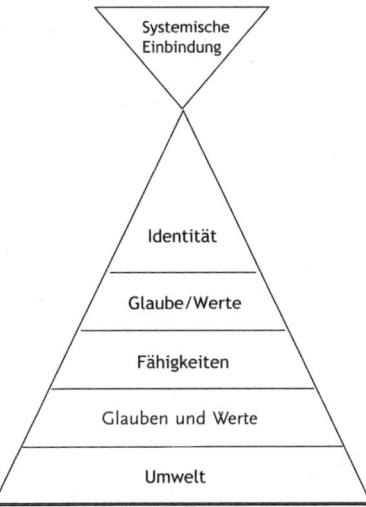

Systemische
Einbindung

Identität

Glaube/Werte

Fähigkeiten

Glauben und Werte

Umwelt

Die Bedeutung der verschiedenen Ebenen	Beispiele für verbale Aussagen auf den logischen Ebenen
Umgebung: ist alles, worauf wir reagieren: • Umgebung, • Umwelt, • andere Menschen.	**Umgebung:** • Der Krach im Raum macht es schwierig, Diktate zu schreiben. • Gute Beleuchtung hilft beim Coachen. • Vor der Tür gibt es eine lange Laufstrecke.
Verhalten beschreibt die konkreten Handlungen, die wir ausführen, unabhängig von unseren Fähigkeiten.	**Verhalten:** • Bei diesem Diktat hast du nicht gut buchstabiert. • Du hast dieser Person lösungsorientierte Fragen gestellt. • Ich gehe heute joggen.
Fähigkeiten sind die Gruppen oder Klassen von Verhaltensweisen, allgemeinen Fertigkeiten und Strategien, die wir in unserem Leben nutzen.	**Fähigkeiten:** • Du kannst nicht gut buchstabieren. • Du bist fähig, andere zu coachen. • Ich bin imstande, joggen zu gehen.
Glauben und Werte sind die verschiedenen Leitideen, die wir für wahr halten und bewusst oder unbewusst als Grundlage unseres alltäglichen Handelns verwenden. Glaubenssätze und Einstellungen können sowohl Berechtigungen (Erlaubnis) als auch Einschränkungen (Verbote) beinhalten.	**Glauben und Werte:** • Wenn du nicht buchstabieren kannst, wirst du in der Schule nie zurechtkommen. • Zu wissen, wie man coacht, macht dich einflussreich. • Es ist gesund, regelmäßig Sport zu treiben.

(Rollen-)Identität	(Rollen-)Identität:
ist unser grundlegendes Selbstbild mit den zentralen Werten, der Aufgabe oder Mission. Auch die beruflichen und privaten Rollen (Vater, Sohn, Chef, Vereinsvorsitzender) gehören dazu.	• Du bist dumm, ein lernbehindertes Kind. • Du bist ein guter Coach. • Du bist ein Langstreckenläufer.
Die systemische Einbindung	**Systemische Einbindung:**
ist unsere berufliche, familiäre, gesellschaftliche, philosophische, religiöse Zuordnung. Auf dieser Ebene betrachten wir die metaphorischen Fragen: • Warum sind wir hier? • Was ist der Sinn des Lebens? Diese Ebene leitet und formt unser Leben und gibt unserer Existenz eine Grundlage. Jede Veränderung auf dieser Ebene hat tief greifende Auswirkungen auf alle anderen Ebenen.	Du gehörst zu den Lernbehinderten, den Schwachbegabten. Du gehörst zu den Besten der Coaching-Zunft. Du gehörst zu den Dynamisch-Sportlichen.

Im Coaching

Robert Dilts hat dieses umfassende Modell zur gezielten Veränderung entwickelt. Das Modell ist so zu verstehen, dass eine Veränderung auf einer oberen Ebene notwendigerweise Änderungen auf den darunterliegenden Ebenen hervorrufen wird. So lässt sich beispielsweise die Arbeit auf der Werte-/Glaubenssatz-Ebene nutzen, um auf der Fähigkeiten-Ebene Ressourcen zu aktivieren.

Eine Veränderung auf einer unteren Ebene kann, muss aber nicht eine Änderung auf den darüberliegenden Ebenen mit sich bringen.

Als Coach können Sie mit dem Einsatz der logischen Ebenen helfen, Entwicklungsziele klar zu definieren, Ressourcen zu organisieren oder Teamprozesse intelligent zu steuern. Auch die Umsetzung von Zielvorgaben wird wesentlich wahrscheinlicher, wenn die dazu erforderlichen Verhaltensweisen im Einklang mit den Fähigkeiten stehen und die Wertvorstellungen des Coachees gepaced werden.

Coaching-Übung zu den logischen Ebenen

1. Den Coachee in seinem Zielzustand durch die logischen Ebenen führen.
   - Führen Sie als Coach zunächst mit Ihrem Coachee eine kurze Zielbestimmung nach den Kriterien der Wohlgeformtheit durch.
   - Behalten Sie ab jetzt für die gesamte Übung den »Als-ob«-Rahmen bei: »Angenommen, Sie hätten Ihr Ziel jetzt schon erreicht ...«, und führen Sie Ihren Coachee in diesem Zielzustand durch die gesamten logischen Ebenen.
   - Legen Sie für jede logische Ebene ein entsprechend beschriftetes Papier in eine Reihe auf den Boden (Bodenanker), um Ihnen und Ihrem Coachee eine gute Orientierung zu ermöglichen, an welchem Punkt der Methode Sie gerade sind. So ist es für Sie leichter, die für die jeweilige Ebene passenden Fragen zu stellen, und für Ihren Coachee einfacher, sich an die jeweiligen Erkenntnisse zu erinnern und sie zu integrieren.

Bitten Sie Ihren Coachee, auf den Bodenanker **Umwelt** zu treten. Sie können folgende Fragen stellen und die verbalen und nonverbalen Antworten kurz notieren:
- »Wo sind Sie?«
- »Mit wem sind Sie hier?«
- »Was sehen, hören, fühlen, riechen und schmecken Sie hier?«

Bitten Sie Ihren Coachee, auf den Bodenanker **Verhalten** zu treten. Förderlich für den Prozess ist auch, bei jedem Schritt weiter die vorherigen Erkenntnisse noch mal kurz zusammenzufassen. Sie können folgende Fragen stellen und die verbalen und nonverbalen Antworten kurz notieren:
- »Was tun Sie hier?«
- »Was machen die anderen?«

Bitten Sie Ihren Coachee, auf den Bodenanker **Fähigkeiten** zu treten. Sie können folgende Fragen stellen und die verbalen und nonverbalen Antworten kurz notieren:

- »Wie tun Sie hier, was Sie tun?«
- »Wie beziehen Sie sich auf andere?«
- »Welche besonderen Fähigkeiten haben Sie hier?«
- »Was sind Ihre inneren Voraussetzungen, um das tun zu können, was Sie tun?«

Bitten Sie Ihren Coachee, auf den Bodenanker **Glauben und Werte** zu treten. Sie können folgende Fragen stellen und die verbalen und nonverbalen Antworten kurz notieren:

- »Was ist Ihnen hier wichtig?«
- »Warum tun Sie das, was Sie tun?«
- »An was glauben Sie hier?«
- »Was glauben Sie hier über sich, die anderen, Ihre Funktion usw.?«
- »Was motiviert Sie?«
- »Welche Werte stehen hier für Sie im Vordergrund?«

Bitten Sie Ihren Coachee, auf den Bodenanker **Identität** zu treten. Sie können folgende Fragen stellen und die verbalen und nonverbalen Antworten kurz notieren:

- »Welches Selbstverständnis haben Sie hier?«
- »Welche Rolle nehmen Sie hier ein?«
- »Wer sind Sie hier?«
- »Als was sehen Sie sich hier (Metapher, Symbol)?«

Bitten Sie Ihren Coachee, auf den Bodenanker **Systemische Einbindung** zu treten. Sie können folgende Fragen stellen und die verbalen und nonverbalen Antworten kurz notieren:

- »Wo gehören Sie hier dazu (Gruppe, Richtung, Bewegung)?«
- »Welche Aufgabe haben Sie hier?«
- »Welche Mission verfolgen Sie hier?«

Sollte sich auf einer oder mehreren Ebenen zeigen, dass dem Coachee noch Informationsressourcen fehlen, gehen Sie erst einmal in die nächsthöhere Ebene und finden Sie hier eventuell die Informationen, die Ihrem Coachee auf der vorherigen Stufe noch fehlten. Ansonsten merken Sie sich die Ebene, auf der noch etwas fehlt, für eine spätere Betrachtung.

- Lassen Sie Ihren Coachee jetzt noch einen großen Schritt weiter gehen und bieten Sie ihm in etwa die folgende Suggestion an: »Ihr Unbewusstes wird Ihnen an dieser Stelle noch eine weitere wichtige Information zukommen lassen. Es kann eine Idee, ein Bild, ein Symbol, ein Gefühl oder was auch immer sein. Es ist ein spezielles Geschenk Ihres Unbewussten an Sie, für Ihr Ziel. Nehmen Sie sich so viel Zeit, wie Sie brauchen, um dieses Geschenk in sich aufzunehmen.«

2. Ressourcen einsammeln
   1. Lassen Sie Ihren Coachee nun den Weg Schritt für Schritt wieder zurückgehen, und erinnern Sie ihn dabei an alle Einsichten und Ressourcen, die er auf diesem Weg bereits gefunden hat: »Erleben Sie, wie sich jede Ebene durch das Wissen und Ihre Erfahrung der anderen Ebenen bereichert und intensiviert hat. Nehmen Sie die positiven Veränderungen wahr.«
   2. Sollte auf einer Ebene noch eine Ressource fehlen, so lassen Sie Ihren Coachee in die Dissoziation gehen, indem Sie ihn bitten, einen großen Schritt zur Seite zu machen, um dadurch von der Meta-Position mit Ihnen reflektieren zu können. Wenn fehlende Ressourcen identifiziert werden, können Sie diese (z. B. durch einen Ressource-Anker) hinzufügen. Lassen Sie Ihren Coachee danach zurück in die betreffende Ebene gehen und die Veränderung erleben, die sich jetzt mit der hinzugefügten Ressource ergeben hat.
   3. Begleiten Sie Ihren Coachee weiter zurück bis zur Ebene »Umwelt«. Fragen Sie ihn, wie sich sein Ziel jetzt anfühlt im Vergleich zum Beginn der Intervention. Was hat sich für die Zielerreichung geändert?

3. Teil: Future Pace
Dieser Schritt ist besonders wichtig, da die Erlebnisse in den logischen Ebenen oftmals vom Gehirn des Coachees der Vergangenheit zugeordnet werden und dadurch die Verknüpfung mit der Zukunft vergessen wird. Bitten Sie Ihren Coachee, konkret zu benennen, wann er welche Schritte zur Realisierung seines Zieles machen wird und was er dann wohl erleben (sehen, hören, fühlen, riechen, schmecken) wird. Stellen Sie sicher, dass Ihr Coachee sich sein Zukunftsszenario möglichst vollständig vorstellen kann und motiviert an die ersten Schritte zur Zielerreichung gehen kann.

Verweise

→ Chunking
→ Flexibilitäts-Training
→ Ressourcen
→ Veränderungs-Coaching

R

Rapport –
das magische Band der Interaktion

Nutzen/Ziel

- Aufbau einer positiven Beziehungs-Ebene.
- Optimaler Informationsfluss zwischen Coach und Coachee.
- Ausdruck von Vertrauen und Team-Spirit.

Anwendungsfelder

- Notwendig für jede erfolgreiche Coaching-Intervention.
- Nur im Zustand des Rapports ist der Coachee bereit, sich zu öffnen und bereitwillig den Coaching-Instruktionen zu folgen.

Wirkungsvolles Coaching erfordert einen intensiven Austausch von Informationen zwischen Coach und Coachee. Damit dieser Informationsfluss frei und ungehindert fließen kann, muss der Coach fähig sein, in kurzer Zeit eine nachhaltig positive Beziehungsebene aufzubauen. Gelingt diese sensible Beziehungsarbeit, entsteht ein besonderer Kommunikationszustand: der so genannte Rapport. Er ist gekennzeichnet durch eine erhöhte Bereitschaft des Coachees, den Instruktionen seines Coachs zu folgen und sich im Klima des Vertrauens auch auf schwierige Themen einzulassen.

Im Coaching

Der aus dem Französischen stammende Begriff des Rapports beschreibt den intensiven Kontakt zwischen interagierenden Menschen. Dieser Kontakt zeichnet sich durch ein hohes Maß an Vertrauen und emotionaler Offenheit aus. Die Idee des Rapports kam durch die Hypnose ins NLP. Hier bezeichnet er den engen Kontakt

Coaching mit NLP-Werkzeugen. Thomas Rückerl und Torsten Rückerl
Copyright © 2008 WILEY-VCH Verlag GmbH & Co. KGaA, Weinheim
ISBN: 978-3-527-50351-3

zwischen Hypnotiseur und Hypnotisand. Guter Rapport bewirkt eine gesteigerte Bereitschaft des Hypnotisanden, den Instruktionen des Hypnotiseurs zu folgen. Ein weiterer Kontext, in dem der Begriff des Rapports verwendet wird, ist die Gestaltung von Tapeten oder Textilien. Dort bezeichnet man fortlaufende oder wiederkehrende Muster als Rapport. Tapetenbahnen sind also im Rapport, wenn sie sich in den Mustern angleichen und ein harmonisches, in sich stimmiges Gesamtbild entsteht. Ebenso befinden sich kommunizierende Menschen im Rapport, wenn sie sich in den Mustern angleichen und ein harmonisches Gesprächsklima erzeugen.

Im Coaching bildet die positive Beziehung zwischen Coach und Coachee die Basis für den Coaching-Erfolg. Zwischen Coach und Coachee besteht guter Rapport, wenn sich ihre Bewegungen aufeinander beziehen und sich ihre Körpersprache synchronisiert. Das Klima zwischen den Kommunikationspartnern ist offen und durch gegenseitiges Vertrauen geprägt. Emotionen werden geteilt, und die Partner gehen aufeinander ein, während sie die Ökologie des anderen respektieren. Keiner hat das Gefühl, sich gegenüber dem anderen schützen zu müssen. Als Coach erzeugen Sie Rapport durch gelungenes Pacing. Durch das Betonen von Gemeinsamkeiten und das damit verbundene Sich-aufeinander-Einschwingen entsteht Rapport. Dieses offene Vertrauen ermöglicht im Coaching einen vollständigen und lebendigen Fluss der Informationen. Die emotionale Verbindung ist ressourcevoll. Dadurch kann die Veränderungsarbeit effektiv und lustvoll zugleich verlaufen.

Verlust des Rapports

Falls der Rapport verloren geht, weil der Coachee blockiert, sich verschließt, Informationen zurückhält oder dem Coach misstraut, bedeutet dies eine Störung auf der Beziehungsebene. Um das Coaching auf eine sinnvolle Weise fortzusetzen, ist es notwendig, dass der Coach erst den Rapport wieder neu aufbaut. Sonst würde er am Coachee vorbeireden und den ressourcevollen Kontakt verlieren. Dies wäre für beide frustrierend, und wahrscheinlich wäre der Coaching-Prozess damit ernsthaft gefährdet. Negative Erlebnisse beeinträchtigen den Rapport, wenn sie nicht vom Coach als humorvolle Anekdoten oder interessante Lernerfahrungen reframed werden können. Manipulative Absichten des Coachs, die für den Coachee nicht-ökologisch wären, verhindern mit Gewissheit den Rapport. Das menschliche Unbewusste ist nur sehr schwer zu täuschen. Es spürt genau, ob ein anderer Mensch ihm tatsächlich wohlgesinnt ist oder dies nur vorgibt. Hier stellt sich dann die Frage, inwieweit der manipulierte Coachee in Kontakt mit den Wahrnehmungen seines Unbewussten ist und wie ernst er diese Impulse nimmt. Wenn er nur schwachen Kontakt zu seinen subtilen Sensoren hat, mag es sein, dass er sich von der Magie der Situation manipulieren lässt. Im Nachhinein wird er die Manipulation jedoch bemerken und in Zukunft den Manipulator meiden.

In der Coaching-Situation ist ein guter Rapport notwendige Voraussetzung für effizientes Arbeiten. Er kann beeinträchtigt werden durch mangelndes Pacing, ungeschicktes Ankern, Übertragungen, unerledigte Geschäfte oder gegensätzliche Interessen. In solchen Fällen sollte der Coach zunächst besser pacen. Führt dies nicht zum erwünschten Rapport, sollte er überprüfen, ob er wirklich zum Besten des Coachees interveniert oder ob er eigene Interessen im Spiel hat. Ein Coach muss in der Lage sein, guten Rapport herzustellen, sonst wehrt sich der Coachee unbewusst gegen seine Interventionen. Der Widerstand des Coachees zeigt sich in der Physiologie; die Körpersprache wird abwehrend, verschlossen oder aggressiv. Misstrauen, Disharmonie und Blockaden entstehen. In solchen Situationen ist Flexibilität gefragt! Im Coaching gibt es keine unfähigen Coachees, sondern lediglich Coachs, denen es an Flexibilität mangelt, um ihre Coachees tatsächlich zu erreichen. Falls der Coach bemerkt, dass sein Coachee ihm Widerstand leistet, muss er aufmerksamer pacen und besseren Kontakt zur aktuellen Situation seines Coachees herstellen. Erst wenn der Rapport stimmt, macht es Sinn, vom Pacing wieder zum Leading überzugehen.

Verweise

- → Hypnose
- → Körpersprache
- → Leading
- → Öko-Check
- → Pacing

Realitätstunnel – trainieren Sie Ihr Einfühlungsvermögen

Nutzen/Ziel

- Bewusste Steuerung von psychischen Projektionen
- Relativierung von Subjektivität und inneren Landkarten.

Anwendungsfelder

- Zentrales Werkzeug – als Coach brauchen Sie ein Bewusstsein für das »Wirklichkeits-Erleben« Ihres Coachees.
- Einfühlung, Pacing und gezieltes Leading.

Der Realitätstunnel ist eine Metapher für den begrenzten Horizont der menschlichen Wahrnehmung und die Subjektivität des Erlebens. Die Wirklichkeit bietet eine vielfältige Projektionsfläche, die von jedem Menschen auf individuelle Weise genutzt wird. Entscheidend für den souveränen Umgang mit der Realität in der Coaching-Situation ist die Berücksichtigung der Tatsache, dass Ihr Coachee seine eigene Vorstellung von der Beschaffenheit der Wirklichkeit entwickelt hat – und dass diese mit an Sicherheit grenzender Wahrscheinlichkeit nicht mit Ihrer Vorstellung identisch ist. Deshalb gilt es, zunächst das subjektive Erleben Ihres Coachees zu erforschen, zu akzeptieren und zu bestätigen (Pacing). Anschließend können Sie die subjektive Realität Ihres Coachees gezielt beeinflussen und verändern (Leading).

Im Coaching

Dem Realitätstunnel liegt die innere Landkarte zugrunde. Sie strukturiert unsere Erfahrungen mit der Wirklichkeit. Unsere innere Landkarte ist jedoch nicht das wirkliche Territorium! Der Realitätstunnel resultiert aus der Projektion unserer inneren Landkarte auf die realen Geschehnisse. Die Herausforderung besteht darin, dass unsere Projektionen meistens völlig unbewusst ablaufen, obwohl sie in jedem Moment unseres Lebens gegenwärtig sind. Oft kennen wir nur sehr wenige Informationen über einen bestimmten Sachverhalt und wissen noch nicht einmal, ob diese Informationen auf die aktuelle Situation tatsächlich zutreffen, doch trotzdem verhalten wir uns so, als wüssten wir ganz genau, was in der Welt um uns herum geschieht und wie diese Geschehnisse zu beurteilen sind. Diese narzisstische Illusion bezüglich der scheinbaren Objektivität unserer Wahrnehmung ist eine wesentliche Wurzel bei der Entstehung von Missverständnissen, Konflikten und gegenseitiger Geringschätzung. Sie schränkt den Kontakt zu anderen Menschen oftmals unnötig ein und belastet unsere zwischenmenschlichen Beziehungen. Als kompetenter Coach müssen Sie sich von dieser Illusion verabschieden und der Relativität Ihrer eigenen Erfahrung gewahr werden. Im Coaching ist es notwendig, die Existenz von Realität zu akzeptieren – wie sie jedoch beschaffen ist, ist abhängig von der inneren Landkarte des Coachees. Im Coaching geht es nicht um die alleinige Wahrheit oder Rechthaben, sondern um Funktionalität, Wirksamkeit und nachhaltigen Erfolg durch realisierte Win-win-Modelle.

Jeder Realitätstunnel ist einzigartig

Jeder Realitätstunnel ist individuell beschaffen. Dennoch gibt es innerhalb definierter Gruppen Übereinstimmungen: Frauen haben zum Beispiel einen anderen Realitätstunnel als Männer, Jugendliche haben einen anderen als Rentner, Radfahrer einen anderen als Autofahrer und ein Chef hat garantiert einen anderen Realitätstunnel als seine Mitarbeiter. Doch sobald wir in einer dieser Gruppen auf tiefer gehende Details fokussieren, kristallisiert sich bei jedem Menschen eine einzigartige Abbildung der Wirklichkeit heraus. Das Ignorieren der grundsätzlichen Verschiedenheit unserer Realitätstunnel erzeugt unnötige Konflikte, die leider oftmals in Glaubenskriege ums Rechthaben ausarten. Toleranz und Respekt gegenüber den Realitäten anderer Menschen können uns viele solcher Konflikte ersparen. Das Wissen um die individuellen Realitätstunnel erinnert uns daran, dass verschiedene Menschen die Ausschnitte der Wirklichkeit unterschiedlich wahrnehmen, selbst wenn sie sich in derselben Situation befinden. So entstehen zwangsläufig unterschiedliche Wahrnehmungen des gleichen Moments. Wenn ein Mensch verstanden hat, dass die eigene Wahrnehmung durch seine ganz speziellen Filter organisiert wird, kann er die Subjektivität seiner Erfahrung relativieren. In der Kommunikation mit anderen Menschen kann er sich daran erinnern, dass deren Wahrnehmung durch deren Filter bestimmt wird. Wenn wir jedem Menschen das Recht auf seinen eigenen Realitätstunnel zugestehen – den er ja ohnehin hat und sein Leben lang haben wird –, entspannt sich die zwischenmenschliche Kommunikation. Im Coaching werden in diesem wertschätzenden Klima Synergie-Effekte gezielt erzeugt, und der fremde Realitätstunnel des Coachs wird zur Quelle des wertvollen Feedbacks für die Persönlichkeitsentwicklung des Coachees.

Coaching-Übung: Realitätstunnel wechseln

Nicht nur im offenen Konfliktfall ist Wechsel des Realitätstunnels ein eleganter und wirksamer Weg, um dem Coachee eine neue, konstruktive Sichtweise auf sein Thema zu ermöglichen. Durch die gezielte Einfühlung in die Perspektive des mitbetroffenen Kommunikationspartners erhält der Coachee wertvolle Informationen über seinen Eigenanteil und seine Außenwirkung im Konflikt. Der Coach baut den Rapport zum Coachee auf, indem er durch Pacing Respekt für die Landkarte des Coachees signalisiert.

- Der Coach erforscht die Landkarte des Coachees, indem er die Rahmenbedingungen erfragt. Der Coach fragt:
  »Was ist der Kommunikationspartner für ein Mensch?«
  Ziel ist es, einen positiven Wahrnehmungsfilter zu aktivieren und Ressourcen zu entdecken.

- Der Coach bittet nun den Coachee, den Stuhl zu wechseln und sich in die Lage und Person des Kommunikationspartners hineinzufühlen. Der Coach erfragt den Realitätstunnel, erforscht die positiven Absichten des Verhaltens, indem er den Coachee direkt mit dem Namen des Kommunikationspartners anspricht:
  »Herr xy , wie erleben Sie die Situation?«
  »Was ist Ihnen wichtig?«
  »Welche Ziele verfolgen Sie?«
  »Welche Möglichkeiten sehen Sie?«
- Der Coach bittet den Coachee, zurück auf den ersten Stuhl zu wechseln:
  »Was haben Sie wahrgenommen?«
  »Wie schätzen Sie die neuen Informationen ein?«
  »Wie möchten Sie reagieren?«
  »Was möchten Sie Ihrem Kommunikationspartner sagen?«
- Der Coach kann den Stuhlwechsel mehrmals durchführen, um den Dialog zwischen Coachee und Kommunikationspartner zu ermöglichen.

Eine weitere Option ist der Wechsel in die Meta-Ebene, um neue Perspektiven zu entwickeln, positive Absichten zu erforschen und konkrete Schritte zur Entwicklung der Situation zu entwickeln (Future Pace).

Verweise

→ Assoziierte Zustände
→ Dissoziierte Zustände
→ Frage-Technik
→ Innere Landkarte
→ Projektion

Reframing –
eine neue Bedeutung gewinnen

Nutzen/Ziel

* Veränderung des subjektiven Erlebens des Coachees.
* Integration von inneren Konflikten.

Anwendungsfelder

* Bei Dissonanzen und inneren Widersprüchen.
* Als offensives Manöver beim bewussten Umgang mit der Sprache.
* Intervention für Humor, Gelassenheit und Versöhnung.

Das Reframing ist ein mächtiges Werkzeug im Coaching. Es bedeutet, den Dingen einen anderen Rahmen zu geben oder sie in einem anderen Licht zu betrachten. Durch ein Reframing verändern Sie die Wirkung, die bestimmte Wahrnehmungen auf Ihren Coachee ausüben, indem Sie ihn anregen, die vorhandenen Fakten auf eine neue, nützliche Weise zu interpretieren.

Im Coaching

Worte haben die Macht, unsere innere Einstellung zu formen. Verbale Anker erzeugen einen mentalen »Frame«, einen geistigen Bezugsrahmen. Dieser wiederum steuert die Projektion, mit der wir den tatsächlichen Fakten entgegentreten. Der mentale Frame beeinflusst unsere Bewertung der Realität ganz entscheidend. Es sind nicht die Ereignisse selbst, die uns Menschen beschäftigen, sondern unsere Gedanken, Gefühle und Einstellungen zu den Ereignissen. Das Reframing ist eine grundlegende Technik im Coaching mit NLP, um diese Erkenntnis praktisch zu nutzen.

- »Hat Dein Coaching denn dazu geführt, dass Du Deinen Chef jetzt nicht mehr für eine ungerechte Wildsau hälst?« fragt ein Freund. »Ich halte ihn immer noch für eine Wildsau«, antwortet der Coachee, »aber jetzt stört es mich nicht mehr.«

In diesem Witz hat ein Reframing stattgefunden. Auf der Verhaltensebene hat sich nichts geändert, aber die Tatsachen werden jetzt anders bewertet. Ob ein Reframing im Falle des ungeliebten Chefs eine angemessene Intervention darstellt, ist eine andere Frage. Nur der Betroffene selbst kann entscheiden, ob das Reframing eine gelungene Lösung darstellt. Dann wird er von der Problem-Physiologie in die Versöhnungs-Physiologie wechseln. Falls er sogar verborgene Werte in seinem ehemaligen Problem entdecken kann, zeigt er vermutlich eine Ressource-Physiologie. Der geschickte Umgang mit der hypnotischen Wirkung von Framing und Reframing bildet die Grundlage vieler erfolgreicher Gesprächsführungstechniken. Dieser Wahrnehmungsfilter befähigt Sie als Coach, flexibel und zielorientiert mit den Wertungen und inneren Einstellungen Ihres Coachees umzugehen. Er verleiht Ihnen hohe Flexibilität beim Denken und beim Kommunizieren. Wenn Sie das Prinzip von Framing und Reframing beherrschen, können Sie das subjektive Erleben im Kopf des Coachees entscheidend positiv beeinflussen.

Die innere Einstellung bestimmt die Realität mit!

Ein Frame kann wie eine Sich-selbst-erfüllende-Phrophezeiung wirken. Es gibt wissenschaftliche Untersuchungen, die deutlich zeigen, welchen Einfluss unsere inneren Einstellungen auf die Entwicklung der realen Verhältnisse haben können. In einem sozialpsychologischen Forschungsprojekt wurde eine große Gruppe von Kindern einem Intelligenz-Test unterzogen. Alle Kinder mit über- oder mit unterdurchschnittlichen Ergebnissen wurden aus der Gruppe herausgenommen. Die übrigen Kinder, alle mit mittleren Werten, wurden per Zufallsprinzip in zwei gleich große Gruppen unterteilt und je einem Lehrer anvertraut. Dem ersten Lehrer sagte man, dies sei eine extrem schwache Gruppe, und die Kinder hätten alle sehr niedrige Intelligenz-Quotienten. Dem zweiten Lehrer hingegen sagte man, es sei eine Elite-Gruppe, die Kinder hätten alle überdurchschnittlich hohe Quotienten. Dann wurden die Gruppen von den Lehrern unterrichtet. Nach einiger Zeit wurde der Test erneut durchgeführt. Interessanterweise schnitten die Kinder der ersten Gruppe jetzt signifikant schlechter ab, während die Kinder der zweiten Gruppe tatsächlich signifikant höhere Werte erreichten. Derartige Ergebnisse sind kein Einzelfall. Auch im Leistungssport ist es bekannt, dass der Glaube des Coachs an seinen talentierten Schützling ein wesentlicher Faktor bei der Realisierung von Spitzenleistungen ist. Der Glaube des Sportlers an sich selbst spielt natürlich eine ebenso wichtige Rolle, doch auch dieser wird vom Glauben des Coachs beeinflusst.

Als erfahrener Coach können Sie die Möglichkeiten Ihres Coachees entscheidend beeinflussen, indem Sie in Ihrer Wahrnehmung einen Frame schaffen, der die Stärken und Talente des Coachees in den Vordergrund stellt. Fokussieren Sie auf die Pluspunkte! Fragen Sie sich regelmäßig, was Ihnen an Ihrem Coachee gut gefällt, und nutzen Sie Ihre positiven Wahrnehmungen, indem Sie dem Coachee aufrichtige Anerkennung aussprechen. Drücken Sie Ihre Wertschätzung offen aus und motivieren Sie ihn, indem Sie ihm seine Stärken bewusst machen. Gleichzeitig sollten Sie die Schwächen durch ein konstruktives Reframing in Lernaufgaben verwandeln:

- »Was müsste der Coachee lernen, um sein Ziel optimal zu erreichen?«

Durch ein gelungenes Reframing führen Sie Ihren Coachee in eine neue, zielführende und motivierende Betrachtungsweise. Sie bieten ihm eine neue Situation an, indem Sie die Bewertung verändern oder indem Sie den Betrachtungsrahmen erweitern und neue Zusammenhänge herstellen. Grundsätzlich gibt es zwei Formen des Reframing:

- Kontext-Reframing
- Bedeutungs-Reframing

Das Six Step-Reframing ist ein komplexes Interventionsmuster, in dem beide Formen eingesetzt werden.

Beim Kontext-Reframing wird eine problematische Verhaltensweise oder eine unerwünschte Eigenschaft in einen anderen, passenderen Kontext gebracht. Hier werden sie zu einer nützlichen Fähigkeit oder positiven Eigenschaft. Herr Sparsam sagt: »Ich bin geizig.« Frau Nützlich hat eine gute Idee und findet einen passenden Kontext: »Wunderbar, dann sind Sie genau der richtige Kassenwart für unseren Kegelverein!«

Beim Bedeutungs-Reframing wird einer Situation oder einem Sachverhalt eine neue Bewertung verliehen, indem sie aus einer anderen Perspektive betrachtet werden. Herr Sparsam sagt: »Ich bin geizig.« Frau Kaufrausch hat immer Schulden. Sie leidet darunter, dass sie ihr Geld aus dem Fenster wirft und sich ständig unsinnige Sachen kauft. Sie bewertet Herrn Sparsam aus einer anderen Perspektive: »Mensch, toll, dann können Sie ja Ihr Geld zusammenhalten!« Gezieltes Reframing erfordert Flexibilität und Fantasie. Es führt zur geistigen Freiheit. Sofern der Coach dabei ökologisch vorgeht, ist es eine wirkungsvolle Methode, um negative Gefühle des Coachees zu transformieren.

Geben Sie dem Empfänger des Reframing ausreichend Zeit

Die meisten Coachees reagieren auf ein gelungenes Reframing, indem sie nicken, leicht in Trance gehen und innere Strategien durchlaufen, die Sie als Beobachter anhand der Augenbewegungen nachvollziehen können. Als verbale Reaktion hören Sie dann vielleicht:
- »Ja, vielleicht könnte man es auch so sehen … klingt eigentlich nicht schlecht … könnte man so machen.«

In jedem Fall werden Sie einen Wechsel in der Physiologie Ihres Coachees beobachten können. Wenn Sie mit Ihrem Reframing einen Volltreffer landen, ernten Sie als Antwort vielleicht sogar ein spontanes:
- »Ja, das stimmt, Sie haben recht! Da hätte ich ja auch selber drauf kommen können! Vielen Dank dafür, dass Sie meinen Horizont erweitert haben!«

Allerdings sind solch begeisterte Feedbacks eher selten. Der Coachee braucht seine Zeit, um die neue Bedeutung auf seiner

Landkarte zu integrieren. Beobachten Sie die Physiologie Ihres Coachees genau, und geben Sie ihm die Zeit, dass er sich in seinem Tempo mit den neuen Möglichkeiten vertraut machen kann. Manche Coachees scheuen sich davor, in aller Öffentlichkeit ihren Standpunkt zu verändern. Sie befürchten unbewusst, der andere könnte der Meinung sein, dass ein Wechsel des Standpunktes Schwäche symbolisiert. Dieser Irrtum erschwert den Veränderungsprozess und sollte gegebenenfalls vom Coach thematisiert werden – besonders mit solchen Zeitgenossen, die über wenig Selbstwertgefühl verfügen. Als erfahrener Coach ist es wichtig, die eigene Flexibilität zu trainieren und einen Wechsel des Standpunktes als intelligenten Lernprozess zu verstehen. Schnelle Lernfähigkeit ist nicht nur ein wichtiger Faktor der menschlichen Intelligenz, sondern auch ein Teil Ihrer Vorbildfunktion als Coach.

Ist das Reframing ökologisch?

Es gibt Situationen im Coaching, wo halbherzige Reframings nicht weiterhelfen, sondern Ehrlichkeit und Zivilcourage gefordert sind. Falls Ihr Coachee das Gefühl entwickelt, dass Sie für jeden Sachverhalt ein fassadenhaftes Reframing parat haben, kann es sein, dass er den Respekt vor Ihnen verliert. Das Unbewusste Ihres Coachees spürt sehr genau, ob Sie im Coaching nur Ihre eigenen Absichten verfolgen, um »gut dazustehen«, oder ob die Interessen des Coachees im Vordergrund stehen. Beim gezielten Einsatz des Framing und Reframing ist es notwendig, die ökologische Verträglichkeit für den Coachee zu prüfen und gleichzeitig die reale Nützlichkeit für die Zielerreichung des Coachees zu beachten.

Coaching-Übung: Reframing

Trainieren Sie Ihre geistige Flexibilität, und finden Sie für jedes Ereignis mindestens zehn positive Bedeutungen. Dabei geht es nicht darum, Ihrem Bewusstsein zehn überzeugende Alternativen zu servieren, sondern Ihre Kreativität zu trainieren. Üben Sie sich darin, als Reaktion auf unpassende Framings Ihres Coachees einen kreativen Pool von Ideen zu erschaffen, aus denen Sie im Coaching ein wirklich überzeugendes Reframing entwickeln könnten. Im realen Leben reicht meist eine akzeptable Alternative, um dafür zu sorgen, dass Ihr Coachee psychisch in einer guten Verfassung bleibt. Außerdem können Sie diese Übung Ihrem Coachee anbieten, wenn Sie merken, dass er sehr starr und unflexibel auf die Umstände seiner Situation reagiert.

Was könnte gut daran sein, wenn ...
... es regnet?
... Sie in einem Stau sitzen?
... Sie krank sind?
... Ihr Auto kaputt ist?
... Ihr Fernseher streikt?
... die Kinovorstellung ausverkauft ist?
... Sie von Ihrer Frau verlassen werden?
... Ihre Wohnung gekündigt wird?
... Sie Schulden haben?
... Sie Überstunden machen müssen?
... Sie nicht befördert werden?
... Sie Ihren alten Job verlieren?

Unbewusstes Reframing: kognitive Dissonanz-Reduktion

Kognitionen sind Gedanken, die als innere Dialoge im Kopf des Menschen ablaufen. Dissonanz bedeutet Unstimmigkeit. Wenn ein Mensch widersprüchliche Gedanken hat, befindet er sich im Zustand der kognitiven Dissonanz. Innere Widersprüche können das eigene Selbstbild und das Wohlbefinden erheblich beeinträchtigen. Um dieser Tendenz Einhalt zu gebieten, versucht das Unbewusste, die kognitive Dissonanz zu reduzieren. Dabei werden einzelne Gedanken so umgewandelt, dass die Widersprüche im Denken aufgehoben oder zumindest verringert werden.

»Sie sind noch zu sauer«, sagte sich der Fuchs, als er realisieren musste, dass die süßen Trauben für ihn zu hoch hängen.

Im Kopf jedes Menschen werden täglich unzählige Strategien zur kognitiven Dissonanz-Reduktion eingesetzt. Widersprüchliche Gedanken erzeugen innere Spannungen. Sie beeinträchtigen unsere Kongruenz und verbrauchen unnötig Energie. Deshalb versucht das Unbewusste des Menschen, diese Spannungen abzubauen. Dies sollte auf ökologische Weise geschehen, denn aggressive Verdrängungsstrategien bieten auf Dauer keine gute Psychohygiene. Chronische Konflikte blockieren psychische Energie, solange sie nicht wirklich ökologisch gelöst wurden. Innere Konflikte verlangen eine kreative Lösung, um Gewinner-Gewinner-Modelle zwischen den verschiedenen Teilen zu ermöglichen. Eine radikale Strategie zur Reduktion von kognitiver Dissonanz ist die Verdrängung. Dabei werden störende Informationen aus dem Bewusstsein gedrängt und vielleicht sogar von dem Teil der inneren Landkarte getilgt, zu dem das Bewusstsein eine Zugriffsberechtigung hat. Dies führt zur Abspaltung (Dissoziation) und kann schwere Inkongruenzen verursachen.

Im Coaching spielt bei der Reduktion von kognitiver Dissonanz das Reframing eine wichtige Rolle, denn unpassende Ereignisse werden dabei bewusst neu bewertet und umgedeutet. Außerdem kann die Coaching-Technik der Integration dissoziierter Physiologien bei kognitiven Dissonanzen hilfreich eingesetzt werden. Auch eine Verhandlung innerer Teile kann bei der ökologischen Integration von kognitiver Dissonanz nützlich sein. Die verschiedenen Formen des Six Step-Reframing ermöglichen eine innere Aussöhnung. Im Berater-Modell werden kognitive Dissonanzen nutzbar gemacht, indem Einwände, Zweifel oder Widersprüche mithilfe des Reframing in nützliche Ratgeber verwandelt werden.

Verweise

→ Framing
→ Ökologie
→ Einwand-Integration

Re-Imprinting –
Update von alten Programmierungen

Nutzen/Ziel

- Befreiung von unbewussten Glaubensmustern.

Anwendungsfelder

- Traumabewältigung.
- Veränderung von einschränkenden Prägungen.

Imprints sind prägende Erfahrungen. Das Prinzip der Prägung ist evolutionsgeschichtlich sinnvoll. Noch heute bilden Prägungen die Grundlage für nützliches Verhalten. Sie können aber auch sehr einschränkend wirken und das Leben unnötig erschweren. Manchmal basiert das aktuelle Problem des Coachees auf prägenden Erfahrungen, die er im Laufe seines Lebens gemacht hat. In diesen Fällen kann der Coach keine nachhaltig positive Veränderung bei seinem Coachee bewirken, wenn er nur an der Oberfläche des aktuellen Problems arbeitet. Mit dem Re-Imprinting verfügt der kompetente Coach über ein Werkzeug zur Veränderung von einschränkenden Glaubenssätzen, die auf prägenden Erfahrungen basieren.

Im Coaching

Das menschliche Leben ist ein Prozess, der in Phasen verläuft. Besonders in den frühen Lebensphasen ist ein Mensch prägungsempfindlich. Er ist besonders offen für bestimmte Erfahrungen. Diese Erfahrungen dienen als Schlüsselerlebnisse, die verallgemeinert werden und dann als Generalisierung die innere Landkarte prägen.

Aus den Prägungen entwickeln sich Glaubenssätze und Meta-Programme. Sie sind Grundlagen unserer Orientierung im Leben und im Beruf. Meist wirken sie unbewusst und beeinflussen unsere Entscheidungen und unser Verhalten, ohne dass wir es bemerken.

Eine Prägung ist eine signifikante Erfahrung oder Sequenz von Erfahrungen aus der Vergangenheit, in welcher ein Mensch einen Glaubenssatz oder eine Gruppe von Glaubenssätzen gebildet hat. Eine Prägungserfahrung beinhaltet häufig auch das unbewusste Modellieren damals wichtiger Mitmenschen. Im Coaching müssen neue Ressourcen gefunden werden, die den Coachee dazu befähigen, die alten Glaubenssätze zu verändern und die bestehenden Rollenmodelle zu revidieren.

Für die Veränderungsarbeit bietet das Coaching Möglichkeiten, problematische Imprints zu erkennen und zu verändern (Re-Imprinting). Sie können über einschränkende Glaubenssätze aufgedeckt werden. Ein guter Coach bemerkt Einschränkungen, indem er die Sprache des Coachees aufmerksam beobachtet und dabei die Fragen des Meta-Modells einsetzt.

- »Welche Bilder assoziieren Sie mit dieser Situation?«

Dann kann der Coachee innerlich in seine Vergangenheit zurückgehen.

- »Was haben Sie dabei gesehen, gehört, gefühlt?«

Durch die Instruktionen des Coachs findet er die zugrunde liegende Szene, in der die Prägung entstand. Die Veränderung geschieht ähnlich wie beim Change History. Beim Re-Imprinting werden neue Ressourcen entwickelt, mit denen die beteiligten Personen ihre Absichten in der damaligen Situation jetzt besser umsetzen können. Die Arbeit mit Imprints kann bedeutende Veränderungen in der Wahrnehmung des Coachees bewirken. So können zum Beispiel bei der Arbeit mit traumatischen Erlebnissen, wie Vergewaltigungen oder Kindesmisshandlungen, im Erleben des Coachees auch dem Täter neue Ressourcen gegeben werden. Zugrunde liegt die Idee, dass die Repräsentation des Täters auf der inneren Landkarte des Coachees natürlich auch ein Teil der Persönlichkeit des Coachees ist. Wenn dieser Teil neue Ressourcen zur Verfügung hat, braucht die traumatische Tat nicht mehr in der ursprünglichen Form im Gedächtnis gespeichert zu werden. Derartige Manöver dienen der ökologischen Einbindung der Intervention in die psychische Struktur des Coachees. Die Veränderung von Imprints ist ein tiefgreifender Prozess, der weitreichende Konsequenzen haben kann. Solche Interventionen sollten nur von Coachs durchgeführt werden, die über ein sicheres Gespür für ökologische Zusammenhänge verfügen.

Coaching-Übung zum Re-Imprinting

Diese Übung setzt neben dem Rapport zwischen Coach und Coachee den sicheren Umgang mit der Time-Line und der Arbeit mit der Pyramide der logischen Ebenen beim Coach voraus.

Identifizieren des Glaubenssatzes
- Das Symptom ist psychischer und physischer Ausdruck von Einschränkungen, die von einem Glaubenssatz oder einem ganzen System von Glaubenssätzen verursacht sind. Bei Kernglaubenssätzen ist das Symptom häufig mit dem Gefühl einer Sackgasse verbunden. Der Coach bittet den Coachee, auf das Symptom zu fokussieren. Manchmal ist es wichtig, dafür auch das Einverständnis seines Unbewussten einzuholen, da mit dem Symptom oft sehr negative Gefühle verbunden sind, die unbewusst vermieden werden sollen. Die Einschränkung löst sich jedoch nicht auf, indem man sie vermeidet.

Arbeit mit der Time Line
- Bitten Sie Ihren Coachee, sich in die Time Line hineinzuassoziieren (der Zukunft zugewandt) und langsam zurückzugehen, bis er die früheste Erfahrung des Gefühls oder des Symptoms erreicht. Lassen Sie nun Ihren Coachee im assoziierten Zustand verweilen, und fordern Sie ihn auf, die Verallgemeinerungen und Glaubenssätze zu verbalisieren, die er aus der betreffenden Erfahrung abgeleitet hat.

Lokalisieren einer Perspektive, die vor der prägenden Erfahrung liegt
- Lassen Sie Ihren Coachee nun einen Schritt rückwärts in eine Zeit gehen, die vor der ursprünglichen Prägungserfahrung

liegt. Bitten Sie Ihren Coachee, sich für einen Moment in diese Erfahrung hineinzuassoziieren (was sieht, hört, fühlt, riecht, schmeckt er?).

Nutzen der Metaposition
- Laden Sie nun Ihren Coachee ein, die Time Line zu verlassen, zur Gegenwart zurückzukehren und auf die Prägungssituation aus der Metaposition zurückzublicken. Bitten Sie Ihren Coachee, sich vor Augen zu führen, welche Auswirkung die Prägung auf sein Leben gehabt hat. Lassen Sie Ihren Coachee auch alle anderen Verallgemeinerungen und Glaubenssätze verbalisieren, die infolge der Prägungserfahrung entstanden sind (Glaubenssätze entstehen oft nach dem »tatsächlichen Vorfall«).

Die Neuprägung
Identifizieren der positiven Absicht
- Erforschen Sie die positive Absicht oder den sekundären Gewinn des Symptoms oder der Reaktion zur Zeit der Prägung. Welche anderen Personen oder Einflüsse haben bei der Prägung eine Rolle gespielt? Erforschen Sie auch die positive Absicht in deren Verhalten (bitten Sie Ihren Coachee, eventuell sich in die Personen hineinzuassoziieren, um die Situation aus deren Perspektive wahrnehmen zu können).

Identifizieren von Ressourcen
- Identifizieren Sie nun die Ressourcen und Wahlmöglichkeiten, die die Betreffenden damals benötigt hätten, jedoch nicht hatten, auf den logischen Ebenen (Umwelt, Verhalten, Fähigkeiten, Glaube/Werte, Identität, systemische Einbindung). Welche dieser Ressourcen stehen dem Coachee jetzt zur Verfügung? Die Ressource sollte sich auf der entsprechend passenden logischen Ebene befinden. Lassen Sie Ihren Coachee an die Stelle in der Time Line treten, an der seine Ressource-Erfahrung am stärksten ist, und ankern Sie die Physiologie des Coachees, zum Beispiel mit einer beschrifteten Moderationskarte.

Transferieren von Ressourcen

- »Übertragen« Sie nun die Ressource auf den Coachee oder die entsprechende Schlüsselperson der Prägungserfahrung, zum Beispiel in der Vorstellung eines Lichtstrahls, der über die Zeitlinie zurück in die Person eingeleitet werden kann. Achten Sie darauf, ob die Ressource die Dynamik des ganzen Systems verändert und welche Physiologie der Coachee zeigt. Bei Bedarf passen Sie die Ressource an oder erweitern Sie sie in Zusammenarbeit mit Ihrem Coachee.
- Lassen Sie Ihren Coachee mit dem Ressourceanker wieder in die Prägungserfahrung zurückgehen, um entweder die Prägungserfahrung mit der neuen Ressource neu zu erleben oder in die Position der Person zu gehen, die die Ressource damals benötigte. Bitten Sie Ihren Coachee, die Prägungs-erfahrung aus der Sicht dieser Person mit der neuen Ressource neu zu erleben.
- Bitte Sie Ihren Coachee, die Zeitlinie wieder zu verlassen und die Verallgemeinerungen entsprechend seiner neu gewonnenen Sicht der Erfahrung zu aktualisieren bzw. zu korrigieren. Wiederholen Sie gegebenenfalls zusammen mit Ihrem Coachee diese Prozedur mit allen wichtigen Personen, die an der Prägungserfahrung beteiligt waren.

Rückkehr in die Gegenwart

- Bitten Sie Ihren Coachee, die wichtigste Ressource oder den wichtigsten Glaubenssatz zu nennen, den er damals seiner Meinung nach benötigt hätte. Ankern Sie diese Ressource und nehmen Sie sie mit zu dem Punkt auf der Zeitlinie, der vor der Prägungserfahrung liegt. Lassen Sie Ihren Coachee diese Ressource in sein jüngeres Ich hineinnehmen, mit dieser Ressource den ganzen Weg der Zeitlinie bis zur Gegenwart zurücklegen und die Veränderungen erfahren, die durch die Neuprägung zustande gekommen sind.

Zum Abschluss ist es ratsam, die Erfahrung gemeinsam zu reflektieren, damit der Coachee den Prozess auch bewusst integrieren kann.

Verweise

→ Glaubenssätze
→ Change History
→ Trauma

Repräsentations-Systeme – fünf Dimensionen der Erkenntnis

Nutzen/Ziel

- Bewusstheit für sinnliche Info-Verarbeitung.
- Diagnose und gezielte Ansprache von Wahrnehmungstypen.

Anwendungsfelder

- Bei schwachem Rapport → gezieltes Pacing.
- Menschenkenntnis → schnelles Erkennen von Wahrnehmungsgewohnheiten.

Die genaue Kenntnis unserer Repräsentations-Systeme ist wichtig für jeden Coach, weil sie einen unentbehrlichen Schlüssel zur Funktionsweise des menschlichen Gehirns darstellt. Ohne Repräsentations-Systeme könnte der Mensch keine Informationen verarbeiten. Alles, was ein Mensch in seinem Leben jemals erfahren hat, wird in diesen fünf Systemen abgebildet, gespeichert und weiterverarbeitet. Als kompetenter Coach brauchen Sie einen guten Zugang zu diesen Informationsverarbeitungs-Systemen, um treffsicher zu diagnostizieren und um gezielt neue Informationen ins Gehirn Ihres Coachees einzuspeisen.

Im Coaching

Der Begriff Repräsensations-System betont den abbildenden Charakter der menschlichen Sinneswahrnehmungen. Im Coaching wird die innere Repräsentation unserer Erfahrungen in verschiedene Systeme unterteilt: das visuelle, das auditive, das kinästhetische, das olfaktorische und das gustatorische System. Die Repräsentations-Systeme entsprechen den Wahrnehmungskanälen (V. A. K. O. G.). Jeder Kanal kann bestimmte Frequenzen der Realität erfassen und die entsprechenden Informationen auf der inneren Landkarte repräsentieren.

Jeder Mensch hat seine eigene Art, sich in der Wirklichkeit zu orientieren und seinen Sinnen bevorzugt zu vertrauen. Entsprechend seiner individuellen Lerngeschichte entwickelt er Strategien, um die Realität in seinem Gehirn abzubilden. Dabei darf jedoch nicht vergessen werden, dass die individuelle Bevorzugung von Sinnessystemen natürlich auch situativen Einflüssen unterliegt. Im Kino benutzen vermutlich alle Menschen bevorzugt den visuellen Kanal. Die große Leinwand überflutet die Wahrnehmung mit visuellen Eindrücken. Allerdings wird ein auditiver Typ neben den bombastischen Soundeffekten auch den Dialogen zwischen den Schauspielern ein großes Maß an Aufmerksamkeit schenken. Ein kinästhetischer Typ wird wahrscheinlich bemerken, wie bequem die Kinositze sind, ein olfaktorisch orientierter Mensch wird wahrnehmen, wie die Luft im Kino immer stickiger wird, und mancher Gustatoriker findet fast jeden Film gut, solange er im Kino Bier trinken und Erdnüsse essen darf.

Wie können Sie Ihre Intelligenz trainieren?

Vielleicht fragen Sie sich nun, was Sie tun können, um Ihre sinnliche Intelligenz zu optimieren? Nun, zunächst sollten Sie sich angewöhnen, Ihre fünf Sinnessysteme bewusst zu trainieren und Ihre Wahrnehmung ganz gezielt zu stimulieren. Sobald Sie den bewussten Kontakt zu Ihren Sinnessystemen gefestigt haben, können Sie die Funktionsweise Ihrer psychischen Prozesse sehr detailliert erforschen. Dafür müssen Sie Ihre gewohnten Wahrnehmungsmuster für einen Moment unterbrechen:

- Wie nehmen Sie Informationen auf?
- Und wie werden die Informationen von Ihnen verarbeitet?

Während Sie denken und Entscheidungen treffen, können Sie beobachten, wie Ihr Geist innere Strategien durchläuft und dabei sinnliche Referenzerfahrungen abruft.

- Was können Sie daraus lernen?
- Wie können Sie all dies in Zukunft noch geschickter, flexibler und bewusster tun?

Sobald Sie sich darin üben, Ihre Sinne Schritt für Schritt zu öffnen, werden Sie plötzlich Dinge wahrnehmen, die Ihnen bisher entgangen waren. Um sich auch auf diese neuen Wahrnehmungsfrequenzen einzulassen, ist es hilfreich, wenn Sie Ihre mentale Kontrolle etwas lockern, und beginnen, sich von den unbewussten Teilen Ihrer Psyche überraschen zu lassen. Ebenso wie Sie beim Autofahren nicht bewusst kontrollieren, ob Sie den Blinker setzen oder beim Schalten die Kupplung treten, können Sie auch in vielen anderen Lebensbereichen lernen, Ihrer Wahrnehmung auf eine neue Weise zu vertrauen. Das sinnliche Erobern von neuen Frequenzen jenseits Ihrer bisherigen Wirklichkeit ist ein ähnlicher Vorgang wie das Einstellen eines Radiosenders. Viele Menschen hören immer nur einen gewohnten Sender, doch sobald sie beginnen, kreativ und inspiriert an den Knöpfen zu drehen, werden sie verwundert feststellen, dass es eine Vielzahl weiterer Sender gibt. Plötzlich dringt eine neue, faszinierende Musik in ihre Ohren, und sympathische Moderatoren versorgen sie mit wertvollen Informationen, die ihnen bisher verborgen waren.

Sinnliche Intelligenz intensiviert Ihr Erleben

Während Sie Ihre Rolle als aufmerksamer Beobachter schrittweise einüben, werden Sie sowohl Ihr eigenes Verhalten als auch das Ihrer Mitmenschen ganz gezielt analysieren. Der nächste Schritt besteht darin, die Welt auf eine neue Weise zu betrachten; Sie werden sowohl Ihrer eigenen Stimme als auch den anderen Menschen aufmerksamer zuhören; Sie werden Ihren Körper intensiver spüren; Sie werden die vergessene Welt der geheimen Düfte für sich entdecken; und Sie werden Ihren Sinn für guten Geschmack als Ausdruck Ihrer Persönlichkeit ganz gezielt entwickeln.

Als sinnlich intelligenter Beobachter werden Sie lernen, Ihre bewusste Aufmerksamkeit gezielt zwischen der äußeren Welt der Fakten und Ihrer eigenen inneren Welt hin und her reisen zu lassen. Sie werden herausfinden, welcher Sinneskanal Ihr bevorzugtes Orientierungssystem darstellt und welche Stärken und Lernaufgaben sich daraus ableiten.

Sie werden lernen, bei Ihrem Coachee die sinnlichen Präferenzen und inneren Strategien zu erkennen. Durch diese Diagnose können Sie Ihre eigenen kommunikativen Strategien gezielt anpassen und schnell eine gemeinsame Wellenlänge entwickeln. Indem Sie auf die unbewusste Wortwahl Ihres Coachees achten, können Sie herausfinden, wie er denkt, und Sie können ihm seine inneren Strategien bewusst machen. Wir Menschen sprechen jedoch nicht nur mit Worten, auch die Körpersprache und der Ausdruck der Augen können Ihnen viel über Ihren Coachee erzählen. Sie stärken Ihre sinnliche Intelligenz, wenn Sie sich darin trainieren, Ihren Coachee ganzheitlich wahrzunehmen. Besonders der geschulte Blick in die »Fenster zur Seele« bietet wertvolle Hinweise, um die inneren Prozesse im Kopf Ihres Coachees besser zu verstehen.

Wenn Sie dieses Trainingsprogramm absolviert haben, werden Sie die Welt mit anderen Augen sehen. Sie werden die positiven Seiten Ihrer Existenz noch mehr zu schätzen wissen. Sie verbessern Ihre zwischenmenschliche Orientierung, und Sie werden die Kontakte zu Ihren Mitmenschen souveräner gestalten können. Gleichzeitig erhöhen Sie die Wahrscheinlichkeit, dass Sie die Störfaktoren, Schwächen und Unzulänglichkeiten in Ihrem Leben Schritt für Schritt transformieren können, indem Sie entweder Ihre innere Einstellung oder Ihre Wahrnehmungsstrategien ändern. Je mehr Sie Ihre sinnliche Intelligenz fördern, desto größer ist die Chance, dass Sie fähig sein werden, die auftauchenden Probleme gezielt anzugehen und konsequent aufzulösen.

Wahrnehmungstypen

In Stress-Situationen vertraut jeder Mensch seinem bevorzugten Sinneskanal, um die Orientierung zu behalten. Beim Erinnern von Situationen werden die Erlebnisse noch einmal in diesem Repräsentations-System wachgerufen und in entsprechend sinnlicher Sprache codiert. Natürlich gibt es Vermischungen mit anderen Systemen, doch ein geschulter Zuhörer vermag, in vielen Fällen den Wahrnehmungs-Typ zu erkennen.

Die individuelle Eigenart bei der Repräsentation von Informationen offenbart sich besonders in der Sprache des Coachees. Der aufmerksame Coach kann anhand der sinnlichen Wortwahl erkennen, in welchem Repräsentations-System sich der Coachee gerade befindet. Er kann dadurch innere Strategien identifizieren und sein eigenes Verhalten auf den Coachee einstellen. Zur Diagnose des Wahrnehmungs-Typs kann er herausfinden, in welchem System die meisten Differenzierungen geschehen und wo die individuellen Kriterien des Coachees liegen, um Bewertungen vorzunehmen und Entscheidungen zu treffen.

Bei einer Zeugenaussage vor Gericht beschreiben drei Zeugen, wie sie denselben Täter wahrgenommen haben. Alle Zeugen haben dieselbe Situation erlebt, sie speichern die Informationen jedoch in anderen Systemen. Dies zeigt sich an den Worten, die sie meist unbewusst wählen, um ihre Erfahrung zu schildern.

Der visuelle Typ

- Der visuelle Typ blickt häufig nach oben und spricht darüber, was er mit seinen Augen gesehen hat: »Ich sah ihn vorsichtig durch die Tür kommen. Er trug einen schwarzen Mantel, braune Stiefel und eine dunkelgrüne Hose. Dann sah ich, wie er eine große Pistole aus einem eleganten Lederkoffer holte. Er zeigte mit der Waffe in die Luft und hatte dabei einen furchterregenden Gesichtsausdruck. Obwohl er die Augen zusammenkniff, sah ich ein kaltes Flackern in seinen Pupillen.«

Der auditive Typ

- Der auditive Typ blickt bevorzugt nach rechts und links außen, während er sich erinnert. Er berichtet von dem, was er gehört hat: »Ich sprach gerade an der Kasse mit der Kassiererin. Plötzlich hörte ich einen ohrenbetäubenden Knall. Dann sagte jemand mit einer heiseren Stimme, wir sollen die Hände hochnehmen. Zuerst sprach er ganz kontrolliert, doch dann brüllte er lauthals durch den Raum, er würde mit seinem Ballermann jeden abknallen, der auch nur einen Mucks von sich gäbe.«

Der kinästhetische Typ

- Der kinästhetische Typ blickt oft nach unten rechts, fühlt in sich hinein und unterstreicht seine Aussagen mit den Händen: »Er drehte sich plötzlich um, machte eine ruckartige Bewegung und zog eine Pistole. Er fuchtelte damit umher und schoss dann nach oben. Ich fühlte, wie mein Herz in die Hose rutschte, mir wurde heiß und kalt zugleich. Der Mann bedrohte uns wirklich mit dieser schweren Waffe. Er hatte seinen Finger am Abzug und wirkte ziemlich verkrampft. Die Atmosphäre war bis zum Zerreißen gespannt. Ich erstarrte zu Stein, keiner im Raum durfte sich bewegen.«

Um im Coaching herauszufinden, in welchem Repräsentations-System sich der Coachee bevorzugt orientiert, achtet der Coach auf Zugangshinweise, die über die Augenbewegungen, über das Erscheinungsbild und über die sinnliche Metaphorik im Sprachgebrauch gewonnen werden können. Sie geben Aufschluss über die aktuell bevorzugte Informationsverarbeitung im Gehirn des Menschen. Mit diesen Informationen kann der Coach den Coachee pacen, intelligente Fragen stellen und gezielt intervenieren.

Synästhesien – Schnittstelle der sinnlichen Systeme

Das Zusammenspiel von verschiedenen Sinneskanälen bei der Repräsentation einer Erfahrung nennt man Synästhesien. Dabei erlebt der Mensch die Phänomene der Realität auf mehreren Wahrnehmungskanälen gleichzeitig. Die innere Landkarte wird zum multidimensionalen Repräsentations-System. »Schreiende Farben – sie springen Dir ins Gesicht!« Synästhesien erzeugen eine enge Verkopplung von verschiedenen Sinnessystemen. Sie wirken als Schnittstellen zwischen den Informationsträgern und ermöglichen Flexibilität in der Wahrnehmung. Den Begriff der Synästhesien gibt es auch in der Poesie. Hier sind es Wortschöpfungen oder sprachliche Bilder, die Sinneseindrücke aus verschiedenen Repräsentations-Systemen miteinander vermischen, wie zum Beispiel ein »knallendes Gelb« oder »malende Sänger in lautstarken Bildern«.

Menschen haben die Tendenz zur ganzheitlichen Wahrnehmung. Jeder Mensch hat unzählige Synästhesien in seinem Gehirn codiert. Wenn wir versuchen, bewusst einen Kanal auszuschalten, bemerken wir, wie sehr wir daran gewöhnt sind, alle Kanäle gleichzeitig einzusetzen. Wer mit einem Walkman im Ohr Auto fährt, wird sich auf eine neue Weise orientieren müssen. Das Fahren ohne auditive Rückmeldeschleifen erfordert weitaus mehr Konzentration, weil das Unbewusste sowohl das eigene Motorengeräusch als auch die unterschwelligen Geräusche der anderen Verkehrsteilnehmer vermisst. Obgleich das Autofahren in erster Linie eine visuellkinästhetische Tätigkeit darstellt, geben die Synästhesien zum auditiven Kanal im Straßenverkehr eine wichtige Orientierungshilfe.

Der gezielte Einsatz von Synästhesien im Coaching ermöglicht eine Intensivierung und Veränderung der sinnlichen Repräsentationen des Coachees. Als kompetenter Coach können Sie die gezielte Erfragung der Synästhesien als Separator bei eingefahrenen Wahrnehmungs-Mustern des Coachees nutzen und damit neuen Wahrnehmungs-Optionen stimulieren. Das Overlapping ist eine Coaching-Intervention, um eine Erfahrung möglichst vollständig zu aktivieren. Der Coach führt seinen Coachee mithilfe des Overlapping von einem Sinnessystem in ein anderes. Dabei fungiert die Synästhesie als Schnittstelle. Prägende Lebenserfahrungen oder Glaubenssätze können als Synästhesien in mehreren Wahrnehmungskanälen repräsentiert sein. Dadurch sind sie stabiler in der inneren Landkarte verankert. Wenn der Coachee zum Beispiel durch negative Gedanken gequält wird und keinen Zugang findet, um diesen Zustand zu verändern, kann der Coach nachfragen:

»Während Sie diese Gedanken in Ihrem inneren Dialog hören, gibt es vielleicht auch Bilder, die Sie dabei sehen ... oder Gefühle, die Sie wahrnehmen?«

Wenn diese Bilder und Gefühle mit den Gedanken verknüpft sind, besteht eine Synästhesie. Jetzt braucht der Coach nicht mehr direkt mit den hartnäckigen Gedanken zu arbeiten, sondern kann bei den Bildern oder Gefühlen ansetzen, um die benötigten Ressourcen zu organisieren und den Veränderungs-Prozess voranzubringen.

Verweise

→ Wahrnehmung
→ Innere Landkarte
→ V. A. K. O. G.
→ Synästhesien

Ressourcen = Pluspunkte, Potenziale und Kraftquellen

Nutzen/Ziel

- Stärkung und Befähigung des Coachees.
- Bewusstmachung und Nutzung von Kraftquellen.

Anwendungsfelder

- Coaching verläuft grundsätzlich ressourcenorientiert.
- Zur Strategieentwicklung.
- Zur Zielerreichung.

Der Erfolg im Coaching hängt sehr von dem Zustand des Coachees ab. Eine wichtige Aufgabe für den Coach ist es, den Coachee aus dem problemorientierten Zustand in einen ressourcevollen Zustand zu führen. Im Coaching gilt als Ressource, was dem Menschen als Fähigkeit und als persönliches Potenzial für seine Lebensgestaltung zur Verfügung steht. Ressourcen sind Kraftquellen, die dem Menschen helfen, gewünschte Ziele zu verwirklichen. Je mehr Ressourcen Ihrem Coachee zur Verfügung stehen, desto höher ist die Wahrscheinlichkeit, dass es ihm gelingen wird, seine Ziele tatsächlich zu erreichen.

Im Coaching

Ressourcen können alle denkbaren Arten von Fähigkeiten sein:
- gespeichertes Wissen zu nutzen,
- neues Wissen zu erwerben,
- sich selbst und andere zu motivieren,

- Handlungen zu planen und konsequent durchzuführen,
- menschliche Kontakte zu knüpfen und aufrechtzuerhalten,
- materielle Werte zu schaffen und anzureichern,
- kreative Ideen zu entwickeln und im richtigen Tempo zu realisieren.

Alles, was potenziell nutzbar gemacht werden kann, um ein Ziel zu erreichen, ist im Coaching eine Ressource. Dabei können bereits vorhandene Fähigkeiten und Fertigkeiten als Komponenten für neu zu synthetisierende Ressourcen genutzt werden. Wenn eine junge Führungskraft zum Beispiel lernen möchte, ihre Mitarbeiter aktiv zu motivieren, sind zum Erlernen dieser neuen Fähigkeit vermutlich bereits Ressourcen vorhanden. Der Mensch weiß sehr wahrscheinlich, was ihn selbst motiviert. Darüber hinaus kann er sich mit etwas Fantasie vorstellen, welche Bedürfnisse seine Mitarbeiter haben. Vielleicht hat er auch schon im Freundeskreis, im Sportverein oder in der Familie Erfahrungen gesammelt, wie man andere Menschen ansprechen muss, damit diese motiviert an neue Herausforderungen herangehen. Wenn die bereits vorhandenen Ressourcen bewusst mit neuen Elementen aus dem Business-Kontext kombiniert werden, ist der Transferprozess oft eine sehr viel einfachere Übung, als wenn keine unterstützenden Ressourcen zur Verfügung stehen.

Ressourcenaktivierende Fragen

Eine Grundannahme im Coaching ist, dass jeder Mensch prinzipiell alle Ressourcen für eine gewünschte Veränderung selbst zur Verfügung hat oder sie bei anderen Personen modellieren kann.
- Wie gelangen Sie an Ihr Ziel?
- Wo sind Sie bereits gut?
- Auf welche Erfolge in der Vergangenheit können Sie aufbauen?
- Warum sind Sie ein positives Vorbild?
- Welche Werte haben Sie?
- Welche Menschen, Situationen und Gewohnheiten geben Ihnen Kraft?
- Wo genau möchten Sie sich verändern?
- Wie haben Sie ähnliche Probleme in der Vergangenheit gelöst?
- Welche Ressourcen brauchen Sie dafür?

- Woher bekommen Sie sie?
- Was können Sie neu lernen?
- Wer könnte Ihnen dabei helfen?
- Kennen Sie jemanden, der das Problem lösen könnte?
- Wie würde er dabei vorgehen?
- Wie genau?
- Was könnten Sie tun, um von ihm zu lernen?

Im Coaching geht es oftmals darum, den Coachee dazu zu befähigen, mit den vorhandenen Ressourcen in Kontakt zu kommen und sie zielstrebig einzusetzen. Ressourcen stellen die persönliche Power zur Verfügung, die ein Mensch braucht, um seine Ziele zu erreichen. Veränderungsmotivation ist ebenfalls eine wichtige Ressource, selbst wenn sie einen unangenehmen Leidensdruck erzeugt. Manchmal gibt erst der Leidensdruck einer Intervention den nötigen Schub, damit eine schwierige Veränderung anschließend tatsächlich realisiert wird. Die Erkenntnis der positiven Absicht, die sich hinter einem Problemverhalten verbirgt, kann neue Ressourcen erschließen. Man gelangt in die Versöhnungs-Physiologie und bekommt dadurch auf spontane Weise Kontakt zu bisher ungenutzten Ressourcen. Dies geschieht zum Beispiel im Six Step-Reframing. Auch das Vertrauen in die selbstheilende Eigendynamik des Unbewussten ist eine wertvolle Ressource zur Realisierung von gewünschten Veränderungen.

Ressourcen ins Bewusstsein holen

Falls Menschen den Zugang zu ihren Ressourcen verlieren, entstehen Problemzustände oder Stuck States. In chronischen Fällen kann ein Coach helfen, die Ressourcen neu zu organisieren. Das PeneTrance-Modell ist ein Instrument, um Ziele zu formulieren und die benötigten Ressourcen zu kontaktieren. Dabei fungiert das innere Brainstorming als kreative Methode, um Ideen zu sammeln und neue Ressourcen zu erschließen. Durch die penetranten Fragen des Coachs realisiert der Coachee, welche Fähigkeiten ihm jetzt schon zur Verfügung stehen, um seine Ziele zu erreichen. Der eigene Reichtum an Ressourcen ist für einen problemorientierten Coachee meistens schwer zu würdigen. In solchen Fällen führen ressourcevolle Fragen zu einer positiven Betrachtungsweise:

- Was ist gut an der bestehenden Situation?
- Was mag ich an dem anderen Menschen, obwohl wir uns momentan in einem Konflikt befinden?
- Was gefällt mir an der gemeinsamen Zusammenarbeit, die wir schon seit Jahren intensiv betreiben?

Viele Ressourcen schlummern im Unbewussten! Das Bewusstsein kann die komplexe Vielfalt der Ressourcen nicht immer optimal managen. Im Coaching gehen wir davon aus, dass jeder Mensch im Laufe seines Lebens unzählige Fähigkeiten erworben hat. Sie sind im Unbewussten verankert und dienen als Grundlage, um weitere benötigte Ressourcen zu organisieren. Eine Möglichkeit besteht darin, den Coachee in Trance zu versetzen, um das Wissen um Ressourcen aus dem Unbewussten ans Tageslicht zu transportieren. Oft werden Fähigkeiten nur in bestimmten Lebensbereichen aktiviert. In anderen Lebensbereichen hat der Mensch keinen Zugang zu diesen Fähigkeiten, obwohl sie potenziell vorhanden sind. In solchen Fällen sind die verschiedenen Lerntexte voneinander dissoziiert. Die erlernten Fähigkeiten sind an bestimmte Anker gebunden (zustandsabhängiges Lernen). Hier kann der Coach durch die Integration dissoziierter Physiologien helfen, die bisher abgeschnittenen Ressourcen auch für die problematischen Lebensbereiche verfügbar zu machen.

Ressourcen können geankert werden. Eine gute Möglichkeit zum Ressourcen-Ankern im Coaching ist die Fünf-Finger-Methode. Dabei wählt der Coachee fünf besonders ressourcevolle Erinnerungen aus. Diese Moments of Excellence werden vom Coach der Reihe nach über die V.A.K.O.G.-Instruktion auf je einen Finger einer Hand des Coachees geankert, indem die andere Hand den Finger während der intensiven, assoziierten Erinnerung berührt. Anschließend werden die Anker getestet und dabei noch einmal nachgeladen. Wird die Hand jetzt zur Faust geformt oder werden die Finger beider Hände wie im Gebet aneinandergelegt, so werden alle fünf Ressourcen zugleich aktiviert und ein Moment of Excellence hoch fünf induziert.

Verweise

→   Frage-Technik
→   Glaubenssätze
→   Körpersprache
→   Moment of Excellence

Rituale – Transfermaßnahme

Nutzen/Ziel

- Gezielte Kommunikation mit dem Unbewussten.
- Markierung von Phasen und Meilensteinen.

Anwendungsfelder

- Stimulierung von unbewussten Kräften.
- Transfer-Sicherung und Motivations-Verstärker.
- Veränderung von Glaubens-Systemen.

Ob es einem Menschen gelingt, über sich hinauszuwachsen, hängt davon ab, ob er seine Ziele nur halbherzig anstrebt, oder ob er aus vollem Herzen daran arbeitet. Das menschliche Unbewusste besteht aus einer Vielzahl von Persönlichkeitsteilen, die nicht selten widersprüchliche Interessen verfolgen. Wenn Sie Ihren Coachee im Zustand des Rapports ein passendes Ritual durchlaufen lassen, können Sie alle relevanten Persönlichkeitsteile auf ein gemeinsames Ziel hin ausrichten. Dadurch fühlt sich der Coachee als Gestalter seiner Zukunft, und eine starke innere Motivation kann der Realisierung des angestrebten Ziels einen mächtigen Schub verleihen.

Im Coaching

Rituale stammen ursprünglich aus dem religiösen Kontext. Es sind hintergründige Verhaltensweisen, die emotional stark besetzt sind und eine klare, symbolische Bedeutung haben. Rituale werden im Coaching eingesetzt, um mit dem Unbewussten des Coachees zu kommunizieren. Rituale können einen Selbstheilungsprozess aktivieren. Wenn der Arzt dem erkrankten Menschen eine Medizin verschreibt, kann es sein, dass Arztbesuch, Gang zur Apotheke und Medikamenteneinnahme sich zu einem wirksamen Ritual verbinden, welches das Unbewusste des Patienten glauben lässt, dass er nun geheilt sei; selbst wenn das Medikament nur ein an sich wirkungsloses Placebo war.

Starke Rituale sind extrem wirkungsvolle Anker. Auch die Anwendung von vielen Interventionstechniken im Coaching kann als Ritual verstanden werden. Dabei übernimmt der Coach die Rolle des Zeremonienmeisters. In der Trance-Arbeit helfen sie dem Coach, direkten Zugriff auf innere Prozesse zu gewinnen, die normalerweise unbewusst stattfinden. Rituale bewirken, dass im Gehirn bestimmte Suchprozesse gezielt durchlaufen werden, um benötigte Informationen aus dem riesigen Ressourcenspeicher des Unbewussten an die Oberfläche des Bewusstseins zu transportieren. Außerdem werden die neuen Lernprozesse in der Psyche des Coachees verankert und in sein ökologisches Gefüge eingenetzt. So werden Ressourcen sinnvoll organisiert. Gleichzeitig wird sichergestellt, dass der Coachee die neuen Fähigkeiten auch in zukünftigen Problemkontexten zur Verfügung hat.

Sinnvolle Rituale erhöhen die Motivation

Komplexe Coaching-Interventionen wie zum Beispiel beim Arbeiten mit dem inneren Team können vom Coach bewusst als Ritual durchgeführt werden, um den Freiheitsgrad im Verhalten des Coachees zu erhöhen. Oftmals zeigen sich Coachees, die ein Ritual als sinnvolle Maßnahme akzeptiert haben, viel offener und mutiger in der Veränderungsarbeit, weil dieser außergewöhnliche Bedeutungsrahmen die strengen Regeln des alltäglichen Verhaltens aufhebt.

Sie können Ihrem Coachee als erfahrener Business-Coach jeden kreativen Impuls als stärkendes Ritual anbieten. Durch die Wiederholung können sich auch alltägliche Kleinigkeiten zu wirkungsvollen Ankern weiterentwickeln.

- Jedes Mal, wenn Ihr Coachee das Firmengelände oder sein Büro betritt, kann er sich mit einem bewussten, positiven Gedanken an seine Möglichkeiten und Stärken erinnern. (»Ich bin der richtige Mann am richtigen Ort!«)

- Jeder Eintrag im Terminkalender des Coachees kann durch eine motivierende Kommentierung zu einem Ritual werden. (»Mitarbeitergespräch mit Herrn Meier – diesmal gehe ich es an – freundlich und stark!«)
- Jedes Kundengespräch kann mit einem einleitenden positiven Gedanken zu einer wahren Heldentat veredelt werden. (»Ich bin ein erstklassiger Kundenberater, weil ich mich voll und ganz für die Zufriedenheit des Kunden einsetze!«)
- Jeder Veränderungsprozess kann mit einem motivierenden Transfer-Tagebuch begleitet werden. (»Ich committe mich darauf, jede konstruktive Idee innerhalb von 14 Tagen umzusetzen!«)

Im Coaching werden oftmals Rituale als Future Pace zur gezielten Transfersicherung eingesetzt. Sie erzeugen eine sinnlich erfassbare Motivation zur gezielten Veränderung und bringen die Lernerfahrungen aus dem Coaching ins tägliche Leben hinein. Dabei kann ein individueller Anker installiert werden, der dem Coachee in kritischen Situationen als Schlüssel zum Ressourcenspeicher zur Verfügung steht. Der Anker erinnert das Unbewusste des Coachees an seine vorhandenen Fähigkeiten.

Jeder Mensch kann selbst kleine Rituale entwickeln, die in seinem individuellen Kontext als Handlungsanweisung für sein Unbewusstes fungieren. Dadurch wird die selektive Wahrnehmung im Sinne der Magie des Wünschens gezielt ausgerichtet und außerdem dem Unbewussten signalisiert, dass man mitverantwortlich für die Gestaltung der Zukunft ist. Rituale können einmal als richtungsweisendes Schlüsselerlebnis eingesetzt oder auch regelmäßig wiederholt werden, um Gewohnheiten zu steuern. Sie können sowohl an äußere Verhaltensweisen gebunden sein, als auch innerlich im Geiste vollzogen werden.

Verweise

→ Unser Unbewusstes
→ Motivation
→ Glaubenssätze
→ Intuition

S

Sekundärer Gewinn – der verborgene Benefit

Nutzen/Ziel

- Auflösung von Veränderungsblockaden.
- Erkennen und Integrieren von unbewussten Motivations-quellen.
- Souveräner Umgang mit unbewussten Kräften.

Anwendungsfelder

- Als Wahrnehmungsfilter zur Diagnose von unbewussten Motivations-Mustern.
- Zur Auflösung und Veränderung von unerwünschten Verhaltensweisen.
- Als Erklärungsmodell zur Transformation von Frustration aufgrund vergeblicher Veränderungsversuche.

Nicht selten stellt sich im Coaching eine unerwünschte Verhaltensweise als wertvoller Träger eines versteckten Gewinns für den Coachee heraus. Jedes Element im Verhaltensrepertoire eines Menschen ist systemisch mit allen anderen Elementen verbunden. Viele Verhaltensweisen bringen versteckte Gewinne mit sich, deren sich der Coachee nicht bewusst ist. Das Konzept der sekundären Gewinne bietet Ihnen als Coach einen wertvollen Wahrnehmungsfilter, um den unbewussten Nutzen eines Verhaltens frühzeitig zu erkennen, zu würdigen und Ihre Intervention darauf abzustimmen. Mit der nötigen Sensibilität für den verborgenen Benefit stärken Sie den Rapport zum Unbewussten Ihres Coachees. Gleichzeitig ersparen Sie Ihrem Coachee die frustrierende Erfahrung einer misslungenen Verhaltensänderung. Indem Sie mit Ihrem Coachee die sekundären

Coaching mit NLP-Werkzeugen. Thomas Rückerl und Torsten Rückerl
Copyright © 2008 WILEY-VCH Verlag GmbH & Co. KGaA, Weinheim
ISBN: 978-3-527-50351-3

Gewinne gezielt herausarbeiten und ihm die ökologische Bedeutung bewusst machen, können Sie ihm helfen, kreative Veränderungsoptionen zu entwickeln, die tatsächlich funktionieren.

Im Coaching

Metaphorisch gesprochen ist der sekundäre Gewinn eine versteckte Gewinnausschüttung. An ein bestimmtes Problemverhalten sind oft unbewusste Vorteile geknüpft, die der Coachee verlieren würde, wenn er sein Problemverhalten einfach aufgibt. Deshalb ist es bei gewünschten Veränderungen hilfreich, solche versteckten Gewinne bewusst zu erkennen und sicherzustellen, dass sie erhalten bleiben. Falls die sekundären Gewinne nicht in der erarbeiteten Problemlösung berücksichtigt werden, wird sie vermutlich nicht wirklich funktionieren, da sie keine ökologische Alternative darstellt. Deshalb ist die Überprüfung der sekundären Gewinne im Öko-Check bei allen gewünschten Veränderungen ein wichtiger Schritt zur Transfersicherung.

Ein gestresster Manager versucht seit Jahren vergeblich, sich das Rauchen abzugewöhnen, doch alle Bemühungen schlagen fehl. Solange er nur die schädlichen und unerwünschten Effekte des Rauchens wahrnimmt, kann er nicht verstehen, warum er die ungeliebte Gewohnheit beibehält. Erst in Anbetracht der sekundären Gewinne, die er durch das Rauchen bekommt, wird sein Verhalten verständlich: Zigaretten geben ihm einen willkommenen Anlass für kleine Pausen während seines anstrengenden Arbeitstages, nach dem Essen wird seine Verdauung durch die Zigarette angeregt, er mag das gesellige Gefühl, wenn er kurz vor Feierabend gemeinsam mit seinen Kollegen, die ebenfalls Raucher sind, Zigaretten, Kaffee und Cognac genießt, und wenn er am Wochenende auf eine Party geht, bietet die Zigarette ihm einen unbewussten Halt, um seine Unsicherheit bei Gesprächen mit Fremden zu verbergen. Und außerdem gibt ihm das Rauchen die Möglichkeit, sich zu Hause ganz legitim von seiner nicht rauchenden Ehefrau abzugrenzen.

Indem Sie sich auf die sekundären Gewinne sensibilisieren, können Sie den versteckten Nutzen mit folgenden Fragen herausarbeiten:

- Welche Vorteile könnten in dem problematischen Verhalten verborgen sein?
- Welche Funktion könnte das unerwünschte Verhalten innerhalb des gesamten Systems erfüllen?
- Welche positive Absicht könnte durch das problemerzeugende Verhalten erfüllt werden?

Im Coaching hilft die Arbeit mit dem Teile-Modell, innere Widersprüche des Coachees zu verstehen. Ein Persönlichkeitsteil, der dem Bewusstsein zugänglich ist, wünscht eine Veränderung. Gleichzeitig besteht ein anderer, unbewusster Teil der Persönlichkeit darauf, die alte Verhaltensweise beizubehalten, weil er versteckte Gewinne aus dem problematischen Verhalten zieht. Solange der Coachee den verborgenen Nutzen seines problematischen Verhaltens nicht erkennt, befinden sich die Teile im Konflikt miteinander. In solchen Fällen hilft die Frage nach der positiven Absicht weiter. Wenn es dem Coachee gelingt, die versteckten Gewinne zu erkennen, zu würdigen und auf anderen, besseren Wegen zu realisieren, wird sein Unbewusstes das problematische Verhalten aufgeben, weil es nicht mehr benötigt wird.

Würdigen, was ist!

Die Menschenwürde gilt vielen Menschen als höchstes Gut. Die Würdigung von Ressourcen und vollbrachten Leistungen ist auch im Coaching enorm wichtig, um den Coachee zu motivieren oder zu versöhnen. Die explizite Würdigung ist auch eine nützliche Maßnahme, um mit einem problemerzeugenden Teil des Coachees in positiven Kontakt zu treten. In der Regel lehnen wir unsere problemerzeugenden Teile ab. Wir mögen sie nicht und wollen am liebsten, dass sie einfach verschwinden. Wir sehen häufig nicht den ökologischen Nutzen und den sekundären Gewinn, den wir durch diesen Teil bekommen. Jeder Teil in der menschlichen Persönlichkeit erfüllt seine Aufgabe so gut, wie er im Moment kann. Das Wirken innerhalb des psychischen Systems ist für die Teile nicht immer leicht. Wie würden Sie sich fühlen, wenn Sie sich seit Jahren, ja Ihr ganzes Leben bemühen, eine schwierige Aufgabe so gut wie möglich zu erfüllen, und Ihr Chef einfach nicht begreift, was Sie alles für ihn tun? Er würde Sie am liebsten sofort entlassen. Aus rechtlichen Gründen ist ihm das jedoch nicht möglich, aber er beschimpft Sie, verwünscht Sie und erzählt allen Leuten, dass Sie völlig überflüssig sind und ihn nur stören. Doch trotz allem sind Sie ihm auch weiterhin ein treuer Mitarbeiter und bemühen sich, selbst im Angesicht all der Ungerechtigkeiten Ihre Pflicht zu erfüllen.

Durch Würdigung und Anerkennung werden nicht nur im Coaching viele Kräfte frei. Wenn positive Absichten und die Kreativität bei der Realisierung bewusst und explizit gewürdigt werden, brauchen die dafür verantwortlichen Persönlichkeitsteile nicht länger um ihre Existenzberechtigung zu kämpfen. Sie können vertrauen und den Widerstand loslassen. Dadurch entspannt sich die menschliche Psyche. Wenn der Coachee versteht, welche positive Absicht sein problemerzeugender Teil verfolgt, geschieht ein Prozess der Versöhnung. Nun können die verschiedenen Teile in Ruhe ihre Arbeit tun. Der Mensch würdigt den Nutzen, den er davon hat. Dadurch wird der problemerzeugende Teil weniger rigide. Wenn ein Persönlichkeitsteil weiß, dass das Bewusstsein seine Funktion erkannt hat und ihn prinzipiell dabei unterstützt, wächst auch die Bereitschaft zum konstruktiven Experimentieren. Dann können, gemeinsam mit dem Bewusstsein und mit anderen Teilen, neue Wege entwickelt werden, und der ehemals problemerzeugende Teil wird in vielen Fällen bereit sein, sich darauf einzulassen. Echte Würdigung ist ein Ausdruck von Respekt. So können chronische Kämpfe innerhalb der menschlichen Systeme schlagartig beendet werden.

Verweise

- → Teile-Modell
- → Veränderung
- → Ökologie
- → Positive Absicht
- → Einwand-Integration

Separator State-Manöver – gezielte Musterunterbrechung

Nutzen/Ziel

- Gezielte Unterbrechung von bestehenden Wahrnehmungs- und Verhaltens-Mustern.
- Verwandeln von Problem-Zuständen in eine Ressourcen-Orientierung.
- Dynamisierung von Prozessen und Problemlösungen.

Anwendungsfelder

- Befreiung von festgefahrenen oder frustrierten Zuständen.
- Aktive Veränderung mentaler Projektionen.
- Zur Beendigung von Trance-Zuständen.

Menschen haben die unbewusste Neigung, mehr von demselben zu produzieren. Wenn unser Gehirn erst einmal eine bestimmte neurologische Bahn aufgebaut hat, neigt es aus Gründen des Energiesparens und im Sinne einer subjektiven Sicherheit dazu, alle Gedanken, Gefühle und Handlungen dieser Bahn folgen zu lassen. Im Coaching ist es wichtig, solche problemerzeugenden Muster zu erkennen und gezielt zu unterbrechen. Ein erfahrener Coach kann ähnlich wie ein Hypnotiseur innere Zustände bei seinem Coachee erzeugen, erhalten, verstärken oder unterbrechen. Der souveräne Umgang mit Separatoren ermöglicht es Ihnen, negative, problemorientierte Zustände Ihres Coachees schnell zu beenden und stattdessen Raum für neue, bessere Zustände zu erzeugen. So gewinnen Sie die Chance, Ihrem Coachee eine neue Erfahrung zu vermitteln.

Im Coaching

Ein Separator ist ein plötzlicher Reiz, der den bisherigen Zustand verändert. Ein Separator State-Manöver führt den Coachee gezielt in einen anderen Zustand. Dabei wird das bisherige Wahrnehmungsmuster unterbrochen. Der Separator fungiert als trennendes Element zwischen zwei Zuständen. Er gibt der Wahrnehmung des Coachees einen frischen Impuls und bewirkt einen Wechsel der Physiologie. Der Moment, in dem dieser Wechsel geschieht, wird Separator State genannt.

Im Coaching werden immer dann Separatoren eingesetzt, wenn der Coach seinen Coachee schlagartig in einen anderen Zustand führen will. Abhängig vom Rapport zum Coachee und der Prozess-Situation kann der Coach intuitiv oder geplant aus einer Vielzahl von möglichen Separatoren wählen, die auf den unterschiedlichen Wahrnehmungskanälen wirken:

- Visuell: Mimik oder Gestik auffällig verändern, Blickwinkel wechseln, Brille auf- oder absetzen, Licht an- oder ausschalten, auf dem Flip-Chart visualisieren.
- Auditiv: überraschende Fragen stellen, provokante Anmerkungen aussprechen, Sprechtempo und Tonlage verändern, Musik einschalten, Geräusche machen.
- Kinästhetisch: auffordern zum Aufstehen, sich dehnen, Sitzplatz wechseln, Krawatte abnehmen, Spaziergang.
- Olfaktorisch: auffordern zum Tief-Durchatmen, Luft anhalten, Fenster öffnen, Duftlampe anmachen, Riechsalz geben.
- Gustatorisch: anbieten von Kaffee und Kuchen, Kaugummi, Getränken oder Nahrungsmitteln.

Die Beispiele beziehen sich jeweils auf den Sinneskanal, der von dem Separator vermutlich am stärksten beeinflusst wird. Darüber hinaus wirkt zum Beispiel ein Spaziergang natürlich auch visuell, indem wir unseren Blick über die Landschaft schweifen lassen; ebenso auditiv, wenn wir die Vögel zwitschern hören; außerdem riechen wir die frische Luft, und falls wir an der Küste entlangwandern, können wir das Salz auf den Lippen schmecken.

Im Coaching nutzt der Coach Separatoren auch, um seinen Coachee aus Trance-Zuständen ins Hier und Jetzt zurückzuholen.

In der Hypnose kann der Hypnotiseur einen Separator State des Klienten bewirken, indem er beispielsweise plötzlich mit dem Finger schnippt, die Stimme erhebt und ernüchternde Fragen stellt. Dadurch kommt der Klient aus seinem Trance-Zustand zurück ins Hier und Jetzt. Während bei der Hypnose scharfe Separatoren wie das Schnippen mit dem Finger eingesetzt werden, ist es im Coaching eher ratsam, den Coachee durch vage, einladende Prozess-Instruktionen sanft wieder in das Alltagsbewusstsein zurückzuführen.

Separatoren können auch einen willkommenen Anlass bieten, sich zu verändern. Die Veränderung von Gewohnheiten wird oft durch einen Separator ausgelöst. Die Ebene, auf der ein Wechsel stattfindet, kann unterschiedliche Dimensionen aufweisen. Während eines Gespräches, das von einem kurzen Telefonanruf unterbrochen wird, verbringt der wartende Gesprächspartner nur wenige Sekunden oder Minuten im Separator State. Eine Baustelle vor der Haustür oder ein Wohnungswechsel hingegen können Separator States erzeugen, die über Tage, Wochen oder Jahre andauern können, bevor wir uns an den Zustand gewöhnt haben. Separatoren wirken der Gewöhnung entgegen, besonders wenn sie sehr ungewöhnlich oder überraschend eingesetzt werden. Sie wecken unsere bewusste Aufmerksamkeit und re-orientieren uns in die aktuelle Situation. Der gezielte Umgang mit Separatoren ist eine Kunst, die enorm nützlich ist, um im Coaching Präsenz zu erzeugen und um festgefahrene Situationen wieder zu beleben.

Stuck State – wenn nichts mehr geht

Der Stuck State ist ein Zustand des Feststeckens. Der Coachee ist blockiert, in der Sackgasse, nichts geht mehr – er steckt in einer intensiven Problem-Physiologie. Im Stuck State hat der Coachee keinen Zugriff auf seine Ressourcen. Er verliert alle Wahlmöglichkeiten und hat keine adäquaten Verhaltensoptionen zur Verfügung. Im Stuck State leidet der Mensch und kann nur noch hoffen, dass der Zustand sich verändert. Bei einem Coachee in diesem Zustand geht mit dem Stuck State oftmals eine Verengung der Wahrnehmung einher. Ängste und Verzweiflung blockieren seine Ressourcen. In solchen Momenten ist es für den Coach angezeigt, einen Separator zu setzen! Die gezielte Unterbrechung des Leidenszustandes bewirkt, dass sich die Wahrnehmung des Coachees öffnet und wieder mit neuen Eindrücken gespeist werden kann. Ein guter Coach erkennt, welchem Wahrnehmungskanal er einen Impuls geben kann, um den Coachee auf möglichst elegantem Wege aus dem Stuck State herauszuholen. Dafür braucht der Coach Flexibilität und Präsenz, denn sein Manöver ist gleichzeitig ein Beziehungsangebot. Es muss so attraktiv sein, dass der Coachee sich darauf einlassen kann.

Falls selbst massive Separator State-Manöver keinen Wechsel des Zustandes bewirken und das Unbewusste des Coachees es bevorzugt, im Stuck State zu verweilen, sind vielleicht sekundäre Gewinne im Spiel. Dann könnte die Frage nach der positiven Absicht weiterhelfen:

- Was ist gut daran, jetzt in diesem Zustand zu sein?

Manchmal hilft auch das Prinzip der Akzeptanz. Der Stuck State wird beobachtet und erlaubt, denn in jedem Zustand ist auch eine versteckte Botschaft zu erkennen. Meditierenden Mönchen wird von ihren Lehrern empfohlen, jede Form von Zustand einfach zu akzeptieren. Jedes Lebewesen befindet sich in einem lebendigen Fluss. Genau genommen fließt der Mensch auch im Stuck State, nur etwas langsamer. In der Meditation lernen die Mönche, ihre Zustände gleichmütig zu beobachten und abzuwarten, bis der Wind die Wolken am Himmel vertreibt. Durch ein derartiges Reframing lässt sich ein blockierter Stuck State in einen fruchtbaren Trance-Zustand überführen. Dies erfordert vom Coach jedoch sehr viel Geduld und Gelassenheit. Sich selbst und andere Menschen aus dem Stuck State in einen ressourcevollen Zustand führen zu können ist eine nützliche Fähigkeit, die im Coaching echte Wunder bewirken kann.

Verweise

- → Trance
- → Anker
- → Körpersprache
- → V.A.K.O.G.

Siebte Himmel-Physiologie –
wenn alles nach Ihnen gehen würde ...

Nutzen/Ziel

- Aktivierung von Inspiration und Motivation.
- Authentischer Kontakt mit wahren Bedürfnissen.
- Entwicklung von Win-win-Modellen in Konflikten.

Anwendungsfelder

- Im Konflikt-Management zur Ziel-Findung.
- Im Visions-Coaching als Motivations-Verstärker.
- Zur Konkretisierung von Verhandlungs-Positionen.

Im Coaching können sich die Grenzen des Coachees sehr deutlich offenbaren. Selbst in ihrer Fantasie haben viele Menschen Probleme, sich die Erlaubnis zu geben, sich die beste aller Möglichkeiten vorzustellen. Besonders im Angesicht von belastenden Problemen oder Konflikten entstehen nicht selten Lösungsansätze, die von vornherein zum Scheitern verurteilt sind, weil sie nicht den wahren Bedürfnissen der Beteiligten Rechnung tragen. Oftmals werden solche Entscheidungen oder Konfliktlösungen als »faule Kompromisse« empfunden, weil sie bereits nach kurzer Zeit dazu führen, dass die Beteiligten versuchen, die Situation doch wieder zu ihrem eigenen Vorteil zu manipulieren und somit die Lösung sabotieren. Ein kompetenter Coach bemerkt, wenn seinem Coachee die innere Erlaubnis zur Wunschvorstellung fehlt. Er reagiert, indem er ihn mit der Methode der Siebte-Himmel-Physiologie in Kontakt mit seinen wahren Bedürfnissen führt.

Im Coaching

Die Siebte-Himmel-Physiologie ist ein Zustand, der erfüllt ist von Freude, Glück und Erfolg. Es ist die Physiologie einer intensiv fantasierten Erfüllung der für die eigene Person kritischen Bedürfnisse. Sie erwächst aus dem Erlebnis, einen sehnlichen Wunsch erfüllt zu bekommen; einen Wunsch, der das Herz berührt und auf wunderbare Weise wahr wurde. Die Siebte Himmel-Physiologie ist eine besondere Form der Als-Ob-Methode und kann helfen, etwas zu tun, von dem man bisher annahm, dass es unmöglich sei:

- Was müsste passieren, damit es möglich wird? Was würden Sie brauchen, damit Sie es können? Unter welchen Bedingungen würden Sie es tun?

Im Konfliktmanagement können solche Fragen dazu führen, dass eine ins Stocken geratene Verhandlung wieder lebendig wird. Mithilfe derartiger Fragen können selbst massive Einwände in Wünsche verwandelt werden. Es entsteht eine Vision, die der weiteren Arbeit eine konstruktive Richtung gibt.

Coaching-Übung: Siebte-Himmel-Physiologie

In der Schule des Wünschens wird die Siebte-Himmel-Physiologie induziert, indem sich der Coach an einen der wünschenden Partner wendet und folgende Prozessinstruktion gibt:

- »Stellen Sie sich bitte einmal vor, diese Verhandlung wäre ganz im Sinne Ihrer eigenen Position zu einem Abschluss gebracht worden. Ihre Bedürfnisse wären hundertprozentig erfüllt, und auf überraschende, vielleicht sogar magische Weise wäre die Lösung auch für die andere Seite akzeptabel … doch in erster Linie möchte ich Sie jetzt bitten, eine Lösung zu formulieren, die für Sie persönlich die denkbar beste Möglichkeit darstellt …«

Der Coach stimuliert den Coachee, seiner Fantasie freien Lauf zu lassen und mit einer Lösung Kontakt herzustellen, die ihn wirklich glücklich machen und sein Herz erfreuen würde. Dafür induziert er einen Trance-Zustand, der den Coachee die übli-

chen Beschränkungen seines Alltagsbewusstseins vergessen
lässt:

- »... wobei Sie sich zunächst gar nicht an die Details der
  ausgehandelten Lösung erinnern müssen, sondern nur
  daran, dass die Lösung hundertprozentig Ihren eigenen
  Bedürfnissen entspricht ... Sie finden in der Zukunft eine
  Situation, wo Ihnen plötzlich bewusst wird, welche Lösung
  Sie wirklich begeistern würde ... in völlig überraschender
  Weise ... geradezu genial ... und noch viel schöner, viel
  besser ... fast ein kleines Wunder ...«

Jetzt zeigt der Coachee die Siebte-Himmel-Physiologie. Der
Coach kann den Coachee noch konkreter in die totale Wunscherfüllung hineinhypnotisieren und dann einen Anker setzen,
um diesen powervollen Zustand als Ressource für die weitere
Vorgehensweise verfügbar zu machen. Der Anker sollte im
Peak der Physiologie, also im intensivsten Moment installiert
werden. Vorher kann der Coach die Wahrnehmungskanäle abfragen (V.A.K.O.G.) und sich dabei auf die Physiologie des
Coachees als Ziel-Erkennungsphänomen kalibrieren.

Der Coachee hat durch diese Reise in die Zukunft wertvolle
Informationen erschlossen. Je nach Beschaffenheit des Wunsches können weitere Informationen auf verschiedenen Ebenen
gewonnen werden. Dies entspricht dem Prinzip des Chunking.
Beim Chunking-Down stimuliert der Coach den Coachee, die
konkreten Details und die entscheidenden Complex Equivalences (Schlüsselreize) zu finden. In der Paartherapie könnten
die Prozess-Instruktionen folgendermaßen lauten:

- »Während Sie die Vorstellung genießen, achten Sie genau
  darauf, wie Ihr Partner dabei aussieht, was er tut und was
  er sagt und welche Gefühle er bei Ihnen auslöst ... wie er
  seinen Körper bewegt, seine Gesten, seine Mimik, seine
  Stimme, welche Worte er wählt ... was ist es im Einzelnen,
  dieses gewisse Etwas, was das Erlebnis erst zu dem macht,
  was es ist ... (ideomotorisches Nicken des Coachees abwarten) ... und dann kommen Sie langsam, in Ihrem eigenen
  Tempo wieder zurück hierher, in die Gegenwart ...«

Die andere Richtung ist das Chunking-Up. Hier wird das Meta-Ziel erforscht, das sich hinter dem geäußerten Wunsch verbirgt. Der Coach stimuliert den Coachee, den Nutzen zu erkennen, den die Erfüllung seines Wunsches mit sich bringt:

- »Während Sie Ihre Vorstellung von der Zukunft genießen, machen Sie sich bitte deutlich, in welcher Weise sich Ihre Situation verändert hat ... und jetzt, da Sie dort in der Zukunft sind, wissen Sie, warum es damals so wichtig war, dass die Verhandlung in Ihrem Sinne ausgegangen ist ... denn Sie bemerken, dass etwas Bestimmtes für Sie als Person gewährleistet ist ... (ideomotorisches Nicken des Coachees abwarten) ... und mit dieser Antwort im Sinn kommen Sie, in Ihrem eigenen Tempo, wieder zurück in die Gegenwart ...«

Das Erzeugen der Siebte-Himmel-Physiologie entspricht einer fantasierten Heldenreise. Das Unbewusste kommt in Kontakt mit der Erfüllung von tiefen Bedürfnissen. Diese Erfahrung erzeugt Glauben, Inspiration und Motivation. Wenn das Unbewusste des Coachees die benötigte Information akzeptiert, hat der Mensch etwas gelernt. Mit diesem Wissen kommt er zurück in die Gegenwart. Das Wissen ist der Schatz, den der Held von seiner Reise mitbringt, um danach besser zu leben. In der Schule des Wünschens ist es wichtig, dass der Coachee nach seiner Reise in den Siebten Himmel zurückkommt auf die Erde, in die Gegenwart, in die aktuelle Situation hier und jetzt. Denn nun beginnt die eigentliche Arbeit der Realisierung. Der Coach muss nun zusammen mit dem Coachee Wege finden, um seine Wünsche zu realisieren.

Verweise

→ Als-Ob-Methode
→ Schule des Wünschens
→ Libido-Energie
→ Chunking

Sinnliche Sprache –
Ausdruck innerer Vorlieben

Nutzen/Ziel

- Diagnose der bevorzugten Repräsentations-Systeme.
- Gezielte Ansprache der sinnlichen Präferenzen.

Anwendungsfelder

- Pacing von Wahrnehmungs-Typen.
- Leading durch Schlüsselmetaphern.
- Als Diagnose-Instrument für innere Strategien.
- Gezielter Wechsel des Wahrnehmungs-Kanals (Synästhesie).

Im Coaching ist es wichtig, den Zusammenhang zwischen Wahrnehmung und Wortwahl zu verstehen. Wenn ein Mensch in seinem Gehirn bestimmte Informationen abrufen will, muss er auf seine Sinnessysteme zurückgreifen. Dieser innere Vorgang spiegelt sich auch in den Worten wider, die er wählt, um seine Gedanken auszudrücken. Die Art des Denkens zeigt sich im individuellen Sprachgebrauch. Wenn Ihr Coachee von seinem Anliegen erzählt, können Sie gleichzeitig seine inneren Prozesse erforschen, indem Sie die sinnesspezifischen Sprachmuster analysieren. Die unbewusste Wortwahl geschieht nicht zufällig, sondern korreliert mit der Art, wie der Mensch denkt und wie er seine Erfahrungen im Gehirn repräsentiert.

Im Coaching

Viele Menschen verwenden sinnliche Metaphern, um ihre Gedanken zu formulieren. In Gesprächen kann man nicht selten hören:

- »Aha! Ich sehe jetzt, was Sie mir aufzeigen wollen. Wenn man es aus dieser Perspektive betrachtet, wird mir einiges klar.«

Der visuelle Typ muss sich ein geistiges Bild machen können, um den Sachverhalt zu verstehen – und diese Tatsache offenbart sich in seiner Sprache. Der auditive Typ meint dasselbe, hat jedoch eine andere Art, dies zu formulieren:

- »Aha! Jetzt hat es bei mir geklingelt, so stimmt es! Hört sich gut an, was Sie sagen.«

Ein Kinästhetiker bevorzugt es nicht nur, in körperlichen Kategorien zu denken und seine Erfahrungen auf eine handfeste Art zu durchleben, sondern drückt diese Einstellung auch durch seine Sprache aus:

- »Aha! Jetzt begreife ich Ihren Standpunkt, wenn man die Sache so angeht, fühlt sich das rund an. Das hat Hand und Fuß.«

Er wählt eine kinästhetische Metapher, um nachzuvollziehen, was da gerade passiert ist. Nicht selten verfolgen mehrere Menschen die gleiche Absicht, wählen jedoch unterschiedliche Wege, um ihre Absicht zu kommunizieren.

Wie werden Entscheidungen getroffen?

Beim Denken, beim Sich-Erinnern und beim Sprechen verwendet jeder Mensch in seinem Gehirn individuelle Strategien. Es sind seine persönlichen Muster der Informationsverarbeitung. Dabei benutzen verschiedene Menschen sehr unterschiedliche Strategien – sie können ganz einfach gestrickt oder sehr komplex beschaffen sein. Mentale Strategien werden blitzschnell durchlaufen, normalerweise obliegt ihre Koordination der Kontrolle des Unbewussten. Die bevorzugten Strategien sind die neurologischen Autobahnen in unserem Gehirn, sie prägen unsere Art zu denken und Entscheidungen zu treffen. Wenn wir uns für etwas entscheiden wollen, wird unser Unbewusstes blitzartig eine Vielzahl sinnlicher Kriterien abrufen und miteinander vergleichen. Ein typisches Beispiel für eine Entscheidungsstrategie wäre, sich zuerst über den visuellen Kanal ein Bild zu machen, es dann über den auditiven Kanal in Worten zu kommentieren und anschließend anhand des kinästhetischen Gefühls eine Entscheidung zu treffen.

Ein Richter, der diese Strategie verfolgt, könnte dann Folgendes sagen:

- »Wenn ich mir das Vorstrafenregister des Angeklagten ansehe, dann frage ich mich, wie das weitergehen soll. Ich habe fast das Gefühl, da müssen wir einen Riegel vorschieben.«

Ein aufmerksamer Beobachter kann die Strategien anderer Menschen erkennen und seine Argumentation darauf abstimmen. Der Verteidiger des Angeklagten könnte dann folgendermaßen reagieren:

- »Euer Ehren, schauen Sie sich den Angeklagten an – ein wahres Bild der Reue! Man könnte sagen, dass er seine kriminelle Vergangenheit hinter sich gelassen hat, und deshalb sollte man seine Strafe mit einem guten Gefühl zur Bewährung aussetzen.«

Viele Coachees verfügen nur über einige wenige Strategien, auf die sie immer wieder zurückgreifen. In den gewohnten Kontexten kommen sie damit meist gut zurecht, doch falls Krisen oder neue Situationen auftauchen, ist Flexibilität gefordert. Im Coaching ist der flexible Einsatz von Strategien ein übergeordnetes Ziel, das zur Optimierung des persönlichen Repertoires führt. Die meisten Strategien sind dem Menschen nicht bewusst. Selbst wenn Experten etwas besonders gut können, kennt ihr Bewusstsein oft nicht die Beschaffenheit der eingesetzten Erfolgsstrategie. Im Gegenteil, je besser wir etwas können und je gewohnter die Abläufe sind, desto weniger wissen wir bewusst, was wir tatsächlich tun. Das erfolgreiche Verhalten wird oftmals komplett von unbewussten Teilen gesteuert. Durch die Zusammenarbeit mit einem kompetenten Coach können dem Coachee seine unbewussten Strategien bewusst werden. Sie offenbaren sich dem Coach durch die sinnliche Metaphorik der Sprache und durch die Abfolge der Augenbewegungen. Im Coaching können innere Strategien aufgedeckt, auf ihre Zweckmäßigkeit hin untersucht und bei Bedarf verbessert werden. So entsteht eine neue Programmierung des Unbewussten. Nach der

Intervention wird die erfolgreiche Realisierung der verbesserten Strategien ganz bewusst an die verantwortlichen Teile im Unbewussten delegiert, denn Gelerntes wird vom Bewusstsein oft sehr schnell wieder vergessen.

Erforschen Sie die sinnliche Wortwahl

Die individuellen Eigenarten im Kopf des Coachees offenbaren sich in seiner Sprache auf verblüffende Weise. Als aufmerksamer Coach können Sie anhand der bevorzugt verwendeten Worte heraushören, in welchem Sinnessystem Ihr Coachee denkt und wie er die Realität repräsentiert. Sie können herausfinden, in welchem System die meisten Differenzierungen geschehen und wo die individuellen Kriterien liegen, um Bewertungen vorzunehmen oder um Entscheidungen zu treffen. Wenn ein Coachee bevorzugt solche Formulierungen gebraucht, hat er eine Vorliebe für dieses System und ist für derartige Reize besonders empfänglich. Die sprachlichen Zugangshinweise verraten Ihnen, mit welcher Art von Informationen sie sein Unbewusstes speisen müssen, um positiven Kontakt herzustellen und um gezielt Einfluss zu nehmen.

- Analysieren Sie den sinnlichen Sprachgebrauch Ihres Coachees. Achten Sie während Gesprächen ganz genau auf die unbewusst gewählten Formulierungen. Gewöhnen Sie sich an, sinnesspezifische Vokabeln als solche zu erkennen. Entwickeln Sie eine Intuition für sinnliche Metaphorik der gesprochenen Sprache. Beobachten Sie, welcher Coachee welche Metaphern bevorzugt.
- Bringen Sie Ihre Beobachtungen in Zusammenhang mit Ihrem Wissen über die Wahrnehmungstypen. Überprüfen Sie, ob die beiden diagnostischen Systeme zu gleichen Ergebnissen führen.
- Auch wenn Sie selber sprechen, können Sie Ihre Sprache beobachten und dabei Ihre eigenen Präferenzen erkennen.
- Verbessern Sie Ihre verbale Flexibilität, indem Sie Ihre Wortwahl der Sprache Ihres Coachees anpassen. Diese Fähigkeit kann Ihnen dabei helfen, sich bewusst auf bevorzugte Sinneskanäle einzustellen, unnötigen Missverständnissen vorzubeu-

gen und eine harmonische Gesprächsatmosphäre herzustellen.

Visuelle Welt – die Macht der bunten Bilder

Die Orientierung über die Augen ist auch im Coaching ein zentrales Element. Der Coachee beobachtet die optische Erscheinung und die Körpersprache seines Coachs. Außerdem reagiert er nicht nur auf die Visualisierungen und Notizen am Flipchart, sondern er bringt auch eine Vielzahl innerer Bilder mit ins Coaching. Diese inneren Bilder können sowohl Probleme als auch Ressourcen oder Ziele darstellen. Als Coach können Sie sich darin trainieren, solche Bilder schnell und treffsicher zu erfragen – insbesondere, wenn Ihnen ein visueller Zeitgenosse gegenübersitzt. Mithilfe von NLP-Werkzeugen können Sie die relevanten Bilder nicht nur diagnostizieren, sondern auch nachhaltig verändern und dadurch innere Prozesse entscheidend beeinflussen.

Der Begriff »visuell« bezieht sich auf die Orientierung über den Wahrnehmungskanal des Sehens. Der visuelle Kanal bezeichnet die Orientierung über die gesamte optische Wahrnehmung, sowohl nach außen als auch nach innen. Es gibt prinzipiell vier Dimensionen des Sehens: Farbe, Struktur, Raum und Bewegung. Sehen kann viele Informationen zur gleichen Zeit erfassen, doch besonders die Aufnahme von visuellen Eindrücken unterliegt der selektiven Wahrnehmung.

Menschen sehen die Welt durch individuelle Wahrnehmungsfilter, die im Laufe der persönlichen Entwicklung entstanden sind. Ein Künstler sieht die Welt mit anderen Augen als ein Manager oder ein Arzt. Unsere moderne Welt ist stark visuell ausgerichtet; viele Zeitgenossen glauben, die Wahrheit in den visuellen Erscheinungen ihrer Realität zu erkennen. Die am weitesten verbreitete Freizeitbeschäftigung ist das Fernsehen. Das Konsumverhalten wird in erster Linie über das Sehen gesteuert. Wenn wir schlafen, wird der externe visuelle Kanal geschlossen. Beim Träumen sehen Menschen innere Filme; visuelle Eindrücke werden kreativ verarbeitet.

Auch bei der Verwendung von Sprache gibt es Formulierungen, die Prozesse visuell beschreiben. Ein aufmerksamer Coach stellt sich ganz bewusst auf derartige Präferenzen ein. Wenn ein Coachee bevorzugt solche Formulierungen gebraucht, hat er eine Vorliebe für das visuelle Repräsentations-System. Er ist auch im Coaching für visuelle Reize besonders empfänglich und kodiert viele Wahrnehmungen auf der inneren Landkarte durch visuelle Prozessworte.

Beispiele für sinnlich-visuelle Sprache

Ich blicke voll durch, ich habe den Überblick verloren, sie sieht den Silberstreifen am Horizont, ihm geht ein Licht auf, das ist klar, sie ist eine strahlende Schönheit, bei Licht besehen, durchsichtige Argumentation, übersichtliche Raumaufteilung, dunkle Gestalten, das kann man ja nicht mit ansehen, sich die eigenen Probleme ansehen, Licht am Ende des Tunnels sehen, das ist unübersehbar, Einblick gewähren, das kann ich nicht einsehen, er sieht rot, da sehe ich schwarz, er ist ein Schwarzmaler, sie sieht ihn durch die rosarote Brille, er trägt Scheuklappen, im Angesicht von, in Aussicht auf, ich sehe kein Land, das kann sich sehen lassen, das bringt Farbtupfer ins Bild, eine neue Perspektive, eine klare Linie, es fällt wie Schuppen von den Augen, es in einem anderen Licht betrachten, etwas schön ausmalen, ins Zwielicht geraten, etwas verschleiern, das passt nicht ins Bild, einen Augenblick warten, es wurde überschattet von, seinen eigenen Augen nicht trauen, im Rampenlicht stehen, das sind ja schöne Aussichten, schau'n wir mal.

Auditive Sprache – jedes Wort zählt!

Die gesprochene Sprache hat nicht für jeden Coachee die gleiche Bedeutung. Es gibt Zeitgenossen, die legen jedes Wort auf die Goldwaage und hinterfragen die verbalen Angebote Ihres Coachs sehr genau. Wenn Sie im Coaching mit einem auditiven Wahrnehmungstypen arbeiten, brauchen Sie ein Bewusstsein für die Struktur der Sprache und erhöhte Präzision bei der Wahl Ihrer Formulierungen.

Der Begriff auditiv bezieht sich auf die Fähigkeit des Hörens. Dazu gehören sowohl analoge Eindrücke wie Klänge, Geräusche oder die Tonalität von gesprochenen Äußerungen als auch die digitalen Aspekte von Sprache und Gedanken. Musik ist eine analoge Form von auditiver Information, das inhaltliche Verarbeiten von Verbalsprache erfordert die digitale Fähigkeit des Recodierens.

Der zivilisierte Homo sapiens neigt dazu, den auditiven Kanal intern permanent zu benutzen. Diese Tendenz ist evolutionsgeschichtlich relativ neu. Unsere frühen Vorfahren empfingen über den auditiven Kanal in erster Linie analoge Informationen der Umwelt, also Geräusche von anderen Menschen, Tieren, dem Wetter. Heutzutage ist der Gebrauch von Sprache ein komplexes auditives Phänomen. Bei jeder Form von Gespräch ist dieser Kanal stark beteiligt. Wenn wir hören, was die anderen sagen, empfangen wir viele Informationen, die unser Gehirn recodieren muss, um die Bedeutung zu verstehen. Wenn wir selbst sprechen, senden wir auditive Botschaften, deren Bedeutungen von den Gehirnen unserer Gesprächspartner recodiert werden müssen. In unseren Köpfen läuft ein innerer Dialog, der unser Modell der Welt durch fortlaufende Verbalisierung und Encodierung aufrechterhält.

Besonders im Coaching-Gespräch kommt dem auditiven Wahrnehmungskanal eine wichtige Bedeutung zu: Jedes Wort, jeder Satz aktiviert bestimmte Repräsentationen auf unserer inneren Landkarte. Diese Aktivierungsmuster können von Mensch zu Mensch sehr verschieden ausfallen. Der einfache Satz: »Ein Auto fährt über eine Brücke« kann bei unterschiedlichen Menschen ganz unterschiedliche Repräsentanzen auslösen, weil die Recodierung unterschiedliche innere Bilder im Gehirn aktiviert. Deshalb ist es besonders wichtig für den Coach, mit präzisen Fragen die Landkarte des Coachees zu erforschen, um nicht seinen eigenen Projektionen und Interpretationen aufzusitzen.

Des Weiteren beherbergt jeder Mensch eine Vielzahl innerer Stimmen, die sein Erleben kommentieren und beeinflussen. Sie helfen, die Komplexität der modernen Welt zu ordnen und zu vereinfachen, um Erfahrungen als größere Informationseinheiten mit wenigen Worten benennen zu können. Jede dieser inneren Stimmen kann jedoch auch ein Träger einer bestimmten Ressource zur Problemlösung des Coachees sein. Um im Bedarfsfall diese Potenziale zu aktivieren, ist es sinnvoll, jeden Ressourcenträger individuell anzusprechen und damit zu würdigen (inneres Team).

Beispiele für sinnlich-auditive Sprache
Etwas lauthals verkünden, das hört sich gut an, taube Nuss, ohrenbetäubend, mit Pauken und Trompeten, gehorcht aufs Wort, unüberhörbar, im Einklang sein, die Engel singen hören, kleiner Mann im Ohr, lass mal hören, mach 'ne Ansage, sich einstimmen, da wird er hellhörig, das klingt vielsagend, böse Zungen behaupten, darin stimmen wir überein, meine innere Stimme sagt mir, das Gras wachsen hören, stumm wie ein Fisch, die Stille ertragen, ich höre wohl nicht recht, das ist unerhört, sich von etwas lossagen, jammervoll, Totenstille, Hochstimmung, eine Predigt halten, von Tuten und Blasen keine Ahnung, bei mir hat's geklingelt, sein Ohr leihen, Gehör schenken, nur mit halbem Ohr hinhören, ein offenes Ohr haben, etwas zur Sprache bringen, Wortwechsel, Krach haben, Unstimmigkeiten, nicht zu Wort kommen, etwas verschweigen, wortbrüchig werden, wortkarg sein, die Sprache verlieren, bestimmen wollen, Einstimmigkeit, gutheißen, Jawort geben.

Olfaktorische Wortwahl – haben wir den gleichen Stallgeruch?

Der Begriff olfaktorisch bezieht sich auf die Orientierung über den Wahrnehmungskanal Riechen. Unser Geruchssinn ist permanent aktiv, und unser Unbewusstes orientiert sich stark an Gerüchen. In der Abkürzung V.A.K.O.G. steht das O für den Geruchssinn. Bei der weit verbreiteten Einteilung in drei Wahrnehmungstypen wird der olfaktorische Kanal gemeinsam mit dem gustatorischen und dem kinästhetischen Kanal zusammengefasst.

Von den meisten zivilisierten Menschen werden olfaktorische Reize nur selten bewusst wahrgenommen, was bei den Gerüchen in den Großstädten vermutlich eine gesunde Schutzreaktion darstellt. Die Schwelle, die ein olfaktorischer Reiz an Intensität erreichen muss, um vom Bewusstsein registriert zu werden, ist relativ hoch. Trotzdem orientiert sich unser Unbewusstes ständig an Gerüchen. Der überraschende Geruch von Feuer zum Beispiel weckt die Aufmerksamkeit fast aller Menschen auf beeindruckende Weise. Außerdem benutzen wir Parfums, Rasierwasser und wohlriechende Shampoos, um für andere Menschen attraktiv zu sein. Mundgeruch wirkt hochgradig unangenehm und peinlich. Wenn wir jemanden nicht riechen können, hat derjenige kaum eine Chance, unser Freund zu werden. Olfaktorischer Reichtum entsteht durch die Sensibilisierung der Nase als bewusstes Sinnesorgan. Durch das Einatmen der uns umgebenden Luft sind wir in Kontakt mit unserer Umwelt. Dabei können wir eine Vielzahl interessanter Informationen aufnehmen, wenn unsere Nase sensibel genug trainiert ist, um sie bewusst wahrzunehmen. Die Atmung verbindet uns Menschen mit dem Element Luft und der Atmosphäre des Planeten. Atmen ist eine Form der Ernährung, die in jedem Moment geschieht. Bewusstes Atmen bringt uns ins Hier und Jetzt und stärkt unsere Präsenz. Im Coaching liefert die häufige Verwendung des olfaktorischen Sprachgebrauchs durch den Coachee dem Coach Indizien dafür, dass der Coachee im unbewussten Kontakt mit seinem Geruchssinn steht und auf diesem Wahrnehmungskanal gut zu erreichen ist. Die Vielfalt der olfaktorischen Metaphorik im Sprachgebrauch wird durch folgende Beispiele illustriert:

Beispiele für sinnlich-olfaktorische Sprache

Das stinkt mir, den kann ich nicht riechen, die Nase rümpfen, der Duft der großen weiten Welt, das ist dufte, er ist eine Säufernase, eine anrüchige Person, ich rieche den Braten, wir müssen uns erst beschnuppern, er ist ein Naseweis, immer der Nase nach, sie hat den richtigen Riecher, das riecht nach Ärger, da drin ist dicke Luft, eine steife Brise, da weht ein frischer Wind, etwas anbrennen lassen, meine Nase verrät mir, da kann man nur in der Nase bohren, ich habe die Nase voll, sie steckt ihre Nase überall rein, er ist ein Nasenbär, Geld stinkt nicht, er ist muffig, sich den Wind um die Nase pfeifen lassen, dafür habe ich eine Nase, der Stallgeruch eines Unternehmens, die Luft ist rein.

Gustatorische Wortwahl – die Welt des guten Geschmacks

Der Begriff gustatorisch bezieht sich auf den Wahrnehmungskanal Schmecken. In der Abkürzung V.A.K.O.G. steht das G. für den gustatorischen Kanal. Schmecken, Riechen und Fühlen werden bei der Einteilung in die weit verbreiteten drei Wahrnehmungstypen dem kinästhetischen Typ zugeordnet, da sie evolutionsbiologisch eng zusammengehören. Falls Sie bemerken, dass Ihr Coachee eine signifikante Vielzahl von gustatorischen Begriffen benutzt, eröffnet sich Ihnen eine reizvolle Perspektive, um ihm seine Problemlösung in leckeren Worten schmackhaft zu machen.

Erfahrungsgemäß kann sich die kinästhetische Präferenz eines Menschen auf den olfaktorischen und gustatorischen Kanal übertragen. Auch bei den Augenbewegungen korrelieren Geruch und Geschmack oftmals miteinander. Viele gustatorische Empfindungen werden getilgt, bevor sie das Bewusstsein erreichen. Wenn wir nicht gerade essen, schenkt unser Bewusstsein dem gustatorischen Kanal meist nur wenig Beachtung. Doch unser Unbewusstes orientiert sich auch am Geschmack. Zum Beispiel sprechen wir von einer geschmackvollen Wohnungseinrichtung oder einem geschmacklich abgestimmten Lebensstil. Der persönliche Geschmack ist Ausdruck der Individualität eines Menschen. Die Kriterien sind oft tief im Unbewussten verankert. In der Sprache des modernen Menschen gibt es Formulierungen, die sich einer gustatorischen Metaphorik bedienen. Wenn ein Coachee häufiger derartige Formulierungen verwendet, hat er vermutlich einen intensiven Kontakt zu seinem gustatorischen Repräsentationssystem und kann dementsprechend gut über diese Formulierungen erreicht werden.

Beispiele für sinnlich-gustatorische Sprache

Das schmeckt mir gar nicht, ein echter Leckerbissen, wie im Schlaraffenland, ein gefundenes Fressen, sich die Finger lecken, das ist absolute Sahne, er ist süß, das ist geschmacklos, meine Süß-Maus, er hat mir einen reingewürgt, es war verdammt zäh, es kotzt mich an, hier ist was faul, Rache ist süß, sie zeigt ihre Schokoladenseite, er ist sauer, die bittere Wahrheit, ein bitterer Nachgeschmack, danach fühlte ich mich schal, eine delikate Angelegenheit, das ist Geschmackssache, ich habe die Schnauze voll, sie ist übersättigt, schmackofatz, leckerschmecker, eine satte Nummer, ihm kommt die Galle hoch, er ist ein Schmarotzer, mir läuft das Wasser im Mund zusammen, jemanden zum Fressen gern haben, das süße Leben, Fast Food, I feel juicy, den mach ich satt, sich laben, ein herber Typ, in den sauren Apfel beißen, das ist gepfeffert, die Suppe versalzen, das war köstlich, ein kleines Bonbon.

Verweise

→ Repräsentations-Systeme
→ Sinnliche Sprache
→ V.A.K.O.G.
→ Wahrnehmungs-Typen

Six Step-Reframing –
Kontakt zum kreativen Teil

Nutzen/Ziel

- Stimulation von Kreativität zur Entwicklung neuer Handlungs-Optionen.
- Integration widersprüchlicher Persönlichkeitsteile.

Anwendungsfelder

- Kontakt-Aufnahme mit unbewussten Kräften.
- Veränderung von Verhaltensmustern.
- Integration von inneren Konflikten.

Das Six Step-Reframing ist ein komplexes Interventionsmuster, das auf dem Teile-Modell der menschlichen Persönlichkeit basiert. Dieser Prozess besteht aus sechs Schritten (six steps) und dient der gezielten Kommunikation mit dem Unbewussten. Dabei hilft der Coach dem Coachee, seine Wahrnehmung zu erweitern, indem er nicht nur die Ebene des Verhaltens betrachtet, sondern auch die Absicht berücksichtigt, die sich hinter dem Verhalten verbirgt. Die Grundannahme des Six Step-Reframing besagt, dass jede menschliche Verhaltensweise einer Absicht entspringt, die für das Individuum etwas Positives erreichen möchte. Das Bewusstsein des Coachees lernt, die positiven Absichten der unbewussten Teile in den bisher abgelehnten Verhaltensweisen zu erkennen. So kann eine Integration von widersprüchlichen Impulsen stattfinden. Entscheidend ist die kreative Frage, wie die ursprüngliche positive Absicht auf eine neue, bessere Weise realisiert werden kann – ohne dabei unerwünschte Nebenwirkungen zu erzeugen. Das Resultat eines gelungenen Six Step-Reframing besteht darin, dass der Coachee lernt, seine positiven Absichten durch Verhaltensweisen zu realisieren, die für sein Gesamtsystem eine ökologisch-verträgliche Erweiterung darstellen.

Im Coaching

Eingesetzt wird das Six Step-Reframing, wenn der Coachee ein Symptom oder Verhalten zeigt, das er gern verändern oder abstellen möchte. Beispiele sind negative Gewohnheiten, zeitraubende Rituale, unerwünschte Gefühle, Anfälle von Jähzorn, Konzentrationsschwächen oder depressive Zustände.

Ein erfolgreiches Six Step-Reframing hat auch eine erkennende Wirkung für den Umgang mit sich selbst. Ein Coachee, der diese Methode mit einem kompetenten Coach positiv erlebt hat, kann verstehen, warum man nicht so ohne Weiteres vom Bewusstsein erwünschte Veränderungen herbeiführen kann. Er kann in Zukunft die ökologischen Schutzmechanismen seiner Integrität anerkennen, würdigen und sich dadurch viele unfruchtbare Kämpfe mit den verantwortlichen Teilen ersparen. Wer sich für eine Veränderung im Bewusstsein der ökologischen Konsequenzen entscheidet, kann gezielt alternative Wege entwickeln, um alle sekundären Gewinne auf angemessene Weise zu realisieren.

Coaching-Übung: Six Step-Reframing

Instruktionen für den Coach
1. Bitten Sie Ihren Coachee, das unerwünschte Verhalten genau zu beschreiben:
   - Beispiele: »Ich bin zu ...« oder »Immer, wenn Y, dann erzeuge ich X ...«
2. Nehmen Sie Kontakt mit dem Persönlichkeitsanteil des Coachees auf, der für das unerwünschte Verhalten verantwortlich ist:
   - »Welchem Teil ist es wichtig, dieses Verhalten beizubehalten? Mit welchem angemessenen und wertschätzenden Namen können wir diesen Teil ansprechen?«

»Unter welchen Bedingungen bist Du bereit, mit uns zu kommunizieren ...?«

3. Erkennen Sie die positive Absicht dieses inneren Teils des Coachees (Differenzierung von Verhalten und Absicht):
   • »Was ist Dein Motiv? Was willst Du dadurch erreichen?«

4. Aktivieren Sie den »kreativen Teil« des Coachees:
   • »Finde drei alternative Wege, um die oben genannte Absicht anders zu realisieren ...« (Wahlfreiheit)
   • »Möglichst ohne unerwünschte Nebenwirkungen ...«
   • »Entscheide dich für die beste Variante!«

5. Öko-Check
   • Bitten Sie Ihren Coachee, sein Unbewusstes zu fragen, ob es andere Teile gibt, die gegen das neue Verhalten Einwände erheben. Falls ja, nehmen Kontakt mit diesen Teilen auf und fragen sie, unter welchen Bedingungen sie bereit wären, das neue Verhalten zu akzeptieren.
   • Optional: Initiieren Sie eine Konferenz mit dem kreativen Teil des Coachees, um eine Win-win-Lösung zu finden.

6. Future Pace
   • Um das neue Verhalten zu verankern, bitten Sie Ihren Coachee, ein Commitment des verantwortlichen inneren Teils auszusprechen. Dann können Sie Ihren Coachee zu einem Rollenspiel einladen, in dem er das neue Verhalten erprobt. Nach dieser Generalprobe können Sie mit ihm noch einmal auf die Umsetzung des neuen Verhaltens fokussieren und diese gegebenenfalls optimieren. Eventuell vereinbaren Sie mit Ihrem Coachee einen zeitlichen Testrahmen mit einem anschließenden Coaching-Termin zur Prüfung des Erfolges.

Verweise

→ Teile-Modell
→ Ökologie
→ Veränderung
→ Trance-Zustände
→ Einwand der Integration

Submodalitäten –
an den basalen Parametern drehen

Nutzen/Ziel

* Systematische Veränderung von inneren Zuständen.

Anwendungsfelder

* Verwandlung von unerwünschten in erwünschte Zustände.
* Gezielte Beeinflussung von Trance-Zuständen.
* Als Motivations-Verstärker bei Ziel-Zuständen.

Woher weiß Ihr Coachee, dass bestimmte Vorstellungen ihm realistisch erscheinen und andere nicht? In seinem Vorstellungsvermögen gibt es eine unbewusste Codierung, die ihn blitzartig wissen lässt, wie er die entsprechende Abbildung der Realität bewertet. Dabei spielen die spezifischen Eigenschaften der inneren Bilder, der Klang seiner inneren Stimme und die damit verbundenen Gefühle eine entscheidende Rolle. Als kompetenter Coach können Sie diese unbewusste Codierung erforschen und verändern. Durch die gezielte Arbeit mit Submodalitäten können Sie Verwirrung in Klarheit verwandeln, Zweifel in Entschlossenheit und Langeweile in Motivation. Wenn Sie dabei die persönliche Ökologie Ihres Coachees angemessen berücksichtigen, eröffnen Ihnen die Submodalitäten einen direkten Zugriff auf das innere Erleben des Coachees.

Im Coaching

Im Coaching sind Modalitäten die Sinnessysteme und die dazugehörigen Repräsentations-Systeme. Die Submodalitäten sind die Untereigenschaften dieser Systeme. Sie helfen dabei, innere Differenzierungen systematisch zu erkennen und gezielte Veränderungen vorzunehmen:

- Verstärkung positiver innerer Zustände,
- Abschwächung negativer innerer Zustände,
- Klärung unklarer Vorstellungen,
- Ersetzen von Negativ-Bildern durch Positiv-Bilder,
- Abschwächen oder Verstärken von Emotionen.

Die Wahrnehmungen der menschlichen Sinnessysteme können im Coaching durch Erfragen von Submodalitäten näher untersucht werden. Oft sind es sehr feine Unterschiede, die die Qualität der Wahrnehmung des Coachees und seiner damit verbundenen Zustände ausmachen. Ein Beispiel für die Arbeit mit Submodalitäten ist die Verwandlung von Verwirrung in Klarheit. Dabei werden die genauen Kriterien herausgearbeitet, die einen Menschen wissen lassen, dass er sich im Zustand der Verwirrung oder im Zustand der Klarheit befindet. Bei visuellen Typen können dies beispielsweise die Farben, Kontraste und Größen der inneren Bilder sein. Anschließend werden die Kriterien der Verwirrung so verändert, bis sie dem Zustand der Klarheit entsprechen.

Auf den folgenden Seiten finden Sie eine Auflistung der Submodalitäten in den drei Wahrnehmungs-Typen. Die aufgeführten Fragen dienen als Orientierungshilfe für den Coach, um die relevanten Kriterien systematisch zu erforschen.

Visuelles Repräsentations-System

- Farbe: Ist das Bild farbig oder schwarz-weiß? Ist das ganze Farbspektrum vorhanden? Sind die Farben leuchtend, intensiv oder pastellartig, verwaschen?
- Helligkeit: Welche Helligkeit hat das Bild? Ist es heller oder dunkler als andere Bilder? Gibt es besonders helle oder besonders dunkle Ausschnitte? Gibt es bestimmte Lichtquellen im Bild?

- Kontrast: Gibt es starke Kontraste im Bild, oder ist es eher blass? An welchen Stellen sind die Kontraste besonders ausgeprägt?
- Schärfe: Ist das Bild gestochen scharf oder eher unscharf? Gibt es bestimmte Stellen, die verschwimmen?
- Oberfläche: Ist die Oberfläche des Bildes glatt oder rau? Ist sie matt oder glänzend? Hat sie eine bestimmte Struktur?
- Komplexität: Gibt es besondere Details? Im Vordergrund oder im Hintergrund? Sehen Sie die Einzelheiten als Teil des Ganzen, oder müssen Sie neu fokussieren, um sie zu erkennen?
- Proportionen: Stehen die Inhalte des Bildes im richtigen Verhältnis zueinander? Oder sind einige kleiner oder größer als im wirklichen Leben? Gibt es Verzerrungen?
- Rahmen: Gibt es einen Rahmen um das Bild, oder wird es an den Rändern undeutlich? Falls ja, wie ist der Rahmen beschaffen? Wie dick ist er? Welche Form und welche Farbe hat er?
- Größe: Wie groß ist das Bild? Schätzen Sie die Maße in Zentimetern!
- Form: Welche Form hat das Bild? Ist es vielleicht rund, quadratisch, oval oder sternförmig?
- Position: Welche Position hat das Bild in Ihrem Gesichtsfeld? Wo sehen Sie es? Zeigen Sie die genaue Position mit Ihren Händen! Ist das Bild gekippt oder geneigt? In welchem Winkel? Falls es mehrere Bilder gibt, wie sind sie angeordnet?
- Bewegung: Ist es ein stillstehendes Bild oder ein Film? Wie schnell bewegt es sich? Bewegen sich die Inhalte im Bild oder bewegt sich das ganze Bild im Raum? In welche Richtung bewegt es sich?
- Perspektive: Sehen Sie die Ereignisse so, als wenn Sie dort wären (assoziiert), oder sehen Sie sich selbst als Person im Bild (dissoziiert)? Aus welcher Perspektive sehen Sie sich? Von vorn, von hinten, von rechts oder von links?
- Dimensionen: Ist das Bild flach oder mehrdimensional? Gibt es bestimmte Stellen, die besondere Dimensionen aufweisen? Umschließt es Ihr ganzes Panorama?
- Anzahl: Gibt es ein Bild oder mehrere? Sehen Sie eines nach dem anderen oder alle zur gleichen Zeit?

Auditives Repräsentations-System

- Lautstärke: Wie laut oder leise hören Sie das Geräusch? Empfinden Sie die Lautstärke als angenehm und stimmig?
- Dynamik: Ist das Geräusch schnell oder langsam? Ist es stetig oder wiederkehrend? Hat es einen festen Rhythmus oder kommt es unberechenbar?
- Position: Hören Sie es von innen oder von außen? Von wo kommt das Geräusch? Hören Sie es auf einer Seite (mono), oder ist das Geräusch überall um sie herum (stereo)?
- Tonlage: Ist das Geräusch in einer niedrigen oder in einer hohen Tonlage? Ist die Tonlage höher oder niedriger als normalerweise?
- Tonalität: Wie ist die Tonalität? Nasal, heiser, dünn oder volltönend und klangvoll?
- Melodie: Ist es monoton, oder gibt es melodische Variationen? Welche Melodien tauchen auf?
- Modulation: Welche Teile sind betont? Ändert sich die Modulation, oder ist sie gleichbleibend?
- Nebengeräusche: Ist die Wahrnehmung klar, oder gibt es Nebengeräusche?
- Sprache: Gibt es Worte und Sätze? Wie sind diese beschaffen? Wessen Stimme spricht? Wie klingt die Stimme?

Kinästhetisches Repräsentations-System

- Qualität: Wie würden Sie die Körperwahrnehmung beschreiben? Ist es zum Beispiel warm, kalt, prickelnd, entspannt, gespannt, verkrampft, diffus?
- Intensität: Wie stark ist die Empfindung?
- Position: Wo genau spüren Sie die Wahrnehmung in Ihrem Körper?
- Bewegung: Gibt es Bewegung in der Empfindung? Ist sie kontinuierlich oder kommt sie in Wellen? Gibt es abrupte Sprünge? Wie schnell sind die Bewegungen?
- Richtung: Wo ist die Quelle der Empfindung? Wie kommt sie von dort zu der Stelle, wo sie Ihnen am meisten bewusst ist?

- Dauer: Ist die Wahrnehmung stetig oder intermittierend? Seit wann ist sie vorhanden?
- Temperatur: Empfinden Sie die Körperwahrnehmung als heiß, warm oder kalt?
- Lust-Schmerz-Spektrum: Ist die Empfindung lustvoll? Oder spüren Sie eher Unlust oder Schmerzen? Wie genau ist die Wahrnehmung von Lust oder Schmerzen beschaffen?
- Spannung: Welchen Spannungstonus hat die Empfindung? Ist sie locker, angespannt oder verkrampft?
- Direktheit: Ist es eine direkte Körperempfindung? Oder ist es ein Meta-Gefühl zu oder über etwas?

Im Coaching wird die gezielte Veränderung von Submodalitäten auch als Drehen an den Parametern oder als Programmiersprache des Gehirns bezeichnet. Das gekonnte Verändern von Submodalitäten setzt ein tiefes Verständnis für die Abläufe im menschlichen Gehirn voraus. Beim Drehen an den Parametern darf nicht vergessen werden, dass die bisherige Organisation der Submodalitäten dem ökologischen Gleichgewicht entspricht. Es ist eine Kunst, mithilfe der Submodalitäten dauerhafte Veränderungen ohne Nebenwirkungen zu erreichen. Dabei braucht der Coach neben technischem Geschick auch ein sicheres Gespür für die ökologischen Zusammenhänge.

Coaching-Übung 1:
Das Herausarbeiten von Submodalitäten
Die folgende Übung vermittelt das Grundhandwerkszeug für die Arbeit mit Submodalitäten im Coaching. Die souveräne Anwendung dieser Technik ist die Voraussetzung für die erfolgreiche Anwendung weiterführender Muster.

1. Der Coachee erinnert sich an einen erfreulichen Zustand. Der Coach erfragt die Submodalitäten und notiert sie.

Der Coach setzt einen Separator, damit der Coachee den Zustand wechseln kann.

2. Der Coachee erinnert sich an einen unerfreulichen Zustand, den er später mit einem besseren Gefühl erleben möchte. Der Coach erfragt auch hier die Submodalitäten und notiert sie.

Der Coach setzt einen Separator, damit der Coachee den Zustand wechseln kann.

3. Der Coach stellt sicher, dass sein Coachee wieder in einen guten Zustand zurückgekehrt ist. Danach werden die Submodalitäten des erfreulichen mit denen des unerfreulichen Zustands verglichen. Welche wesentlichen Unterschiede werden sichtbar? Wie kann der Coachee diese Erkenntnisse nutzen, um den unerfreulichen Zustand zu verbessern?

Es ist sehr wichtig, genau zwischen Körperempfindungen (=Kinästhetik) und Emotionen (=Meta-Gefühle) zu unterscheiden. Meta-Gefühle sind bewertende Emotionen, in denen die Informationen aus allen Sinnen einfließen. Kinästhetische Empfindungen sind ausschließlich spezifische Körpergefühle wie z. B. Wärmegefühl in der Brustgegend. Meta-Gefühle dienen in der Submodalitätsarbeit lediglich als Check für die Wirkung bestimmter Submodalitäten (=als Reaktion auf die sinnliche Repräsentation einer Erfahrung).

Coaching-Übung 2:
Das Herausarbeiten der ›kritischen‹ Submodalitäten

»Kritisch« bedeutet hier, dass eine Submodalität wie ein Hebel wirkt, der vieles in Bewegung setzt. Häufig ist z. B. die Größe eines inneren Bildes eine kritische Submodalität in dem Sinne, dass sich bei Vergrößerung des Bildes Abstand, Tiefe und Farbe gleich mit verändern. Die Kenntnis der kritischen Submodalität erlaubt eine sehr elegante, weil schnelle Veränderung einer Erfahrung.

1. Der Coachee erinnert sich an einen unerfreulichen Zustand, den er später mit einem besseren Gefühl erleben möchte. Der Coach erfragt die Submodalitäten und notiert sie und

ihre Veränderungen. Der Coach stimuliert seinen Coachee, zunächst eine Submodalität ganz gezielt zu verändern.
- Verändert sich dadurch das Meta-Gefühl? Eher negativ oder positiv?
- Verändern sich dadurch automatisch weitere Submodalitäten? Wenn ja, handelt es sich um eine »kritische« Submodalität.

Wichtig: Vor Veränderung der nächsten Submodalität bringt der Coach die Submodalität wieder an ihren Ausgangspunkt zurück.

Der Coach setzt einen Separator, damit der Coachee den Zustand wechseln kann.

2. Der Coach stimuliert seinen Coachee, die nächste Submodalität ganz gezielt zu verändern.
- Verändert sich dadurch das Meta-Gefühl? Eher negativ oder positiv?
- Verändern sich dadurch automatisch weitere Submodalitäten? Wenn ja, handelt es sich wieder um eine »kritische« Submodalität.

Der Coach initiiert weitere Veränderungen der Submodalitäten und notiert die Ergebnisse, die zu einer Verbesserung des Zustandes seines Coachees führten. Nun bittet er seinen Coachee, alle sinnvollen Veränderungen der Submodalitäten zu kombinieren. Wenn der Coachee ihm signalisiert, dass er mit der Veränderung des problematischen Zustandes zufrieden ist, ankert der Coach diesen neuen Zustand.

Der Coach setzt einen Separator, damit der Coachee den Zustand wechseln kann.

3. Der Coach testet den Anker und fragt seinen Coachee, ob er in dem neuen Zustand eventuell störende Nebenwirkungen spürt. Wenn dies der Fall ist, müssen die Submodalitäten

noch einmal optimiert werden, bis die Nebenwirkungen aufgelöst oder integriert sind. Zum Abschluss fragt der Coach den Coachee, welche Erkenntnisse er aus dem Prozess ziehen kann und woran er erkennt, dass sich der neue Zustand nachhaltig in seinen Alltag integriert hat.

Verweise

→ Moment of Excellence
→ Repräsentations-Systeme
→ Sinnliche Sprache
→ V.A.K.O.G.
→ Wahrnehmung

T

Teile-Modell –
das innere Team in Action!

Nutzen/Ziel

- Verständnis von individuellen Widersprüchen und Eigenarten der menschlichen Psyche.
- Auflösung von inneren Konflikten.
- Metapher zur Reduzierung psychischer Komplexität.

Anwendungsfelder

- Coachee fühlt sich blockiert.
- Als Vorbereitung für Entscheidungen.
- Erklärungsmodell für innere Widersprüche.
- Integration von widersprüchlichen Impulsen.
- Als Orientierung beim Zeitmanagement und Setzen von Prioritäten.

Der moderne Mensch steckt voller Widersprüche. Einerseits will man sich gesund ernähren, andererseits locken Pizza und Pralinen. Einerseits will man so viel Zeit wie möglich mit der Familie verbringen, andererseits hat man die Karriere im Auge und kommt selten vor 20 Uhr nach Hause. Einerseits legt man Wert auf einen sportlichen Körper, andererseits braucht man Ruhe und Entspannung und hat am Wochenende überhaupt keine Lust, ins Fitness-Studio zu gehen. Im Coaching begegnen uns oft widersprüchliche Ambitionen. Das Teile-Modell ist ein praktisches Werkzeug, um unterschiedliche Bedürfnisse und die daraus entstandenen Verhaltensmuster des Coachees genau herauszuarbeiten. Jeder Persönlichkeitsteil verfolgt eine positive Absicht für das Gesamtsystem. Jedoch sind die bisherigen Strategien zur Realisierung der dahinter-

Coaching mit NLP-Werkzeugen. Thomas Rückerl und Torsten Rückerl
Copyright © 2008 WILEY-VCH Verlag GmbH & Co. KGaA, Weinheim
ISBN: 978-3-527-50351-3

liegenden Bedürfnisse nicht immer optimal – teilweise entstehen unerwünschte Nebenwirkungen oder Konflikte zwischen den Absichten unterschiedlicher Persönlichkeitsteile. Durch die Nutzung des Teile-Modells als strukturierender Dialog zwischen den Teilen können kreative Wege entwickelt werden, um allen relevanten Bedürfnissen auf eine angemessene Weise gerecht zu werden.

Im Coaching

Im Teile-Modell wird angenommen, dass der Mensch nicht durch ein souveränes Ich gesteuert wird, sondern durch viele kleine Ichs – die so genannten Teile innerhalb einer Persönlichkeit. Die verschiedenen Teile sind untereinander vernetzt. Sie können miteinander in Dialog treten, Koalitionen bilden und Konflikte austragen. Die Teile symbolisieren bestimmte Strebungen innerhalb der Gesamtpersönlichkeit. Sie können auch Einwände, Ängste, Zweifel oder Glaubenssysteme repräsentieren. Teile können sich in Bildern, Klängen, Worten, Geschmäckern, Gerüchen oder Gefühlen äußern. Die Ursprünge der Teile sind Impulse, Bedürfnisse, Wünsche oder Ziele.

Im Coaching bietet das Teile-Modell einen pragmatischen Zugang zum Verständnis der menschlichen Persönlichkeit. Teile definieren sich durch ihre Absichten. Jedes menschliche Verhalten lässt sich mithilfe des Reframing auf eine positive Absicht zurückführen. Im Six Step-Reframing werden die Teile direkt nach ihren positiven Absichten befragt und gewürdigt. Dann können alternative Wege zur Realisierung der positiven Absicht entwickelt werden. Dieses einfache Prinzip ist die Grundlage jeder erfolgreichen Verhaltensänderung:

- »Wenn Sie in Zukunft auf die unerwünschte Verhaltensweise verzichten – wie werden Sie sich stattdessen verhalten? Was werden Sie tun, um die positive Absicht des bisherigen Verhaltens auf besseren Wegen zu realisieren?«

Jede Verhaltensweise erfüllt ihre Funktion innerhalb des psychischen Systems. Wenn wir uns verändern wollen, müssen wir unserem Unbewussten alternative Verhaltensweisen anbieten, damit die Teile auch weiterhin ihre Absichten verwirklichen können. Falls keine ökologischen Alternativen angeboten werden, bleibt dem verantwortlichen Teil keine andere Wahl, als weiterhin auf das bisherige Verhalten zurückzugreifen.

Parts Party – das Parlament des inneren Teams

Die Parts Party ist eine Technik zur Integration verschiedener Persönlichkeitsteile. Sie dient der Aussprache und Versöhnung der inneren Konfliktparteien. Die unterschiedlichen Fraktionen der eigenen Persönlichkeit interagieren miteinander. Das Ziel ist es, einen Zukunftsentwurf zu entwickeln, der für alle betroffenen Teile ökologisch ist.

Eine Parts Party ist ein Ritual, das im Coaching in verschiedenen Formen durchgeführt werden kann. Sie kann schriftlich auf einem Blatt Papier oder in einem Tagebuch geankert werden. Eine Parts Party kann auch mit Moderationskarten oder kleinen Zettelchen an einer Pinnwand oder auf dem Boden visualisiert werden. Sie kann ebenso als Rollenspiel arrangiert werden, in dem Rollenspieler die verschiedenen Teile eines Menschen symbolisieren. Dabei können Kostüme oder ähnliche Accessoires eingesetzt werden. Welche Variante auch gewählt wird, entscheidend für eine Parts Party ist die Möglichkeit zur Selbstdarstellung von verschiedenen Persönlichkeitsteilen oder Fraktionen. Ähnlich wie im Six Step-Reframing kommen auf einer Parts Party auch ungeliebte oder konfligierende Persönlichkeitsteile zu Wort. Sie können ihre Ziele, ihre Ängste oder ihre Konflikte mit anderen Teilen darstellen. Dabei werden die Meta-Ziele und positive Absichten der verschiedenen Teile deutlich. So können Konflikte zwischen verschiedenen Teilen ausgehandelt und aufgelöst werden. Das Ergebnis einer Parts Party ist ein Gewinn an Kongruenz für den Coachee. Durch das Coaching wird ein Zukunfts-Szenario geschaffen, mit dem alle Teile des Coachees einverstanden sind. Als Abschluss kann der Coach den Coachee bitten, einen Future Pace zu formulieren:

- »Wann genau werden Sie was tun, um die Ergebnisse der Parts Party umzusetzen?«

Die Chance der tatsächlichen Realisierung ist enorm hoch, da er von allen relevanten Teilen ökologisch überprüft wurde. Ein auf diese Weise entwickelter Future Pace motiviert den ganzen Menschen, weil er nun aus vollem Herzen daran glauben kann, dass seine zukünftige Lebensweise allen relevanten Bedürfnissen gerecht wird.

Das Unbewusste strebt nach Funktionalität. Es bemüht sich, dem Menschen ein optimales Überleben zu gewährleisten. Im Falle von Traumata oder von ausweglos erlebten Situationen werden einzelne Teile vom Bewusstsein abgespalten, damit der Mensch nicht von der Erfahrung überwältigt wird. Durch diese Abspaltung spürt der Mensch die Ängste, Schmerzen oder Widersprüche nicht mehr. Dabei verliert er jedoch den Kontakt zu seinen Wurzeln und entfernt sich von seinen wahren Bedürfnissen. Die ursprüngliche positive Absicht kann nur noch über sekundäre Gewinne realisiert werden. Der Preis dafür sind unerwünschte Verhaltensweisen, die von anderen Teilen und oft auch vom Bewusstsein als problematisch erlebt werden.

Die Vernetzungen verschiedener Teile innerhalb der menschlichen Psyche sind sehr komplex und selbst für einen erfahrenen Coach nicht immer leicht zu durchschauen. Viele Teile arbeiten unbewusst. Sobald die positive Absicht eines Teils vom Bewusstsein erkannt wurde, ändert sich seine Position innerhalb des psychischen Systems. Jetzt braucht der verantwortliche Teil nicht mehr um seine Berechtigung zu kämpfen. Es fällt bewusstes Licht und damit Akzeptanz auf psychische Prozesse, die über lange Zeit im Dunkeln stattfanden. Die positiven Absichten brauchen nicht mehr auf verschlungenen Wegen über sekundäre Gewinne realisiert zu werden. Der Mensch kann dem Teil nun freiwillig den nötigen Raum in seiner Lebensführung geben, der seiner positiven Absicht gerecht wird. Durch den wertschätzenden Kontakt zwischen den verschiedenen Teilen und dem Bewusstsein können innere Konflikte gelöst werden. Zur Unterstützung kann ein kreativer Teil als Lieferant für neue Ideen hinzugezogen werden. Die kreative Versöhnung der inneren Konflikte bringt Synergie-Effekte. Blockierte Energien werden freigesetzt und können in Zukunft sinnvoll eingesetzt werden. Der Mensch gewinnt an Zuversicht, Kongruenz und Überzeugungskraft.

Das Verhandlungsmodell

Das Verhandlungs-Modell ist eine Reframing-Technik im Coaching, in der ein störendes Symptom einen neuen Bezugsrahmen bekommt. Die Störung wird als Folge eines inneren Konfliktes verstanden. Zur Konfliktlösung werden auch in dieser Intervention vom Coach Trance-Zustände induziert, die positiven Absichten herausgearbeitet und verschiedene innere Teile des Coachees miteinander in Kontakt gebracht. Im Coaching wird das Verhandlungs-Modell eingesetzt, wenn zwei Teile sich gegenseitig stören. Bei dieser Intervention führt der Coach ein Setting, in dem das Bewusstsein des Coachees abwechselnd mit den beiden inneren Teilen spricht:

- »Wie wir herausgefunden haben, verfolgst Du, genauso wie der andere Teil auch, eine positive Absicht. Die Realisierung ist Euch beiden sehr wichtig; so wichtig, dass Ihr bereit seid, miteinander zu verhandeln. Wenn der andere Teil Dich nicht mehr stört, wärst Du dann bereit, den anderen auch nicht mehr zu stören? Unter welchen Bedingungen wärst Du bereit, Deine Störungen einzustellen?«

Das Bewusstsein wechselt dann wie ein Botschafter so lange von einem Teil zum nächsten, bis beide Teile bereit sind, sich nicht mehr zu stören. Ziel ist es, einen Vertrag auszuhandeln, von dem beide Seiten profitieren, da sie dann ungestört ihre Absichten realisieren dürfen. So können Bedingungen ausgehandelt und eine Synthese der Absichten in Form eines Gewinner-Gewinner-Modells erschaffen werden.

Das Verhandlungs-Modell kann zum Beispiel bei Schlafstörungen sinnvoll eingesetzt werden. Dabei werden die beiden Teile identifiziert, die sich gegenseitig stören. Beide Teile haben positive Absichten, die sich noch nicht miteinander vereinbaren ließen. Im Falle einer Schlafstörung könnte es einen Teil geben, der mit der Absicht der Erholung den Menschen schlafen lassen möchte, und einen anderen Teil, der mit der Absicht, eine Problemlösung zu überdenken, den Menschen geistig wach hält. Der Konflikt besteht darin, dass beide Teile gleichzeitig aktiv sind. Er könnte gelöst werden, indem die Teile nacheinander ihre positive Absicht realisieren. Vielleicht wäre der nachdenkende Teil zufrieden, wenn der Mensch eine halbe Stunde lang Notizen in ein Tagebuch einträgt, bevor er ins Bett geht. So wird ein bewusster Raum geschaffen, um aktuelle Problemlösungen zu entwickeln. Jetzt braucht der Denk-Teil nicht mehr um sein Recht zu kämpfen, und sobald der Mensch im Bett liegt, kann der Schlaf-Teil seine Absicht ungestört realisieren. Wichtig ist, dass beide Teile diszipliniert vom Bewusstsein geführt werden, damit alle eine positive Erfahrung machen und das Vertrauen in die neue Strategie wachsen kann. Sollten weitere störende Teile auftreten, müssen auch diese mit ihren positiven Absichten erforscht und in die Strategie integriert werden.

Die Arbeit mit dem Teile-Modell bietet einen Weg zur wachsenden Bewusstheit. Um diesen Weg im Coaching zu gehen, muss der Coachee zunächst erkennen, wie die vielen kleinen Teile in ihm wirken, und sie dann im Laufe seiner Entwicklung zu einer harmonischen Einheit verschmelzen. Manchmal bemerkt der Coachee seine verschiedenen Teile erst in Form von inneren Widersprüchen, wenn er seine Gewohnheiten ändern oder neue Ziele erreichen will. Die verschiedenen Teile haben sich im Laufe seines Lebens miteinander arrangiert. Sie bilden alle gemeinsam ein einzigartiges, ausbalanciertes und aufeinander abgestimmtes System, das sich selbst im Gleichgewicht hält. Im Coaching wird dieses Gleichgewicht in die gewünschte Veränderung integriert und durch den Öko-Check überprüft. Erfolglose Versuche der persönlichen Veränderung scheitern meist daran, dass sie nicht ökologisch sind und deshalb von einigen Teilen bekämpft werden. Nur ökologisch verträgliche Veränderungen werden von allen Teilen begrüßt und unterstützt.

Coaching-Übung: Teile-Modell in Action!

Vertrauen des Coachees gewinnen:
- Pacing: » Ja, ich interessiere mich für Ihre Bedürfnisse und möchte Ihre innere Landkarte verstehen!«

Persönlichkeitsteile des Coachees identifizieren:
- »Welche Bedürfnisse sind Ihnen wichtig?«
- »Welche Lebensbereiche und Themen fordern Ihre Energie?«
- »Welchen Namen geben Sie diesen Teilen Ihrer Persönlichkeit?«

Beziehungen der Persönlichkeitsteile analysieren:
- »Wie stehen die einzelnen Teile zueinander?«
- »Wo gibt es Koalitionen und Konflikte?«
- System visualisieren: Teile-Modell aufzeichnen

Fragen an die Persönlichkeitsteile des Coachees:
- Konflikterzeugende Teile direkt ansprechen.
- »Was ist Deine positive Absicht?«
- »Was brauchst Du, um Deine Bedürfnisse zu erfüllen?«
- »Was behindert Dich? Was genau?«
- »Wie erlebst Du den Konflikt?«
- »Was ist Dein Wunsch an die anderen Teile?«
- »Was wäre für Dich das Allerschönste?« (7. Himmel-Physio-logie)
- »Was bist Du bereit zu geben?«
- »Welche unterstützenden Ressourcen wären wünschens-wert?«
- »Woher kannst Du sie bekommen?«

Öko-Check:
- »Gibt es Einwände von anderen Teilen?«
- »Unter welchen Bedingungen sind die einflusserhebenden Teile bereit zu kooperieren?«
- Den Dialog zwischen den Teilen fortsetzen, bis alle Einwände integriert sind.

Future-Pace:
- »Nachdem Sie Ihre Persönlichkeitsteile integriert haben, was genau ist Ihr zusammenfassendes Commitment?«
- »Ab wann werden Sie Ihr Commitment realisieren?«

Verweise

→ Six Step-Reframing
→ Positive Absicht
→ Ökologie

Time Line –
komplexe Dynamik sichtbar machen

Nutzen/Ziel

- Bewusstmachung und Gestaltung von dynamischen Prozessen.
- Zielorientierung im Entwicklungsprozess des Coachees.

Anwendungsfelder

- Zentrales Werkzeug im Coaching → grundlegendes Erklärungsmodell für chronologische Prozesse.
- Als Visualisierung auf dem Flipchart.
- Linie als Raum-Anker auf dem Fußboden.

Die Komponente »Zeit« ist eine der wichtigsten Ressourcen in jedem Coaching-Prozess. In unserer modernen Leistungsgesellschaft drängt die Zeit. Leistung ist definiert durch Arbeit in Zeit. Je schneller Sie eine bestimmte Arbeit erledigen, desto höher ist Ihre Leistung. Nur allzu oft befindet sich Ihr Coachee mit all seinen Aufgaben enorm unter Zeitdruck. Die Ressource Zeit ist knapp, und die Psyche steht unter Druck. Diffuser Leistungsdruck führt nicht selten zu psychischen Blockaden, der Coachee findet keinen Zugang zu seiner Kreativität und fühlt sich ausgeliefert. Mithilfe des Time-Line-Werkzeuges können Sie Ihrem Coachee helfen, alle relevanten Prozesse hinsichtlich ihrer zeitlichen Abfolge zu ordnen und somit Kontrolle über die Komponente Zeit zu gewinnen.

Dieses enorm hilfreiche Gefühl von Überblick und Kontrolle bewirkt bei Ihrem Coachee oftmals automatisch eine Stress-Reduktion. Wenn Sie als Coach souverän mit Zeitlinien arbeiten können, verfügen Sie über ein universelles Diagnose-Instrument für chronologisch erfassbare Prozesse. Darüber hinaus können Sie Ihren Coachee mental auf der Zeitlinie reisen lassen – sowohl in die Vergangenheit als auch in die Zukunft. Sie können ihm helfen, die Vergangenheit auf eine neue Weise zu verstehen. Und Sie verfügen über eine fantastische Möglichkeit, seine kreative Fantasie in konstruktive Bahnen zu lenken und dadurch die Zukunft optimal zu gestalten.

Im Coaching

Jeder Mensch erlebt die Zeit auf seine eigene Weise. Dieses Phänomen kann man mithilfe der Zeitlinie (Time Line) symbolisch darstellen. Die Time Line repräsentiert das Erleben der Zeit auf der inneren Landkarte. Durch die gezielte Einordnung der zu erreichenden Ziele im Coaching kann der Coachee seine unbewussten und bewussten Kräfte auf die individuelle Abbildung der zeitlichen Entwicklung fokussieren.

Wenn sich ein Mensch sein Leben als einen zeitlichen Ablauf vorstellt, ist die Time Line der rote Faden, der seiner erlebten Vorstellung ihre individuelle Richtung gibt. Im Coaching wird der Verlauf dieser virtuellen Linie durch geeignete Fragen bewusst gemacht und mit konkreten Erlebnissen verknüpft. Wie bei einer Perlenkette können die einzelnen Ereignisse auf der Zeitlinie zugeordnet werden. So entsteht ein Instrument, um komplexe neurologische Prozesse auf einfache Weise zu erkennen und zu beeinflussen. Der Coachee kann auf seiner Zeitlinie in die Vergangenheit reisen und dort mithilfe des Change History nachträgliche Veränderungen vornehmen. Er kann auch in seine Zukunft reisen und diese kreativ gestalten, indem die Erreichung von erwünschten Zielen auf der Time Line installiert wird. Dieses pragmatische Ritual programmiert die unbewussten Kräfte, da jede Installation wie eine positive Zielformulierung wirkt. Das aktuell zu erreichende Ziel entspricht dem Future Pace und führt über den Öko-Check und die Wohlgeformtheitskriterien zur Magie des Wünschens.

Wie erleben Sie Ihre Zeit?

Es gibt zwei Strategien, mit denen Menschen ihre Zeit repräsentieren: In-Time und Through-Time. Bei Menschen, die ihre Zeit In-Time repräsentieren, liegt die Vergangenheit hinter ihnen und die Zukunft vor ihnen. Dies entspricht einer analogen Darstellung. Der In-Time-Typus ist mit seiner Zeitlinie assoziiert. Er versteht es meistens, seine Zeit zu genießen, doch oft kann er sie nur schwer kontrollieren. In vielen südlichen Ländern ist In-Time der Normalzustand. Je angenehmer das Lebensgefühl, desto stärker wächst die Tendenz, sich zu assoziieren und sich der Zeit hinzugeben.

Bei Menschen, die ihre Zeit Through-Time repräsentieren, liegt die gesamte Time Line vor ihnen, wobei sich die Vergangenheit meist links und die Zukunft rechts befindet. Dies entspricht der digitalen Repräsentation. Der Through-Time-Typus ist von seiner Zeitlinie dissoziiert. Erfahrungsgemäß ist ein durchorganisiertes Zeitmanagement für Through-Time-Typen sehr viel leichter zu realisieren als für In-Time-Typen. In der Regel mögen Through-Time-Typen Zeitplanbücher. Sie können Termine einhalten und neigen dazu, auch Wochenenden und Urlaube zu verplanen. Sie verstehen oft nicht, warum In-Time-Typen ein Viertelstündchen nicht als Verspätung betrachten, sondern als Ausdruck von Großzügigkeit und Lebensqualität.

Das Erleben von Zeit ist für jeden Menschen eine interessante Angelegenheit. Manchmal schleppt sie sich dahin, und wenige Minuten erscheinen wie lange Jahre. Manchmal vergehen Wochen und Monate wie im Flug. Physikalisch definiert sich die Zeit aufgrund der Bewegungen der Gestirne. Zeit entspricht der vierten Dimension. Spirituelle Meister bezeichnen Zeit als Illusion. Im praktischen Leben repräsentiert sich die Zeit durch Uhren und Terminkalender. Für unsere archetypischen Gehirne ist das komplexe Phänomen Zeit kaum fassbar. Die Time Line ist ein nützliches Werkzeug, um das subjektive Erleben der Zeit für beide Hirnhälften (reflexiv und intuitiv) zu gestalten.

Wenn es einschneidende Erlebnisse in der persönlichen Geschichte eines Menschen gab, können sie eine seltsame Anordnung der Ereignisse auf der Time Line verursachen. Es gibt zum Beispiel Menschen, bei denen die Zukunft klein und dunkel neben ihnen liegt, während die Vergangenheit groß und strahlend vor ihnen liegt. Eine derartige Anordnung sollte zu denken geben. Die persönliche Geschichte eines Menschen bedingt die Gestalt seiner Zeitlinie. Es ist kein Zufall, dass manche Menschen ihre Zeitlinie zum Beispiel als schützenden Tunnel, als steinigen Weg oder als pulsierenden Lichtstrahl empfinden. Die Vorstellung der individuellen Zeitlinie ist eine Metapher für den Lebensweg des Menschen.

Regression – mit Fantasie in die Innenwelt

Regression bedeutet ursprünglich Zurückschreiten oder Zurückfallen. Im Coaching mit NLP bezeichnet Regression die Fähigkeit, innere Zeitreisen in die Vergangenheit oder Zukunft zu erleben. Wenn ein Mensch in frühere oder zukünftige Entwicklungsphasen regrediert, kann er in Zustände geraten, in denen er Bedürfnisse ausleben und befriedigen darf, die er im normalen Leben nicht zulassen kann. Dadurch werden emotionale Defizite ausgeglichen. Dieser Prozess setzt Energien frei, die lange Zeit gebunden, blockiert oder sogar traumatisiert waren.

Die Regression ist eine innere Zeitreise, die vom Coach mit der Time Line gesteuert werden kann. Der Coachee regrediert gezielt in die relevanten Situationen. Dabei kann er sowohl in die Vergangenheit als auch in die Zukunft reisen. Eine gezielte Regression ermöglicht assoziierten Kontakt mit Zuständen, die der Coachee in der Vergangenheit entweder tatsächlich erlebt hat oder die er sich in der Zukunft mithilfe seiner Fantasie vorstellt. Die Zeitreise kann sowohl mit geschlossenen als auch mit offenen Augen erlebt werden. Geschlossene Augen ermöglichen eine ganzheitliche Repräsentation der sinnlichen Erfahrung und vertiefen den damit verbundenen Trance-Zustand. Falls der Coachee mit offenen Augen reist, kann der Coach die Trance unterstützen, indem er den Coachee auf dem Weg in die Vergangenheit nach oben links blicken lässt, während der Blick nach oben rechts helfen kann, zukünftige Situationen zu erleben.

Regressionen in die Vergangenheit können auch hilfreich für die Kontaktaufnahme mit dem Unbewussten sein. Ein erfahrener Coach ist in der Lage, den Coachee vergangene Szenen noch einmal so erleben zu lassen, dass der Kontakt zu dissoziierten Gefühlen wieder hergestellt wird. Diese Ressourcen können dann entsprechend reframed und für die Zukunftsgestaltung des Coachees genutzt werden. Bei dieser Anwendung ist es nützlich, wenn der Coach kindgerechte Formulierungen nutzt, um den Coachee zu führen. Trotz technischem Fortschritt, weltpolitischer Entwicklung und allgemeiner Schulbildung müssen wir davon ausgehen, dass die Entwicklungsstufe des menschlichen Unbewussten oft einer kindlichen Ebene entspricht. Viele erwachsene Menschen kennen auch im alltäglichen Leben emotionale Zustände, die man eher bei Kindern vermuten würde. Kindliche Zustände sind oft mit wertvollen Ressourcen wie Fantasie, Kreativität, Spontaneität und Wahrhaftigkeit verknüpft. Im Coaching sind solche Zustände besonders wertvoll, da sie den Kontakt mit dem Unbewussten des Coachees intensivieren.

Veränderungen der Time Line im Coaching können die Lebensführung nachhaltig beeinflussen. Durch Induktion eines Trance-Zustandes kann ein erfahrener Coach prägende Schlüsselerlebnisse identifizieren und zusammen mit dem Coachee auf bessere Weise integrieren. Ebenso können traumatische Erlebnisse, die oft als dunkle Stellen in der Time Line repräsentiert werden, herausgenommen und bearbeitet werden. Wichtig dabei ist eine ökologische Integration. Wertvolle Lernerfahrungen und andere Ressourcen sollten vom Coach explizit gesichert werden. Ereignisse in der Zukunft können im Coaching mithilfe der Time Line so vorbereitet werden, dass die Wahrscheinlichkeit ihrer erfolgreichen Realisierung drastisch steigt. Oder als Metapher formuliert: Es werden Samenkörner in das Unbewusste des Menschen gepflanzt, die sich im Laufe der Zeit manifestieren. Das gezielte Gestalten der Time Line ist ein nützliches Ritual bei der Magie des Wünschens. Das schriftliche Ankern der eigenen Zukunft in Form einer Zeitlinie kann erstaunliche Ergebnisse zeitigen. Es ist eine wirkungsvolle Methode, um die verschiedenen Teile der eigenen Persönlichkeit auf eine gemeinsame Zukunftsvision einzustimmen.

Coaching-Übung: Time Line

Im NLP hat man entdeckt, dass die Vorstellung der Zeit als Linie nicht nur auf der sprachlich-metaphorischen Ebene verbreitet ist, sondern auch tief in der Struktur unserer inneren Landkarten wurzelt. Viele Menschen im westlichen Kulturkreis erleben Zukunft räumlich vor sich und Vergangenheit räumlich hinter sich. Das spiegelt sich in Formulierungen wie »jetzt schauen wir nach vorn« oder »im Rückblick erscheinen die Ereignisse ...«. Unser Gehirn nutzt seine beeindruckende räumliche Vorstellungskraft, um zeitliche Ereignisse zu sortieren. Bei genauer Analyse entdeckt man, dass die Erinnerungsbilder lange zurückliegender Ereignisse deutlich weiter entfernt scheinen als Bilder von Erlebnissen der letzten Woche. Dies gilt ebenso für unsere Vorstellungen über die Zukunft. Diese psychologischen Zusammenhänge lassen sich im Coaching nutzen. Eine ganz einfache Version des Prinzips macht sich die folgende Coaching-Übung zunutze.

- Führen Sie mit Ihrem Coachee eine Zielbestimmung durch. Klären Sie dann, ob er bereit ist, ein kleines Ritual zu machen, um das erarbeitete Ziel weiter zu festigen. Bitten Sie Ihren Coachee, sein Ziel stichwortartig oder in Form einer Zeichnung zu Papier zu bringen.
- Markieren Sie eine mehrere Meter lange Linie auf dem Boden, z. B. mit Kreppband.
- Etablieren Sie neben der Linie eine Meta-Position, von der Sie mit Ihrem Coachee je nach Bedarf auf den Prozess und seine Erlebnisse auf der Time Line schauen und reflektieren können.
- Laden Sie Ihren Coachee ein, das Papier mit seinem Ziel irgendwo – nach seinem Ermessen – auf die Linie zu legen. Häufig gibt es dabei eine emotional gesteuerte Feinabstimmung, wie weit dem Coachee das Ziel auf der Time Line entfernt vorkommt.
- Sobald er so weit ist, bitten Sie Ihren Coachee, sich auf der Linie auf sein Ziel zu zu bewegen. Beobachten Sie Ihren Coachee genau, während er auf das Ziel zugeht. Jedes verbale oder nonverbale Signal kann eine wichtige Information zur-

Zielerreichung sein. Jedes Mal, wenn Sie glauben, dass Ihre Beobachtungen für den Zielerreichungsprozess wichtig sind, bitten Sie Ihren Coachee, mit Ihnen auf die Meta-Position zu wechseln. Achten Sie darauf, dass Sie mit Ihm nur auf der Meta-Position reflektieren, da sonst das assoziierte Erleben auf der Time Line gestört wird.

- Am Ziel angekommen, fragen Sie Ihren Coachee, wie es ist, am Ziel zu sein, und wie er den Weg erlebt hat. Häufig werden hier weitere wertvolle Informationen für die Zielerreichung gewonnen.

- Bitten Sie Ihren Coachee, vom Ziel aus zurück über die Linie in die »Vergangenheit« zu schauen und sich dabei vorzustellen, er könne aus dieser Perspektive des erreichten Ziels heraus eine Art »Botschaft« zurück an sein »jüngeres Ich« am Beginn des Weges schicken. Häufig liefert das Unbewusste des Coachees hier nützliche Tipps für den Start zum Ziel.

- Gehen Sie mit Ihrem Coachee zurück in die »Gegenwart«, um zu erfragen, wie er diesen Prozess der Zeitreise erlebt hat.

- Zum Abschluss können Sie mit Ihrem Coachee auf der Meta-Position darüber reflektieren, welche Bedeutung die Erkenntnisse haben und welche Maßnahmen sich daraus ableiten lassen. Bei Bedarf können Sie ihn wiederholt einladen, weitere Erkenntnisse an bestimmten Punkten der Time Line zu sammeln. Genauso können Etappenziele und Meilensteine auf der Time-Line erlebt und geprüft werden.

Coaching-Übung: Erfolgs-Orientierung und Selbst-Optimierung

Bei dieser Übung lädt der Coach seinen Coachee dazu ein, seine Vergangenheit und Zukunft auf einem Flipchart unter den Gesichtspunkten der Wertschätzung und Optimierung zu visualisieren. In diesem Fall können auf der Time Line (von links unten nach rechts oben verlaufend) verschiedene Entwicklungslinien parallel markiert werden. Der Coach steuert den Prozess durch ressourcevolle und zielorientierte Fragen, indem er die Antworten des Coachees auf dem Flipchart notiert:

- »Was waren Ihre größten Erfolge in den letzten Jahren?«
- »Worauf sind Sie besonders stolz? Warum gerade darauf?«
- »Was waren Ihren größten Erfolge im Bereich xy?«
- »… was genau? … wie genau?«

- »Wenn Sie Ihre Vergangenheit selbstkritisch betrachten – wo möchten Sie sich gern optimieren?«
- »Was sind Ihre persönlichen Lernfelder?«
- »… im Beruf?«
- »… als Mensch?«
- »… als xy?«
- »Welche Gewohnheiten möchten Sie gerne verändern?«
- »… was genau? … wie genau? … wann genau?«

- »Was sind Ihre wichtigsten Ziele für das nächste Jahr?«
- »… was genau?« (Kriterien der Wohlgeformtheit beachten!)
- »Woran werden Sie merken, wenn Sie Ihre Ziele erreicht haben?« (Konkrete Kriterien!)
- »Wie werden Sie Ihre Erfolge feiern?« (Belohnungen!)

Zum Abschluss kann der Coach seinen Coachee dazu auffordern, das entstandene Bild auf dem Flipchart zu interpretieren und es als Referenzbild zur Überprüfung des Prozesses zu archivieren.

Coaching-Übung: Zukunft erforschen!

In dieser Variante fokussieren Coach und Coachee nur auf die Zukunft. Der Coach führt seinen Coachee wieder durch zielorientierte Fragen:

- »Was wissen Sie bereits über Ihre Zukunft?«
- »Was planen Sie?«
- »Wo sind Sie sich ganz sicher?«
- »Was wünschen Sie sich?«
- »Welche Prüfungen stehen Ihnen bevor?«
- »Wie können Sie sich darauf vorbereiten?«
- »Was ist außerdem noch wichtig?«
- »Worauf freuen Sie sich am meisten?«
- »Welche Zukunfts-Konzepte geben Ihnen positive Orientierung?«
- »Wenn es in Ihrer Zukunft Phasen gibt – wie sehen die aus?«
- »Wie würden Sie die kommenden Zeiträume benennen?«
- »Was sind die wichtigsten Meilensteine?«
- »Welche Nebenwirkungen und Risiken könnten entstehen?«
- »Wie können Sie die Nebenwirkungen kompensieren und Risiken abpuffern?«
- »Welche konkreten Schritte können Sie einleiten, um Ihre Zukunft positiv zu gestalten?«
- »Wann wollen Sie beginnen, diese Schritte umzusetzen?«
- »Womit fangen Sie an? Wann starten Sie?«

Verweise

→ Als-Ob-Methode
→ Change History
→ Ressourcen
→ Ziel-Orientierung

T. O. T. E.-Strategie – ein universelles Erfolgsrezept

Nutzen/Ziel

- Bewusstmachung und Optimierung von Strategien.
- Integration von neuen Impulsen und Feedback-Schleifen.

Anwendungsfelder

- Zur Optimierung von Erfolgsstrategien.
- Coachee erzeugt »mehr von demselben« und braucht Veränderung → Handlungsmuster prüfen und optimieren.
- Als Werkzeug beim Modeling.

Solange der Pilot eines Flugzeuges fähig ist, seinen Kurs immer wieder auf das Ziel hin zu korrigieren, sorgt er dafür, dass die Passagiere nach der Landung dort aussteigen, wohin sie ihr Ticket gebucht hatten – selbst dann, wenn es zwischenzeitliche Unwetter gab, die umflogen werden mussten. Die alten Seefahrer erreichten ihr Ziel nur dann, wenn sie flexibel genug waren, den Kurs fortwährend den sich wechselnden Wasserströmungen und Windrichtungen anzupassen. Wenn Ihre Coachee ein Ziel auf dem besten Wege erreichen möchte, sollte er erstens genau wissen, wohin er möchte, und zweitens muss er fähig sein, auf die Turbulenzen einer dynamischen Umwelt angemessen zu reagieren. Er muss wissen, wo er sich zurzeit befindet, und er muss immer wieder bereit sein, seinen Kurs auf das Ziel hin zu korrigieren. Es ist noch kein Meister vom Himmel gefallen. Jeder Mensch meistert sein Leben, indem er weiß, was er erreichen möchte, und gleichzeitig lernt, sein Handeln beständig zu verbessern.

Im Coaching

Als Coach wollen Sie Ihrem Coachee helfen, seine Ziele zu erreichen, indem Sie mit ihm eine realistische Strategie zur Zielerreichung entwickeln. Die T.O.T.E.-Strategie ist ein universelles Erfolgsmuster, um menschliches Verhalten »auf die Erfolgsschiene zu bringen«. Es beschreibt eine grundlegende Struktur, die – statistisch gesehen – die Wahrscheinlichkeit erheblich erhöht, durch menschliche Aktivität angestrebte Ziele tatsächlich zu erreichen. Das T.O.T.E.-Konzept wurde von Robert Dilts, dem bekanntesten Schüler von Bandler und Grinder, entwickelt, als er die mentalen Strategien besonders erfolgreicher Menschen untersuchte. Robert Dilts identifizierte die wesentlichen Schlüsselkriterien, die für viele erfolgreiche Menschen charakteristisch sind. Sie können als Coach diese Erfolgskriterien mit Ihrem Coachee modellieren und auf seine aktuelle Situation anwenden.

Die vier Buchstaben T.O.T.E. stehen für Test-Operate-Test-Exit. Das T.O.T.E.-Konzept besagt, dass alle Verhaltensprogramme auf der Existenz eines festgelegten Zieles und variabler Mittel zum Erreichen dieses Zieles basieren. Die vier Elemente des T.O.T.E. symbolisieren bestimmte Funktionen. Es sind Schritte innerhalb der Programme, die zusammen eine grundlegende Strategie bilden. Jedes Verhaltensprogramm braucht als Starter einen Schlüsselreiz, der das Programm aktiviert. Zur Erkennung des Schlüsselreizes werden im Coaching die aktuellen Sinneseindrücke des Coachees überprüft (Test). Dann führt der Coach den Coachee in die Aktivität, um das aktuelle Verhalten so zu verändern (Operate), dass die Überprüfung beim nächsten Mal befriedigend verläuft (Test), um dann das Programm zu verlassen (Exit). Das T.O.T.E.-Konzept kann man in vielen Kontexten entdecken. Durch das intensive Studium besonders erfolgreicher Menschen aus verschiedenen Lebensbereichen konnten einige Kriterien identifiziert werden, die für viele erfolgreiche und kreative Menschen charakteristisch sind:

Test: Ein festes Ziel bestimmt das Handeln Ihres Coachees. Die Zielformulierung entspricht den Kriterien der Wohlgeformtheit. Idealerweise sind erwünschte Ziele libidinös besetzt. Erfolgreiche Menschen kennen ihre Ziele. Sie haben die Fähigkeit, Wunsch und Wirklichkeit realistisch zu vergleichen. Die bestehende Diskrepanz zwischen »Ist« und »Soll« wird als kreative Herausforderung erlebt. Die daraus resultierenden Schritte zur Zielerreichung bestimmen das zukünftige Handeln und aktivieren positive Emotionen.

- Was genau wollen Sie erreichen?
- Was werden Sie wahrnehmen, wenn Sie Ihr Ziel erreicht haben?

Operate: Erfolgreiche Menschen verfügen über genügend Flexibilität im Verhalten, um ihre Aktivitäten so variieren zu können, dass sie ihre Ziele mit maximaler Effizienz und möglichst elegant erreichen können. Sie kombinieren mit Ihrem Coachee kreatives Denken und effektives Handeln. Auf diese Weise verfügt er über genügend Flexibilität im Verhalten, um alternative Wege der Zielerreichung gehen zu können.

- Was können Sie tun, um Ihr Ziel zu erreichen?
- Wenn das, was Sie bisher getan haben, nicht funktioniert – was können Sie stattdessen tun?

Test: Sie helfen Ihrem Coachee, kurze Feedbackschleifen zu nutzen, um so die Fortschritte in Richtung auf das Ziel fortwährend zu erkennen und zu überprüfen. Erfolgreiche Menschen gebrauchen ihre sinnliche Intelligenz. Mithilfe ihrer Sinne vergleichen sie regelmäßig den gewünschten Zielzustand und die aktuelle Gegenwart. Sie helfen Ihrem Coachee, die Fortschritte in Richtung Ziel fortwährend zu überprüfen, damit er bereit ist, das bisherige Verhalten infrage zu stellen und bei Bedarf zu korrigieren.

- Welche Etappenziele werden Sie auf dem Weg zum Ziel erreichen?
- Was sind die konkreten Zielerreichungskriterien?
- Woran werden Sie rechtzeitig merken, dass Sie ein bestimmtes Etappenziel erreicht haben?
- Woran können Sie frühzeitig erkennen, wenn Sie von Ihrem Weg abkommen?
- Was können Sie tun, um Ihren Weg wiederzufinden?

Exit: Sie bemerken, wenn Sie Ihr Ziel erreicht haben. Erfolgreich zu sein bedeutet, die gesteckten Ziele zu erreichen und dies auch zu bemerken! Das Prinzip des Feierns nach vollbrachter Leistung ist nicht nur ein angenehmes, sondern auch ein nützliches und wirksames Ritual. Libidinöse Belohnungen motivieren unsere unbewussten Kräfte für zukünftige Erfolge. Einige Coachees vermeiden es, sich ihrer Ziele sinnlich konkret bewusst zu werden, andere haben keine innere Erlaubnis, ihre Erfolge zu feiern. In diesen Fällen ist es besonders wichtig, dass Sie Ihre Coachees aus dem Schatten führen, damit sie ihre Erfolge im Licht genießen können.

- Was sind Ihre Kriterien für die Erreichung Ihres Gesamtziels?
- Wie wissen Sie, dass Sie erfolgreich sind?
- Wie wollen Sie sich dann fühlen?
- Woran merken Sie, dass Sie Ihr Programm verlassen wollen? … und was kommt danach?
- Wie werden Sie sich belohnen? Und wie können Sie die Vorfreude auf die Belohnung nutzen, um sich optimal zu motivieren?

Oft sind mehrere Test-Operate-Test-Phasen erforderlich, damit der Coachee ans Ziel kommt. Ein längerer Durchlauf wäre beispielsweise eine T.O.T.O.T.O.T.O.T.E.-Strategie. Das Erreichen eines Zieles ist meistens kein statischer Zustand, sondern ein dynamischer Prozess. Diese Strategie ist umso erfolgreicher, je präziser Ihr Coachee seine Ziele formuliert, je flexibler er sein Handlungsrepertoire gestaltet und je intelligenter er seine Sinnesorgane nutzt, um zu bemerken, wo er sich gerade befindet. Auf diese Weise können Sie ihm Schwierigkeiten und Hindernisse auf dem Weg zum Ziel als nützliche Hinweise verständlich machen, um den eingeschlagenen Kurs entsprechend zu korrigieren.

Verweise

→ Feedback
→ Modeling
→ Motivation
→ Wohlgeformte Ziele
→ Ziel-Orientierung

Trance-Zustände –
sanfte Suchprozesse im Gehirn

Nutzen/Ziel

- Beschleunigen und Verstärken von inneren Prozessen.
- Direkte Kommunikation mit unbewussten Kräften.
- Kontakt zur Weisheit des Unbewussten.

Anwendungsfelder

- Zentraler Wahrnehmungs-Filter des Coachs zur zielorientierten und nachhaltigen Gesprächsführung.
- Zur Programmierung auf Erfolgskriterien.
- Beim Entwickeln von Visionen und Ideen.

Bei dem Wort »Trance« denken viele Zeitgenossen an einen unkontrollierten Dämmerzustand, der nichts mit Zielerreichung oder sinnvoller Nutzung von eigenen Ressourcen zu tun hat. Dabei wird vergessen, dass wir alle täglich spontane Trance-Zustände erleben, ohne dies zu bemerken. Im Auto, unter der Dusche, am PC oder sogar im Gespräch verlieren wir den äußeren Fokus und beschäftigen uns mit inneren Bildern und Vorstellungen. »Trance« bedeutet lediglich, dass sich die Aufmerksamkeit des Menschen für einen mehr oder weniger kurzen Zeitraum nach innen richtet. Dabei verfolgt unser Gehirn einen doppelten Nutzen: Zum einen ist der Trance-Modus energiesparend – das Gegenteil von Trance ist Präsenz, und diese fordert dem Gehirn wesentlich mehr Aktivitäten ab. Zweitens ermöglicht ein leichter Trance-Zustand innere Suchprozesse im Gehirn des Menschen – ähnlich wie der Monitor Ihres PCs eine Sanduhr zeigt, während der Prozessor rechnend Daten verarbeitet. Im Coaching sind spontane Trance-Zustände an der Tagesordnung und sehr nützlich. Als kompetenter Coach können Sie solche Zustände nicht nur treffsicher erkennen, sondern auch gezielt erzeugen und durch hypnotische Sprache souverän steuern. Spontane Trance-Zustände zeigen Ihnen, dass sich der Coachee im Vertrauenszustand befindet und in seinem Inneren nach kreativen Ideen und Lösungsansätzen sucht.

Im Coaching

Trance ist ein Zustand, bei dem im Coaching eine besondere Form von innerer Arbeit verrichtet werden kann. Der Coach kann diesen Zustand beim Coachee durch geschickte Fragen oder Prozess-Instruktionen einleiten. Sie bewirken im Gehirn des Coachees innere Suchprozesse und stellen Kontakt zu normalerweise unbewussten Teilen her. Die Trance kann verschiedene Intensitätsgrade aufweisen. Eine leichte Trance kennen viele Menschen beim Fahren auf der Autobahn – die Gedanken schweifen, und plötzlich stellt man fest, dass man viele Kilometer zurückgelegt hat, ohne es bemerkt zu haben, und ist jetzt fast am Ziel angelangt.

Im Coaching geht es darum, den Trance-Zustand für den Veränderungs-Prozess auf allen Ebenen zu nutzen. Ein guter Coach erkennt spontane Trance-Zustände seines Coachees. Er integriert sie in den Lernprozess, indem er sie verstärkt und in eine konstruktive Richtung lenkt. Im Coaching gibt es eine ganze Reihe von Veränderungstechniken, bei denen sich der Coachee in einer heilsamen Trance befindet. Die gezielte Nutzung von Trance-Zuständen nennt man Hypnose. Durch hypnotische Instruktionen bringt der Coach seinen Coachee in Kontakt mit inneren Prozessen, die normalerweise im Dunkeln ablaufen. Eine Trance kann zum Beispiel durch geschickte Fragen induziert werden:

- »Welcher Teil des Unbewussten entscheidet, was das Bewusstsein von Moment zu Moment wahrnimmt? Jetzt! … Während Sie tiefer und tiefer in Trance gehen …«

In der Trance können auch Signale mit dem Unbewussten vereinbart werden. Dies können zum Beispiel ideomotorische Bewegungen der Finger sein. Auch der kataleptische Arm dient als Medium für das Unbewusste. Die damit verbundene Starrheit des Armes ist ein bekanntes hypnotisches Phänomen, bei dem ein Arm als Seismograph des Unbewussten in der Luft gehalten wird. Bei derartigen Manövern wird das Bewusstsein dazu eingeladen, als wertgeschätzter Beobachter zu fungieren, während der Coach die Instruktionen direkt ans Unbewusste gibt: »... Ich möchte dem Unbewussten dafür danken, dass Du bereit bist, mir aufmerksam zu folgen und Signale zu senden ... und ich respektiere Deine Funktion als Wächter der Integrität ... während ich Dich bitte, mir mitzuteilen, was Du noch brauchst, damit Du die geplante Veränderung voll unterstützen kannst ...«

Im Coaching mit NLP gilt die Trance als Zustand der Selbstheilung. Eine Metapher für Trance-Zustände ist der antike Tempelschlaf. Dabei pilgert der suchende Mensch an einen heiligen Ort und gelangt in einen Tempel. Dort wartet ein Priester, der den Suchenden segnet und versorgt. Der Priester ist jedoch nicht die Lösung für das Problem des Pilgers, sondern lediglich sein Zeremonienmeister. Er inszeniert ein Setting, in dem der Pilger sich geborgen fühlt. Nun kann der Zensor die bewusste Kontrolle aufgeben. Er wird durchlässiger, und das unbewusste Wissen darf sich ausdrücken. Der Pilger begibt sich in den heiligen Tempelschlaf und träumt einen heilsamen Traum. Ähnlich wie der Tempelschlaf, ermöglicht die Trance dem Coachee im Coaching, Kontakt zur Weisheit seines Unbewussten herzustellen.

Im Moment der Re-Orientierung, wenn der Coachee gerade aus einem veränderungswirksamen Trance-Zustand zurückkommt, ist die Symmetrie des Körpers ein wichtiges Kriterium für den Erfolg der Trance-Intervention. In der Veränderungsarbeit gilt die Regel, das Kriterium der Körpersymmetrie spätestens durch den Öko-Check zu erfüllen. Dahinter steht die Annahme, dass ein entspannter Mensch in einem kongruent positiven Zustand eine symmetrische Körperhaltung einnimmt. Dann ist der Mensch ausbalanciert und zeigt dies auch im Ausdruck. Die persönliche Integrität verlangt eine balancierte Ökologie, Störungen offenbaren sich oft über die Physiologie des Coachees. Im Regelfall weist eine asymmetrische Körperhaltung darauf hin, dass die Intervention noch nicht stimmig ist und noch etwas Wichtiges fehlt. Nicht selten gibt es unterschwellige Einwände, die noch in den zukünftigen Verhaltensentwurf integriert werden möchten, damit die Veränderung dann tatsächlich realisiert wird.

Auch das Reframing kann in tiefer Trance eingesetzt werden. Dabei fungiert das Bewusstsein des Coachees nicht als Makler, sondern der Coach spricht direkt mit dem Unbewussten. Allerdings generalisiert die Denkweise des Reframing nicht automatisch auch das bewusste Verhalten des Coachees, da das Bewusstsein nicht explizit über die Veränderungen informiert wird. Das Trance-Reframing hat jedoch oftmals den Vorteil, dass Veränderungen schneller zu erreichen sind.

Hypnotische Sprach-Muster

Worte sind Projektionsflächen. Menschen projizieren ihre Erfahrungen in gesprochene Worte hinein. Durch die Anwendung hypnotischer Sprach-Muster kann der Coach die Projektion seines Coachees gezielt steuern. Dabei gilt das Prinzip von Pacing und Leading. Der Coach führt die Aufmerksamkeit des Coachees, indem er zunächst Worte verwendet, die die aktuelle Erfahrung seines Coachees treffen und bestätigen. So gewinnt er Rapport, der Coachee entwickelt Vertrauen. Anschließend kann der Coach die Erfahrungswelt des Coachees strukturell beeinflussen, indem er ihn in Kontakt mit neuen Ressourcen bringt.

- Pacing: »... während Du auf Deinem Stuhl sitzt ... und Deinen Körper spürst ... Deine Füße und den Kontakt zum Boden ... und Du Deinen Atem wahrnimmst ...«
- Leading: »... kannst Du Deinen Blick nach innen richten ... und siehst auf Deinem inneren Monitor ... was Dich jetzt am allermeisten interessiert ...«

Entscheidend beim hypnotischen Sprachgebrauch ist neben einer beruhigenden, vertrauensvollen Stimmführung die Wahl geeigneter Worte. Um die Projektion zu stimulieren, braucht der Coach ressourcevolle, positive Formulierungen, die zugleich so vage und offen gehalten sind, dass sie der aktuellen Erfahrung des Coachees keinesfalls widersprechen, sondern ihn bestätigen und sanft führen.

- »... und während Du all das wahrnimmst ... kannst Du Dich fragen, welche Botschaft Dir Dein Unbewusstes jetzt schicken mag ... und vielleicht ... kann sich eine neue Idee entwickeln ... die auf eine bestimmte Art und Weise für Dich wichtig sein kann ... Du darfst Dir erlauben, die Dinge auf eine neue Weise zu betrachten ... so, wie es für Dich am schönsten ist ... «

Auf den folgenden Seiten finden Sie drei Anwendungsbeispiele für den Einsatz im Coaching. Die Grundvoraussetzungen für den erfolgreichen Einsatz dieser Trancen sind neben der souveränen Führung des Coachees ein starker Rapport und die explizite Erlaubnis des Coachees, sich bereitwillig auf diese Erfahrung einzulassen.

Coaching-Übung: Erfolgs-Trance
Erfolge bewusst machen und Ressourcen aktivieren

Intro: Kontakt mit dem inneren Monitor
- » ... während Du auf Deinem Stuhl sitzt ... und Deinen Körper spürst ... kannst Du Deinen Blick nach innen richten ... und siehst auf Deinem inneren Monitor ... Deine aktuelle Situation ...«

Zeitlinie erkennen und in die Zukunft reisen – Ziel erreicht!
- »... und jetzt kannst Du Kontakt aufnehmen mit Deiner inneren Zeitlinie ... und Du kannst Dir in Deiner Fantasie vorstellen, Du bist bereits am Ziel angekommen ...«

in die Zukunft reisen – Ziel erreicht!
- »... und Du kannst Dir in Deiner Fantasie vorstellen, das alte Problem hat sich auf optimale Weise verwandelt ... was wäre eine ideale Lösung?«

Blick zurück – Strategie erforschen
- »... und Du kannst Dir bewusst machen, welchen Weg Du gegangen bist, um Dein Ziel zu erreichen ...«

Vergangenheit
- »... und Du kannst in Deiner Fantasie bis weit in die Vergangenheit reisen ... und den Schatz Deiner Erinnerungen erfassen ...«

Erfolge erinnern!
• »... und dann kannst Du Dir die Erfolge Deiner Vergangenheit bewusst machen ...«

Lern-Erfahrungen?
• »... und Du kannst Dich fragen, was Du bereits alles gelernt hast in Deiner Vergangenheit ...«

Welche weiteren Ressourcen brauchst Du?
• »... und wenn Du dann noch einmal an Dein Ziel in der Zukunft denkst, kannst Du Dich fragen, was Du noch lernen
musst, um auch dieses Ziel erfolgreich zu realisieren ...«

Lern-Erfolg ankern
• »... und dann kannst Du Dir vorstellen, wie es sein wird,
wenn Du all das gelernt hast ...«

Ziel und Ressource verknüpfen
• »... und dann kannst Du mit Deinen neuen Fähigkeiten
noch einmal zu deinem Ziel reisen ... und es genießen ...
und Du kannst Dich fragen, ob Du noch weitere Fähigkeiten
brauchst ...« (evtl. Lernprogramm wiederholen)

Back to Reality
• »... und aufgeladen mit diesem guten Gefühl ... voller Inspiration ... kannst Du wieder zurückkommen und Deinen
Körper spüren, Deine Füße ...«

Coaching-Übung: Transfer-Trance
Öko-Check + Future Pace

Intro: Kontakt mit dem inneren Monitor
• » ... während Du auf Deinem Stuhl sitzt ... und Deinen
Körper spürst ... kannst Du Deinen Blick nach innen richten
... und siehst auf Deinem inneren Monitor ... Deine aktuelle Situation ...«

Zeitlinie erkennen und in die Zukunft reisen – Ziel erreicht!

- »... und jetzt kannst Du Kontakt aufnehmen mit Deiner inneren Zeitlinie ... und Du kannst Dir in Deiner Fantasie vorstellen, Du bist bereits am Ziel angekommen ...«

Blick zurück – Strategie entwickeln

- »... und Du kannst Dir bewusst machen, welchen Weg Du gegangen bist, um Dein Ziel zu erreichen ... und dann kannst Du Dich fragen, ob es etwas Besonderes gab, worauf Du achten musstest ...«

Welche Risiken?

- »... vielleicht gab es Risiken auf Deinem Weg ... welche waren das? ... und wie konntest Du sicherstellen, dass Du Dein Ziel erreichen konntest ...«

Welche Nebenwirkungen?

- »... und wenn Du dort am Ziel angekommen bist, kannst Du noch einmal überprüfen, ob es vielleicht Nebenwirkungen gab ... und vielleicht hast Du bereits Ideen, wie Du solche Nebenwirkungen vermeiden kannst ...«

Welcher Preis?

- »... alles in dieser Welt hat seinen Preis ... Du kannst Dir bewusst machen, welchen Preis Du zahlen musst, um Dein Ziel zu erreichen ...«

Noch mal Ziel!

- »... und nachdem Du Dir all diese wichtigen Informationen vergegenwärtigt hast, kannst Du noch einmal in Deiner Fantasie an Dein Ziel reisen ... dort angekommen, kannst Du tief durchatmen und das gute Gefühl des Erfolges genießen ...«

Future Pace

- »... und dann schaust Du noch einmal zurück in die aktuelle Situation ... welches waren die ersten Schritte zu Deinem Ziel?«

Etappen-Ziele
- »... vielleicht gab es Etappen-Ziele oder Meilensteine, die Du erreichen musstest, um Dein Ziel zu realisieren ...«

Belohnungen
- »... und vielleicht hast Du Lust, Dich für Dein zielführendes Verhalten zu belohnen ... welche Belohnung kannst Du Dir schenken, um Dich wissen zu lassen, dass Du auf dem richtigen Weg bist ...«

Back to Reality
- »... und aufgeladen mit diesem guten Gefühl ... voller Inspiration ... kannst Du wieder zurückkommen und Deinen Körper spüren, Deine Füße ...«

Verweise

→ Hypnotische Techniken
→ Frage-Technik
→ Unser Unbewusstes
→ Reframing

U

Übertragung –
eine emotionale Verwechslung?

Nutzen/Ziel

- Souveräne Gesprächsführung durch Diagnose und Steuerung von unbewussten Projektionen.
- Stärkung des Vertrauens durch offene Meta-Kommunikation.
- Nutzung von archaischen Mustern im Unbewussten.

Anwendungsfelder

- Als Erklärungs-Modell im Konfliktmanagement.
- Zur Auflösung von emotionalen Verstrickungen.
- Wahrnehmungs-Filter bei der Supervision von Coaching-Fällen.

Vermutlich kennen auch Sie dieses seltsame Phänomen aus eigener Erfahrung: Sie unterhalten sich mit einem fremden Menschen, und unterschwellig entsteht das Gefühl, als würden Sie diesen Menschen kennen. Ihr Bewusstsein weiß ganz sicher, dass dieses Gefühl trügt, doch Ihr Unbewusstes verstärkt diese trügerische Emotion, indem es mit bekannten Reaktionen auf gewisse Schlüsselreize in der Erscheinung Ihres Gegenübers reagiert. So entwickelt sich im positiven Fall ein unbewusstes Gefühl von Vertrautheit – im negativen Fall entsteht eine unbewusste Ablehnung gegen Ihren Gesprächspartner. Bereits Sigmund Freud war beeindruckt von dieser Neigung der menschlichen Psyche, nach vertrauten Reizen zu suchen und dann in der Vergangenheit erlernte Emotionen auf den noch unbekannten Gesprächspartner zu übertragen – insbesondere, wenn es sich dabei um Emotionen gegenüber Autoritäten wie Mutter oder Vater handelt. Die moderne Psychotherapie trägt diesem unbewussten Effekt Rechnung, indem sie

Coaching mit NLP-Werkzeugen. Thomas Rückerl und Torsten Rückerl
Copyright © 2008 WILEY-VCH Verlag GmbH & Co. KGaA, Weinheim
ISBN: 978-3-527-50351-3

in der Therapeuten-Ausbildung Wert darauf legt, dass Therapeuten als neutrale Projektionsfläche agieren und die eigenen menschlichen Schwächen keinesfalls gegenüber dem Patienten offenbaren. Als Coach sind Sie ebenfalls mit dem Phänomen der Übertragung konfrontiert. Entscheidend dabei ist, dass Sie mit diesem mächtigen Effekt bewusst umgehen und ihn auf eine für Ihren Coachee nützliche Weise handhaben.

Im Coaching

Die Übertragung ist eine besondere Form der Projektion. Menschen haben psychische Erkennungsprogramme für eine begrenzte Anzahl von Bezugspersonen. Im Kontakt mit neuen Menschen werden die bereits erworbenen Programme von unserem Unbewussten nach dem Prinzip der Ähnlichkeit in die aktuelle Situation übertragen. Wenn neue Personen ähnliche Schlüsselreize wie die ursprünglichen Bezugspersonen aufweisen, werden die damals gelernten Beziehungsmuster wieder aktiviert. Die Schlüsselreize (Complex Equivalence) wirken als unbewusste Anker für komplexe innere Reaktionen und das entsprechende Verhalten.

Wir finden Übertragungen in fast jeder Situation, in der Menschen miteinander kommunizieren. Wir neigen dazu, unsere Erfahrungen zu verallgemeinern und sie als Referenzen für zukünftige Situationen zu nutzen. Die psychogenetische Ausstattung unserer Wahrnehmungsfilter und unseres Gedächtnisses wurde während Zigtausenden von Jahren für überschaubare Menschengruppen entwickelt und erprobt, nicht für die enorme Vielzahl der zwischenmenschlichen Kontakte in der heutigen Informationsgesellschaft. Die Übertragung ist ein Ergebnis der Energiespar-Tendenz unseres Unbewussten bei der Abspeicherung unserer Erfahrungen.

Wer von einem anderen Menschen eine Übertragung bekommt, fungiert als Projektionsfläche. Er wird mit Gefühlen und Verhaltensweisen konfrontiert, die nicht wirklich ihm gelten, sondern einer Person aus der Vergangenheit des anderen. Zum Beispiel könnte ein Mann einen autoritären Vater gehabt haben, der einen dunklen Bart und eine randlose Brille trug. Jetzt bekommt er einen neuen Chef, der ebenfalls einen dunklen Bart und eine randlose Brille trägt. Vermutlich wird sein Unbewusstes dazu tendieren, gewisse Gefühle, die er seinem Vater als Autoritätsperson entgegenbrachte, auf den Chef zu übertragen. Derartige Übertragungen sind unvermeidlich und an der Tagesordnung. Meistens wirken sie unbewusst. Sie beeinflussen unser Kommunikationsverhalten, ohne dass wir etwas davon bemerken. Dieser Mechanismus kann sowohl nützliche als auch störende Effekte bringen, die im Coaching durch den gezielten Bewusstwerdungs-Prozess optimiert werden können.

Positive Übertragungen können auch im Coaching die Kontaktaufnahme erleichtern und spontanen Rapport erzeugen. Im Laufe des gemeinsamen Kontaktes wird das Unbewusste vermutlich neben den vorhandenen Ähnlichkeiten auch eine wachsende Zahl von Unterschieden erkennen. Dadurch verliert der Übertragungs-Mechanismus seine Kraft, und die Kommunikationspartner erhalten die Chance, sich wahrhaftig zu begegnen.

Negative Übertragungen können auch im Coaching den zwischenmenschlichen Kontakt erheblich beeinträchtigen. In solchen Fällen ist es ratsam, die vorliegende Übertragung aufzudecken und durch Hervorheben der tatsächlichen Unterschiede gezielt zu entkräften. Besonders im Coaching sollte sich der Coach über den Mechanismus einer möglichen Übertragung bewusst sein; sie könnte eine Störung des Rapports verursachen. Der Zustand einer andauernden Übertragung ähnelt einem Stuck State, denn er bewirkt eine Verengung der Wahrnehmung und des Kommunikationsklimas und führt zu eingeschränkten Verhaltensmöglichkeiten. Um diesen festgefahrenen Zustand aufzulösen, probiert der Coach systematisch Verhaltensvariationen aus. Er verändert Stimme, Mimik, Gestik, Körperhaltung und räumliche Position so lange, bis ein Reiz in der Wahrnehmung des Coachees als Separator fungiert und die Übertragung auflöst. Ein gelungenes Separator-State-Manöver bedeutet, dass sich der Coach durch Flexibilität im Verhalten von den Ankern lösen konnte, die negative Übertragungen beim Coachee aktivierten. Wenn all diese Manöver nicht geeignet sind, um die Übertragung zu beenden, kann es sinnvoll sein, sie offen anzusprechen und sie auf der Meta-Ebene zu erforschen. Dabei können Gemeinsamkeiten und Unterschiede zur ursprünglichen Übertragungsperson systematisch untersucht werden. Dies ist oft für alle Beteiligten mit interessantem Feedback verbunden. Die Übertragung wird dann abgestellt, wenn das Unbewusste des Projizierenden lernt, dass es sich hier tatsächlich um zwei verschiedene Menschen handelt. Dafür ist es wichtig, die Unterschiede zu betonen.

Eine Gegenübertragung liegt vor, wenn der Coach eine Übertragung auf den Coachee hat. Hier sollte sich der Coach fragen, wie stark er durch diesen Wahrnehmungsfilter beeinflusst wird und ob er seinem Coachee unter diesen Bedingungen gerecht werden kann. Im Sinne der Psychohygiene kann es ratsam sein, Gegenübertragungen anzusprechen und den Coachee in einem geeigneten Moment auf elegante Weise zu konfrontieren:

»Sie erinnern mich an Gottfried Maier. Mit Gottfried habe ich damals ein ungewöhnliches Erlebnis gehabt. Es geschah Folgendes ...«

Der Coachee wird auf seine eigene Weise auf die Konfrontation reagieren. Dadurch bekommt der unbewusste Teil des Coachs, der die Gegenübertragung projizierte, die Chance, zu erleben, dass der Coachee sich ganz anders verhält, als Gottfried Maier es tun würde. Die Situation und ihre Dramaturgie wird vermutlich einen anderen Charakter bekommen. Das Unbewusste des Coachs erfährt auf diese Weise, dass dies nicht Gottfried ist, sondern eine andere einzigartige Person, und es kann den irrtümlich projizierten Wahrnehmungsfilter korrigieren.

Verweise

→ Projektion
→ Wahrnehmungs-Filter
→ Evolutionäre Strategien
→ Meta-Ebene

Unser Unbewusstes – wer ist Chef im Ring?

Nutzen/Ziel

- Ganzheitliches Verständnis des Menschen.
- Realistische Einschätzung der menschlichen Möglichkeiten und Einschränkungen.
- Souveränität durch gezielte Kommunikation mit unbewussten Kräften.

Anwendungsfelder

- Zentrales Werkzeug zur Gesprächsführung im Coaching.
- Nachhaltig wirksame Anker-Techniken.
- Bewusstmachung von unbewussten Prozessen.
- Transfersicherung durch wahrhaft motivierende Konzepte.

Der moderne Mensch kann nur in einem sehr begrenzten Sinn als ein bewusstes Wesen bezeichnet werden. Der weitaus größere Teil der menschlichen Psyche funktioniert unbewusst. Über die erfolgreiche Realisierung der im Coaching geplanten Maßnahmen entscheidet meist nicht das Bewusstsein des Coachees, sondern inwieweit es gelungen ist, die unbewussten Kräfte mit ins Boot zu holen. Natürlich spielt der freie Wille auch eine gewisse Rolle im großen Orchester der menschlichen Möglichkeiten, doch wenn Sie einen kritischen Blick hinter die Kulissen der komplexen Prozesse des modernen Alltags werfen, werden Sie feststellen, dass der Großteil der menschlichen Motive, Emotionen und Entscheidungen durch unbewusste Verhaltensprogramme gesteuert wird. Als kompetenter Coach brauchen Sie ein positives Verständnis des menschlichen Unbewussten, und vor allem brauchen Sie einen pragmatischen Zugang zur gezielten Ansprache und Aktivierung der unbewussten Kräfte Ihres Coachees.

Im Coaching

Der größte Teil unseres Gehirns arbeitet unbewusst. Dies geschieht aus vielen evolutionsgeschichtlichen Gründen – vereinfacht könnte man sagen »aus Gründen der Energieeinsparung«. Psychische Energie ist nur in einem begrenzten Umfang verfügbar. Konzentration kostet Kraft, ähnlich wie die Höchstgeschwindigkeit auf der Autobahn viel Treibstoff verbraucht. Somit geschieht auch der größte Teil unser Lebensäußerungen unbewusst. Als unbewusst bezeichnen wir alle Informationen, auf die das Bewusstsein des Menschen jetzt im Moment keinen direkten Zugriff hat oder grundsätzlich keinen Zugang haben kann. Solange der Mensch noch nicht gelernt hat, bestimmte Bereiche seiner Psyche bewusst zu erleben oder gar zu steuern, wird das Unbewusste diesen Zugriff verhindern. Das Unbewusste spielt für die Sicherheit des Systems »Homo sapiens« eine mächtige Rolle. Im Unbewussten wurzelt das Wissen um die systemische Vernetztheit der menschlichen Existenz.

Im Coaching mit NLP wird der Begriff des Unbewussten situativ verwendet. Metaphorisch gesprochen ist es all das, was sich jetzt nicht im Licht des Bewusstseins befindet. So wie ein Streifenpolizist in seinem Revier für Ruhe und Ordnung sorgt, so kontrolliert das Bewusstsein unseren psycho-physiologischen Zustand. Es soll besondere Auffälligkeiten, Störungen und Gefahren entdecken und dann situatives Verhalten ermöglichen. Doch es gibt viele Vorgänge in einer nächtlichen Stadt, die nicht registriert werden, weil die Polizeistreife keinen Zutritt zu diesen Arealen hat. Ebenso gibt es im Menschen viele Prozesse, die unbemerkt ablaufen, weil andere Reize unsere bewusste Aufmerksamkeit beanspruchen. Das gewöhnliche Bewusstsein hat eine sehr begrenzte Fassungskapazität. In jedem Moment strömen überwältigend viele Informationen auf uns ein. Nur einige wenige gelangen in den Fokus unserer bewussten Aufmerksamkeit. Die meisten Reize werden getilgt, bevor sie das Bewusstsein erreichen, und von unbewussten Instanzen verarbeitet.

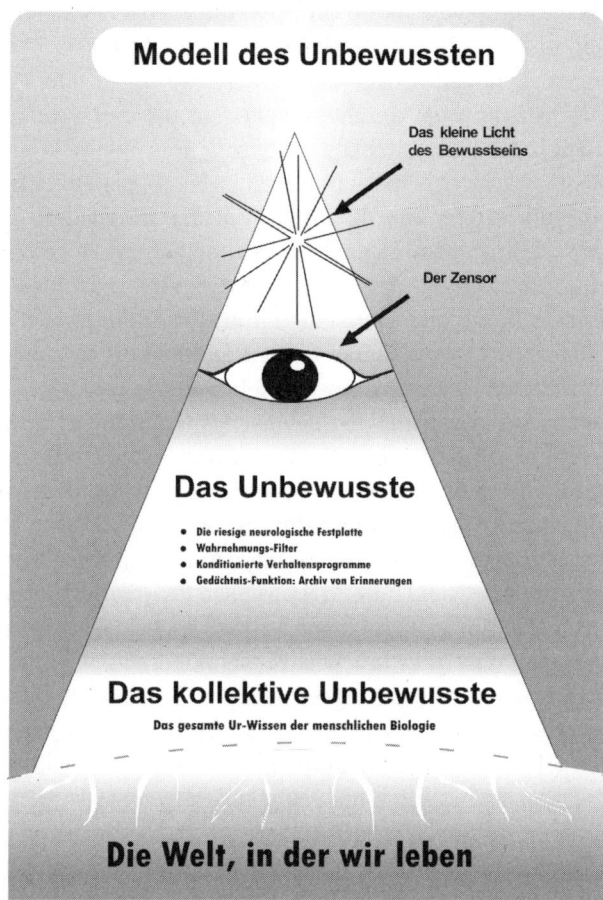

Modell des Unbewussten

Das kleine Licht
des Bewusstseins

Der Zensor

Das Unbewusste

- Die riesige neurologische Festplatte
- Wahrnehmungs-Filter
- Konditionierte Verhaltensprogramme
- Gedächtnis-Funktion: Archiv von Erinnerungen

Das kollektive Unbewusste

Das gesamte Ur-Wissen der menschlichen Biologie

Die Welt, in der wir leben

Das Unbewusste hat sich bewährt

Die Instanz des menschlichen Bewusstseins ist evolutionsge-schichtlich noch relativ jung, die unbewussten Steuerungszentren haben sich hingegen seit Millionen von Jahren erfolgreich bewährt. Deshalb repräsentiert das gewöhnliche Bewusstsein nur wenige Bereiche der menschlichen Psyche. Die überwältigende Mehrheit unserer physiologischen, emotionalen und kognitiven Prozesse läuft unbewusst ab. Einige davon können wir durch reflektierende Auseinandersetzung bewusst wahrnehmen, die meisten werden jedoch vermutlich ein Leben lang unbewusst bleiben. Unser Alltagsbewusstsein wäre hoffnungslos überfordert, wenn es alle Prozesse, die ständig mit rasanter Geschwindigkeit in unserer Psyche ablaufen, wahrnehmen und lenken müsste. Das kleine Licht des menschlichen Bewusstseins kann nicht überall gleichzeitig leuchten. Im Gegenteil, ein enorm großer Teil der möglichen Bewusstseinsinhalte schlummert in tiefer Dunkelheit. In Form einer Metapher könnte man sagen, dass unser Bewusstsein mit einer kleinen Taschenlampe durch die Dunkelheit wandert. Ständig ist nur ein kleiner Ausschnitt der Realität in der Dunkelheit zu sehen. Genauso sind alle potenziellen Bewusstseinsinhalte fast immer unbewusst. Nur wenn das Licht des Bewusstseins gerade auf einen bestimmten Eindruck fällt, wird er uns bewusst, jedoch nur für einen kurzen Moment, denn unser Bewusstsein ist ständig in Bewegung, und sein Fassungsvermögen ist sehr begrenzt.

Es gibt zwei Arten von unbewussten Anteilen. Zur Differenzierung lautet die entscheidende Frage: »Jetzt unbewusst oder immer unbewusst?« Es gibt einerseits solche Vorgänge, die jetzt nicht bewusst sind, weil das Licht des Bewusstseins gerade woanders weilt, wie zum Beispiel der eigene Atem oder der Zustand unserer Füße, wenn wir gerade ein Buch lesen. Andererseits gibt es Anteile, die uns jetzt nicht bewusst sein können, weil unser Bewusstsein sie nicht erreichen kann, wie zum Beispiel Stoffwechselvorgänge oder Veränderungen auf zellulärer Ebene.

Die unbewussten Anteile der ersten Art können jederzeit ins Bewusstsein gelangen. Dazu gehören selbst tiefenpsychologische Erkenntnisse und verschüttete Kindheitserfahrungen. Durch eine gezielte Informationsgewinnung können sie dem Coachee mithilfe eines kompetenten Coachs bewusst werden. Diese Anteile gehören zu dem Bereich des menschlichen Systems, für den das Bewusstsein eine Zugriffsberechtigung hat. Die unbewussten Teile der zweiten Art können nicht bewusst werden, weil das menschliche Bewusstsein durch ihre Wahrnehmung das ganze System in seiner Stabilität gefährden könnte.

Die Kraft des Unbewussten

Das Unbewusste weiß, dass alle Verhaltensweisen nützliche Elemente im menschlichen System darstellen und sich dabei wechselseitig beeinflussen. Dieses Wissen ist die Voraussetzung für eine ökologische Lebensweise. Im Coaching kann der Coach mithilfe des Reframing dem Coachee diese Erkenntnisse ins Bewusstsein bringen. Im Coaching mit NLP gilt die Annahme, dass das Unbewusste im Leben jedes Menschen unzählige Funktionen gewährleistet. Wenn Sie Ihren Alltag gewissenhaft analysieren, werden Sie feststellen, dass es in Ihrem Leben oftmals Situationen gibt, in denen Ihr Unbewusstes ohne Ihr bewusstes Zutun für Sie handelt. Wer erledigt all die eingeschliffenen Routine-Tätigkeiten? Wer putzt morgens Ihre Zähne? Wer steuert Ihr Auto sicher durch den Straßenverkehr? Wer sorgt dafür, dass Sie Durst verspüren, wenn Ihr Körper Flüssigkeit braucht? Wer entscheidet über Gesundheit oder Krankheit? Falls Ihr Unbewusstes sich für eine Krankheit entschieden hat – wer sorgt dafür, dass Sie wieder gesund werden? Wer bekämpft Viren und Bakterien in Ihrem Körper? Wer heilt eine Wunde? Ihr Bewusstsein? Nein – Ihr Unbewusstes! Unser Organismus ist mit einem fantastischen Selbst-Heilungs-Programm ausgestattet, das von unseren unbewussten Kräften gesteuert wird – von Generation zu Generation durch Mutation und Selektion konsequent verfeinert, millionenfach erfolgreich erprobt.

Die Funktionsweise des Unbewussten

Das Unbewusste ...
- ... kann nicht negieren.
- ... beantwortet jede Frage sofort.
- ... denkt meistens in Bildern und Gefühlen.
- ... zeigt sich durch Körpersprache.
- ... lernt durch Wiederholung.
- ... verknüpft Reiz und Reaktion.
- ... reagiert auf Schlüsselreize.
- ... generalisiert Erfahrungen.
- ... lässt den Menschen Dinge vergessen und andere erinnern.

- ... projiziert seine innere Landkarte auf neue Situationen.
- ... sucht Anerkennung und Bestätigung für die eigene Landkarte.
- ... geht auf »Nummer Sicher«.
- ... verwaltet den Schatz unserer Erfahrungen.
- ... entscheidet über Gesundheit oder Krankheit.
- ... ist der größte und mächtigste Teil des Menschen.
- ... ist (im Gegensatz zum Bewusstsein) permanent aktiv.

Wer entscheidet über unser Vertrauen?

Wir Menschen sind darauf angewiesen, unserem Unbewussten zu vertrauen – es ist der heimliche Manager unserer gesamten Lebensführung. Außerdem ist das Unbewusste der Ort, an dem das Vertrauen zu Hause ist. Die zentrale Entscheidung, wie sehr wir unseren Fähigkeiten, einem anderen Menschen oder einer bestimmten Situation vertrauen, wird von einer Instanz in unserer unbewussten Psyche getroffen. Das menschliche Bewusstsein hat lediglich eine Beraterfunktion, es kann bestimmte Informationen hervorheben oder logische Schlussfolgerungen daran knüpfen – doch die eigentliche Entscheidung resultiert aus unserem »Bauchgefühl«. Gewissermaßen zu Recht – denn das Unbewusste kann in wenigen Sekunden sehr viel mehr Informationen verarbeiten als das Bewusstsein an einem Tag. Deshalb ist das Unbewusste der eigentliche Chef im Ring – was allerdings auch Probleme erzeugen kann. Viele Menschen leben in der Illusion einer bewussten Lebensführung und haben somit nicht nur ein verzerrtes Selbstbild, sondern auch eine gestörte, von Ignoranz geprägte Beziehung zu ihrem Unbewussten.

Unbewusste Filter schützen das Bewusstsein davor, mit zu vielen Informationen zum falschen Zeitpunkt überflutet zu werden. Diese Funktion des Unbewussten entspricht dem Zensor. Im Coaching wird der Zensor jedoch anders verstanden als in der Psychoanalyse, denn hier geht es nicht um Verdrängung, sondern um Kooperation. Jede hypnotische Intervention im Coaching erfordert eine Kooperation mit dem Zensor. Der Zensor ist der Wächter der persönlichen Ökologie. Er lässt gewisse Inhalte (noch) nicht ins

Bewusstsein, um die persönliche Integrität des Coachees zu schützen. Erst wenn vorbereitende Veränderungen auf anderen Ebenen stattgefunden haben und entsprechende Lernprozesse durchlaufen wurden, wird er bereit sein, seine Kontrollfunktion mit dem Bewusstsein zu teilen.

Für die Veränderungsarbeit im Coaching wird das Unbewusste personifiziert. Dabei gelten die Axiome zum Unbewussten, die auf den folgenden Seiten kurz dargestellt werden:

§ 1 – Jeder Mensch hat ein Unbewusstes

Neben dem Bewusstsein gibt es in jedem Menschen etwas anderes, das einen wesentlichen Bestandteil seiner Psyche darstellt – das Unbewusste. Es äußert sich zum Beispiel in Träumen, in Krankheitssymptomen und in so genannten Freud'schen Versprechern. Solche Äußerungen bilden jedoch nur die Spitze des Eisberges. Das Unbewusste steuert und kontrolliert sowohl unsere vegetativen Prozesse als auch die meisten unserer Bewegungen, Gefühle, Bedürfnisse, Werte und Urteile.

§ 2 – Das Unbewusste besteht aus verschiedenen Teilen

Der normale Mensch ist kein perfekt gesteuertes Wesen. Im Gegenteil – wir bestehen aus einer komplexen Vielfalt von gleichzeitigen Bedürfnissen, Wünschen und Absichten. Alle Impulse zusammen bilden ein Ganzes – ein System! Die einzelnen Elemente bezeichnen wir als Persönlichkeitsteile. Die einzelnen Teile können kooperieren, konfligieren und auch miteinander in Dialog treten. Das Teile-Modell symbolisiert eine Grundannahme im Coaching mit NLP. Mit seiner Hilfe können viele Widersprüche innerhalb der menschlichen Psyche erklärt werden.

§ 3 – Alle Teile haben eine positive Absicht

Alle Teile der Persönlichkeit versuchen prinzipiell etwas zu erreichen, was dem ganzen Menschen in irgendeiner Form nutzt. Die Erkenntnis der positiven Absicht erleichtert den ökologischen Umgang mit den Teilen enorm. Sie führt zu einem ausgesöhnten Verständnis und einer zielorientierten Kooperationsbereitschaft, sowohl bei der Beurteilung der eigenen Person als auch bei Konflikten mit anderen Menschen.

§ 4 – Trennung von Absicht und Verhalten

Die positive Absicht muss nicht im Verhalten des Menschen deutlich werden. Nicht immer werden die Wege, die das Unbewusste zur Realisierung seiner positiven Absicht wählt, vom Bewusstsein als adäquat erlebt. Doch auch inadäquates Verhalten kann mithilfe des kreativen Teils in eine bessere Form gebracht werden.

§ 5 – Das Unbewusste ist kreativ und intelligent

Das Unbewusste kann intelligentes Verhalten auf kreative Weise ermöglichen. Es findet Wege zur Durchsetzung seiner Absichten. Wenn ein Mensch zum Beispiel zur Erhaltung seiner Gesundheit eine Ruhepause benötigt und er dies nicht wahrhaben möchte, sorgt das Unbewusste für eine zwangsverordnete Pause, indem es den Menschen körperlich krank werden lässt. Die Interessen einzelner Persönlichkeitsteile werden im Notfall dem Interesse des gesamten Systems untergeordnet.

§ 6 – Das Unbewusste ist mächtig

Die unbewussten Kräfte sind im Konfliktfall meist mächtiger als das Bewusstsein. Im Falle einer Phobie oder einer Allergie produziert das Unbewusste unerwünschtes Verhalten oder körperliche Symptome, und das Bewusstsein kann nicht regulierend eingreifen, selbst wenn der Mensch sich noch so sehr bemüht. Auf der anderen Seite werden bewusste Veränderungswünsche vom Unbewussten ständig auf die ökologische Verträglichkeit geprüft und gegebenenfalls so lange blockiert, bis die Zielstrategie den Bedürfnissen des gesamten Systems entspricht.

§ 7 – Kooperationsbereitschaft

Das Unbewusste ist prinzipiell bereit, mit dem Bewusstsein zu kooperieren, da es seine Aufgabe ist, dem ganzen System Mensch gerecht zu werden, sein Überleben zu sichern und seine Bedürfnisse so gut wie nur irgend möglich zu erfüllen. Deshalb wird es Veränderungen bereitwillig unterstützen, sofern sie ökologisch verträglich sind.

§ 8 – Eigendynamik des Unbewussten

Eine wichtige Annahme ist die selbstheilende Eigendynamik des Unbewussten. Damit ist gemeint, dass in jedem Menschen selbsttätig unbewusste Kräfte wirken, die für Integrität, Heilung und Selbstverwirklichung sorgen. Im Coaching geht es darum, mit diesen Kräften Kontakt herzustellen und sie optimal auszurichten. Die Annahme der Eigendynamik bewirkt eine stärkere Unabhängigkeit des Coachees gegenüber dem Coach und allen anderen Einflussfaktoren der Umwelt. Wenn eine gewünschte Veränderung ökologisch ist, wird sie durch die Dynamik der eigenen unbewussten Kräfte auf natürliche Weise unterstützt und oftmals auch erreicht werden.

Coaching-Leitfaden zum Unbewussten
Ziel: Bewusstmachung und wertschätzende Kontaktaufnahme

Für viele Coachees ist die Erkenntnis über die Macht der unbewussten Kräfte eine große Herausforderung. Deshalb sollte der Coach den Einsatz dieses Frageleitfadens gut vorbereiten und sensibel dosieren, um den Rapport nicht zu verlieren und tiefer gehende Irritation zu vermeiden.

Was ist das Unbewusste für Sie?
- Wie würden Sie es einem Kind erklären?
- Was wissen Sie über die wissenschaftlichen bzw. evolutionsgeschichtlichen Hintergründe?
- Warum ist das Unbewusste für die Wissenschaft eine schwierige Thematik?
- Wie verstehen Sie das Verhältnis zwischen dem Unbewussten und dem Bewusstsein?
- Welchen Nutzen hat das Unbewusste für den Menschen?

Welche Erfahrungen haben Sie mit Ihrem Unbewussten gemacht?
- Wo war es für Sie nützlich?
- Wo hat es Sie behindert oder eingeschränkt?
- Welche Beziehung pflegen Sie zu Ihrem eigenen Unbewussten?
- In welchen Situationen begegnet Ihnen das Unbewusste Ihrer Mitmenschen?

Wie beeinflusst das Unbewusste Ihre Lebensführung?
- Wie reagiert Ihr Unbewusstes auf Veränderungen?
- Wie sorgt es für Konsistenz in Ihrem Leben?
- Welche konkreten Veränderungen würden Sie in Zukunft gern realisieren?
- ... und was ist die Botschaft für Ihr Unbewusstes, damit sie Ihnen gelingen?
- Was können Sie tun, um Ihr Unbewusstes noch kooperativer zu stimmen?

Wie können Sie mit Ihrem Unbewussten kommunizieren?
- Welche Signale sendet es Ihnen?
- Wie können Sie es gezielt befragen?
- Was können Sie tun, um das Unbewusste gezielt zu beeinflussen?
- Warum spielt das Win-win-Prinzip dabei eine wichtige Rolle?
- Wie motivieren und belohnen Sie es für eine gelungene Kooperation?

Verweise

→ Evolution
→ Hypnotische Sprache
→ Pacing
→ Trance-Zustände
→ Zensor

V

V. A. K. O. G. –
schärfen Sie Ihre Wahrnehmung!

Nutzen/Ziel

- Gezielte Diagnose von psychischen Mustern und psychischen Verarbeitungs-Prozessen.
- Bewusste und zielführende Informationsverarbeitung.
- Sensibilität für zwischenmenschliche Prozesse.

Anwendungsfelder

- Zentrales Coaching-Know-how → der Coach braucht nützliche Wahrnehmungs-Filter.
- Als Basis einer souveränen Gesprächs-Führung.
- Diagnose der aktuellen Veränderungen im Erleben des Coachees.
- Zur inneren Orientierung auf seiner Landkarte.
- Beim gezielten Setzen von Ankern.
- Zur Intensivierung von sinnlichen Erfahrungen und Zielbildern.
- Diagnose und Veränderung von Entscheidungs-Prozessen.

Als Coach sollten Sie sich darin trainieren, ein wahrer Meister der sinnlichen Wahrnehmung zu werden. Einerseits müssen Sie Ihre eigenen Sinnesorgane schärfen, um die Feinheiten im Ausdruck Ihres Coachees möglichst präzise zu erkennen und darauf mit Feingefühl zu reagieren. Andererseits müssen Sie die Eigenarten Ihres Coachees bei seiner Orientierung schnell diagnostizieren und Ihre Art des Sendens darauf abstimmen (Pacing). Indem Sie Ihre Informationen so verpacken, dass Sie in der Wahrnehmung Ihres Coachees so interpretiert werden, dass dieser einen

Coaching mit NLP-Werkzeugen. Thomas Rückerl und Torsten Rückerl
Copyright © 2008 WILEY-VCH Verlag GmbH & Co. KGaA, Weinheim
ISBN: 978-3-527-50351-3

Nutzen daraus ziehen kann, bekommt Ihre Ansprache im Coaching einen zielführenden Wert. Je genauer Sie Ihre Botschaften an das komplexe Wahrnehmungs-System Ihres Coachees adressieren, desto wirkungsvoller ist Ihre Leistung als Coach.

Im Coaching

Unsere Wahrnehmung ist der Grundpfeiler der menschlichen Existenz. Unsere Sinnessysteme (V. A. K. O. G.) verbinden uns mit der Welt. Über unsere Sinne Sehen, Hören, Fühlen, Riechen und Schmecken nehmen wir permanent Informationen auf und schaffen die Grundlage unserer Orientierung. Die meisten Informationen werden jedoch weggefiltert, bevor sie das Bewusstsein erreichen. Nur wenige ausgewählte Informationen gelangen tatsächlich in den Fokus unserer bewussten Aufmerksamkeit, um dort vom Menschen als aktuelle Wahrheit erkannt zu werden.

Die fünf Buchstaben der Abkürzung V. A. K. O. G. stehen für:
- Visuell
- Auditiv
- Kinästhetisch
- Olfaktorisch
- Gustatorisch

Über diese menschlichen Sinnessysteme wird die Wahrnehmung jedes Menschen organisiert. Eindrücke werden aufgenommen, verarbeitet, bewertet, eingeordnet und abgespeichert. Die gesamte innere Repräsentation unserer Wahrnehmung der Welt wird durch unsere Sinnessysteme gespeist.

Ohne Bewusstsein gäbe es keine Instanz, die etwas für wahr befinden könnte; niemand würde etwas bemerken. Neben den wenigen bewussten Eindrücken gibt es jedoch eine Vielzahl unbewusster Sinneseindrücke, die als Auslöser für unsere Zustände fungieren. Um innere Zustände ressourcevoll zu gestalten, ist es wichtig, die Wahrnehmung intelligent zu steuern. Auch im Coaching spielt unsere Wahrnehmung eine wichtige Rolle. Je nachdem, welche Wahrnehmungs-Filter unseren Zustand steuern, wird unser Verhalten beeinflusst. Ein kompetenter Coach kann seinen Coachee durch die gezielte Aktivierung der entsprechenden Wahrnehmungs-Filter in der Veränderungsarbeit unterstützen.

Der Mensch nimmt die Realität nicht direkt wahr. Das Unbewusste organisiert die aktuellen Erfahrungen gemäß der inneren Landkarte. Während wir die Welt um uns herum sinnlich erfassen, ordnet unser Gehirn die Reize blitzschnell in Kategorien ein. Dies geschieht durch permanentes Abgleichen der aktuellen Reize mit den relevanten Referenzerfahrungen.

Die menschliche Wahrnehmung vermischt sich ständig mit der Projektion der eigenen inneren Landkarte auf die externe Realität. Unsere Wahrnehmung reflektiert die aktuelle Situation vor dem Hintergrund unseres bisherigen Erfahrungshorizonts. Wir erfassen nicht das volle Ausmaß der Realität, sondern beschränken uns auf einige wenige Aspekte. Sie werden durch die Wahrnehmungs-Filter bestimmt. Unsere Wahrnehmungsfilter bedingen eine selektive Wahrnehmung. Sie sind sehr nützlich, weil sie uns helfen, in der komplexen Vielfalt genau die Gestalten zu entdecken, die für uns eine Bedeutung haben. Dem Coach helfen sie bei der Arbeit mit dem Coachee, indem er z. B. mithilfe der Meta-Programme wiederkehrende Strukturen erkennen kann. Andererseits können die Filter unnötige Probleme erzeugen, weil sie unsere Wahrnehmung der Welt einschränken:

Wenn jemand die Welt z. B. durch den Filter wahrnimmt, dass die anderen Menschen ihn nicht mögen, wird er alle seine Erfahrungen entsprechend interpretieren. Die Signale der anderen Menschen werden unabhängig von ihrer wahren Bedeutung als Ablehnung und Missachtung gedeutet. So entsteht eine sich selbst erfüllende Prophezeiung. Mithilfe des Meta-Modells können derartig einschränkende Filter erkannt und verändert werden.

Die Codierung der inneren Landkarte

Die innere Landkarte im Kopf jedes Menschen ist in den fünf sinnlichen Dimensionen codiert. V. A. K. O. G. steht im Coaching mit NLP auch für die Prozess-Instruktion zum systematischen Abfragen der Wahrnehmungskanäle:

- »Was sehen Sie? Was hören Sie? Was fühlen Sie? Was riechen Sie? Was schmecken Sie?«

Beim Einsatz von hypnotischer Sprache im Coaching ist es sinnvoll, die Wahrnehmungen durch das Wort »während« zu verbinden, um eine gleichzeitige und ganzheitliche Repräsentation zu erreichen:

- »... und während Sie all das sehen, hören Sie vielleicht auch etwas ... und während Sie hören, fühlen Sie Ihren Körper ...«

Je ganzheitlicher eine Erfahrung repräsentiert wird, desto intensiver ist die Wirkung auf unsere Befindlichkeit. Multidimensionale Erlebnisse erzeugen Synästhesien im Gehirn der Menschen.

Im zwischenmenschlichen Kontakt begünstigen offene Sinneskanäle einen guten Rapport. Kommunikation geschieht immer auf allen zur Verfügung stehenden Sinneskanälen. Nicht selten fixieren sich Menschen nur auf ihren bevorzugten Kanal und vergessen dabei die anderen Kanäle. Dies kann unnötige Probleme erzeugen, falls der Kommunikationspartner einen anderen Kanal bevorzugt. Um das Prinzip von Pacing und Leading gezielt anwenden zu können, fokussiert Coaching mit NLP auf größtmögliche Flexibilität in allen Sinnessystemen.

V. A. K. O. G. symbolisiert das System der sinnlichen Intelligenz. Dieses Intelligenz-Modell ist ganzheitlich, weil es die Fähigkeit der kognitiven Reflexion mit der Welt der Bilder erkennenden Intuition verbindet. Beide Arten der Informationsverarbeitung, die Reflexion und die Intuition, werden durch sinnliche Erfahrungen gespeist und konvergieren im System der sinnlichen Intelligenz. Der flexible Einsatz sinnlicher Intelligenz schafft die Basis einer optimalen Orientierung.

Verweise

→ Innere Landkarte
→ Projektion
→ Sinnliche Sprache
→ Submodalitäten
→ Wahrnehmungs-Typen

Validieren – der Wunsch nach Bestätigung

Nutzen/Ziel

- Sicherung und Verstärkung von Informationswegen.
- Konstruktive Feedbackeinleitung.

Anwendungsfelder

- Zentrales Werkzeug zur Gesprächsführung.
- In schwierigen Gesprächs-Situationen.
- Zur Einleitung hypnotischer Techniken.

Im Coaching sind Sie darauf angewiesen, möglichst schnell das Vertrauen Ihres Coachees zu gewinnen. Sie wollen, dass Ihr Coachee sich Ihnen öffnet, seine Scheu verliert, und beginnt, offen und ehrlich über seine tatsächlichen Probleme, Wünsche und Sehnsüchte zu sprechen. Und Sie wollen ein positives Gesprächsklima erzeugen, in dem der Coachee bereit ist, seine mentale Kontrolle zu lockern und sich für neue Impulse öffnen kann. Sie wollen, dass Ihr Coachee seine alte Problem-Orientierung aufgibt und mit Ihnen gemeinsam eine neue Ziel-Orientierung entwickelt.

Um dieses vertrauensvolle Gesprächsklima zu erreichen, müssen Sie zunächst dafür sorgen, dass Ihr Coachee sich bei Ihnen sicher und verstanden fühlt. Dafür müssen Sie ihm zeigen, dass Sie bereit sind, seiner individuellen Logik zu folgen. Mit anderen Worten: Sie müssen seine bisherige Wahrnehmung validieren. Sie müssen ihm zeigen, dass Sie bereit sind, seine inneren Prozesse zu verstehen, und ihm signalisieren, dass er ein Recht hat, die Welt so zu interpretieren, wie er es bisher getan hat. Falls Sie versuchen würden, Ihren Coachee von neuen Ideen zu überzeugen, ohne zunächst seine bisherige Sicht der Dinge zu bestätigen und damit für gültig zu erklären, würden Sie vermutlich Widerstand ernten. Erst wenn Sie seine bisherige Wahrheit validieren, wird das Unbewusste Ihres Coachees bereit sein, sich für Ihre Beeinflussung zu öffnen und Ihren Impulsen mit einer fruchtbaren Geisteshaltung zu begegnen. Die Bestätigung der aktuellen Befindlichkeit ist ein wichtiges Pacing und ein oftmals notwendiger Schritt, bevor eine Veränderung möglich ist.

Im Coaching

Validieren bedeutet, die Gültigkeit von Informationen zu bestätigen. Menschen streben danach, die eigene innere Landkarte zu validieren. Besonders im Coaching ist es wichtig, die Glaubenssätze, Werte, Kriterien oder Entscheidungen des Coachees erst einmal zu bestätigen. Menschen suchen Bestätigung, denn validierte Informationen geben Sicherheit und Vertrauen. Die Wahrnehmungen des Coachees zu bestätigen ist eine einfache und effektive Form des Pacing in der Gesprächsführung. Wenn Sie Ihrem Coachee seine Interpretation der Realität bestätigen, entsteht Rapport – der andere beginnt Ihnen zu vertrauen.

Validieren Sie die innere Landkarte Ihres Gegenübers!

Das Prinzip von Pacing und Leading ist untrennbar mit dem Wissen um die verschiedenen inneren Landkarten verknüpft. Wenn Sie als Coach wirkungsvoll pacen wollen, müssen Sie sich in die Realität Ihres Coachees einfühlen. Je besser Sie die innere Landkarte Ihres Coachees verstehen, desto wirkungsvoller können Sie ihn pacen. Sobald Sie Zugang zur inneren Realität Ihres Coachees gewinnen, können Sie seine Emotionen, Bedürfnisse, Erwartungen, Werte, Meinungen oder Überzeugungen erkennen und Ihre Argumentation darauf abstimmen. Frisch validierte Wahrnehmungen rechtfertigen die derzeitige Beschaffenheit der Landkarte. Sie stärken sein Selbstvertrauen. Die meisten Menschen sehen und hören in erster Linie das, was sie sehen und hören möchten. Sie nehmen wahr, was sie kennen und was zu ihren bewährten

Konzepten passt. Der Mensch möchte seine Glaubenssätze, Werte und Entscheidungskriterien validiert wissen. Validierte Informationen geben Sicherheit. Indem Sie als Coach die Landkarte des Coachees validieren, gewinnen Sie das Vertrauen seines Unbewussten. Das Unbewusste Ihres Coachees möchte wissen:

- Werde ich ernst genommen?
- Kann der andere meine Sicht der Dinge nachvollziehen?
- Teilt er meine Bewertungen?
- Akzeptiert er meine Gefühle?
- Muss ich auf der Hut sein und mich schützen, oder kann ich dem anderen vertrauen und mich so zeigen, wie ich bin?
- Werde ich als Mensch respektiert und verstanden?

Wenn Sie einem Menschen seine Realität einwandfrei bestätigen, schaffen Sie eine magische Verbindung. Sie erzeugen zwischenmenschliche Harmonie und geben seinem Unbewussten das Gefühl, dass er sich bei Ihnen in guten Händen befindet.

Fehlendes Validieren führt zum Konflikt

Wir alle wünschen uns, dass unsere Mitmenschen unsere Realität bestätigen und unsere Sicht der Dinge teilen. In zwischenmenschlichen Beziehungen können enorme Schwierigkeiten entstehen, wenn die Partner vergessen, die Realität des anderen zu validieren. Ehestreits drehen sich häufig um das Validieren der inneren Landkarten. Menschen empfinden es nicht selten als Provokation, wenn ihre Realität nicht wie erwartet validiert wird. Sie erzeugen dabei das Gefühl, der andere würde glauben, sie seien im Unrecht. Dieses Missverständnis resultiert aus der unbewussten Verwechselung der eigenen Landkarte mit der Realität selbst. Konflikte sind vorprogrammiert, wenn die Partner auf ihren inneren Landkarten ein Bild des anderen geschaffen haben, das mit dessen eigenem Selbstkonzept kollidiert. Unterschwellige Urteile, Anklagen oder Beschuldigungen werden meist sehr genau wahrgenommen. Das Unbewusste achtet gewissenhaft darauf, wie andere Menschen unsere Person bewerten. Im Falle mangelnder Bestätigung wird nicht selten die erstbeste Gelegenheit gesucht, um seinen Unmut auszudrücken.

Da die meisten Menschen nicht darin geübt sind, Verletzungen auf der Beziehungs-Ebene offen zu thematisieren, werden derartige Konflikte dann auf der Sach-Ebene ausgetragen. Irgendein Thema wird sich schon finden. Auf Nebenkriegsschauplätzen wird dann über Belanglosigkeiten debattiert. Notfalls ist man sogar bereit, über die Art und Weise zu streiten, wie Zahnpastatuben ausgedrückt werden. Solch unterschwellig-aggressives Verhalten kann sich gegenseitig hochschaukeln und dann zu einer Generalisierung des verdeckten Konfliktes führen. Schließlich wird der andere emotional als Feind erlebt. Alle Beteiligten haben das Gefühl, sich schützen zu müssen, und steigen in die »emotionale Rüstung«. Die Partner sind dann prinzipiell nicht mehr bereit, sich ihre inneren Landkarten gegenseitig zu validieren. Wenn wir uns jedoch weigern, die Realität eines anderen Menschen zu bestätigen, entsteht nicht selten ein unausgesprochener Glaubenskrieg. Um jeden Zentimeter des geistigen Territoriums wird erbittert gekämpft. Wird die Tube nun in der Mitte oder am hinteren Ende ausgedrückt? Das Wissen um die natürliche Verschiedenheit der inneren Landkarten ist auch im Coaching eine wertvolle Grundlage, um unnötige Konflikte zu vermeiden und Respekt, Wertschätzung und Toleranz für die Wahrnehmung anderer Menschen zu gewinnen.

Validieren und Trance

Zur Induktion einer Trance im Coaching ist es sinnvoll, dem Coachee zunächst seine Wahrnehmungen zu validieren. So gewinnt der Coach an Glaubwürdigkeit, und der Coachee wird geneigt sein, den Instruktionen zu folgen.

- »Während Du wahrnimmst, was Du jetzt wahrnimmst, hörst Du meine Stimme ... und während Du meine Stimme hörst, spürst Du, wie Du entspannen kannst ... und während Du Deinen Körper wahrnimmst, spürst Du Deinen Atem ...«

Das Wörtchen »während« ist eine wichtige Formulierung im Coaching mit NLP. Es validiert die Realität des anderen auf einfache und wirkungsvolle Weise. Durch das verbale Aufgreifen der bestehenden Sinnesreize wird die aktuelle Wahrnehmung des

Coachees für gültig erklärt. Gleichzeitig ist es ein Ausdruck von
Akzeptanz – das, was jetzt hier ist, ist okay.

Verweise

→ Pacing
→ Hypnotische Techniken
→ Innere Landkarte

Veränderungs-Coaching – raus aus der Komfortzone!

Nutzen/Ziel

- Souveräne Steuerung von Veränderungs-Prozessen.
- Auflösung von alten Blockaden.
- Nachhaltige Wirksamkeit durch ökologische Verträglichkeit der Maßnahmen.

Anwendungsfelder

- Zentrales Know-how im Coaching → ein kompetenter Coach braucht wirksame und nachhaltige Veränderungs-Methoden.
- Festgefahrene, energiearme Zustände.
- Stagnation, Blockaden, Langeweile oder Überforderung.

Das ganze Leben ist ein Prozess permanenter Veränderung. Wir verändern uns kontinuierlich – von der Geburt bis zum Tod. Das Prinzip der Veränderung prägt das menschliche Leben. Trotzdem tun sich viele Zeitgenossen immer wieder schwer, gewünschte oder sogar notwendige Veränderungen vorzunehmen. Die Konsultation eines Coachs kann bei schwierigen Veränderungs-Prozessen wie ein Katalysator wirken – ein neuer, frischer Impuls startet eine Initialzündung! Plötzlich steht die nötige Motivation zur Verfügung, blockierte Energie wird freigesetzt, hinderliche Ängste lösen sich auf – daraus resultierend kristallisieren sich neue Prioritäten, innovative Ideen tauchen auf, bald darauf werden konkrete Maßnahmen geplant, Ziele formuliert, Termine gesetzt – und Schritt für Schritt verwandelt sich eine schwierige Situation durch die transformative Kraft des Coaching in ein motivierendes Vorhaben.

Im Coaching

Als Coach sind Sie Spezialist für Veränderungen. Sie verfügen über wirkungsvolle Werkzeuge, um Veränderungs-Prozesse zu initiieren, zu beschleunigen und zu gestalten. Dabei spielt das Wissen um die menschliche Komfortzone eine entscheidende Rolle – nicht umsonst heißt es, der Mensch ist ein Gewohnheits-Tier. Wenn Sie Ihrem Coachee helfen wollen, nachhaltige Veränderungen zu realisieren, müssen Sie ihm Wege aufzeigen, die alte Komfortzone hinter sich zu lassen. Veränderung bedeutet für den Menschen, seine Ressourcen neu zu organisieren und dabei vielleicht alte Gewohnheiten aufzugeben. Das menschliche Wahrnehmen, Erleben und Verhalten ist sehr stark an die individuellen Gewohnheiten gebunden. Durch unsere Gewohnheiten wird unsere Identität aufrechterhalten. Sie sind tragende Säulen unserer persönlichen Ökologie. Der Versuch einer Veränderung von Gewohnheiten führt zunächst zur Frage nach der ökologischen Funktion des bisherigen Verhaltens, bevor neue Verhaltensmuster entwickelt und umgesetzt werden.

Die Taoisten sagen, das einzig Beständige am Leben sei der ewige Wandel. Tatsächlich ist unser Leben ein Prozess, der sich ständig verändert. Der Körper verändert sich kontinuierlich, von der Geburt bis zum Tod. Unsere psychische Verfassung, unsere Wahrnehmung der Welt und unsere Bedürfnisse verändern sich ebenfalls im Laufe der Zeit. Die innere Landkarte wird neurologisch zunehmend komplexer vernetzt. Einige Aspekte der Realität werden ständig näher differenziert, während andere Aspekte mehr und mehr ins Unbewusste abrutschen und der Zensor über ihnen den Schleier des Vergessens ausbreitet.

Derartige Prozesse sind uns häufig nicht bewusst, da die Veränderungen langsam und schrittweise vor sich gehen. So können sie von unserem Unbewussten Stück für Stück verdaut und integriert werden. Wenn jedoch drastische Veränderungen bevorstehen, gibt es oft Teile in uns, die sich gegen den Schock der Veränderung wehren und die Innovation bekämpfen. Diese Teile sind verantwortlich für die Integrität unseres Systems. Wenn Veränderung gewünscht wird, darf nicht vergessen werden, dass jeder Mensch, jedes Team und jede Organisation ein sich selbst erhaltendes System darstellt. Viele Verhaltensweisen oder Gewohnheiten lassen sich erst dann ändern, wenn die gewünschte Innovation positiv auf ihre ökologische Verträglichkeit hin überprüft wurde.

Stabilität und Veränderung

Da das Coaching mit NLP effektive Methoden zur Veränderung bereitstellt, muss sich ein kompetenter Coach auch mit der Wahrung der Stabilität des Systems »Coachee« auseinandersetzen. Stabilität steht oft im scheinbaren Gegensatz zur Veränderung. Ein lebendes System ist dann stabil, wenn es sich im Gleichgewicht befindet. Das Gleichgewicht spiegelt sich wider in der mentalen und physischen Verfassung des Menschen. Jede Veränderung, die das bestehende Gleichgewicht stört oder gar infrage stellt, gefährdet die Stabilität des Systems. Nicht-ökologische Veränderungswünsche werden oft von unbewussten Kräften verhindert, deren Aufgabe darin besteht, die Stabilität zu wahren. Um eine gewünschte Veränderung auf ihre ökologische Verträglichkeit hin zu überprüfen, wird ein gründlicher Öko-Check gemacht. Dabei wird gefragt, ob es innerhalb des betroffenen Systems irgendwelche Teile gibt, die gegen die geplante Veränderung Einwände erheben. Falls ja, wird die positive Absicht hinterfragt und in die Zieldefinition integriert. Abschließend erfolgt ein Future Pace, um sicherzustellen, dass der Lernprozess ins reale Leben übertragen wird.

Im Coaching mit NLP gilt die Annahme, dass jeder Mensch alle für eine Veränderung benötigten Ressourcen zur Verfügung hat. Wir müssen lediglich lernen, Kontakt zu ihnen herzustellen und sie so zu organisieren, dass wir sie als Kraftquellen gezielt nutzen können. Selbst die Repräsentation der Vergangenheit auf unserer inneren Landkarte kann verändert werden. Zum Beispiel bietet das Interventionsmuster Change History die Möglichkeit, die persönliche Geschichte eines Coachees im Nachhinein zu verändern. Dabei durchläuft der Coachee eine gezielte Regression und erlebt die problemerzeugende Situation der Vergangenheit in seiner Fantasie noch einmal. Diesmal wird er jedoch von seinem Coach so vorbereitet, dass er die problematische Situation erfolgreich meistern kann. Dafür nimmt er neue Ressourcen mit in den alten Kontext.

Diese nachträgliche Aufarbeitung kann dazu führen, dass ähnliche Situationen in der Zukunft angemessen bewältigt werden.

Coaching-Übung: Veränderung verstehen

Dieser Frageleitfaden bietet dem Coach die Möglichkeit, die gewünschte Veränderung des Coachees schnell und transparent zu erfassen.

- Welche Veränderungen möchten Sie realisieren?
- Was genau sind Ihre Ziele?
- Was ist Ihre Motivation?
- Wie können Sie diese Motivation noch verstärken?
- Wie können Sie Ihre Ziele erreichen?
- Mit welcher Strategie gehen Sie vor?
- Welche Etappenziele gibt es?
- Was müssen Sie ganz besonders beachten?
- Wie werden Sie sich belohnen?
- Was ist Ihr erster Schritt auf Ihrem Weg zum Ziel?
- Was ist Ihre symbolische Start-Handlung?
- Wann starten Sie den Veränderungs-Prozess?

Verweise

→ Ökologie
→ Time Line
→ Magie des Wünschens
→ Ziel-Orientierung

Wahrnehmungs-Typen – trainieren Sie Ihre sinnliche Intelligenz!

Nutzen/Ziel

- Diagnose von Wahrnehmungsgewohnheiten.
- Gezielte Ansprache von unterschiedlichen Gesprächspartnern.
- Kriterien für wirkungsvolles Pacing und Leading.

Anwendungsfelder

- Als Erklärungsmodell für unterschiedliche Werthaltungen.
- Als Methodik zur Bewusstmachung unterschiedlicher Strategien.
- Bei Konflikten ohne offensichtlichen Anlass.

Jeder Mensch hat individuelle Strategien und Gewohnheiten, die Realität wahrzunehmen und auf seiner inneren Landkarte zu repräsentieren. Dabei lässt sich bei jedem Menschen ein bevorzugter Wahrnehmungskanal erkennen. Obgleich wir Synästhesien erschaffen und das Unbewusste Informationen aus allen Kanälen empfängt, lässt sich jeder Mensch schwerpunktmäßig einem bestimmten Wahrnehmungstyp zuordnen. Die Typen entsprechen den drei wichtigen Kanälen: visuell, auditiv und kinästhetisch. Im Coaching gilt es, die Präferenzen der Informationsverarbeitung schnell und treffsicher zu erkennen, um den Coachee gezielt ansprechen zu können. Deshalb möchten wir Ihnen empfehlen, sich darin zu trainieren, die unterschiedlichen Typen anhand spezieller Erkennungskriterien zu diagnostizieren.

Coaching mit NLP-Werkzeugen. Thomas Rückerl und Torsten Rückerl
Copyright © 2008 WILEY-VCH Verlag GmbH & Co. KGaA, Weinheim
ISBN: 978-3-527-50351-3

Im Coaching

Die folgenden Beschreibungen sind Erfahrungswerte, die sich in der Praxis als in hohem Maße zutreffend bewährt haben. Weitere Kriterien für die Diagnose der Wahrnehmungs-Typen liefern das Modell der Augenbewegungen und die sinnliche Metaphorik der Wortwahl, die die bevorzugten Repräsentations-Systeme des Coachees abbildet. Außerdem können die drei Wahrnehmungstypen auch anhand von allgemeinen Kennzeichen intuitiv erkannt werden. Im Coaching geht es jedoch auch immer darum, sich nicht zu sehr von Modellen leiten zu lassen, sondern die Einzigartigkeit des Coachees bewusst wahrzunehmen und sinnvoll in den Coaching-Prozess zu integrieren.

Der visuelle Typ

Coachees, die sich bevorzugt im visuellen System orientieren, können oft bereits an ihrem gepflegten oder gestylten Outfit erkannt werden. Sie haben meist einen ausgeprägten Sinn für die Zusammenstellung ihrer Kleidung und beachten auch kleinste Details. Schlampige Kinästhetiker können ihnen ein Dorn im Auge sein, nüchterne Auditive sind ihnen oft zu farblos in der Gestaltung ihrer Erscheinung. Visuelle Typen sind meist fotogen und mögen Magazine mit vielen Bildinformationen. Sie sind besonders empfänglich für die hypnotische Wirkung des Fernsehens. Sie haben guten Zugang zu inneren Bildern, und sie wollen mit ihren eigenen Augen sehen, wie eine Technik funktioniert und was sie beim anderen bewirkt. Visuell besonders geübte Menschen können auch mit offenen Augen innere Filme sehen und blicken dabei wie in Trance nach vorn. Im Coaching können durch den Einsatz von Interventionen, die auf visuellen Reizen basieren, oftmals sehr gute Ergebnisse erzielt werden.

Erkennungsmerkmale:
Gepflegte Erscheinung, modische Kleidung, schnelle, oftmals unbetonte Sprechweise, Talent zum Small Talk, lebhafte Augen, schaut oft nach oben und sucht innere Bilder oder starrt wie in

Trance geradeaus, schnelle Brustatmung, aufgeräumter Schreibtisch, helle Wohnung.

Sprache:
Bildhaft, konkrete Beispiele, nicht immer logisch strukturiert, doch oft sehr anschaulich durch visuelle Metaphern: »Eine wahre Augenweide« oder »Jetzt kann ich mir ein Bild davon machen« oder »Ich sehe, was Sie meinen«.

Stimme:
Das Beschreiben von Bildern verlangt viele Worte, deshalb redet man meist schnell, in tendenziell hoher Tonlage.

Besondere Werte:
Übersichtlichkeit, geschmackvoll, Farbharmonie, optische Attraktivität, aufgeräumte Wohnung, klare Verhältnisse, anschauliche Beschreibungen, den Durchblick haben, ein gutes Augenmaß, schöne Aussichten.

Lernaufgabe:
Der Faszination der sichtbaren Welt widerstehen, Oberflächlichkeit intelligent hinterfragen und dabei den eigenen Körper spüren.

Wie begegnen Sie dem visuellen Typ im Coaching?
- Wenn Sie in Zukunft mit einem visuellen Typ in Kontakt treten, erinnern Sie sich an Ihre Erfahrungen, die Sie in der visuellen Welt gesammelt haben.
- Verbessern Sie den Kontakt durch Senden und Empfangen von Signalen aus der visuellen Welt. Suchen Sie Blickkontakt. Kommunizieren Sie mit vielsagenden Blicken, beobachten Sie Mimik und Gestik.
- Achten Sie in der Kommunikation auf die Sprache Ihres Coachees und auf die Bewegungen seiner Augen – in welche Richtung blickt dieser Mensch, wenn er beim Denken oder Sprechen in seinem Gedächtnis Informationen abruft?
- Falls Sie der Meinung sind, dass Sie selber eine starke visuelle Neigung haben, dann machen Sie sich diesen Charakterzug mit all seinen Konsequenzen bewusst. Erkennen Sie Ihre

Stärken, doch achten Sie darauf, dass Sie den anderen Kanälen in Zukunft ebenfalls Beachtung schenken.

Der auditive Typ

Coachees, die sich bevorzugt über den auditiven Kanal orientieren, achten in der Kommunikation darauf, was sie hören – was sagt der andere, und wie sagt er es? Für sie ist auch wichtig, was sie sich selbst sagen hören und was sie denken. Sie denken weniger in Bildern oder Gefühlen, sondern in Form von verbalen Aussagen des inneren Dialogs. Auditive Typen lesen gern Bücher, oft auch interessante und komplizierte Sachbücher. Sie haben Freude am Verstehen von komplexen Zusammenhängen und können die Informationen leicht verstehen. Die Phänomene der Realität sind auf ihren inneren Landkarten überwiegend durch Worte und Töne abgespeichert. Auditive Menschen sind oft anspruchsvolle Gesprächspartner und verfügen meist über einen großen Wortschatz. Sie achten auch auf einzelne Formulierungen und deren konnotative Bedeutung. Im Coaching können durch den Einsatz von Interventionen, die auf auditiven Reizen basieren, oftmals sehr gute Ergebnisse erzielt werden.

Man kann den auditiven Wahrnehmungstypus noch näher differenzieren – in auditiv-tonale und auditiv-digitale Typen. Die auditiv-tonalen Typen hören besonders auf den Klang und den Tonfall der Sprache. Gute Musiker oder Musikliebhaber verfügen oft über ein tonal erstaunlich geschultes Gehör. Die auditiv-digitalen Typen hingegen achten weniger auf den Klang, sondern eher auf die Bedeutung von Worten. Diese Menschen haben sich darauf spezialisiert, ein hoch differenziertes Modell der Welt in Form von auditiven Ankern zu entwickeln. Ihre innere Landkarte bildet die Welt in sehr subtilen und zugleich komplexen sprachlichen Zusammenhängen ab. Erfahrungen werden konsequent benannt und in Wörter gefasst. Die Ausbildung von auditiv-digitalen Spezialisten findet verstärkt an den Universitäten statt. Wer lernt, wissenschaftlich zu denken, lernt automatisch, seine Wahrnehmungen extrem zu digitalisieren.

Erkennungsmerkmale:
Anspruchsvoller Gesprächspartner, mittleres Sprechtempo, mathematische Fähigkeiten, Leseratte, wenig Körpersprache, wenig Blickkontakt, schlichte Kleidung, nüchterne Umgebung, beim Sprechen pendeln die Augen links und rechts, auch nach links unten.

Sprache:
Großer Wortschatz, bewusster Sprachgebrauch, Zahlen, Daten, Fakten, längere Sätze, differenzierte Konnotationen, logische Gedanken, auditive Prozessworte: »Das klingt gut«, oder »Wir haben einige Unstimmigkeiten«, oder »Nicht in diesem Tonfall!«.

Stimme:
Mittlere Tonlage und angenehme Sprechgeschwindigkeit, oft wohlklingend und gezielt akzentuierend, feinsinnige Intonierung.

Besondere Werte:
Logische Argumentation, strukturiertes Denken, geistreiche Wortspiele, anspruchsvolle Konversation, gute Musik, Vorliebe für günstiges Preis-Leistungsverhältnis, technische Funktionalität, geistige Präzision, kreative Wortwahl.

Lernaufgabe:
Mit offenen Augen durch die Welt gehen, Oberflächen als Kontaktangebote wertschätzen, Worte in Taten verwandeln, sich bewusst bewegen und dabei den eigenen Körper spüren.

Wie begegnen Sie dem auditiven Typ im Coaching?
- Wenn Sie mit dem auditiven Typ in Zukunft Kontakt haben, besinnen auch Sie sich auf dieses Orientierungssystem. Erinnern Sie sich an Ihre Erfahrungen, die Sie in der auditiven Welt gesammelt haben.
- Verbessern Sie den Kontakt durch Senden und Empfangen von Signalen aus der auditiven Welt. Seien Sie ganz Ohr. Hören Sie genau zu, was er zu Ihnen sagt. Achten Sie auf jedes Wort.
- Wählen Sie auch Ihre eigenen Worte mit Bedacht. Verzichten Sie auf nichtssagende Floskeln. Achten Sie auf die innere Lo-

gik Ihrer Aussagen. Sprechen Sie mit wohlklingender Stimme. Stellen Sie intelligente Fragen.

- Verzeihen Sie Ihrem auditiven Gesprächspartner den fehlenden Blickkontakt. Dies ist kein Ausdruck von Unhöflichkeit, sondern eine Nebenwirkung der starken Konzentration auf die gesprochenen Worte! Intensiver Blickkontakt könnte beim Zuhören stören und ihn vom empfundenen Wesentlichen, nämlich dem Inhalt Ihrer Aussagen, ablenken.
- Achten Sie neben dem Sprachgebrauch jedoch hin und wieder auf die Augenbewegungen des Coachees – in welche Richtung blickt dieser Mensch, wenn er beim Denken oder Sprechen in seinem Gedächtnis Informationen abruft?
- Falls Sie der Meinung sind, dass Sie selber eine starke auditive Neigung haben, dann machen Sie sich diesen Charakterzug mit allen seinen Konsequenzen bewusst. Würdigen Sie Ihre Fähigkeit zur intelligenten Kognition, doch achten Sie darauf, dass Sie den anderen Kanälen in Zukunft ebenfalls Beachtung schenken.

Der kinästhetische Typ

Coachees, die sich bevorzugt über den kinästhetischen Kanal orientieren, haben guten Kontakt zu ihrem Körper, ihren Empfindungen und Gefühlen. Sie erinnern Situationen oft anhand von gefühlsmäßigen Zuständen. Sie interessiert weniger, was andere Menschen sagen oder wie sie aussehen, sondern welche Gefühle sie ihnen vermitteln. Sie wollen Dinge in die Hand nehmen und berühren, um sie zu begreifen. Kinästhetische Typen brauchen Übungen. Sie wollen die Information in Handlungen umsetzen und Erfahrungen machen, die bei ihnen Gefühle auslösen. Visuelle Typen brauchen Demonstrationen. Häufig haben sie einen Sinn für Sport oder Bequemlichkeit oder für beides. Kinästhetische Typen tragen Kleidung, in der sie sich wohlfühlen. Sie möchten sich frei bewegen können und verstehen oft nicht, warum visuelle Menschen sich in manchmal hochgradig unbequeme Outfits zwängen und wieso auditive Zeitgenossen den dreifachen Preis für ein Kleidungsstück zahlen, nur weil ein kleiner Schriftzug Markenqualität verspricht. Kinästhetische Typen kann man auch an der Körpersprache erkennen. Ihre Art, sich zu bewegen, strahlt eine körperliche Präsenz aus. Sie benutzen ihre Hände, um Sachverhalte darzustellen. Sie erleben die Welt durch ihren Körper. Wenn kinästhetische Typen von etwas überzeugt werden sollen, müssen sie den handfesten Nutzen am eigenen Leibe erfahren können.

Erkennungsmerkmale:
Kräftiger Händedruck, intensive Körpersprache, lockere Kleidung, gemütliche Umgebung, tiefe Stimme, langsame Bauchatmung, aktive Hände, Augen oft nach unten gerichtet, besonders nach unten rechts.

Sprache:
Körperliche Begrifflichkeiten, Ausdruck von Bewegung, Gefühlen und Empfindungen: »Mir läuft ein Schauer über den Rücken«, »Dies ist eine handfeste Angelegenheit«, »Er hat vor Freude auf die Schenkel geklatscht«.

Stimme:
Meist langsam, resonanzkräftig, eher voll und tief, aus dem Bauch heraus.

Besondere Werte:
Wohlbefinden, Bodenständigkeit, persönliche Erfahrung, Bewegung und Sport, Bequemlichkeit, körperliche Kraft, Durchhaltevermögen, Natürlichkeit, lockere Atmosphäre, frische Luft, gutes Essen.

Lernaufgabe:
Den Körper stärker mit der kognitiven Reflektion vernetzen, die eigenen Erfahrungen sprachlich reflektieren, die eigene Außenwirkung gezielt steuern, Oberflächen als Kontaktangebote wertschätzen.

Wie begegnen Sie dem kinästhetischen Typ im Coaching?
- Wenn Sie mit dem kinästhetischen Typ in Kontakt treten, besinnen Sie sich auf Ihre Körperlichkeit. Erinnern Sie sich an

Ihre Erfahrungen, die Sie in der kinästhetischen Welt gesammelt haben.

- Verbessern Sie den Kontakt durch Senden und Empfangen von Signalen aus der kinästhetischen Welt. Suchen Sie Körperkontakt. Spüren Sie die Aura, die Sie beide umgibt. Achten Sie weniger auf die gesprochenen Worte, sondern auf die Atmosphäre der Kommunikation. Setzen Sie Ihre Hände ein, um Sachverhalte darzustellen.
- Achten Sie während der Kommunikation auf seinen Sprachgebrauch und auf die Bewegungen seiner Augen – blickt er häufiger nach unten, wenn er beim Denken oder Sprechen in seinem Gedächtnis Informationen abruft?
- Falls Sie der Meinung sind, dass Sie selber eine starke kinästhetische Neigung haben, dann machen Sie sich diesen Charakterzug mit allen Konsequenzen bewusst. Erkennen Sie die Stärke Ihrer körperlichen Präsenz und würdigen Sie den guten Kontakt zu Ihrem Körper, doch achten Sie darauf, dass Sie den anderen Kanälen in Zukunft ebenfalls Beachtung schenken.

Test zur sinnlichen Intelligenz

Welcher Typ bin ich?

Anleitung
Lesen Sie jede Frage einzeln durch und entscheiden Sie, welche der drei Antwortmöglichkeiten für Sie zutrifft. Sie können bei jeder Frage **10 Punkte** vergeben. Sollten Sie sich ganz klar für eine Antwort entscheiden und die anderen beiden gänzlich ausschließen, so geben Sie dieser Antwort alle 10 Punkte. Anderenfalls verteilen Sie die 10 Punkte auf zwei oder alle drei Antworten so, wie es Ihrem Charakter entspricht.

Auf diese Weise trainieren Sie sich darin, auch jenseits des »Schubladen-Denkens« Ihren Präferenzen angemessen und wohldosiert Ausdruck zu verleihen. Sobald Sie alle Fragen durch die Zuordnung von Punkten beantwortet haben, finden Sie im Anhang eine Tabelle für die Auswertung Ihrer Ergebnisse.

Test zur sinnlichen Intelligenz

1. Wenn ich in den Urlaub fahre, dann möchte ich ...

☐ a) Land und Leute sehen und ein schönes Zimmer in einem Hotel mit inspirierendem Ambiente, am besten ein Zimmer mit Blick aufs Meer oder auf die Berge.

☐ b) endlich mal in Ruhe nachdenken und lesen, die Stille genießen, meinen Geist entspannen, schöne Musik hören und interessante Gespräche mit netten Menschen führen.

☐ c) mich einfach nur wohlfühlen und alles loslassen, vielleicht am Strand herumliegen und baden oder aktiv Sport treiben und meinen Körper in Bewegung spüren.

2. Wenn ich mich über längere Zeit stark konzentrieren muss, dann brauche ich besonders ...

☐ a) absolute Ruhe und keinerlei Störgeräusche. Mein Geist muss klar denken können.

☐ b) einen klaren Blick für das Ziel meiner Aufgabe. Ich muss mir die Aufgabe ganz genau vorstellen können.

☐ c) eine ruhige Atmosphäre und eine entspannte Sitzposition. Ich muss mich wohlfühlen, um mich auf die Aufgabe einlassen zu können.

3. Wenn ich mich richtig entspannen möchte, dann kann ich das am besten ...

☐ a) vor dem Fernsehgerät oder beim Blättern in Magazinen.

☐ b) in der warmen Badewanne oder in der Sauna.

☐ c) bei angenehmer Musik oder durch harmonische Gespräche.

4. Wenn ich mir Kleidung kaufe, dann achte ich besonders darauf,

☐ a) dass ich darin gut aussehe und dass Farben und Stil zu meiner Erscheinung passen.

☐ b) dass das Preis-Leistungs-Verhältnis stimmt, weil die Materialien und die Verarbeitung hochwertig sind und die Marke zu mir passt.

☐ c) dass die Sachen bequem sind und ich mich darin wirklich wohlfühle – dann sind Farbe und Marke nicht so entscheidend.

5. Wenn ich in der Lotterie gewinne und mir ein Auto aussuchen darf, dann wähle ich

☐ a) einen schicken Sportwagen oder ein schönes Coupé, vielleicht als Cabrio, und natürlich in meiner Lieblingsfarbe.

☐ b) eine technisch ausgereifte Limousine mit besten Abgaswerten, günstigem Spritverbrauch und exzellentem Markenimage.

☐ c) einen komfortablen Geländewagen mit bequemen Ledersitzen, dicken Reifen, Sitzheizung und viel Platz im Innenraum.

**6. Wenn ich ein Restaurant besuche, dann achte ich –
neben der guten Qualität der Speisen – besonders auf**

- [ ] a) eine gemütliche und angenehme Atmosphäre. Im Restaurant zu sitzen bedeutet gutes Essen mit Wohlfühlfaktor.

- [ ] b) ein attraktives und ästhetisches Ambiente. Ein gutes Essen braucht eine schöne Atmosphäre und attraktive Räume, am besten im Kreise von stilvollen Menschen.

- [ ] c) einen interessanten Gesprächspartner an meinem Tisch. Bei einem guten Essen will ich mich inspiriert unterhalten – gerne mit schöner Musik im Hintergrund.

7. In meiner Freizeit

- [ ] a) treibe ich Sport, arbeite im Garten oder koche zu Hause. Außerdem sitze ich gern mit Freunden zusammen.

- [ ] b) gehe ich gern ins Kino, fotografiere reizvolle Motive oder bummle an den Schaufenstern entlang. Außerdem sitze ich gern im Café und beobachte Leute.

- [ ] c) lese ich gern ein gutes Buch, höre schöne Musik oder gehe gern ins Konzert. Mit meinen Freunden und Bekannten führe ich gern interessante Gespräche.

8. Wenn ich plötzlich an einen bestimmten Menschen denke, dann kommt mir als spontane Erinnerung zuerst in den Sinn

- [ ] a) der Name.

- [ ] b) das Gesicht.

- [ ] c) mein Gefühl zu dieser Person.

9. Wenn ich jemandem zur Begrüßung die Hand reiche, dann

☐ a) achte ich darauf, wie sich sein Händedruck anfühlt.

☐ b) schaue ich ihm in die Augen und achte auf seinen Ge-sichtsausdruck.

☐ c) sage ich ein paar passende Worte und höre, was er mir antwortet.

10. Wenn ich mich frage, mit welchen Menschen ich den besten Kontakt pflege, dann sind es überwiegend ...

☐ a) lockere Typen, die natürlich, sympathisch und authen-tisch wirken – mit denen man Pferde stehlen kann.

☐ b) interessante und gebildete Menschen, mit denen man intelligente Gespräche auf einem gewissen Niveau führen kann.

☐ c) attraktive Personen, mit einer gewinnenden Erschei-nung, mit denen man sich überall sehen lassen kann.

11. Wenn ich im Team arbeite, ist es mir wichtig,

☐ a) dass man sich gut versteht und alle Probleme offen besprochen werden können. Gutes Teamwork heißt: Die Gespräche sind effektiv, und die Kommunikation stimmt.

☐ b) dass alle das gleiche Ziel vor Augen haben und sich als Partner betrachten. Gutes Teamwork heißt, für alle sichtbare Erfolge zu erzielen.

☐ c) dass man sich respektiert und alle bereit sind, Hand in Hand zusammenzuarbeiten. Teamwork muss sich für alle gut anfühlen – dann geht es mit Schwung voran.

12. Wenn ich plötzlich den Beruf wechseln müsste, hätte ich in folgenden Aufgabengebieten die besten Erfolgschancen:

a) als Fotograf, Modeberater oder Grafiker – oder in einem Beruf, in dem es darauf ankommt, sich schnell einen Überblick zu verschaffen und treffsicher zu erkennen, wann neue Sichtweisen erforderlich sind.

b) als Handwerker, Sporttrainer oder Koch – oder in einem Beruf, in dem viel Bewegung stattfindet, weil Schwerpunkte verlagert und Durchbrüche erzielt werden müssen.

c) als Journalist, Controller oder Techniker – oder in einem Beruf, in dem viele Informationen verarbeitet und ausgetauscht, oder Zahlen berechnet werden und überzeugende Argumente zählen.

---

13. Wenn ich in einer Fernsehshow mitmachen könnte, dann würde mich dabei am meisten reizen

a) ein Quiz, in dem es darum geht, Namen und Begriffe zu erraten, oder wo Expertenwissen zu kniffligen Fragen gefragt ist.

b) ein Geschicklichkeitswettbewerb, in dem ich auf die Torwand schieße, um die Wette laufe oder mich in anderen körperlichen Herausforderungen mit anderen messen kann.

c) eine Lifestyle-Show, in der die neuesten Trends aus Fashion und Lifestyle präsentiert werden und ich mich von anderen schönen Menschen inspirieren lassen kann.

---

14. Mein Traumpartner ...

☐ a) sieht gut aus und hat eine tolle Figur.

☐ b) ist ein guter Zuhörer und ein intelligenter Gesprächs-partner.

☐ c) hat ein warmes Herz und eine angenehme Ausstrah-lung.

15. Wenn ich eine wichtige Entscheidung treffen muss, dann

☐ a) höre ich mir zunächst alle relevanten Argumente ge-wissenhaft an und stelle einige kritische Fragen, bis ich schließlich eine stimmige Antwort habe.

☐ b) wäge ich die verschiedenen Standpunkte zunächst ge-geneinander ab und erforsche mein Gefühl, bei wel-cher Entscheidung ich mich wirklich wohl fühle.

☐ c) betrachte ich alle Faktoren ganz genau und sorge dafür, dass ich vor meinem geistigen Auge alle Per-spektiven erkenne. Erst, wenn ein klares Bild entsteht, treffe ich die Entscheidung.

16. Wenn meine Freunde mich charakterisieren sollen, würden sie sagen, dass

☐ a) ich ein intelligenter »Verstandes-Mensch« bin, der Probleme gut analysieren kann und über ein großes Wissen verfügt.

☐ b) ich ein attraktiver »Augen-Mensch« bin, der eine ge-pflegte Erscheinung darstellt und stets den Überblick hat.

☐ c) ich ein lebendiger »Gefühls-Mensch« bin, der viel in Bewegung ist und einen guten Kontakt zu seinen körperlichen Empfindungen hat.

Auswertung

Übertragen Sie Ihre Punktzahlen in die folgende Tabelle. Dort sehen Sie, welcher sinnlichen Alternative Sie wie viele Punkte gegeben haben.

1. a)	Vis		2. a)	Aud		3. a)	Vis		4. a)	Vis	
b)	Aud		b)	Vis		b)	Kin		b)	Aud	
c)	Kin		c)	Kin		c)	Aud		c)	Kin	

5. a)	Vis		6. a)	Kin		7. a)	Kin		8. a)	Aud	
b)	Aud		b)	Vis		b)	Vis		b)	Vis	
c)	Kin		c)	Aud		c)	Aud		c)	Kin	

9. a)	Kin		10. a)	Kin		11. a)	Aud		12. a)	Vis	
b)	Vis		b)	Aud		b)	Vis		b)	Kin	
c)	Aud		c)	Vis		c)	Kin		c)	Aud	

13. a)	Aud		14. a)	Vis		15. a)	Aud		16. a)	Aud	
b)	Kin		b)	Aud		b)	Kin		b)	Vis	
c)	Vis		c)	Kin		c)	Vis		c)	Kin	

Anschließend zählen Sie Ihre Punkte in den drei Kategorien zusammen. So erfahren Sie, wie Ihre sinnlichen Präferenzen im Test verteilt sind.

Gesamt-Ergebnis:

Visuelle Präferenz	_____	Punkte
Auditive Präferenz	_____	Punkte
Kinästhetische Präferenz	_____	Punkte

Die Kategorie, in der Sie die meisten Punkte gesammelt haben, entspricht Ihrem bevorzugten Sinnes-System; hier liegen Ihre Stärken. Das System, in dem Sie am wenigsten Punkte haben, zeigt Ihnen, wo sich Ihre Lernaufgaben und Ihr Entwicklungs-Potenzial befinden.

Coaching-Übung: zum Wahrnehmungstypen-Test

Wenn Sie Ihren Coachee den Wahrnehmungstypen-Test ausfüllen lassen, können Sie ihm anschließend helfen, seine Testergebnisse auf nützliche Weise zu interpretieren. Dabei können Sie ihm folgende Fragen stellen:

- Was ist Ihr spontaner Eindruck?
- Wo liegen Ihre sinnlichen Präferenzen? Welcher Typ sind Sie?
- Was hat Sie überrascht? gefreut? ... irritiert?
- Wie beeinflussen Ihre sinnliche Präferenzen Ihre Kommunikation?
- Wie reagieren andere Menschen auf Ihre sinnlichen Präferenzen?
- Wie nutzen Sie Ihre sinnlichen Stärken im Alltag?
- Wie können Sie dafür sorgen, dass Ihre noch nicht so entwickelten Wahrnehmungs-Kanäle stärker stimuliert werden?
- Was ist Ihr sinnliches Fazit?

Verweise

→ Augenbewegungen
→ sinnliche Sprache
→ V.A.K.O.G.

Win-win-Ethik –
die Kunst der positiven Beeinflussung!

Nutzen/Ziel

- Grundlegende Orientierung im Coaching – »Coaching-Philosophie«.
- Basis der vertrauensvollen Zusammenarbeit.

Anwendungsfelder

- Zentrales Werkzeug = persönliche Führungskompetenz des Coachs.
- Grundsätzliche Werthaltung für nachhaltigen Erfolg!
- Entwicklung von Konfliktlösungen.

Coaching ist eine gezielte Beeinflussung. Ihr Coachee kommt zu Ihnen, um sich von Ihnen als Coach so beeinflussen zu lassen, dass er Problemlösungen findet und anschließend realisiert. Entscheidend dabei ist, dass die Beeinflussung ökologisch verträglich für den Coachee ist. Dies bedeutet, dass Sie als Coach genau darauf achten müssen, dass Ihre maßgeschneiderten Problemlösungen in der Welt des Coachees tatsächlich funktionieren und möglichst wenige Nebenwirkungen erzeugen.

Im Coaching

Das ganze Leben ist ein Prozess der wechselseitigen Beeinflussung. Jede erfolgreiche Kommunikation ist eine gelungene Beeinflussung. Je wirksamer eine Kommunikation, desto weitreichender die Beeinflussung. Wir können nicht nicht beeinflussen! Allerdings stellt sich die Frage, ob das Ergebnis der Beeinflussung ein Gewinner-Gewinner-Modell darstellt oder ob sich der beeinflusste Mensch anschließend als Verlierer fühlt:

- Welchem Zweck dient die Beeinflussung?
- Wollen Sie dem anderen helfen, seine Situation verbessern, seine Bedürfnisse befriedigen, seine Lebensqualität erhöhen – oder wollen Sie lediglich Ihre eigenen Bedürfnisse befriedigen?

Das Prinzip der Beeinflussung können Sie nicht abstellen, es gehört zu unserem Leben dazu – entscheidend ist, wie Sie dieses Prinzip umsetzen. Was geben Sie Ihren Mitmenschen? Zu seinem Vorteil lässt sich jeder Mensch gern beeinflussen! Deshalb ist es besonders als Coach sehr wichtig, genau zu unterscheiden, welche Form von Beeinflussung angemessen ist.

Die Zivilisation braucht gezielte Beeinflussung

Unsere Gesellschaft könnte ohne systematische Beeinflussung überhaupt nicht funktionieren. Beispielsweise ist die Schulpflicht eine systematische Beeinflussung, der sich niemand widersetzen kann, ohne mit dem Gesetz in Konflikt zu geraten. Die Lehrer werden vom Staat dafür bezahlt, ihre Schüler so zu beeinflussen, dass sie möglichst viel lernen. Der Einfluss der Lehrer soll bewirken, dass die Schüler fähig sind, den auf dem Lehrplan stehenden Stoff zu verstehen und nachhaltig in ihrem Gedächtnis zu verankern. Kindererziehung ist grundsätzlich eine sehr massive Beeinflussung. Die Gesellschaft erwartet von den Eltern, Ihre Kinder so zu »erziehen«, dass sie sich später zu nützlichen Mitgliedern der Gemeinschaft entwickeln und deren Regeln und Normen respektieren. Die ursprüngliche Natürlichkeit der Kinder wird beschnitten, stattdessen wird der Nachwuchs mit mehr oder weniger drastischen Methoden darauf konditioniert, die Werte der Eltern und der Gesellschaft zu übernehmen. Nicht selten wird auf einer unbewussten Ebene massiv manipuliert, obwohl das Bewusstsein der scheinbar selbstlosen Eltern glaubt, keine eigennützigen Vorteile anzustreben. Eltern wollen oftmals das Beste für ihre Kinder, doch leider merken sie nicht, dass ihre Art, diese Absicht zu realisieren, für die Kinder überhaupt nicht förderlich ist – im Gegenteil, viele Kinder werden durch den negativen Einfluss ihrer Eltern entmutigt und frustriert. Wertvolles Vertrauen geht verloren. Als Motiv der Manipulation spielen nicht selten versteckte Eitelkeit, Bequemlichkeit oder pädagogischer Übereifer eine gewichtige Rolle. Hier gilt es, die unbewusste Manipulation zunächst einmal zu bemerken, zu überprüfen und die Einflussnahme dann so zu verändern, dass sie für alle Betroffenen zu einem echten Gewinner-Gewinner-Modell wird.

Positive Beeinflussung – das Erfolgsrezept des Homo sapiens

Das Prinzip der Beeinflussung ist allgegenwärtig und wirkt oftmals gleichzeitig im Verborgenen. Gerade im Bereich der Massenmedien wird deutlich, dass auch das Weglassen von Informationen eine massive Beeinflussung sein kann. Nahezu undurchschaubare Beeinflussung ist eins der wesentlichen Merkmale unserer modernen, komplexen Gesellschaft. Unsere Vorfahren vor 50 000 Jahren haben sich wahrscheinlich gegenseitig weit weniger komplex beeinflusst, denn sie waren noch wesentlich stärker mit ihrem puren Überlebenskampf beschäftigt. Das Leben war hart, aber einfach. Der Stärkere setzt sich durch, der Schwächere gibt nach. Es wurde gesammelt und gejagt, gegessen und geruht, man hat sich fortgepflanzt und den Nachwuchs großgezogen. Die Natur bestimmte den Lebenswandel. Doch eine kultivierte und leistungsorientierte Lebensweise basiert auf gezielter und komplexer Beeinflussung. Wir brauchen gut ausgebildete Leistungsträger. Was geschieht während einer Ausbildung? Der Auszubildende wird gezielt beeinflusst! Wenn Sie als Führungskraft in einem Unternehmen tätig sind, werden Sie dafür bezahlt, die Ihnen anvertrauten Mitarbeiter so zu beeinflussen, dass sie motiviert und effizient die anstehende Arbeit erledigen. Es geht nicht darum, Beeinflussung zu verhindern, sondern dafür zu sorgen, dass sie auf eine positive Weise realisiert wird. Als Coach werden Sie dafür bezahlt, mit Ihrem Einfluss dafür zu sorgen, dass sich Ihr Coachee in seiner Welt besser zurechtfindet und seine Probleme lösen kann.

Das Prinzip der Beeinflussung ist untrennbar mit der menschlichen Psyche verbunden. Jeder Mensch projiziert ständig seine eigenen Wünsche, Bedürfnisse und Absichten in andere Menschen hinein und konfrontiert sie mit seinen unterschwelligen Erwartungen. Die menschliche Psyche verfügt über unbewusste Mechanismen, die dafür sorgen, dass im Kontakt mit anderen Menschen in erster Linie die eigenen Interessen vertreten werden. Falls die anderen Menschen unseren Erwartungen folgen, belohnen wir sie durch Symphatie und Zuneigung. Falls sie unsere Erwartungen frustrieren, entstehen Konflikte und Aggressionen. Unbewusste Manipulationen sind an der Tagesordnung und durch die Natur der menschlichen Psyche bedingt. Doch gleichzeitig möchte niemand von einem anderen Menschen gegen seinen Willen manipuliert werden. Alle Menschen verfügen über unbewusste Abwehrmechanismen, die darauf programmiert sind, uns gegen unerwünschte Manipulationen zu schützen. Falls dieser Zustand der psychischen Belagerung länger andauert, verschlechtert sich das emotionale Klima, denn der manipulierte Mensch beginnt sich zu wehren, indem er mit Widerstand und Misstrauen reagiert. Das wachsende Misstrauen belastet die Qualität der Kommunikation und bewirkt eine allgemeine emotionale Aufrüstung. Es entstehen unterschwellige, dann offensichtliche Aggressionen. Jetzt werden heimliche Gegenangriffe gestartet, die Opfer verbünden sich, vielleicht entstehen sogar Intrigen und Verschwörungen. Oder man versucht, dem psychischen Stress einfach aus dem Weg zu gehen und beginnt, den Manipulator zu meiden.

Beeinflussung zum Vorteil des Coachees

Je mehr Beeinflussungskraft Ihnen als Coach zur Verfügung steht, desto wichtiger ist es, dass Sie sich über die ganzheitlichen Folgen Ihrer Aktivitäten bewusst werden. Dies zeigt sich auch im Umgang mit dem Coachee: Wenn es dem Coach in erster Linie darum geht, mit seinem Coachee so viel Geld wie möglich zu verdienen, indem er ihm suggeriert, was alles möglich ist, wenn er doch nur genug Zeit und Geld ins Coaching investiert, kann er das Vertrauen eines unkritischen Coachees ausnutzen. Dadurch würde er einen kurzfristigen Mehrgewinn erzielen. Im Nachhinein wird der manipulierte Coachee jedoch enttäuscht feststellen, dass »ihm etwas angedreht wurde«, und enttäuscht von einer weiteren Zusammenarbeit mit dem manipulativen Coach absehen. Statt eines zufriedenen Coachees bekommt der Coach einen schlechten Meinungsmacher, der als negativer Multiplikator sein Empfehlungsmarketing torpediert. Frustrierte Menschen neigen dazu, ihre negativen Erfahrungen zu dramatisieren und zu generalisieren. Ein negativer Anker wirkt wie ein Magnet für alle weiteren Frustrationen. Der frustrierte Coachee wird vielleicht nicht nur den Coach nicht weiterempfehlen, sondern aufgrund seiner Erfahrung Coaching generell als nützliche und effiziente Dienstleistung infrage stellen, worauf sich vielleicht weitere bis dahin interessierte Menschen dem Coaching verschließen. In Anbetracht solcher Kettenreaktionen sollte sich jeder Manipulator rechtzeitig fragen, ob der kurzfristige Mehrgewinn im Vergleich mit den langfristigen Nebenwirkungen einen tatsächlichen Gewinn darstellt.

Der Enttäuschung des Coachees können Sie vorbeugen, indem Sie sich in der Ethik des Win-win-Prinzips verankern. Der Volksmund weiß: »Ehrlich währt am längsten!« Um Ihre positive Ethik auch auf die Straße zu bringen, sollten Sie im Coaching sehr feinsinnig auf unterschwellige Signale besonders zum Bedarf und Ziel des Coachees achten. Es gilt, aufkeimenden Widerstand frühzeitig wahrzunehmen und mögliche Grenzen des Coaching transparent zu kommunizieren. Natürlich ist es für Sie als Coach wichtig, Ihren Coachee durch zielorientierte und wirksame Interventionen zu begeistern – doch nicht für Ihre Fähigkeiten, sondern für seine Möglichkeiten der Zielerreichung. Ihre Bereitschaft, auch auf unterschwellige Einwände einzugehen, stärkt das Vertrauen Ihres Coachees. Ein gelungenes Gewinner-Gewinner-Modell steigert nicht nur die Lebens- und Arbeitsqualität, sondern bringt auch gemeinsame Erfolgserlebnisse. So entsteht ein gutes emotionales Klima und eine tragfähige Basis für eine nachhaltige Zusammenarbeit und ein positives Empfehlungsmarketing.

Verweise

→ Gewinner-Gewinner-Modell
→ Leading
→ Motivation
→ Ökologie

Wirksamkeit im Coaching – empfängerorientierte Kommunikation

Nutzen/Ziel

- Wichtige Botschaften in der Kommunikation absichern.
- Bewusster Umgang mit Verzerrung, Tilgung und Generalisierung von Informationen.

Anwendungsfelder

- Als grundsätzliche Haltung des Coachs.
- Am Ende jedes Coaching als Öko-Check.

Wir müssen davon ausgehen, dass in der zwischenmenschlichen Kommunikation ein großer Teil von Information verloren geht. Eine Vielzahl der gesendeten Informationen wird vom Empfänger gar nicht oder nur teilweise oder verzerrt verstanden. Auch die gewählten Worte (Oberflächenstruktur) werden vom Empfänger nicht selten ganz anders verstanden als vom Sender beabsichtigt. Die Oberflächenstruktur der Sprache ist nur ein sehr reduziertes Abbild der tatsächlichen Tiefenstruktur in den Köpfen der Menschen. Als kompetenter Coach müssen Sie sich auch Ihrer eigenen Tendenz zum Informationsverlust bewusst sein und im Kontakt mit Ihrem Coachee darauf achten, dass die wesentlichen Informationen tatsächlich bei ihm ankommen.

Im Coaching

Im Coaching gilt das Prinzip der empfängerorientierten Kommunikation. Dabei zählen Resultate: Das Ergebnis deiner Kommunikation ist die Reaktion, die du erhältst! Um den Erfolg einer Kommunikation zu bewerten, ist nicht entscheidend, welche Absicht der Sender verfolgte, sondern inwieweit der Empfänger die Botschaft verstanden hat und wie er darauf reagiert. Viele Menschen vergessen in der Kommunikation, dass der Partner eine andere innere Landkarte im Kopf hat und die gesendeten Signale dementsprechend anders interpretiert. Jeder Mensch lebt innerhalb seines eigenen begrenzten Realitäts-Tunnels. Nur weil Menschen die gleiche Sprache sprechen, müssen sie einander nicht unbedingt verstehen. Erfahrene Coachs, die mit ihrem Coachee in der Kommunikation nicht vorankommen, nutzen ihr Wissen und thematisieren den Informationsverlust auf der Meta-Ebene. Oftmals hilft dieses Wissen auch dem Coachee, um sich in der Kommunikation anders wahrzunehmen und bessere Ergebnisse zu erzielen.

Auch die so genannten blinden Flecken verursachen einen permanenten Informationsverlust. Alle Menschen haben blinde Flecken in der Wahrnehmung ihrer eigenen Person. Zum Beispiel wird die Wirkung der eigenen körpersprachlichen Signale vom Sender oft nicht bewusst wahrgenommen. Wenn Menschen sich selbst auf Video sehen, sind sie häufig erstaunt oder irritiert, wie sie nach außen wirken. Zu den blinden Flecken können neben den unbewusst ausgesendeten Botschaften auch gezielte Verhaltensweisen gehören, die aus einer individuellen Selbstverständlichkeit heraus gezeigt werden. Oftmals verstecken sich hinter dieser Selbstverständlichkeit unbewusste Glaubenssätze, die die Kommunikation so lange erschweren, bis sie vom Träger des Glaubenssatzes erkannt werden. Als Beispiel dient ein Bereichsleiter, der von sich glaubte, Frauen aus Prinzip zu respektieren und wertzuschätzen, doch gleichzeitig nicht merkte, dass er alle Frauen in seinem Bereich ständig durch Nichtbeachtung entwertete. Sein unbewusster Glaubenssatz bezog sich auf die Wertschätzung der Frau als Familienmanagerin zu Hause. Jede berufstätige Frau in seinem Bereich war für ihn eine ständige Provokation, die er gezielt versuchte zu ignorieren, ohne zu merken, dass die Frauen in seiner Abteilung seine Ignoranz als Abwertung empfanden. Als sich die Lage zuspitzte und ein externer Coach hinzugezogen wurde, konnte der Bereichsleiter seinen blinden Fleck erkennen.

Verzerrte Informationen sind an der Tagesordnung

Wenn es in der alltäglichen Kommunikation um innere, für den anderen unsichtbare Prozesse geht, müssen wir davon ausgehen, dass die Wahrscheinlichkeit von Missverständnissen erheblich höher liegt als das gegenseitige Verständnis. Genau genommen sind Missverständnisse der Regelfall. Sobald es eine Möglichkeit der Interpretation gibt, projizieren wir unsere eigenen Assoziationen in die Worte des anderen hinein. Ein Mitarbeiter sagt zu seinem Chef: »Es gibt Zeiten, da fühle ich mich richtig demotiviert.« Der Chef antwortet: »Das kenne ich sehr gut. Da kann ich Sie verstehen.« Doch versteht der Chef seinen Mitarbeiter tatsächlich? Was heißt »demotiviert«? Vielleicht meint der Mitarbeiter damit, dass er am liebsten seinen Job aufgeben und eine Weltreise machen möchte, während der Chef stattdessen assoziiert, dass er hin und wieder gerne ein bisschen früher Feierabend machen möchte. Die Aussage kann sowohl bedeuten, dass der Mitarbeiter drei Tage im Jahr keine Lust zur Arbeit hat, als auch, dass er sich regelmäßig ins Büro quält.

Das Empfangen und Senden von Botschaften ist eine hohe Kunst. Unsere Wahrnehmungen werden ständig mit den im Gehirn bereits vorhandenen Referenzerfahrungen abgeglichen und daraufhin interpretiert, bewertet und eingeordnet. Es geschehen ständig Prozesse der Generalisierung, Tilgung und Verzerrung. Dabei geht Information verloren. Die eigene innere Landkarte ist nur ein unvollständiges und verzerrtes Abbild der Realität, die jedoch unsere Kompetenz als Empfänger entscheidend beeinflusst. Ob wir es wollen oder nicht, wir projizieren unsere eigene innere Landkarte in das Verhalten der anderen Menschen hinein. In der Kunst der Kommunikation geht es nicht darum, wie wir die Prozesse der Informationsverzerrung abschalten, sondern wie wir mit den verzerrten Informationen umgehen. Wenn wir als Coach unsere Coachees wirklich verstehen wollen, brauchen wir ein relativierendes Verständnis über unseren eigenen Wahrnehmungsfilter. Des Weiteren benötigen wir geistige Präsenz, um unser Wissen in der aktuellen Situation nutzbar zu machen. Ein kompetenter Coach braucht offene Wahrnehmungskanäle und zugleich ein flexibles System der Informationsverarbeitung.

Kompetente Coachs wissen um die Tatsache des Informations-verlustes. Missverständnisse können zwar nicht vermieden, doch sie können reduziert werden. Zuhören ist eine Kunst. Eine respekt-volle, aufmerksame und einfühlsame Einstellung dem Partner ge-genüber erzeugt ein positives Klima. Coaching mit NLP bietet dar-über hinaus weitere Instrumente, um Informationsverluste mög-lichst gering zu halten. Pacing schafft Rapport. Je besser der Rap-port, desto freier können Informationen fließen. Die Augenbewe-gungen geben Zugangshinweise, um zu erkennen, in welchem Re-präsentations-System der andere gerade denkt. Mit diesem Wissen können Botschaften besser verstanden werden. Durch das auf-merksame Beobachten der Physiologie des Coachees können In-kongruenzen frühzeitig erkannt und die damit verbundenen Ein-wände thematisiert werden. Mithilfe des Chunking-Down werden komplexe Konstrukte in handliche Details zerlegt und konkret be-nannt. Durch das Chunking-Up werden verborgene Motivationen, Ziele und Bedürfnisse erforscht. Die Fragen des Meta-Modells hel-fen, eine Erfahrung möglichst vollständig zu verbalisieren. Mithilfe dieser Kommunikationswerkzeuge kann im Coaching Informati-onsverlust gezielt reduziert, hinterfragt und aufgearbeitet werden.

Verweise

→ Chunking
→ Frage-Technik
→ Innere Landkarte
→ Meta-Programme
→ Projektion

Wohlgeformte Ziele – Programmiersprache des Unbewussten

Nutzen/Ziel

- Wirksame Formulierung von Zielen in der Programmiersprache des Unbewussten.
- Steigerung der Wahrscheinlichkeit beim Erreichen von Zielen.
- Instrument zur Konkretisierung von indifferenten Zielen.

Anwendungsfelder

- Als standardisierte Transfer-Sicherung in jedem Coaching.
- Bei hartnäckigen Misserfolgen und problemorientierten Zukunftsentwürfen.
- Nachhaltige Motivationssicherung zur Zielerreichung.

Das menschliche Gehirn funktioniert wie ein Ziel-Flug-Gerät. Die Evolution hat ein komplexes Filter-System entwickelt, das aus der unermesslichen Vielzahl der auf jeden Menschen einströmenden Reize genau diejenigen auswählt, die am bedeutsamsten erscheinen. Alle anderen Reize werden weggefiltert und somit nicht bemerkt. Wenn Sie als Coach Ihrem Coachee helfen wollen, ein angestrebtes Ziel mit hoher Wahrscheinlichkeit zu erreichen, müssen Sie die »Ziel-Koordinaten« in das komplexe Filter-System der menschlichen Wahrnehmung einspeisen. Dabei gilt es, die im Laufe der Evolution entstandenen Regeln bezüglich der Funktionsweise des menschlichen Ziel-Flug-Gerätes zu beachten. Die Kriterien der Wohlgeformtheit helfen Ihnen, zukünftige Ziele so zu »formatieren«, dass sie optimal in das Filter-System Ihres Coachee eingepflegt werden können und dabei mit motivierender Libido-Energie aufgeladen werden.

Im Coaching

Für das Formulieren von Zielen gelten im Coaching mit NLP die Kriterien der Wohlgeformtheit. Sie wurden von dem Hamburger Diplom-Psychologen Thies Stahl im Rahmen des PeneTrance-Modells entwickelt und dienen einer optimalen Zielerreichung. Wenn alle Kriterien erfüllt sind, ist die Wahrscheinlichkeit der Realisierung am größten, da das Ziel eine enorm starke Sogwirkung bekommt. Während das Ziel im Coaching hinsichtlich der Wohlgeformtheit untersucht wird, entwickelt sich die Formulierung des angestrebten Zieles Schritt für Schritt weiter. Dabei durchläuft der Coachee einen dynamischen Prozess der Informationsverdichtung. Die letztlich erarbeitete Version beinhaltet alle vorherigen Versionen und fungiert als symbolische Repräsentation des gesamten Prozesses.

Die mentale Vorstellung eines Zieles im Gehirn des Menschen erzeugt neue neurologische Verbindungen. Dadurch wird die innere Struktur für neues Verhalten angelegt. Ähnlich wie die genetische Information eines Samenkorns das Erscheinungsbild der Pflanze prägt, formen unsere Ideen, Wünsche und Ziele unser zukünftiges Verhalten. Je wohlgeformter unsere Vorstellungen von der Zukunft formuliert sind, desto höher sind die Chancen für eine reibungslose Realisierung.

Laden Sie die unbewussten Kräfte zur Zielerreichung ein!

Die Kriterien der Wohlgeformtheit sind zehn Faktoren, die über Ihren Erfolg bei der Realisierung Ihrer Wünsche entscheiden. Normalerweise überlassen viele Menschen die Überprüfung der Kriterien dem Unbewussten, doch eine bewusste Auseinandersetzung kann die unbewussten Kräfte hilfreich unterstützen, alle relevanten Kriterien tatsächlich zu erfüllen. Während Sie mit Ihrem Coachee ein Ziel hinsichtlich der nachfolgenden Kriterien untersuchen, durchläuft die Definition des Zieles einen dynamischen Prozess der Informationsverdichtung. Ein wirklich wohlgeformtes Ziel bündelt die persönlichen Energien des Coachees und lässt sein Unbewusstes sehr genau wissen, wie es sich in Zukunft verhalten soll. Diese wohlgeformte Programmierung führt Ihren Coachee zur Magie des Wünschens.

Als Coach sorgen Sie für eine wohlgeformte Ziel-Formatierung, indem Sie Ihren Coachee mit der Frage

»Wie soll Ihre Realität beschaffen sein, wenn Sie das aktuelle Problem gelöst haben?«

konsequent in eine attraktive Zukunft führen. Dabei helfen Sie ihm, den Fokus seiner Wahrnehmung weg vom Problem hin zur Lösung auszurichten. Sobald er seine Lösungsideen in erste, beschreibende Worte kleiden kann, stimulieren Sie ihn, diese Zielformulierung so lange zu optimieren, bis sie der Programmiersprache seines Auto-Piloten entspricht. Sie hinterfragen seine Ziel-Beschreibungen immer spezifischer, indem Sie sich konsequent an den Kriterien der Wohlgeformtheit orientieren.

Die Kriterien der Wohlgeformtheit lauten:

1. Attraktiv und motivierend

»Für welches Ziel können Sie sich wirklich begeistern?«

Damit ein Ziel seine magnetische Kraft voll entfalten kann, muss es so formuliert werden, dass die Vorstellung der Zielerreichung eine starke Hin-zu-Motivation beim Coachee auslöst. Je mehr Libido-Energie die Zielformulierung beim Coachee freisetzt, desto größer wird seine Bereitschaft sein, die nötigen Anstrengungen zu investieren.

2. Positiv formuliert

»Was möchten Sie anstatt des jetzigen Zustandes erreichen?«

Die Zieldefinition soll keine Verneinung (nicht, kein, ohne) enthalten, sondern positiv formuliert sein. Falls Negationen enthalten sind, fragt der Coach konsequent, was der Coachee stattdessen erreichen will, und führt ihn so zu einer positiven Entsprechung.

3. Kein Vergleich

»Was genau wollen Sie erreichen?«

Die Zieldefinition soll keinen Vergleich (besser als, schöner als) enthalten, sondern sich aus sich selbst heraus erklären. Falls Vergleiche vorhanden sind, fragt der Coach, was genau der Coachee wahrnehmen wird, wenn er den angestrebten Zielzustand erreicht hat und woran er dies bemerkt.

4. Klarer Kontext

»In welchem Rahmen wollen Sie Ihr Ziel realisieren?«

Das Ziel soll gut kontextualisiert sein. Der Coachee sollte wissen, wann und wo in welcher Situation er was mit wem erreichen möchte.

5. Sinnlich konkret

»Was nehmen Sie wahr, wenn Sie Ihr Ziel erreicht haben?«

Der Zielzustand soll anhand von konkreten sinnlichen Wahrnehmungen (V.A.K.O.G.) erkennbar sein. Der Coachee soll genau sehen, hören, fühlen, riechen und schmecken können, wann er sein Ziel erreicht hat. Diese Wahrnehmungen können durch Abfragen der Submodalitäten noch spezifiziert werden.

6. Kurzer Feedbackbogen

»Woran merken Sie, dass Sie sich Ihrem Ziel nähern?«

Die Zeitspanne, die verstreicht, bis der Coachee bemerkt, dass er sich auf dem richtigen Weg befindet und dabei eine Rückmeldung durch ein Erfolgserlebnis bekommt, soll möglichst kurz sein. Dadurch erfolgt eine schnelle positive Verstärkung. Falls der Feedbackbogen lang ist, stimuliert der Coach den Coachee, ein wahrnehmbares Kriterium zu finden, um schon früher zu bemerken, dass er sich seinem Ziel nähert.

7. Eigeninitiative

»Was können Sie selber dazu beitragen, Ihr Ziel zu erreichen?«

Der Coachee soll das Ziel selbst initiieren und aufrechterhalten können. Falls dieses Kriterium nicht erfüllt ist, fragt der Coach seinen Coachee, was er selbst dazu beitragen kann, damit sein Wunsch in Erfüllung geht. So entsteht ein neues, selbstinitiierbares Ziel.

8. Ressourcen organisieren

»Was brauchen Sie, um Ihr Ziel zu erreichen?«

Die Zieldefinition soll so formuliert sein, dass der Coachee die zur Zielerreichung notwendigen Fähigkeiten in sich finden und aktivieren kann oder eine klare Vorstellung davon gewinnt, wie er die fehlenden Ressourcen organisieren kann.

9. Ökologisch verträglich

»Gibt es irgendwelche Risiken und Nebenwirkungen?«

Das Ziel soll ökologisch verträglich sein. Nur unter dieser Bedingung wird es seine volle Sogwirkung entfalten, da es von allen Teilen der Persönlichkeit des Coachees unterstützt wird.

10. Future Pace

»Was tun Sie in welcher Reihenfolge, um Ihr Ziel zu erreichen?«

Der Zielzustand soll vom Coachee im Hier und Jetzt fassbar sein, um sich voll motiviert auf die ersten Schritte einlassen zu können. Der Wechsel von der Problem-Physiologie zur Ziel-Physiologie beim Coachee muss wahrnehmbar sein.

Der optimal eingestellte Autopilot

Als Ergebnis dieses kreativen Prozesses gelangt Ihr Coachee in einen zuversichtlichen und handlungsbereiten Zustand. Nun erhalten Sie sowohl von seinem Bewusstsein als auch von den beteiligten unbewussten Teilen ein kongruentes Commitment auf dieses Ziel hin – die Zielkoordinaten sind wirkungsvoll in seinem Auto-Piloten eingespeist. Die unbewussten Wahrnehmungsfilter des Coachees werden nun automatisch so ausgerichtet, dass alle relevanten Reize, die auf das Ziel hindeuten, markiert werden und bevorzugt auf dem Monitor seines Bewusstseins erscheinen. Der optimal eingestellte Auto-Pilot führt Ihren Coachee nun auf scheinbar magische Weise, scheinbar »zufällig«, in genau die Situationen, die notwendige Etappenziele auf dem Weg zur Zielerreichung darstellen. Diese kaum zu unterschätzende Funktion des menschlichen Gehirns bildet eine der Grundlagen der »Magie des Wünschens«.

Coaching Übung: Ziel-Kriterien abfragen

Welches Ziel wollen Sie erreichen?

1. Kriterium: attraktiv und motivierend

- Warum möchten Sie dieses Ziel erreichen?
- Welche Vorteile bringt Ihnen die Zielerreichung?
- Wie können Sie das Ziel verändern, damit es noch attraktiver wird?

2. Kriterium: positiv formuliert

- Ist das Ziel positiv formulier?
- Falls nicht: Wenn Ihr Problem gelöst ist – wie soll es stattdessen sein?

3. Kriterium: kein Vergleich

- »Was genau wollen Sie erreichen?«
- Ganz konkret: Wie groß? Wie viel? Wie oft? Wie lange?

4. Kriterium: klarer Kontext

- Welche Rahmenbedingungen gelten für Ihr Ziel?
- Wer genau ist wie daran beteiligt?
- Welcher Termin, Zeitrahmen und Ort?

5. Kriterium: sinnlich konkret

- Woran werden Sie merken, dass Sie Ihr Ziel erreicht haben?
- Was genau sehen, hören, fühlen, schmecken und riechen Sie dann?
- Wie können Sie noch schneller merken, dass Sie auf dem richtigen Weg sind?

6. Kriterium: kurzer Feedbackbogen

- Was sind die Meilensteine auf dem Weg zu Ihrem Ziel?
- Was genau lässt Sie wissen, dass Sie auf dem richtigen Weg zum Ziel sind?
- Wie können Sie noch schneller bemerken, dass Ihr Weg der richtige ist?

7. Kriterium: Eigeninitiative

- Was können Sie persönlich zur Zielerreichung beitragen?
- Was müssen Sie tun oder lernen, um Ihr Ziel zu erreichen?
- Was genau werden Sie tun?

8. Kriterium: Ressourcen organisieren

- Welche Fähigkeiten haben Sie bereits, um Ihr Ziel zu erreichen?
- Was brauchen Sie außerdem, um Ihr Ziel zu erreichen?
- Wie können Sie die Wahrscheinlichkeit erhöhen, dass Sie Ihr Ziel erreichen?

9. Kriterium: ökologisch verträglich

- Welchen Preis kostet Sie die Zielerreichung?
- Welche Risiken/Nebenwirkungen könnten bei der Zielerreichung entstehen?
- Was würde passieren, wenn Sie Ihr Ziel nicht erreichen?

10. Kriterium: Future Pace

- Was sind die Schritte zur Zielerreichung?
- Wann genau tun Sie was in welcher Reihenfolge?
- Womit genau fangen Sie wann an?

Verweise

- → Future Pace
- → Magie des Wünschens
- → Öko-Check
- → PeneTrance-Modell
- → Ressourcen

Z

Zensor –
der Pförtner an der Grenze
zum Unbewussten

Nutzen/Ziel

- Aktivierung und Steuerung von unbewussten Kräften im Coaching.
- Nachhaltige Implantation von neuen Ideen.
- Verständnis für die unbewussten Abwehr-Mechanismen des Coachees.

Anwendungsfelder

- Als grundlegende Orientierung bei der Arbeit mit unbewussten Prozessen.
- Während der Formulierung von Zielen und Visionen.
- Im Öko-Check und bei der Einwand-Integration.

Ein großer Teil des menschlichen Verhaltens wird von unbewussten Kräften gelenkt, die teilweise archetypischen Mustern und teilweise individuellen Erfahrungen entspringen. Im Coaching geht es oftmals darum, dass dem Coachee zunächst bewusst wird, welche weitreichenden Konsequenzen der Veränderungswunsch für den unbewussten Anteil des Systems mit sich bringt. Der Zensor verkörpert die Schnittstelle zwischen bewusster Entscheidung und tatsächlich realisierter Veränderung. Auf jede Coaching-Intervention, die nicht vom Zensor autorisiert wurde, wird mit Widerstand reagiert, weil das Unbewusste grundsätzlich auf »Nummer Sicher« geht, bevor es einem unbekannten Einfluss vertraut. Erst wenn Sie als Coach das Vertrauen des mächtigen Zensors in der mentalen Schaltzentrale gewonnen haben, wird der Coachee Ihnen die wirklich relevanten Informationen für den Veränderungsprozess preisgeben.

Coaching mit NLP-Werkzeugen. Thomas Rückerl und Torsten Rückerl
Copyright © 2008 WILEY-VCH Verlag GmbH & Co. KGaA, Weinheim
ISBN: 978-3-527-50351-3

Im Coaching

Der Zensor ist eine Metapher für die Kräfte im Menschen, die dafür sorgen, dass unsere psychische Integrität gewahrt bleibt. Er bewacht die Ökologie des Menschen und stellt sicher, dass unbewusste Prozesse so ablaufen, wie es aufgrund der bisherigen Erfahrung am besten erscheint. Viele zum Überleben wichtige Programme wie zum Beispiel Atmung, Verdauung oder Verhalten in Stress-Situationen werden nicht bewusst kontrolliert, sondern von unbewussten Programmen gesteuert. Der Zensor sorgt dafür, dass wichtige psychische Funktionen nicht in das Bewusstsein gelangen, damit ihre Arbeit nicht durch leichtfertige Manipulationen gestört werden kann. Diese unbewussten Kräfte funktionieren ähnlich wie ein Autopilot im Flugzeug. Alle wichtigen Funktionen sind programmiert und werden ständig automatisch überprüft. Der Zensor wacht darüber, dass der Autopilot ordnungsgemäß funktioniert. Wenn das eigene Bewusstsein oder womöglich sogar ein fremdes Bewusstsein in die programmierten Steuerungsprozesse eingreifen möchte, überprüft der Zensor die Intervention unter ökologischen Gesichtspunkten. Falls sie nicht ökologisch erscheint, wird er sich dagegen wehren. Dies geschieht vielleicht nicht zur Freude des Bewusstseins, aber es dient unserem Überleben und hat sich in langen Jahren bewährt – immerhin hat der Mensch bis heute erfolgreich überlebt!

Das Modell des Zensors ist eine Vereinfachung und dient als Erklärungshilfe für Zusammenhänge, die in der Realität natürlich sehr viel komplexer sind. Im Coaching spielt der Zensor in zweierlei Hinsicht eine wichtige Rolle:

- Als Wächter der Ökologie.
- Als Vermittler zwischen konfligierenden Persönlichkeitsteilen in Veränderungsprozessen.

Zunächst ist es wichtig für den Coach zu verstehen, dass jeder Coachee durch seine eigene persönliche Ökologie geprägt wird. Dieses hochgradig individualisierte System besitzt ein komplexes Gleichgewicht und bildet die Grundlage der Existenz dieses Menschen. Der Zensor bewacht dieses empfindliche Gleichgewicht und ist somit jederzeit bereit, sich gegen verdächtige Interventionen des Coachs zu wehren. Dabei sind unzählige Wege denkbar – vom heimlichen Widerstand bis zum wütenden Streit. Entscheidend für Sie als Coach ist die Berücksichtigung der Tatsache, dass die Alarm-Systeme gegen nicht-ökologische Beeinflussung bei vielen Menschen (glücklicherweise!) erstaunlich scharf eingestellt sind – im Zweifelsfall wird sich der Zensor oftmals dafür entscheiden, ihre Beeinflussung abzuwehren und sich dabei auf die Erfolge der bisherigen Strategie in der Vergangenheit berufen.

In der Praxis heißt das, Ihr Coachee wird an seiner Problem-Orientierung festhalten und mit Ihnen argumentieren. Sein Bedürfnis nach Stabilität, nach Schutz der bisherigen Integrität und das unbewusste Streben »recht zu behalten« führen dazu, dass Ihre Veränderungs-Angebote als »unrealistisch« abgetan werden. Um solche aufreibenden Abwehrschlachten und unnötigen Widerstand zu vermeiden, gilt: Zunächst begegnen Sie Ihrem Coachee mit exzellentem Pacing, Sie validieren seine innere Landkarte, signalisieren Sensibilität und wertschätzende Kooperation. Erst wenn der Zensor den Coach als unterstützende Kraft in einem ökologischen Veränderungsprozess wahrnimmt, kann sich der Coachee öffnen und dem Coach vertrauen. Der Zensor geht kein Risiko ein – das wichtigste Kriterium ist Sicherheit. Seine Aufgabe ist es, die Integrität des Menschen zu beschützen. Dafür sind ihm alle verfügbaren Mittel recht. Deshalb ist es im Coaching in jedem Fall ratsam, den Zensor zu respektieren und sich mit ihm anzufreunden.

Außerdem könnte man sagen, dass die einwanderhebenden Persönlichkeitsteile ein Ausdrucksmedium des Zensors sind. Wenn im Veränderungsprozess ein Persönlichkeitsteil mithilfe eines Einwands seine positive Absicht kommunizieren möchte, meldet sich durch ihn der Zensor zu Wort. Würde der Teil sich nicht melden, hätte der Zensor hier kein adäquates Sprachrohr zur Verfügung. Durch ein komplett verdecktes Agieren des Zensors würde der Veränderungsprozess des Coachees wesentlich erschwert. Dann würde der Zensor, wie er es meist tut, heimlich im Untergrund wirken und den Umsetzungsprozess des neuen Verhaltens aus ökologischen Gründen sabotieren.

Kontakt mit dem Zensor im Coaching

Als Coach haben Sie folgende Möglichkeiten, um den Zensor zur schnellen und nachhaltigen Kooperation zu bewegen:

- Einfühlsames und konsequentes Pacing auf allen Ebenen.
- Setzen Sie Ihren Coachee nicht unnötig unter Druck. Lassen Sie Ihm genug Raum zur Selbstdarstellung.
- Respektieren Sie das Tempo des Coachees. Kreative Prozesse brauchen ihre Zeit. Pacen Sie die Denk- und Sprechgeschwindigkeit Ihres Coachees.
- Signalisieren Sie ihm eindeutig, dass Sie seinen freien Willen respektieren und dass Sie das Coaching ergebnisoffen gestalten werden.
- Sensibilisieren Sie sich sehr frühzeitig auf mögliche Einwände. Pacen Sie die Einwände und arbeiten Sie die dahinter verborgene positive Absicht heraus.
- Nutzen Sie hypnotische Sprachmuster, die Ihrem Coachee viel Raum zur freien Assoziation lassen. Verwenden Sie Modal-Operatoren der Möglichkeit (vielleicht, falls gewünscht, wenn es passt, zur richtigen Zeit, können Sie gerne wieder neu entscheiden, wann immer Sie wollen, ...)
- Sprechen Sie in langsamer und einfühlsamer Stimmlage. Ähnlich wie ein Hypnotiseur können Sie den Zensor entspannen, indem Sie ihm ein Gefühl von Sicherheit und Geborgenheit vermitteln.
- Achten Sie auf frühzeitige und saubere Öko-Checks, auch als kurze Feedback-Schleifen während des Coaching-Prozesses, um zu signalisieren, dass mögliche Veränderungen gewissenhaft überprüft werden.
- Denken Sie in Alternativen und seien Sie flexibel mit Ihren Kommunikationsangeboten. Achten Sie sehr genau auf feine Veränderungen in den Reaktionen Ihrer Coachees.

Verweise

→ Bewusstsein
→ Ökologie
→ Unser Unbewusstes

Ziel-Orientierung – notwendiger Kompass im Coaching

Nutzen/Ziel

- Sicherung für Souveränität und Effizienz im Coaching.
- Konsequente Transformation von Problemen in Ziele.
- Wechsel des Fokus von der Vergangenheit in die Zukunft.

Anwendungsfelder

- Grundlegendes, zentrales Know-how.
- Ziel-Orientierung prägt den gesamten Coaching-Prozess.
- Kriterium für alle Entscheidungsprozesse im Coaching.

»Wer nicht weiß, in welchen Hafen er segeln möchte – für den ist kein Wind ein Guter.« Dieses alte Sprichwort veranschaulicht die Notwendigkeit von Zielklarheit bei Entwicklungsprozessen. Doch oftmals werden Sie als Coach mit einem Coachee in Kontakt kommen, der problembeladen vor Ihnen sitzt und noch keine Idee davon hat, was er in Zukunft erreichen möchte. Als kompetenter Coach müssen Sie Ihren Coachee befähigen, aus dem Problem ein attraktives Ziel zu entwickeln.

Im Coaching

»Die Alten aber wussten etwas, das bei uns in Vergessenheit geraten ist. Jegliches Mittel erweist sich als ein stumpfes Instrument, solange es nicht vom lebendigen Geiste getragen wird. Wenn aber die Sehnsucht nach dem Erreichen des Zieles leidenschaftlich in uns lebt, dann wird es nicht an Kraft fehlen, die erforderlichen

Mittel zu finden und das Vorhaben in die Tat umzusetzen.« So formulierte Albert Einstein die Bedeutung von wirklich attraktiven Zielen. Er war davon überzeugt, dass ein intensiv erlebter Wunsch seine zukünftige Realisierung impliziert. Je mehr Libido-Energie ein Wunsch zu aktivieren vermag, desto stärker wächst unsere Motivation, das damit verbundene Ziel zu verwirklichen.

Die funktionale Architektur unseres Gehirns ähnelt der eines Zielfluggerätes. Nachdem man ihm ein Ziel vorgegeben hat, fliegt es mittels einer sich selbst korrigierenden Feedbackschleife auf dieses Ziel zu. Das Unbewusste ist darauf geeicht, unsere mentalen Vorstellungen in der Außenwelt zu verwirklichen. Selbst gänzlich unbewusste Ziele werden oft erstaunlich konsequent realisiert, wenn sekundäre Gewinne im Spiel sind. Indem wir uns programmgemäß verhalten, validieren wir unsere innere Landkarte. Was der Denker denkt, beweist der Beweisführer. Dieser psychische Mechanismus beeinflusst unser Leben, ob wir es wollen oder nicht. Die externe Bestätigung der inneren Konzepte gibt dem Unbewussten ein Gefühl von Sicherheit. Die Erkenntnis solcher Prinzipien führt zur Magie des Wünschens.

Erfolgreiches Coaching basiert auf einer konsequenten Ziel-Orientierung. Je attraktiver ein Ziel gestaltet und den verantwortlichen Persönlichkeitsteilen des Coachees dargeboten wird, desto intensiver wirkt der libidinöse Schub (animal magnetism). Ebenso wirkt dieser Mechanismus in die andere Richtung. Auch Befürchtungen und Vermeidungsmanöver prägen unsere innere Landkarte. Je mehr Energie wir negativen Zielen geben, desto größer wird auch hier die Wahrscheinlichkeit ihrer Realisierung. Das Unbewusste kann nämlich nicht negieren! Denken Sie jetzt bitte nicht an eine kleine schwarze Katze, die zusammengerollt auf der Fensterbank liegt, schnurrt und sich wohlfühlt. Was geschieht in Ihrem Kopf, wenn Sie nicht an die kleine schwarze Katze denken? Das Unbewusste versteht Sprache sehr wörtlich, und es hört jedes Wort. Auch wenn wir ein »nicht« davorsetzen – unser Unbewusstes assoziiert zunächst die kleine schwarze Katze. Bevor wir etwas nicht denken können, müssen wir zunächst damit Kontakt aufnehmen, um es dann bewusst zu negieren. Deshalb sind positive Sprachgewohnheiten im Coaching so wichtig, sowohl bei der Formulierung von erwünschten Zielen als auch im Kontakt mit anderen Menschen.

Ein negativ formuliertes Ziel verstärkt das Problem!

Jedes gelernte Verhalten wie auch jeder Glaubenssatz ist neurologisch in unserem Nervensystem verankert. Wenn der Coachee statt des alten, problemerzeugenden Verhaltens ein neues, besseres Verhalten zeigen will, muss dafür in seinem Gehirn eine neurologische Struktur angelegt werden. Als erfahrener Coach können wir durch gezielte Fragen solche Strukturen erzeugen, indem wir den Coachee bitten, sich zunächst in seiner geistigen Vorstellung ein Modell von dem Zielzustand zu erschaffen. Dieses innere Modell wird ein magnetisches Ziel, sobald die libidinösen Kräfte es auf eine wohlgeformte Weise präsentiert bekommen.

Eine saubere Zielformulierung bildet im Coaching die Grundlage jeder Veränderungsarbeit. Das erwünschte Ziel wird so formuliert, dass es eine starke Sogwirkung bekommt und mit größtmöglicher Wahrscheinlichkeit verwirklicht wird. Dafür ist das PeneTrance-Modell ein geeignetes Werkzeug. Wenn der Coachee seine Veränderungswünsche konsequent realisieren will, braucht er wohlgeformte Ziele. Sie geben seinen unbewussten Kräften eine klare Richtung. Ein Coachee, der ein Problem hat und es einfach loswerden möchte, ohne stattdessen ein alternatives Ziel zu formulieren, verstärkt sein Problem. Charakteristisch für das Coaching ist, dass der Coachee möglichst kurze Zeit im Problemzustand verbringt, da er hier keinen Zugang zu seinen Ressourcen findet. Stattdessen führt ihn der Coach so schnell wie möglich in den Zielzustand. Von hier aus kann er seine Ressourcen kontaktieren, modellieren oder kreativ synthetisieren. Sobald ein Coachee in der Veränderungsarbeit innerlich Kontakt zu seinen Zielen herstellt, zeigt er seine Ziel-Physiologie. Wenn der Coach sich darauf kalibriert, dient sie ihm wie ein sinnlicher Kompass im anschließenden Wechsel der Physiologien. So kann er seinen Coachee auf dem schnellsten Weg zu einer ökologischen Problemlösung führen. Dieser konsequent zielorientierten Vorgehensweise verdankt das Coaching mit NLP den Ruf, sowohl eine effektive Kurzzeittherapie zu sein als auch im Management-Coaching exzellente Erfolge zu erzielen.

Die so genannten positiven Absichten der verschiedenen Persönlichkeitsteile im Six Step-Reframing sind ebenfalls Ziele. Wenn wir mit unseren inneren Teilen einen fruchtbaren Kontakt herstellen wollen, müssen wir die positive Absicht würdigen und adäquate Wege zur Realisierung erlernen. Dies führt zu einer ökologischen Lebensweise und impliziert jede erwünschte Veränderung. Ein wohlgeformtes Ziel ist wie ein fruchtbares Samenkorn, das in den Garten unseres Unbewussten gepflanzt wird. Jeder Mensch hat die Tendenz zur Selbstverwirklichung. Die Ideen, Träume, Wünsche und Visionen, die in jedem Menschen schlummern, wollen sich entfalten und manifestieren. Je wohlgeformter diese Samenkörner beschaffen sind, desto höher ist die Wahrscheinlichkeit ihrer Realisierung.

Fragen im Ziel-Coaching

Was ist Dein Ziel?
- Was willst Du erreichen?
- Was willst Du dadurch sicherstellen?

Was stattdessen?
- Welche Alternativen gibt es?
- Wie könnte es funktionieren?

Welche positiven Absichten verbergen sich dahinter?
- Was will ich »eigentlich«?
- Welche »wahren« Bedürfnisse habe ich?

Was genau?
- Welche Details, Kriterien, welches konkrete Verhalten?

Im Vergleich womit?
- Welcher Vergleichs-Maßstab?

Unter welchen Bedingungen wäre es möglich?
- Wunder-Frage: Was müsste geschehen, damit ...?

Coaching-Übung: Ziel-Trance

Zielzustand innerlich erkennen und ankern

Sie können den Transfer Ihres Coaching sichern, indem Sie Ihren Coachee innerlich durch eine geführte Trance-Reise in den Zielzustand führen. Dabei verstärken Sie den Kontakt mit den Zielerreichungs-Kriterien, und gleichzeitig ankern Sie die entscheidenden Reize. Sprechen Sie die Coaching-Instruktionen mit ruhiger und warmer Stimme. Ihr Coachee darf seine Augen schließen und dabei den Körper entspannen. Sprechen Sie langsam und mit wohltuender Betonung.

Intro: Kontakt mit dem inneren Monitor
- »… während Sie auf Ihrem Stuhl sitzen … und Ihren Körper spüren … können Sie Ihren Blick nach innen richten … und sehen auf Ihrem inneren Monitor … Ihre aktuelle Situation …«

Zeit-Linie erkennen und nutzbar machen
- »… Ihr Unbewusstes kann Ihre Lebenszeit als Zeit-Linie empfinden … und jetzt können Sie Kontakt aufnehmen mit Ihrer inneren Zeit-Linie …«

Aktuelle Situation betrachten – Problem positiv pacen
- »… dann können Sie sich Ihre aktuelle Situation anschauen … und vielleicht haben Sie den Wunsch, etwas zu verändern …«

In die Zukunft reisen – Ziel erreicht!
- »… und Sie können sich in Ihrer Fantasie vorstellen, das alte Problem hat sich auf optimale Weise verwandelt … was wäre eine ideale Lösung?«

Zustand beschreiben – Sinneskanäle abfragen
- »… und dort, wo Sie am Ziel angekommen sind … können Sie sich neu orientieren … was sehen Sie? … (Pause)

... was hören Sie? ... (Pause) ... was fühlen Sie? ... vielleicht gibt es auch einen Geruch oder Geschmack ...«

Blick zurück – Strategie entwickeln
- »... und Sie können sich bewusst machen, welchen Weg Sie gegangen sind, um Ihr Ziel zu erreichen ...«

Noch mal ans Ziel! Zustand ankern
- »... und Sie können spüren, wie gut es sich anfühlt, Ihr Ziel erreicht zu haben ... Sie können noch tiefer atmen ... und Anker setzen ...« (z. B. Hand auf Bauch, Faust, 3 Finger etc.)

Back to Reality
- »... und aufgeladen mit diesem guten Gefühl ... voller Inspiration ... können Sie wieder zurückkommen und Ihren Körper spüren, Ihre Füße ...«

Nachdem Sie Ihren Coachee in die Wirklichkeit zurückgeführt haben, können Sie mit ihm ein Commitment treffen. Sie fragen Ihn, was die wichtigsten Schritte sein werden, um sein Ziel zu erreichen. Dabei schauen Sie ihm fest in die Augen und bestätigen seine Worte. Die Trance-Erfahrung erzeugt oftmals eine emotionale Aufladung und verstärkt die Motivation des Coachees zur Zielerreichung.

Verweise

→ Coaching-Vereinbarung
→ PeneTrance-Modell
→ Ressourcen
→ Veränderungs-Coaching
→ Wohlgeformte Ziele

Glossar

a

Als-Ob-Methode bezeichnet ein mentales Manöver, wo mit Hilfe der Fantasie ein imaginärer Bezugsrahmen geschaffen wird, um Ziele und kreative Ressourcen zu kontakten.

Anker sind auslösende Reize für bestimmte innere Reaktionen, die meist unbewusst wirken; Anker können im NLP gezielt installiert und bei Bedarf aktiviert werden.

Anmut bezeichnet einen geschmeidigen und natürlichen Ausdruck des Körpers; Anmut gilt im NLP als Kriterium für Kongruenz und gelungene Interventionen.

Arbeitsvereinbarung ist eine wichtige Voraussetzung, um bei der ökologischen Anwendung von Interventionstechniken den notwendigen Rapport zu gewährleisten.

Assoziiert bezeichnet einen Wahrnehmungsmodus, der eine unmittelbare Verknüpfung mit sinnlichen Eindrücken und entsprechend hohe Erlebnisintensität bewirkt.

Auditiv bezeichnet das Sinnessystem des Hörens, es codiert sowohl analoge Geräusche, Klänge und Töne als auch digitale Information in Sprache und Zahlen.

Augenbewegungen fungieren als Indikator zur Erkennung von bevorzugten Repräsentations-Systemen und zur Gewinnung von Zugangshinweisen zu inneren Strategien.

Axiome im Coaching mit NLP sind grundlegende Glaubenssätze im NLP, die von jedem Anwender im Laufe seiner Praxis überprüft und durch eigene Erfahrungen verifiziert werden.

b

Beeinflussung – wir können nicht nicht beeinflussen! Die Kunst der gezielten Beeinflussung erfordert Bewusstheit und Respekt, um für alle Beteiligten ökologisch zu sein.

Berater-Modell ist ein Interventionsmuster, durch das Widersprüche, Einwände und Zweifel integriert und mit Hilfe des Reframing in nützliche Ratgeber verwandelt werden.

Bewusstsein ist eine psychische Instanz des Menschen, die Orientierung, Kontrolle und Wertschätzung ermöglicht, jedoch nur eine begrenzte Fassungskapazität besitzt.

Coaching mit NLP-Werkzeugen. Thomas Rückerl und Torsten Rückerl
Copyright © 2008 WILEY-VCH Verlag GmbH & Co. KGaA, Weinheim
ISBN: 978-3-527-50351-3

Brainstorming ist eine bekannte Kreativitätstechnik, wo ein freier Fluss der Gedanken zunächst viele Ideen produziert, die anschließend qualitativ ausgewertet werden.

c

Change History ist ein Interventionsmuster zur Veränderung der persönlichen Geschichte, wobei der Klient mit neuen Ressourcen mental in seine Vergangenheit reist.

Chunking bezeichnet den Wechsel der logischen Ebene und kann nach oben oder nach unten vollzogen werden: Up=allgemein, abstrakt; Down = speziell, konkret.

Columbo-Technik ist eine Strategie des getarnten Understatements, um zielstrebig Informationen zu sammeln und um NLP-Werkzeuge auf unauffällige Weise einzusetzen.

Complex Equivalence ist ein Erkennungsmerkmal für bekannte Situationen, das dem Unbewussten signalisiert, als Reaktion ein konditioniertes Verhaltensprogramm zu aktivieren.

d

Digital und Analog sind verschiedene Arten der Informationsdarstellung, wobei digitale Abbildung eine Abstraktion verlangt, während analoge Informationen sich selbst erklären.

Dissoziiert bedeutet: nicht in direktem Kontakt befindlich und bezeichnet im NLP einen Wahrnehmungsmodus, der innere Distanz erzeugt und das Erleben relativiert.

e

Einwände können an Inkongruenzen frühzeitig erkannt und auf ihre positive Absicht hin untersucht werden, um sie mit Hilfe des Reframing in Wünsche zu verwandeln.

Eleganz ist ein wichtiges Kriterium zur Optimierung von Strategien, wobei ein gewünschtes Resultat mit minimalem Aufwand und maximaler Effizienz erzielt wird.

Evolution bezeichnet die Entwicklungsgeschichte des organischen Lebens; sie prägt sowohl den Prozess der Menschwerdung als auch unser tägliches Verhalten.

f

Feedback meint jede Form von Rückmeldung unserer Umwelt zur persönlichen Außenwirkung und dient als Basis der Orientierung beim Lernen und Kommunizieren.

Flexibilität ist eine wünschenswerte Fähigkeit und wird mit Hilfe des NLP kontinuierlich optimiert, um bessere Wahlmöglichkeiten im Verhalten und Erleben zu gewinnen.

Fluff bezeichnet sprachliche Äußerungen ohne konkreten Inhalt, die in der hypnotischen Kommunikation als verbale Projektionsflächen eingesetzt werden.

Fragen sind nützliche Werkzeuge im NLP, die z. B. zur Informationsgewinnung, zur Trance-Induktion, zur Zielfindung und als verbales Pacing eingesetzt werden.

Framing bezeichnet die Kunst, innere Prozesse zu steuern, indem einer Situation, einem Prozess oder einer Information ein angemessener Rahmen gegeben wird.

Future Pace bezeichnet das gezielte Gestalten der Zukunft, indem Ideen, Ziele oder Pläne konkret benannt und zur Transfersicherung neurologisch verankert werden.

g

Generalisierung bedeutet Verallgemeinerung und gestaltet neben der Tilgung und der Verzerrung unsere innere Landkarte, indem Erfahrungen unbewusst generalisiert werden.

Gewinner-Gewinner-Modell bezeichnet eine kooperative Konfliktlösung, wobei auf kreative Weise eine optimale Synthese der Ziele aller beteiligten Personen oder Teile geschaffen wird.

Glaubenssätze sind Voreinstellungen, die meist auf unbewusste Weise das menschliche Erleben und Verhalten entscheidend beeinflussen.

Gustatorisch bezeichnet unser Sinnessystem des Schmeckens; es wird teilweise mit dem olfaktorischen und dem kinästhetischen System zusammengefasst.

h

Halluzinieren bezeichnet im NLP den lebhaften Einsatz imaginativer Vorstellungskraft und kann im Coaching mit Hilfe der Als-Ob-Methode zielgerichtet eingesetzt werden.

Hypnose bezeichnet das Steuern von Trancezuständen; Hypnose braucht nicht unbedingt einen offiziellen Rahmen, sondern geschieht oft unbemerkt im Alltag.

i

Ideomotorische Bewegungen sind kleine unwillkürliche Bewegungen des Körpers, die von geübten NLP-Anwendern als subtiler Ausdruck von inneren Prozessen verstanden werden.

Implizit und Explizit bezeichnen den Modus der Informationsvermittlung, wobei implizite Informationen andeutungsweise und explizite Informationen ausdrücklich vermittelt werden.

Imprints sind prägende Erfahrungen und Schlüsselerlebnisse, die als unbewusste Wahrnehmungsfilter unser Erleben und unsere Reaktionen auf die Umwelt beeinflussen.

Informationsverlust geschieht zwangsläufig in jeder Kommunikation und kann durch Pacing, gezieltes Fragen und geistige Präsenz reduziert, aber nicht gänzlich vermieden werden.

Inkorporieren bedeutet aufnehmen oder eingliedern und meint im NLP das verbale Aufgreifen und Nutzbarmachen von Störungen oder körpersprachlichen Signalen.

Innere Landkarte ist eine Metapher für die Tatsache, dass jeder Mensch in seinem Gehirn ein einzigartiges Modell der Welt zu seiner individuellen Orientierung erschaffen hat.

Innerer Dialog bezeichnet interne verbale Aktivität im auditiv-digitalen Sinneskanal, die pausenlos und meist unbemerkt in unseren Köpfen stattfindet, um die Welt zu ordnen.

Integration dissoziierter Physiologien bezeichnet eine Technik, um einen neuen Zustand zu erzeugen, indem zwei bisher getrennte Zustände *geankert und* gleichzeitig aktiviert werden.

Intervention bezeichnet im NLP das Verändern psychischer Strukturen und sollte nur bei gutem Rapport inklusive Arbeitsvereinbarung auf ökologische Weise erfolgen.

Intuition bedeutet Bilderkennen ohne Überlegung und ermöglicht spontan gezieltes Handeln, wobei die Weisheit des Unbewussten alle benötigten Ressourcen organisiert.

k

Kalibrieren bedeutet, die Wahrnehmung auf bestimmte Aspekte der Realität einzustellen oder zu eichen, um sie konzentriert zu beobachten und später wiederzuerkennen.

Kalibrierte Schleife ist ein konditioniertes Reiz-Reaktions-Muster zwischen zwei Partnern und erzeugt eine erstarrte, sich wiederholende Schrittfolge im Tanz der Physiologien.

Kinästhetisch bezeichnet das Sinnessystem des Fühlens; dazu zählen äußere und innere Wahrnehmungen des Körpers und die analoge Repräsentanz der Emotionen.

Kognitive Dissonanz bezeichnet widersprüchliche Gedanken, die innere Spannungen verursachen und von dem Unbewussten durch Reframing oder Tilgung reduziert werden.

Kongruenz bedeutet Übereinstimmung aller gesendeten Signale und gilt als Ausdruck von innerer Harmonie, die zugleich eine überzeugende Ausstrahlung bewirkt.

Konflikt-Coaching bezeichnet den kreativen und zielorientierten Umgang mit Konflikten durch die Konsultation eines Coachs. Konflikt-Coaching kann mit einem oder allen Konfliktpartnern durchgeführt werden.

Kontext bezeichnet den Bezugsrahmen, das Umfeld oder den Zusammenhang, in dem ein Ereignis stattfindet; der Kontext bestimmt die Bedeutung jeder Handlung.

Körpersprache bezeichnet das Senden von Signalen über den kinästhetischen Kanal, die visuell empfangen werden und unsere Kommunikation meist unbewusst beeinflussen.

Kreativität ist schöpferische Kraft und bezeichnet die Fähigkeit, bestehende Muster zu verändern und neue Strukturen zu schaffen; im NLP gilt jeder Mensch als kreativ.

l

Leading bedeutet Führen von anderen Menschen durch Appelle, Fragen oder subtile Techniken und erfordert guten Rapport, der durch Pacing hergestellt wird.

Lernen – NLP ist ein Weg des Lernens; es nutzt lebenslange Lernfähigkeit als kreative Ressource, um das eigene Verhalten optimal der aktuellen Situation anzupassen.

Libido bezeichnet die Lebensenergie des Menschen; das Unbewusste verspürt einen lustvollen Motivationsschub, wenn erwünschte Ziele libidinös geladen sind.

m

Magie des Wünschens führt zur Kunst, den eigenen Wünschen durch Wohlgeformt-heit, libidinöse Aufladung und sinnlichen Future Pace magnetische Anziehungs-kraft zu verleihen.

Meditation bezeichnet Zustände, die eine konzentrierte Form der Trance bewirken; wobei die Aufmerksamkeit nach innen fokussiert und sich ihrer Selbst bewusst wird.

Mental Martial Arts bezeichnet die Kunst, geistige Entwicklung bewusst zu gestalten und auf dem Weg des Lernens durch Erfahrungen die eigene Meisterschaft zu erwerben.

Meta-Modell dient als Rüstzeug zur Gewinnung von sprachlichen Informationen durch nützliche Wahrnehmungsfilter und gezielte Fragen zur Struktur der inneren Landkarte.

Meta-Programme sind unbewusste Wahrnehmungsfilter und prägen die grundlegenden Muster der individuellen Orientierung, die sich in vielen Lebensbereichen offenbaren.

Metapher bezeichnet eine prägnante Erzählung, die einen Sachverhalt in einen anderen Bezugsrahmen setzt, um Informationen an das Unbewusste zu vermitteln.

Mitarbeiter-Coaching bezeichnet die Win-win-orientierte Beeinflussung von Mitarbeitern durch die Führungskräfte. coaching als motivierender Führungsstil gewinnt aufgrund seiner Effizienz zunehmende Verbreitung in Unternehmen.

Modeling bezeichnet das Lernen am Modell; es ist ein archetypisches Lernprinzip und wird im NLP systematisch zur Organisation von neuen Ressourcen eingesetzt.

Moment of Excellence bezeichnet einen sehr ressourcevollen Zustand, der mit Hilfe der gleichnamigen Übung revitalisiert und durch geschicktes Ankern jederzeit verfügbar wird.

n

Negation ist eine verbale Verneinung (nicht, kein, ohne, un-), die im NLP in eine positive Entsprechung, in einen Wunsch oder ein wohlgeformtes Ziel verwandelt wird.

New Behaviour Generator bezeichnet eine Technik, um neues Verhalten zu synthetisieren und durch mentales Training solange zu üben, bis ein optimaler Verhaltensentwurf vorliegt.

Nominalisierung bezeichnet die sprachliche Umwandlung von dynamischen Prozessen in statische Ereignisse oder Dinge; sie kann durch gezielte Fragen revitalisiert werden.

o

Ökologie bezeichnet im NLP das gesunde Gleichgewicht des Menschen als psycho-physiologisches System und als interagierendes Element von sozialen Systemen.
Öko-Check ist eine Maßnahme zur Überprüfung der ökologischen Verträglichkeit, die in Kombination mit dem Future Pace den Transfer jeder NLP-Intervention sichern sollte.
Olfaktorisch bezeichnet das Sinnessystem des Riechens; manchmal auch in Verbindung mit dem Schmecken; es beeinflusst unser Leben überwiegend unbewusst.
Organsprache bezeichnet körperliche Metaphorik im Sprachgebrauch; unbewusste Signale können durch verbales Feedback inkorporiert werden, um innere Prozesse gezielt zu verstärken.

p

Pacing bezeichnet mehr oder weniger subtiles Verhalten, um durch Angleichen der eigenen Schwingungen im Kontakt mit anderen Menschen Rapport zu erzeugen.
Parts Party bezeichnet eine kreative Methode, um widersprüchliche Persönlichkeitsanteile zu versöhnen, indem verschiedene Teile in Kontakt treten und die Zukunft gemeinsam gestalten.
PeneTrance-Modell bezeichnet ein prozessorientiertes Verfahren, um einen Klienten durch konsequentes Nachfragen zur Formulierung von wohlgeformten Zielen zu führen.
Peripherer Blick bezeichnet eine spezielle Art des Sehens ohne scharfen Fokus, wodurch ein weiches weiträumiges Panorama und sinnliche Sensibilität entstehen.
Phobietechnik bezeichnet ein Interventionsmuster zur Heilung von heftigen Ängsten, wobei Dissoziationen zur Entkoppelung von Reiz-Reaktions-Mustern erzeugt werden.
Physiologie bezeichnet die wahrnehmbare äußere Entsprechung des inneren Zustandes und dient dem Coach als Orientierung beim prozessorientierten Vorgehen.
Positive Absicht bezeichnet den ursprünglichen Impuls, auf den sich jede Verhaltensweise, jedes Symptom und jeder Einwand mit Hilfe des Reframing zurückführen lässt.
Präsenz bezeichnet geistige Aufmerksamkeit im Hier und Jetzt und ermöglicht Flexibilität im Erleben und Verhalten, da vorhandene Wahlmöglichkeiten bemerkt werden.
Projektion bezeichnet eine psychische Funktion, die unsere Wahrnehmung beeinflusst, da die innere Landkarte ständig auf die Kulisse der Realität projiziert wird.
Prozessinstruktionen sind Anweisungen des Coachs, um einen Klienten gezielt durch innere Prozesse zu führen; sie können als direkter Appell oder sehr vage gegeben werden.
Psychotherapie – dient der Heilung von seelischem Leidensdruck, durch eine oftmals langwierige Aufdeckung von in der Vergangenheit erlebten Erfahrungen, im Gegensatz zum Coaching, das zielorientiert ausgerichtet ist.

Pyramide der logischen Ebenen ist ein ganzheitliches Interventionsmuster, um die Komplexität eines Coaching-Anliegens zu ordnen und den Coachee in einen ressourcevollen Zielzustand zu führen.

r

Rapport ist ein spontanes Phänomen des Vertrauens, das wie ein magisches Band zwischen interagierenden Menschen wirkt und durch gezieltes Pacing begünstigt werden kann.

Realitätstunnel ist eine Metapher für die begrenzende Subjektivität der menschlichen Wahrnehmung, denn die Projektion der eigenen Landkarte bedingt das Erleben der Realität.

Reanchoring Couples ist ein Interventionsmuster aus der Paartherapie, wobei kalibrierte Schleifen aufgelöst werden, indem der Empfänger eine ressourcevolle Reaktion erlernt.

Reframing bezeichnet die Kunst, Ereignissen, Verhaltensweisen, oder Informationen einen neuen Rahmen zu geben und führt zu innerer Flexibilität und geistiger Freiheit.

Regression bezeichnet im NLP eine innere Reise durch die Zeit, sowohl zurück in frühere Zustände der Vergangenheit als auch in konstruierte Vorstellungen von der Zukunft.

Repertoire bezeichnet alle Verhaltensoptionen eines Menschen und möchte ständig optimiert werden; je vielfältiger das Repertoire, desto besser die Wahlmöglichkeiten.

Repräsentationssysteme sind die Speicher jeder menschlichen Erfahrung und entsprechen den Sinnessystemen (Visuell, Auditiv, Kinästhetisch, Olfaktorisch, Gustatorisch = V. A. K. O.G.).

Ressourcen sind das vorhandene Potential für die persönliche Lebensgestaltung; viele Fähigkeiten schlummern im Unbewussten und können gezielt organisiert werden.

Ritual bezeichnet ein gezieltes Manöver zur Kommunikation mit dem Unbewussten; es kann im Future Pace als wirkungsvoller Anker zur Transfersicherung dienen.

s

Schule des Wünschens bezeichnet ein Interventionsmuster aus dem Konflikt-Management, wobei die Konfliktpartner exemplarisch die Kunst des erfolgreichen Wünschens erlernen.

Sekundärer Gewinn bezeichnet den unbewussten Nutzen eines Verhaltens, das eine versteckte Gewinnausschüttung bewirkt und dadurch viele unserer Gewohnheiten aufrechterhält.

Selektive Wahrnehmung bezeichnet eine Funktion des Unbewussten, die aus der unermesslichen Vielfalt der Sinneseindrücke relevante Reize auswählt und ins Bewusstsein leitet.

Separator bezeichnet einen plötzlichen Reiz, der das bisherige Wahrnehmungsmuster unterbricht und einen Wechsel des psycho-physiologischen Zustandes bewirkt.

Siebte Himmel-Physiologie kann induziert werden, indem der Coach seinen Klienten mit Hilfe der Als-Ob-Methode in einen Zustand der totalen Wunscherfüllung hineinhypnotisiert.

Six Step-Reframing ist ein Interventionsmuster zur Integration verschiedener Persönlichkeitsteile, wobei positive Absichten erkannt, gewürdigt und besser organisiert werden.

Strategien sind Vorgehensweisen zur Zielerreichung oder zur Organisation von inneren Prozessen; sie werden an Augenbewegungen und sinnlicher Sprache erkannt.

Stuck State ist ein festgefahrener Zustand ohne adäquate Verhaltensoptionen, der eine Verengung der Wahrnehmung bewirkt; kann durch einen Separator verändert werden.

Submodalitäten sind subtile Unterscheidungen der Sinnessysteme; sie können durch präzisierende Fragen erforscht und auch verändert werden (Drehen an den Parametern).

Symptom signalisiert eine Störung des gesunden Gleichgewichts; jedes Symptom dient als Ausdruck eines Persönlichkeitsteils und entspringt einer positiven Absicht.

Synästhesien bilden Schnittstellen zwischen den Sinnessystemen; sie repräsentieren multidimensionale Erfahrungen und ermöglichen Flexibilität im Wechsel der Systeme.

t

Tanz der Physiologien ist eine Metapher für die offensichtliche Bezogenheit körperlicher Bewegungen, die in einer gelungenen Kommunikation wunderbar synchronisiert ablaufen.

Teile-Modell bezeichnet das pragmatische Persönlichkeits-Modell des NLP; es ermöglicht kreativen und ökologischen Umgang mit den vielfältigen Impulsen des Menschen.

Teufels Advokat dient einer gründlichen Form des Öko-Check, wobei der Coach einen Zukunftsentwurf durch unbequeme Fragen testet, indem er den Teufel an die Wand malt.

Tiefen- und Oberflächenstruktur bezeichnen die unterschiedlichen Ebenen von Erfahrung versus Sprache; sie können mit Hilfe gezielter Fragen im Sinne des Meta-Modells analysiert werden.

Tilgung bezeichnet einen Gestaltungsprozess der inneren Landkarte; Tilgung von Sinneseindrücken ermöglicht Konzentration und schützt uns vor Reizüberflutung.

Time Line ist eine pragmatische Metapher für die Abbildung der Zeit im Gehirn des Menschen und ermöglicht Integration der Vergangenheit und Gestaltung der Zukunft.

T. O. T. E. bedeutet Test-Operate-Test-Exit und gilt als grundlegende Strategie für Verhaltensprogramme; wurde im Repertoire vieler erfolgreicher Menschen identifiziert.

Trance bezeichnet einen fruchtbaren Zustand der Selbstheilung, wo sich die Aufmerksamkeit nach innen richtet; Trance-Zustände werden durch Hypnose gesteuert.

Trauma bezeichnet ein unbewusstes Manöver zum Schutz der psychischen Integrität; traumatische Erfahrungen werden gepuffert und vom Bewusstsein abgespalten.

u

Übertragung bezeichnet eine Form der Projektion, wobei auf einen Menschen Einstellungen und Gefühle projiziert werden, die eigentlich einer anderen Person gelten.

Übungsgruppen zum Einüben von Interventionstechniken bestehen aus drei Personen, wobei jedes Mitglied eine Funktion übernimmt (A = Coachee, B = Coach, C = Beobachter).

Unser Unbewusstes wird im NLP erforscht, respektiert und zur Kooperation eingeladen; es besteht aus vielen verschiedenen Teilen, die unser Leben auf ökologische Weise steuern.

v

V.A.K.O.G. bezeichnet unsere fünf Sinnessysteme (Visuell, Auditiv, Kinästhetisch, Olfaktorisch, Gustatorisch) und meint auch das systematische Abfragen der Sinneskanäle.

Validieren bedeutet, die Gültigkeit zu bestätigen und kann sich sowohl auf stabile Strukturen der inneren Landkarte als auch auf die aktuellen Wahrnehmungen beziehen.

Veränderung geschieht in jedem Moment und kann mit Hilfe des NLP gezielt beeinflusst werden; entscheidend dabei ist die ökologische Realisierung gewünschter Ziele.

Verhandlungs-Modell bezeichnet ein Interventionsmuster zur Integration von konfligierenden Teilen; wobei positive Absichten ein Gewinner-Gewinner-Modell bilden.

Versöhnung ist eine integrative Form des Konflikt-Managements, die mit Hilfe des Reframing gezielt herbeigeführt wird und dabei eine entspannte Physiologie erzeugt.

Verzerrung bezeichnet einen Gestaltungsprozess der inneren Landkarte, der sowohl Individualität und Kunst ermöglicht, als auch störende Irritationen bewirken kann.

Visuell bezeichnet das Sehen; das visuelle Sinnessystem codiert sowohl optische Erscheinungen der externen Realität als auch innere Bilder, Filme und Visionen.

w

Wahlmöglichkeiten – das NLP wurde geschaffen, um Umweltvariable in Entscheidungsvariable zu verwandeln und dadurch die Wahlmöglichkeiten des Menschen zu verbessern.

Wahrnehmung geschieht über die Sinne (V.A.K.O.G.); wir nehmen die Welt nicht direkt wahr, sondern projizieren unsere innere Landkarte auf die aktuellen Sinneseindrücke.

Wahrnehmungs-Typen basieren auf bevorzugten Sinnessystemen; es gibt drei Typen (Visuelle, Auditive und Kinästhetiker), die in der Bevölkerung zu ungefähr gleichen Anteilen vertreten sind.

Walt Disney-Technik bezeichnet eine kreative Methode, um Fähigkeiten systematisch zu entwickeln; sie basiert auf drei kooperierenden Teilen (Kritiker, Träumer und Realist).

Wohlgeformt ist eine Zielformulierung, wenn sie gewisse Kriterien erfüllt; wohlgeformte Ziele erzeugen eine starke Sogwirkung, weil unbewusste Kräfte angesprochen und aktiviert werden.

Würdigung ist eine nützliche Maßnahme zur Kontaktaufnahme mit inneren Teilen; sie bewirkt, dass diese Teile nicht mehr um ihre Existenzberechtigung kämpfen müssen.

z

Zensor ist eine Metapher für unbewusste Kräfte im Menschen, die das ökologische Gleichgewicht bewachen und in der Hypnose zur Kooperation eingeladen werden.

Ziel – Coaching mit NLP arbeitet konsequent zielorientiert; ein wohlgeformtes Ziel wirkt wie ein fruchtbares Samenkorn, das in den Garten des Unbewussten gepflanzt wird.